国/际/商/务/经/典/译/丛

国际金融

第15版

托马斯·A·普格尔 (Thomas A. Pugel) 著
沈艳枝 译
赵曙东 校

INTERNATIONAL FINANCE

Fifteenth Edition

中国人民大学出版社
·北京·

出版说明

随着经济全球化的深入发展，国际贸易、投资和商务活动日益频繁，企业不可避免地要应对来自全球范围的更加激烈的竞争。与许多跨国公司相比，我国企业在国际化环境下成功运作的经验不足，国际化经营水平还比较低。更重要的是，我国国际商务专门人才极度短缺。

适应经济发展的要求，加速国际商务专门人才的培养和培训，已成为我国高等院校面临的紧迫任务。2010年，经国务院学位委员会批准，在部分高校设立国际商务硕士专业学位；2012年，教育部颁布了《普通高等学校本科专业目录（2012年）》，将国际商务专业从目录外专业调整为基本专业。

顺应这一教育发展趋势，中国人民大学出版社在成功出版“工商管理经典译丛”的基础上，精心策划并适时推出了“国际商务经典译丛”（翻译版）和“国际商务经典教材”（英文版）两套丛书。丛书所选书目，都是国际知名教授所著的经典教材，经过长期教学实践检验，多次再版且畅销不衰，被许多国家的著名大学和专业经管院校采用，包括查尔斯·希尔的《国际商务》、托马斯·普格尔的《国际贸易》和《国际金融》、沃伦·基根的《全球营销》等。

在引进和出版这两套丛书的过程中，我们力图基于目前国际商务专业的核心课程，兼顾企业国际化经营的实际需要。我们希望，通过政府相关部门的大力支持，通过教育机构、高等院校对企业需求和学科发展的关注，通过学生在学习过程中的积极努力和反馈，以及通过像中国人民大学出版社这样一批职业出版人的不懈追求，最终促进我国管理教育国际化的发展、我国企业国际竞争力的提升以及具有全球视野的国际商务专门人才的成长。

愿我们出版的这两套丛书，能对读者在系统学习国际商务基本理论知识、改善自身国际商务实践、全面提升自己的英语表达和跨文化沟通能力等方面有所助益。

中国人民大学出版社

译者前言

美国国际经济学家托马斯·普格尔撰写的《国际经济学（第 15 版）》是非常经典的一本教材，包含国际贸易和国际金融两部分内容。为适应国内的教学需要，中国人民大学出版社决定将其翻译版分成《国际贸易》和《国际金融》两本书出版。呈现在读者面前的《国际金融（第 15 版）》由原著第 1 章及第 16～25 章整合而成。

这本《国际经济学》自 1953 年初版以来，每隔 5 年左右修订一次，至今已经推出第 15 版。这本先后由三位著名的国际经济学家——麻省理工大学的查尔斯·金德尔伯格教授、加州大学的彼得·林德特教授、纽约大学的托马斯·普格尔教授——担纲编写的教材，历经数十年的考验，已经成为深受世界各地高校欢迎的国际经济学教材之一。

自 1985 年上海译文出版社首次将彼得·林德特和查尔斯·金德尔伯格合著的《国际经济学（第 7 版）》引进我国以来，每当此书新版发行，我国总是有出版社及时地将其引进并翻译、介绍给国内各高校。因此《国际经济学》已经成为我国很多高校本科生、研究生以及 MBA 的教材和主要参考书之一。

我们曾编译了《国际经济学》的第 13 版，同时也在教学实践中使用了这本教材，对其内容和编写风格比较熟悉。在翻译了第 15 版之后，我们更觉得它是我国高校国际经济学课程的理想教材之一。

第一，普格尔撰写的教材结构合理，表述清晰，深入浅出，可读性强。为了便于教学，每章开头和中间都有大量的快速导航，结尾处的本章小结将前面所讨论的重点内容做了整合，使学生能明确学习目标和主要内容。为了将学生的独立思考和教师的指导与启发结合起来，作者还在书末提供了部分习题的参考答案。

第二，普格尔是一位异常勤奋的学者。他及时更新了教材中的案例和内容，将风云突变的世界经济事件纳入教材，使国际经济学理论在日新月异的世界中依然生命之树长青。美国的金融危机、中国崛起对国际贸易和世界经济的影响、关于美国移民政策的争论……这些真实的案例，让学生感悟深刻，受益匪浅。

第三，与其他国际经济学教材相比，《国际经济学》对贸易和环境的关系、垄断竞争和贸易、自愿出口限制的分析具有新颖性和独特性。

具体翻译分工如下：朱明珠（第 1 章）、赵梦成（第 2 章）、庞达（第 3～5 章）、朱明珠（第 6～8 章）、张曦（第 9～11 章）。我和沈艳枝老师对全书进行了统校，沈艳枝老师还对最后的译稿进行了梳理和校对。

我在编译的《国际经济学（第 13 版）》后记中曾经说过，正如普格尔的《国际经济学》是对金德尔伯格、林德特的《国际经济学》的传承和发展一样，我们的翻译也是对这本《国际经济学》以前的中译本翻译者工作的传承和发展。因此在这里我们要对以前版本的中文译者表示感谢；同时，还要对中国人民大学出版社熊鲜菊编辑和其他编辑表示感谢，感谢他们为出版这本书所做的辛勤工作。在译校过程中，虽然我们如履薄冰、逐句推敲，但依然可能存在瑕疵和不妥之处，敬请同仁和读者指正。

赵曙东

前　言

国际金融是国际经济学的重要组成部分。国际经济学是一门将令人激动的全球事件和深刻敏锐的经济分析合二为一的学科。当下我们正经历着如火如荼的第二次全球化浪潮，各国间的产品、资本和劳动力市场高度一体化。这场全球化浪潮大约始于1950年，并在20世纪80年代逐渐形成势头，已经持续了至少和第一次浪潮一样长的时间。第一次全球化浪潮始于19世纪70年代、结束于第一次世界大战（或可能是在20世纪30年代的大萧条开始之时）。

作为当前全球化进程的风向标，国际贸易、外国直接投资、跨境贷款和国际间接投资的增长速度远高于世界产出的增长速度。如今通过互联网和其他全球电子媒介，信息、数据甚至谣言都能迅速地在世界范围内传播。

随着世界更加一体化，国家之间也更加相互依赖。一国发生的事件和政策变化对其他国家的影响越来越大。公司在进行生产和产品开发决策时，要更加全面地考虑全球市场。

笔者编写和修订本书的目的是将全球事件和经济分析最佳地结合起来，培养读者理解全球经济发展和评估经济政策变化的能力。本书呈现了当前全球发生的最新事件和国际研究的最前沿。为了有助于学习，本书的原则是：

- 结合严密的经济分析与当今活跃且重要的经济政策问题；
- 写作简明精炼、可读性强；
- 在有助分析的情况下才使用经济学术语，不会为了使用术语而使用术语。

笔者在给本科生和硕士生教授国际经济学时，就遵循着这些原则。笔者也相信，将教学相长的心得纳入书中，必定使本书的读者受益匪浅。

时事和新案例

对笔者来说，将持续改变全球经济的最新事件和政策变化结合起来，并寻找全球化影响（包括正面和负面影响）的新案例，既是一个挑战也是一种荣幸。下面是本版中包含的一些当前和最近发生的事件和问题，它们为我们实际运用经济学分析提供了最新案例。

- 始于2007年的全球金融和经济危机动摇并重塑了全球经济。许多金融市场被“冻结”，危机的影响迅速蔓延至全球。世界经济陷入深度衰退。在2008年年末和2009年，国际贸易、外国直接投资和其他国际资本流动急剧减少，但在2010年又出现了强劲复苏。
- 2009年，为了应对激增的中国轮胎进口问题，美国总统奥巴马决定对由中国制造并出口至美国的汽车轮胎征收高额关税。
- 为了应对价格上升，印度等国减少了食品出口。中国因限制原材料的出口而面临违反世界贸易组织（WTO）规则的投诉。

● 韩国政府创新性地使用非关税壁垒来阻碍汽车进口，包括不寻常的产品标准，以及暗示购买外国汽车的韩国人更有可能面临税务审查。

● 2009 年，美国钢铁业提起 7 宗新的倾销诉讼案，大多数是针对来自中国的钢铁出口品，并更新了它使用了几十年的法律策略，以保护美国国内的钢铁业。

● 2010 年和 2011 年，WTO 发现欧盟对空中客车公司提供大量补贴，违反了 WTO 规则，同时也发现美国对波音公司提供了大量补贴，同样违反了 WTO 规则。

● 福特公司发现了如何规避美国对其在土耳其制造并销回美国的商务车征收高额关税的方法。福特公司给商务车安装后窗和后座，将它作为客车进口，一旦车辆运入美国，就拆除那些后窗和后座。

● 2008 年，世界石油价格飙升。快速发展中的亚洲国家对石油的需求不断上升，是导致油价上涨的主要原因。

● 移民仍然具有争议。美国的许多州，尤其是亚利桑那州，通过了针对移民的新法律。在其他国家，只要是反对移民的政党就能获得选票。

● 尽管在全球危机最严重的时候外汇市场有所下滑，但它的规模还是持续扩张。2010 年一种货币与另一种货币的交易量每天将近 4 万亿美元。从 2004 年以来，外汇交易量增加了一倍多。

● 在全球危机期间，乔治·索罗斯（George Soros）复出，指导量子对冲基金（Quanturn hedge fund）获取巨额利润。

● 中国于 2010 年恢复对人民币的逐渐升值。然而，中国经常项目顺差仍然很大，中国政府持有的国际储备不断增加。到 2011 年年中，中国的外汇储备已经超过 3 万亿美元。

● 2009 年，斯洛伐克加入欧元区；2011 年爱沙尼亚也加入了欧元区。欧盟中使用欧元作为其货币的国家数达到了 17 个。

● 2009 年国际货币基金组织（IMF）将其贷款能力增加至 7 500 亿美元，并且将大量新的特别提款权（SDR）分配给各成员国。为了应对全球经济危机及其后果，在 2008—2011 年间 IMF 对其成员国的未偿贷款几乎增加到 8 倍。

● 2008 年，冰岛银行的破产让人瞠目结舌。冰岛也成为 20 多年以来第一个向 IMF 借款的工业化（或高收入）国家。

● 由于美国短期利率实际上已接近零，美联储（U. S. Federal Reserve）试图通过几轮量化宽松，采取扩张性货币政策，即美联储购买大量长期债券来推动美国经济。其他一些国家纷纷抱怨，这个政策将会给美元带来贬值压力。

● 国家财政政策危机席卷了希腊、爱尔兰和葡萄牙这三个欧元区的国家。每个国家都需要来自 IMF 和其他欧元区国家的一揽子援救计划。

● 由于众多的不确定性和恐慌，包括伴随的全球危机、欧洲财政危机和美国巨额财政赤字，黄金价格进入长期、快速的上涨通道。

● 2009 年，巴西用对资本流动征税的方式重新实施资本管制，试图限制外国人在巴西大量投资，因为这些资本流入会使巴西货币雷亚尔升值，带来许多宏观经济问题。

● 为了结束由失控的货币政策和财政政策引发的超级通货膨胀，津巴布韦在 2010 年实行了“美元化”，在国内交易中废除本币而使用外币。

本书的改进：组织和主题

本部分中，笔者对本书的内容结构和专题讨论进行概要介绍并加以延伸。

● 始于2007年的全球金融和经济危机对世界经济带来深刻的影响。本版在各章之间穿插讲述了全球危机的原因和影响。危机起源见第1章的全球危机回顾部分。危机始于美国次级抵押贷款；随着这些贷款支持的资产损失，危机爆发；继而引发了2008年雷曼兄弟（Lehman Brothers）破产，危机恶化。然后笔者在新增的“全球危机”专栏中讨论了危机的其他重要方面。“全球危机”系列专栏与“全球治理”、“案例研究”及“扩展阅读”系列专栏构成几个系列专栏。第4章的专栏说明了在2008年的金融危机中，对抵补利率平价的偏离造成了金融市场崩溃。第7章对近几十年来发展中国家金融危机的分析，帮助我们理解全球危机的形成和传播机制。第10章有两个“全球危机”专栏。第一个专栏考察了当中央银行已经将短期利率降至零时，货币政策所面临的挑战，并探索了作为非传统货币政策的量化宽松的使用。第二个专栏介绍了中央银行间的货币互换，作为各国货币当局协调措施的一个范例，以解决危机中金融系统的问题。

● 中国作为全球经济的推动力正在持续快速地发展。中国全球角色的展现，成为本书的亮点。第1章和第6章中，我解释了中国政府汇率政策的新发展，包括随着全球危机愈演愈烈，中国在2008年重新固定人民币与美元之间的汇率，以及在2010年中国的汇率制度再次转向爬行钉住汇率制度，允许人民币逐渐升值。

● 第4章做了一些改进。重新整理了抵补利率平价理论，首先进行了理论分析，然后在后续小节中举出实例。在实例部分，首先结合图表4—2分析抵补利率平价的基本规律。随后根据阿克莱姆（Akram）等人最近研究结果，对抵补利率平价进行新讨论。他们在研究中使用了汇率和利率的实时数据。此外，本章还压缩了关于欧元市场的专栏，并增加了一个专栏，讨论全球金融和经济危机中抵补利率平价体系的崩溃。

● 笔者扩展说明和讨论了国际货币问题。在本书中，就国际金融与经济危机方面新增了4个新专栏。第11章在欧洲货币联盟的分析中，将希腊、爱尔兰和葡萄牙的危机，与欧盟缺乏强有力的统一财政政策以及一国丧失调整本国汇率和使用货币政策来解决本国宏观经济运行问题的能力联系起来。第11章还包含了克莱因（Klein）等人最近的研究成果：两国货币之间如采取固定汇率制，则两国间的贸易就会更多。第10章的专栏显示，自从全球金融和经济危机开始以来，美国政府预算赤字上升，美国私人储蓄增加，而美国国内实际投资下降。随着这些不同方向的力量相互抵消，美国经常项目赤字并没有太多改变。第6章中对汇率体系历史的讨论，有两个变化。第一，有关两次世界大战之间时期的论述融汇了各项研究，得出以下结论：20世纪20年代末和30年代初的金本位制导致了大萧条的恶化和扩散。第二，图表6—8使用了1950—1956年的月度数据，更清楚地显示了加元的汇率浮动轨迹，完善了这段时期内与其他固定汇率的货币的比较。

● 笔者使用了可获得的最新资料，更新了本书中图表和文字的数据和信息。在其他补充资料中，本书提供了以下方面的最新信息：美国的国际收支和国际投资头寸状况；外汇交易和外汇期权、互换、期货的规模；名义汇率的水平及趋势；美元的有效汇率值；相对购买力平价的依据；一国政府选择的汇率政策；流向发展中国家的国际融资和发展中国家的未偿付外债，以及黄金价格。

格式和文风

笔者一直很注意保持本书文风简洁诚恳，这使本书在世界各地的课堂上都能取得巨大成功。每章开头和中间都有大量的快速导航。每章结尾处的小结将前面所讨论的内容做了整合。学生能获得这样的信号："这是我们的目标；这是我们刚刚学过的内容。"书中使用项目符号和编号列表来增加本书的视觉吸引力，强调一系列的决定因素或影响，也努力让段落保持合理的长度，增加可读性。

笔者将一些方法或数据进行排序。不可否认，笔者反复应用了一些经济学家强大的分析方法，但也不会过分吹嘘那些无助于增进常识的理论和概念。

为了便于学习，本书在格式上进行了微调。学生需要掌握国际经济学的语言，书中大多数有考试价值的术语用了黑体字，并且通常附有定义。每章结尾的资料中都包含这些关键术语。

每章（除了第 1 章）至少列出了 10 道习题。其中，奇数习题的答案附在本书结尾的资料中。同时，奇数习题用标记✦作为提示。

为了与正文区分，专栏使用了不同的字体和版式。这些专栏按照类型标注，涵盖了始于 2007 年的全球金融和经济危机、案例研究和概念扩展等。

补充资料

幻灯片

幻灯片中包含图表，使教与学都更便捷。

题库和 EZTest 在线测试程序

第 15 版的题库中包含 1 500 个题目。这个题库由佩斯大学（Pale University）的 Harvey Poniachek 进行更新扩展，为教师提供了大量的测试选项，包括多选、填空、配对、是非和简答题。

教师手册

教师手册由本书作者编写，包含章节回顾、教学建议和文中偶数题的参考答案。为增加灵活性，每章的小贴士也提供了作者对一些章节处理的想法和建议。

学习指南

学习指南由斯克利普斯学院（Scripps College）的 Kerry Odell 编写，与之前的版本是同一个作者，为学生提供资料和习题，提升他们的学习效率。每章分为六个小节——本章目标、重要术语、热身问题、多选题、疑难问题和讨论主题。

网上测验

每章的小测验由南哥伦比亚大学（Columbia Southern University）的 Robert Allen 编写，强调每章重要的概念，帮助学生检查进度，而且提供答案，确保学生阅读理解正确，帮助学生复习考试。小测验也是在课前温习重要知识的极佳方法。

课程网站

所有更新的补充资料都能在网站上获得。网站分为教师门户和学生门户，并且提供了大量与特定的群体相适应的学习工具。请访问 www. mhhe. com/pugel15e，获取这些补充资料。

学生：

- 学习指南；
- 幻灯片下载；
- 全书术语表；
- 每章测验。

教师：

- 教师手册下载；
- 幻灯片下载；
- EZTest 在线测试程序；
- 学生部分的所有资料。

目　录

第1章 国际经济学的特殊性

国家不同于地区或家庭。国家拥有最高统治权，这意味着没有一个全球性的中央法院可以凭借全球警察的力量把自己的意志强加到某一个国家之上。一个主权国家可以在本国公民和外部世界之间设置各种各样的壁垒。然而，一个地区或家庭却必须面对这样一个政治现实，即同一个国家中的某些人可以通过选举取得政治地位，进而可以推行强制性的政策或进行征税。地区或家庭不得不对拥有政治发言权的人妥协，而国家则不会面临如此强大而需要妥协的压力，因此常常会无视其他国家的利益。而且，国家可以采用一些地区很少使用、家庭无权使用的政策工具，比如国家可以拥有自己的货币、设置对外贸易壁垒、制定政府税收和财政支出以及自己的公民权和居留权法律。

只要存在国家，国际经济学就将成为独立于其他经济学的分析体系。国际经济学的特殊性使它既迷人，又扑朔迷离。下面首先介绍为本书提供讨论框架的四大有争议的国际经济的新发展。

1.1 四大争议

1.1.1 汽车轮胎的进口

2004年，美国在汽车和轻型卡车上使用了3.07亿个新轮胎，其中1.94亿个轮胎（占所有轮胎的63%）是美国自产的。2008年，美国投入使用的新轮胎下降到2.76亿个。其中发生的巨大变化是，在这些新轮胎中，美国自产的轮胎比例下降至50%（仅为1.37亿个）。还有什么不同呢？美国正在更多地使用从国外进口的轮胎。从2004年到2008年，美国进口轮胎的数量增加了2 600万个。而且，新增进口轮胎基本上来自中国。这一数字从2004年的1 500万个上升到2008年的4 600万个。

在美国，这种轮胎进口数量的激增颇具争议。美国轮胎产量的减少以及进口的激增，导致大量轮胎制造业的美国工人失业。轮胎制造业的就业人数从2004年的

35 000 人下降至 2008 年的 31 000 人。2006 年到 2007 年，四家美国轮胎厂倒闭。

美国轮胎业的工人中几乎有一半加入了美国钢铁工人联合会（United Steel Workers Union）。美国钢铁工人联合会找到了一个反击从中国进口的方法。2001 年，中国在加入 WTO 时接受的一个条款是，如果从中国进口品的激增给他国产业带来实质性损害，他国可以对其强行实施临时性壁垒（或称为保护措施）。

2009 年 4 月，美国钢铁工人联合会向美国政府递交申请书。美国国际贸易委员会（ITC）经过调查得出结论：从中国进口的轮胎数激增，损害了美国轮胎产业。至于应该采取何种应对措施，最后的决定取决于美国总统。美国国际贸易委员会向美国总统奥巴马建议对中国轮胎征收巨幅附加关税，第一年 55%，第二年 45%，第三年 35%。（这些专门针对中国的关税是在美国进口轮胎标准关税 4%的基础上附加的关税。）

如果你是美国总统，你会做什么？到目前为止，所有的一切听起来非常简单，遵循法律即可。你有法律以及相关的法律程序可以遵循，而且事实也与法律要求相吻合。在美国有一些群体（轮胎生产厂商和工人）受到了损害，显然，这种痛苦将要转移到他国（中国）出口商那里。因此，从美国的立场来看，有什么可争议的呢？

以下就是争议。作为美国总统，你应该考虑美国整体的利益，而此时你还未考虑美国另外一些群体的利益。最重要的是，轮胎使用者会怎么样？大部分进口轮胎是作为数百万辆使用中的汽车和轻型卡车的备胎使用的。作为美国总统，如果你征收关税，那么在美国，中国制造的轮胎的价格将会上升，而且与中国制造的轮胎相竞争的其他轮胎的价格也会上升。美国的轮胎消费者将要为备胎支付更高的价格，所以他们的境况会变得更差。

作为总统，你必须权衡所有这些问题甚至更多的问题。通过学习国际经济学，你将知道部分答案。一般来说，提高关税对国内消费者的损害要比国内生产者的收益（包括工人的收益）大。而且，虽然有一些例外情况，但是提高关税通常会使一国失去一些福利，即便算上政府从关税中得到的收益也是如此。

不管你想采取什么措施，我们知道在 2009 年 9 月，奥巴马决定对进口的中国轮胎征收关税，尽管税率比国际贸易委员会建议的要低一些——第一年 35%，第二年 30%，第三年 25%，但这一税率仍然很高。因为美国钢铁工人联合会是他竞选时主要的支持者。这个案例的结论是，政治打败了经济学。

那么，在他征收关税后发生了什么？政治虽然可能打败了经济学，但不能废除经济学。在更高的关税开始生效后的 9 个月，尽管当时美国对轮胎的总体需求是上升的，但从中国进口的轮胎依然减少了大约 40%。轮胎批发价上涨了大约 25%。（在美国，中国轮胎的价格并没有以关税的幅度全额上升，这是因为中国制造商为了不失去美国市场而承受了部分关税。）美国消费者在轮胎上多花费了数百万美元，而这些钱原本可以用于购买其他物品。备胎价格的提高使得美国司机选择延长旧轮胎的使用时间。这是一种“关税导致国家经济的无效率”。在这个例子中，用陈旧、不安全的轮胎行驶越长时间，意味着发生意外事故的风险越大。

如果关税给美国轮胎制造商和工人带来好处，也许这些代价都是值得的。但现在，政策所引发的国际形势变得更加有趣。大部分中国轮胎是能满足基本使用要求的标准轮胎。由于 2009 年以后，美国轮胎制造商已经基本放弃生产这种轮胎，随着中国轮胎的进口量下降，同时美国又没能及时扩大低端轮胎的产量，使得美国从韩国、印度尼西亚和泰国进口的轮胎数几乎翻倍。

除了这些，中国轮胎制造商受到的损害也是显而易见的。因此，在此次事件中，中国如何应对也是非常有争议的。中国政府以两种方式做出反应。首先，中国政府向WTO投诉美国违反了WTO的规则。WTO的一个重要功能是解决争端。2010年年末，WTO裁定美国政府专门针对中国征收保护关税是符合WTO规则的。我们注意到，有些事情可能是符合WTO规则的，然而却不是明智的经济学。

中国政府的另一个反应就更有争议了。似乎中国政府要通过对美国向中国的出口品采取类似方式来表达不满。中国政府对美国公司是否倾销鸡肉和汽车零部件、美国政府是否对这些产品的出口进行补贴发起调查。不久后，中国便对美国这些出口品征收大额关税，比如，对从美国进口的鸡肉征收超过50%的关税。一位美国的贸易官员说，美国有理由对这种看似报复的行为做出反击。这是一场可能会造成贸易战的博弈，给双方都带来巨大损失。幸运的是，它并没有升级。

从中国进口轮胎说明了为什么国际经济学具有特殊性。消费者会寻找物美价廉的产品，但是当他们转向购买更多的外国进口品时，那就变成了颇具争议的政治问题。国家政府官员有权颁布政策以限制诸如进口等国际交易。如果整个世界就是一个国家，那么是否改变购买选择的问题可以交给市场。在一个国家内部，通常不允许限制某一地区与另一地区进行贸易往来。但是事实上，当这个世界被分成不同的国家时，每个国家都有自己的政策。

总体来说，美国经济很可能从不断增加中国轮胎进口中受益，因为美国人可以用低成本的中国轮胎代替高成本的轮胎。即在国际贸易中的比较优势的基础上获益。同时，我们也对由于进口增加而丢失工作的轮胎工人表示同情。如果对进口设置更多障碍不是帮助这些工人的最好办法，那么我们应该考虑其他可能的方法。

1.1.2 移民

全世界大约有3%的人口即2亿人居住在出生地以外的国家。对于大多数工业化国家（除了日本），国外出生的人口占该国人口的比例相当高——美国和瑞典为14%，加拿大为20%，英国为11%，澳大利亚为25%——这些比例还在上升。他们中很多都是非法移民——对美国来说，非法移民大约占总移民人数的1/3。在某种程度上，移民的增加引发了强烈的反应。

2007年，美国国会（U.S. Congress）否决了一项对美国移民政策进行全面改革的法案。这项法案得到美国总统布什和许多国会领导人的支持，将向受过良好教育、技能水平更高的新移民倾斜，包括建立一项新的临时客工计划，加强雇主对雇员合法地位的审核，在美国和墨西哥边界设立障碍、增加新的边界防护，以及对非法移民获得合法身份设置复杂的程序。然而由于美国不同群体提出抗议，包括一些保守人士加入反对者行列，认为法案后面的附加条款是令人无法接受的大赦，对这项法案的支持力量最后土崩瓦解了。

在联邦法律没有发生变化的情况下，近几年来各州颁布了数百部关于移民的法案。其中许多法律加强了对非法移民的防备。例如，从2004年开始，亚利桑那州通过了一系列的法令阻止政府对非法移民的帮助（联邦法律明确要求帮助的除外）：如果一家公司雇用非法移民，就取消其做生意的权利；判定一个正在寻找或拥有工作的非法移民有罪；要求移民随身携带登记文件；警察有权检查任何一个他们怀疑是非法移民的人员的身份证明。后面几条存在鼓励种族歧视的可能性。凤凰城的警长对逮捕非法移民尤其显得咄咄逼人。

在其他国家，反移民的言论和行为在不断升级。法国总统萨科齐坚定地反移民，并在 2007 年赢得了大选。丹麦、瑞士和挪威的选举人都倾向于承诺减少、限制移民的候选人。在 2010 年澳大利亚的选举中，两大主要政党中，其中一党的领导者是移民，另一党的领导者的父母是出生在外国的澳大利亚人。然而，社会舆论迫使两位领导者承诺收紧移民政策、大幅减少移民。

移民的反对者强调他们确信是移民引发了一系列问题，包括总体经济损失，移民占用政府服务（如医疗保健和教育）而引起的财政负担，移民融入新的国家对其文化、价值观和语言的影响，犯罪率上升，以及一些移民和恐怖主义有关。我们应该怎样理解这些反对者的言论？大多数移民是为了获得比他们在祖国更好待遇的工作而移民的，所以，考察经济效应很重要。

那么，移民对移入国的经济会带来多少损害呢？国际经济学的分析可以帮助我们不被情感左右而客观透彻地思考这个问题。有鉴于移民反对者们群情激奋，问题的答案可能很令人惊讶。

这种求职移民不仅给移民者，还给移入国总体带来了净经济效益。基本分析表明，在移入国中存在赢家和输家。赢家包括雇用移民的公司和购买由移民生产的产品的消费者。输家是与移民竞争工作岗位的工人。例如，在工业化国家，低技能工人的实际工资会被从发展中国家流入的低技能工人压低。综合以上所有因素进行分析，就会发现移入国的净效应为正——赢家获得的收益比输家蒙受的损失要多。

承认这种净经济效益是很重要的，但是只要存在国家界限，对移民问题的争议就会存在。国家政府有能力对移民强加限制，而且很多国家都这么做了。如果国家政策对合法移民进行严格限制，那么一些移民就会非法移入该国。合法和非法的移民都给全球经济福利带来了收益，但是从社会和政治的角度看，它们饱受争议。

1.1.3 中国的汇率

汇率是一国货币换算成其他国家货币的价值。汇率往往是争议的来源。近几年最引人关注的争议是对中国货币的汇率值的争议。

1994 年，中国的汇率体系从汇率双轨制，转变成为非官方但明显是钉住美元的固定汇率制度。事实上，从 1997 年到 2005 年，人民币汇率一直锁定在大约 8.28 元 1 兑 1 美元。在 1997—1998 年的亚洲金融危机中，美国政府赞扬中国政府的固定汇率制度是稳定经济的磐石。

然而，到了 2003 年，美国政府开始批评中国的固定汇率政策，认为是实际上“让人不能接受的货币操控”。2004 年，美国对中国的贸易赤字（进口超过出口的数额）达到 1 610 亿美元，占了美国对全球贸易赤字 6 090 亿美元中相当大的一部分。这些赤字在 2005 年甚至更高，因此来自美国政府的压力也更大。美国国会提出法案威胁要进行报复：除非中国政府对人民币进行大幅升值，否则美国将对从中国进口的货物征收高额关税。由于欧盟对中国同样有大量贸易赤字，它也对中国政府施加很大压力，要求人民币重新估值。

保持人民币汇率稳定就是操纵汇率吗？这里的言下之意是，人民币汇率应当改变却没有改变。依据是什么呢？最基本的依据是，尤其是在 2001 年之后，中国政府不得不持续在外汇市场购买美元出售人民币，以保持市场上的汇率与固定利率相符。如果它不这样做，对人民币强烈的私人需求会导致人民币价格（汇率）上升。（同样，为获得人民币而出售的大量美元，导致美元相对于人民币贬值。）

有迹象表明，中国货币的汇率太低，但是低多少？经济学家对人民币被低估的幅度做出了各种各样的估算，大部分在 15%～40%的范围。即便对专家来说，做这样的估计也是很有挑战性的。

第一，尽管中国对美国和欧盟有巨额的贸易顺差，但是它对其他许多国家却是贸易逆差，包括韩国、泰国、菲律宾、澳大利亚、俄罗斯、日本和巴西。总的来说中国的贸易是顺差。尽管顺差在不断增长，但在 2004 年时顺差并不那么大。

第二，中国有极高的国民储蓄率。对于一个典型的发展中国家来说，低储蓄率通常会导致贸易赤字，但是中国并非如此。所以中国的贸易顺差也是有一定经济原因的。

第三，随着迫使人民币升值的压力剧增，私人投机者开始把“热钱”转移到中国，希望在人民币升值时获利。中国政府对美元的购买中很大一部分就是用来购买这种热钱，而一旦投机者认为游戏结束，热钱就会倒流回去。

中国政府对国外施压要求其改变汇率政策抵制了好多年。与美元挂钩的固定汇率制使中国经济运行良好。中国政府不愿意屈服于外国的压力，并反复申明，中国会独立自主地做出适合中国经济发展的汇率决策。

然后，在 2005 年 7 月 21 日，中国政府宣告并且执行了一系列针对人民币汇率调整的政策。人民币汇率从 1 美元兑换 8.28 元升值到 8.11 元，升值了 2.1%。（是的，这看起来确实很奇怪，更小的数字表明人民币更加值钱了。欢迎来到有时会令人困惑的外汇世界。正如所说的，这个数字显示了美元的贬值，同时也就是人民币的升值。）从那以后，中国政府采用了所谓的“爬行钉住汇率制度”，即政府允许汇率发生细微的日常浮动，且在长时间内发生缓慢的、严格控制的浮动。截止到 2008 年 7 月，人民币一共升值了约 21%，到 1 美元兑换 6.83 元。但由于中国政府担心不断恶化的全球金融和经济危机（将在下一部分讨论），所以决定回归与美元挂钩的较为稳定的固定汇率制。在将近两年的时间里，人民币一直保持在大约 6.83 元兑 1 美元。

中国持续保持贸易顺差，外国投资也在不断涌入中国。在外汇市场上，为阻止人民币升值，中国不断买入美元、卖出人民币进行干预，增加对美元的官方国际储备资产的持有。在 2001 年年初，政府持有的以外币计值的金融投资和类似的资产为 1 680 亿美元；2005 年中期增加到了 7 150 亿美元；到 2010 年中期，达到了 2.47 万亿美元。

随着世界经济从最严重的全球危机中逐渐复苏，美国和其他国家重新开始对中国施压，要求人民币升值。即使估算的方式千差万别，许多分析家认为，人民币仍然被低估了约 15%～30%。2010 年 6 月 18 日，中国政府恢复对人民币的缓慢升值，次年人民币对美元升值了 5%多一点。

尽管外国的压力可能会有些效果，但是中国政府恢复对人民币升值的最重要原因是中国国内经济状况发生了改变。政府在外汇市场上买入美元进行干预，同时也在卖出人民币。中国的人民币供给增长太快，刺激了国内的借贷和支出，所以给通货膨胀带来了上升的压力。考虑到这些情况，人民币升值至少可以通过三个渠道帮助中国政府把国内经济治理得更好。第一，它降低了中国进口商品的价格，因此减少了通胀压力；第二，它放缓了中国出口，消除了对资源和产品价格的部分需求压力；第三，它减少了必须干预外汇市场的人民币数额，减轻了中国国内货币供给增长的压力。

由于外汇干预持续进行，截止到 2011 年 3 月，中国官方国际储备已经达到了让人震惊的 3 万亿美元之巨，所以在 2011 年中期，对中国汇率的国际争议依然热火朝天。很显然，对中国汇率政策的争议，说明一个国家的政策决定对其他国家有溢出效应。汇率是影响国际货物和服务贸易以及国际资本流动的一种重要价格。

本书将深入考察由这种争议引起的问题。例如，第 2 章将考察一国国际收支的贸易盈余和贸易赤字。第 9 章将探索外国资本投资以及货币投机的作用。第 8 章到第 10 章将考察汇率以及外汇市场上的官方干预是如何影响一国的贸易差额、产出、失业率及通货膨胀率的。第 6 章和第 11 章将分别考察为什么一国选择或不选择固定汇率制。

1.1.4 全球金融与经济危机

2004—2007 年，世界产出和实际收入以一个健康的、大约 4%～5%的年增长率增长。大多数国家的通货膨胀率都较低，且就业情况良好。一个看起来如此稳定的全球宏观经济是如何迅速陷入自 20 世纪 30 年代大萧条以来最严重的全球金融与经济危机的呢？

这一事件始于美国。由于美国经济的强劲增长和低通胀率，美国采取了扩张性的货币政策。利率也维持在适度水平，并且几乎不存在风险定价。在这样的经济环境中，许多金融机构、企业、家庭和政府，都愿意承担新的债务，包括贷款和发行债务证券。美国未偿还的债务与其国内生产总值（GDP）的比率从 2002 年的 299%增加到 2007 年的 357%。银行和其他金融机构都乐意借款给企业和家庭。银行不断地把这些贷款打包成资产抵押债券（asset-backed security），出售给全世界的投资者，并且这些资产抵押债券经常被拆分成好几块，因此，最高等级的那一部分就显得风险很低。美国的住房价格开始上涨，从 2002 年开始每年大约上涨 13%，并在 2006 年 4 月达到顶峰。美国正处于一个信贷热潮之中，其中一个表现就是房地产泡沫。

2007 年，危机的第一个迹象出现了。更多的面向高风险借款者的次级抵押贷款开始违约。这些抵押贷款支持证券的亏损越来越大。同年 8 月，当法国巴黎银行（BNP Paribas）宣布不能为这些共同基金的美国次级抵押贷款资产进行估值，并暂停赎回它的三只共同基金时，人们清醒地意识到要出问题了。这一冲击在金融部门内敲响了一记警钟。金融盛宴曲终人散，危机正在到来。银行和其他投资者马上开始怀疑其他金融机构是否亏损，因为它们也持有不良资产。银行之间也不愿意向对方贷款——每个银行都想加强自己的流动性，而不愿承担其他银行的贷款得不到偿还的风险。投资者开始谨慎购买资产抵押商业票据。资产抵押商业票据是一种短期债务证券，并且随着新发行量直线下降，市场也陷入低潮。更为普遍的是，银行加强了新贷款的标准。美国的股票价格在 10 月达到最高值。12 月，美国经济开始出现衰退，尽管一开始它还表现得很温和。到 2008 年年初，抵押贷款支持金融证券的损失总额达到约 5 000 亿美元。

在危机的第一阶段，主要问题似乎是银行和其他金融机构难以融资。信贷热潮已经转变成信贷紧缩。美联储和其他中央银行还是像通常一样地做出反应，采用货币政策以试图稳定金融部门和整个经济。2007 年 8 月，美联储开始逐渐降低利率，但是银行和投资者仍然不愿意贷款和投资。因此，在 12 月，美联储不得不采取更多措施。它引进了两个不同寻常的项目来增加额外的流动性。首先，它开始运用定期拍卖工具①

---

① 定期拍卖工具是美联储在 2007 年 12 月推出的救市手段，用以舒缓银行资金周转紧张的情况。定期拍卖工具所拍卖的是短期美元贷款，其操作与央行惯用的货币政策公开市场操作相似。定期拍卖工具的具体操作为：需要资金周转的银行，可在美联储设定的拍卖期内，以暗投形式竞投贷款利率，当宣布结果后，中标银行需根据其获批贷款的额度，向美联储提交金融抵押品。当局会依照抵押品市值作出折让计算最终贷款额度。如果在贷款期间抵押品市值下降，美联储有机会向银行追收额外抵押品，以符合贷款要求。——译者注

(term auction facility，TAF）向银行拍卖资金，以解决银行不愿采用传统的贴息贷款方式向美联储借款的问题。其次，它与欧洲中央银行和瑞士中央银行开展外国中央银行流动性互换业务。外国中央银行可以利用互换来获得美元，然后借给它们国内自己的银行。通常情况下，原来这些银行难以通过正常的银行间借贷来获得美元。

尽管这些中央银行的行为具有一些积极效应，金融市场的情况却依然没有好转。2008 年 3 月，贝尔斯登投资银行（Bear Stearns）无法获取短期资金，幸亏纽约联邦储备银行（New York Federal Reserve Bank）安排 JP 摩根大通（J. P. Morgan Chase）去收购它，它才避免了破产。

9 月 15 日，当雷曼兄弟破产时，一切都发生了改变。这一冲击使整个世界进入全球危机的第二阶段，并且是更为严重的阶段。情况瞬息万变。主要储备基金（Reserve Primary Fund）是一只货币市场基金，它大量投资于由雷曼兄弟发行的债务。9 月 16 日，当大量储户恐慌地赎回他们的资金时，主要储备基金跌破面值，支付给储户的回报低于当时承诺的每股 1 美元。陷入恐慌的储户随后从其他货币市场基金中抽离资金。这些基金清偿了投资后，也导致了随后的紧缩效应。作为短期资金重要来源的商业票据市场也遭到冻结。同样是在 9 月 16 日，发行了大量的信用违约掉期而手上又没有足够的资金用来偿还的保险公司美国国际集团（AIG），靠着美联储的 850 亿美元的贷款才免于破产。

其实早在雷曼兄弟破产之前，金融机构之间就已经不愿意相互借贷。需要资金的金融机构试图变卖其资产，但是这样的资产甩卖只会使资产价格下降得更快。金融市场的冻结和借贷的停滞加深了美国的衰退，并且这一衰退迅速演变成全球性的衰退。在 2008 年年末至 2009 年年初的 6 个月的时间内，世界实际 GDP 萎缩了大约 6%。

中央银行为应对金融和经济崩溃做出了英勇的努力。从 2008 年 9 月中旬至 11 月，美联储的资产不止翻了一番。美联储购买了大量金融资产，以向特定的金融市场（包括商业票据和资产抵押债券）以及特定的金融机构（不仅包括美国国际集团，还包括一级交易商和货币市场基金）提供支持。美联储也大力扩展了与外国中央银行的流动性互换，增加了可用的流动性和互惠额度，首先与日本、英格兰和加拿大的中央银行，接着又与澳大利亚、瑞典、挪威、丹麦、新西兰、巴西、墨西哥、韩国和新加坡的中央银行达成协议。然后，从 2008 年年末开始，当美联储的其他资产储量开始下降时，它又购买了大量与抵押相关的债券，对美国萧条的房地产部门提供支持。从 2006 年 4 月到 2009 年 4 月，美国的房价平均以每年约 12%的速度下降，新建设量也出现暴跌。

金融市场从 2009 年年初开始恢复，到 2009 年年末，大多已运转良好。美国的股票价格于 2009 年 3 月到达谷底，然后在接下来的一年内上涨超过 50%。美国的衰退也于 2009 年 6 月结束，但是货物和服务市场的恢复远比金融市场的恢复缓慢得多。（许多发展中国家，包括中国，恢复得更快。2010 年，世界实际 GDP 的增长率超过了 4%。）

美国次级抵押贷款的损失是如何演变成一个巨大的全球金融与经济危机的？金融部门的一个小小的部分是如何做到的？在这里我们看到了全球化的一个消极影响。全球化是不断实现跨国界的产品、资本与劳动力市场一体化的过程。正如我们将在全书中看到的，在许多方面，全球化是一种积极的推动力量。它可以促进稀缺资源更有效的利用，提高人们的生活水平。但是，它也会推动负面冲击的扩散。第 7 章具体探讨了我们从发展中国家过去的金融危机中得到的经验教训。

从始于 2007 年的全球危机中，我们可以通过跨国界的金融投资直接看出国家之间联系的作用。2007 年，投资于美国抵押债券的欧洲金融机构遭受了巨大损失。而且，由于借贷意愿的降低，资产甩卖使其价值下降得更多，损失效应被放大。货物和服务的国际贸易的变化也会传播负面冲击。2008 年年末，随着雷曼兄弟的破产，金融市场和借贷遭受冻结，美国和其他许多国家也陷入了更深的衰退之中。随着这些国家的产出和收入的下降，其进口量也下降了。进口减少意味着其他国家出口的减少，因而它们的衰退也加深了。即便像中国这样的金融系统具有韧性的国家也受到出口减少的损失。本书第Ⅱ篇的章节将讨论这些宏观经济的相互依赖性。

最后一个有争议的问题是国家政府是否能够或者应当试图协调它们的宏观经济政策，这是我们将在第 10 章中探讨的主题。从始于 2007 年的全球危机中，我们看到了成功协调的一个典型例子。美联储与其他许多国家的中央银行实施的流动性互换为外国金融机构提供了急需的美元流动性。

1.2 经济学和国家政府

从上述四大争议事件可以看到，国际经济学是一个特殊的研究领域，因为国家都是有独立主权的，因而有自己的政府政策。对每个国家，这些政策几乎都是用来为国内某些利益集团服务的，几乎完全不关注外国的利益。想一想那个美国从中国进口轮胎的争议。当美国对中国的进口轮胎施加高关税时，美国人为保卫中国人的工作和收入的呼声有多大？相反，在中国，也会有呼声抵制美国的进口、导致美国人的工作和收入减少，但又能听到多少保卫美国人的工作和收入的声音？

国家拥有主权、各自的利益和政策，这一事实意味着没有人可以掌控整个世界经济。全球经济不存在全球性的政府，不管是慈善性的还是其他什么形式的。的确，有一些国际组织试图去掌管全球经济某些方面的事务，尤其是世界贸易组织、国际货币基金组织、联合国和世界银行，但是，每个国家都可以无视或者藐视它们，如果它选择这么做。

每个国家都可以独立掌控的最重要政策中，有生产要素（人力资本和金融资本）的国际流动政策、政府税收和支出的财政政策、货币政策以及汇率政策。

1.2.1 要素流动性

古典经济学家强调生产要素的流动性是国际经济学与国内经济学的重要区别之一。劳动力、土地和资本在一国国内可以视为是流动的，因为这些资源可以在一国范围内用于不同产品的生产。例如，一国的土地可以用来生产小麦或者饲养奶牛或是建立一家工厂。但是，古典经济学家认为，这些资源是不能跨国界流动的。除非通过战争，否则土地不能从一国划入另一国。他们忽视了工人和资本等要素从一国移动到另一国的可能性。

要素的国内流动与要素的国际非流动性的差别，对国际经济来说，有许多重要的含义。例如，在法国，不管在哪个行业，一个拥有特定技能的法国工人的工资大体上是一样的。但是这个法国工人的工资水平很可能与德国、意大利、加拿大和澳大利亚类似工人的工资水平有很大不同。对土地和资本来说，报酬率也是在国内相同，但与国外有差异。

时至今日，古典经济学家对要素流动的区分只能算是半对半错。土地是国际流动性最差的要素，而劳动力和资本可以为了获取经济利益在国家间流动。但是要素流动的程度在区域内和国际上还是有差别的。通常人们在本国内移动要比向国外移民容易得多，部分原因是一国内部的语言、风俗和传统比国家之间的更相近。另外，一国政府对国际移民的限制比其对国内移民的限制更严格。资本在国内流动也比国际流动容易。甚至是在许多情况下本可以在国际上自由流动的金融资本，也会由于“国民歧视”，导致人们更喜欢在本国内部进行投资。本书第Ⅰ篇将探讨国际金融投资的方方面面。

1.2.2　不同的财政政策

对每个主权国家来说，各自的政府都有自己的公共支出权、税收权和管制权。当政府利用关税（进口关税）或者管制来减少进口、移民和资本流动时，就是在用这些政策限制国际交易。财政政策的其他方面，包括出口补贴，却是鼓励更多的国际贸易。税收和管制政策在国际层面的差异也会导致基金和产品的大量流动。一些银行在巴哈马群岛开设支行，因为那里对资本收益征税较少，而且对账户的检查也不是很严格。一些航运公司在利比里亚或巴拿马注册，因为那里注册费用低廉而且可以规避其他国家聘用高薪国际船员的要求。我们将在本书第Ⅱ篇讨论不同的财政政策的宏观经济效应。

1.2.3　不同的货币

对许多经济学家，特别是对普通人来说，国内和国际的贸易和投资的主要不同之处是国际贸易要经常使用不同的货币。这和国内贸易是完全不同的。你不可能发行自己的货币，你的家庭也不行，俄亥俄州也不行。

不同的货币意味着一种货币同另一种货币的交换比率是可以变化的。我们可以换个角度思考。如果一直以来 1 美元都恰好值 10 瑞典克朗，人们当然会认为 1 瑞典克朗相当于 10 美分。但事实并非如此。20 世纪 70 年代以来，各种主要货币之间的汇率每时每刻都在波动。我们必须把美元和瑞典克朗看成是不同的货币。有些货币的币值是有争议的，比如人民币。

大多数国家都有自己的法定货币，不过有一些国家会使用同一种货币。每种货币的供给都由负责此种货币的货币当局或中央银行控制。货币政策不仅影响该货币的使用国，也会影响其他的国家，即使它们使用不同的货币。本书将探讨各国货币之间的特殊关系。

第I篇 理解外汇市场

Understanding Foreign Exchange

第 2 章 国际收支

本书讨论货币和国际金融，我们会认识到：(1) 很多国际交易其实就是金融资产的交易，包括债券、贷款、存款、股票以及其他形式的产权；(2) 几乎所有的国际交易都会使用货币（或其他金融资产）去交换其他某种货物、服务或另一种金融资产。

本章对一国国际交易的框架进行考察，采用的分析工具是**国际收支平衡表**（balance of payments）。国际收支平衡表是记录特定时期内（往往是一年内）一国居民（常住单位）与他国居民之间所有价值转移的一组账户。国际收支平衡表反映了一国参与国际经济活动的信息。在后面的章节中我们将会看到，国际收支平衡表对于分析经济增长、通货膨胀和失业等宏观经济问题至关重要。

2.1 会计原理

在国际收支平衡表的核算中，我们需要记录一国的价值流入和流出，并且（任意地）将一个方向的流动设为正，而将另一个方向的流动设为负。

- **贷方项目**（credit item）（以“＋”标记），指一国必须得到支付的项目。它建立了外国人对本国进行支付的依据，也就是说，它表示对外国人拥有货币债权。
- **借方项目**（debit item）（以“－”标记），指一国必须支付的项目。它建立了本国人对外国人进行支付的依据，也就是说，它表示向外国人进行支付的货币债务。

本国的商品出口、外国游客在本国旅游时进行的购买以及外国人投资本国政府新发行的债券都属于贷方项目的例子。在每一个贷方项目的例子中，都存在本国某人有权接受外国人的支付。本国的商品进口、本国公司购买外国咨询公司的服务以及本国投资者从拥有股权的外国人手中购买国外公司的股票等都属于借方项目的例子。在每一个借方项目的例子中，都存在本国某人有责任向某外国人支付。

一国与世界其他国家的每一笔交易都涉及一个价值与价值的交换（如果我们暂时忽略纯粹的赠与）。每笔交易在贷方和借方都有记载，一正一负，而且价值相等。国际收支平衡表核算不过是“复式簿记”（doubleentry bookkeeping）的基本会计原则在国际交易中的应用。（附录 A 举例说明了如何将国际交易计入国际收支账户，以及如何确认和命名贷方和借方项目。这里我们只需知道使用的是复式簿记。）

复式簿记有一个重要的含义。如果把一个国家的国际收支平衡表中所有正项目（贷方）和所有负项目（借方）加总起来，可以肯定地知道最后合计为零！也就是说，如果将一切都计入的话，一个国家的国际收支平衡表总是“平衡”的。那么国际收支平衡表有什么值得研究的呢？值得研究的地方在于我们如何能得到最终那个零。通过把国际收支平衡表的这些项目分成不同类别，可以观察这些更小类别的贷方和借方的集合。对于每一个单项类别，我们可以仔细地研究各个类别中所有贷方和借方项目之和。尽管这个单项类别下的“之和”最好称为“子项目的均衡”，但通常我们都将之统称为“差额”。任何单一的类别或者任何类别的组合都不是全部国际收支的差额，因此其差额可能为正、为零或者为负，这是值得关注的。当差额为正时，称之为盈余；当差额为负时，称之为赤字。

2.2 一国的国际收支平衡表

一国的国际收支平衡表包括三大类项目：经常项目、金融项目以及官方国际储备变化。我们可以结合图表 2—1 所示的美国 2010 年的国际收支平衡表，观察表中每一个类别及其所含项目。

图表 2—1　　美国 2010 年国际收支平衡表　　单位：10 亿美元

经常项目	
货物和服务出口	1 834
货物和服务进口	−2 330
来自海外资产的投资收益	662
向外国人支付的投资收益	−499
单方面转移支付，净值	−137
经常项目差额	−470
金融项目（官方国际储备除外）	
美国在海外直接投资，净值	−346
外国在美国的直接投资，净值	194
美国持有的外国股票债券，净值	−167
外国持有的美国股票债券，净值	482
美国向外国和其他投资者借款，净值	−510
外国向美国和其他投资者借款，净值	286
金融项目差额	−61
官方国际储备	
美国官方持有的外国资产，净值	−2
外国官方持有的美国资产，净值	298
官方国际储备变化，净值	296

统计误差[a]	235
其他重要差额	
货物和服务余额	−496
总差额[b]	−296

a. 统计误差是测量这些项目时所有错误和遗漏的净值。它等于经常项目差额、金融项目差额与官方国际储备净值之和的负值，为−（−470−61+296）。

b. 总差额也称为官方结算差额。它等于经常项目差额、金融项目差额与统计误差之和，因此它是除官方国际储备变化外的所有项目总和。（它也等于负的官方国际储备变化的净值。）

2.2.1 经常项目

经常项目包括货物和服务进出口、收入所得支付以及赠与等全部借方和贷方项目。我们分别考察其中的每一项。

货物商品的出口和进口是很容易理解的。但是服务的进出口主要有哪些？旅游业或旅游服务包括外国游客在诸如旅馆、餐饮以及交通等方面的开销。此外，各国还在贸易运输、保险、教育、金融、技术、电信以及其他商务和专业服务上相互贸易。各国还为使用相互之间的技术或商标而支付报酬。

如果将货物及服务的进出口的所有项目加总，就得到经常项目中的一项重要差额——**货物及服务差额**（goods and services balance）。货物及服务差额衡量了一国的净出口。它经常被称为贸易差额，尽管贸易差额这一说法并不准确，而且有时还特指货物的贸易差额。①

收入所得支付主要指对外国金融资产持有者的支付。除利息之外，这些支付还包括红利和外国企业所有者的其他利益主张，也包括对只在本国进行短期工作的外国工作人员的支付，例如支付给一位到加拿大的大学做讲座的美国教授的酬金。

单方面（无偿）转移支付项目记录的是一国对外国的赠与以及接受赠与的项目。每笔赠与都需要同时在贷方和借方记录。比如美国向马里提供小麦作为国家援助，以帮助马里应对因干旱导致的饥荒。美国小麦的出口记在贷方，但因为马里没有对这批小麦付款，因而美国就没有与之关联的任何价值流入。于是会计师们创建了一个借方项目来与小麦出口的贷方项目对应，并称作单方面转移支付。

单方面转移支付有几种不同的形式。除了政府拨款援助外国人，个人也可进行单方面转移支付。最大的一种私人转移支付是移民向其母国的家庭进行款项和商品的国际汇付。另一种私人援助为慈善赠与，例如国际赈灾。

货物、服务、收入以及单方面转移支付的流动净值即**经常项目差额**（current account balance）。如图表 2—1 所示，美国 2010 年经常项目差额为 4 700 亿美元赤字，经常项目赤字中绝大多数是货物及服务差额的赤字。

2.2.2 金融项目

金融资产以及类似的债权的流动净值（不包括官方储备资产流量）构成私人**金融**

① 美国每月都会公布货物与服务的贸易差额，其提供的月度信息对许多经济分析意义重大。不过，这些数据中还存在许多不确定性因素，因此利用这些数据来解释经济的月度变化时要格外谨慎。美国每季度公布一次完整的国际收支报告。

项目差额（financial account balance）。① 金融项目记录的价值是仅限于资产交易的本金金额，而投资国外资产的任何所得均记录在经常项目中。金融项目中（官方储备也是如此），将哪些记入贷方，将哪些记入借方，可能会有点让人迷惑。先看下面四个例子：

1. 一位美国居民增持外国金融资产（股票、债券或贷款凭证），应记入借方，因为该居民对外国付款或增加贷款，资金流出美国（－）。

2. 一位外国居民增持美国金融资产（股票、债券或贷款凭证），应记入贷方，因为美国的卖方（或借款人）接受外国的付款（或得到贷款），资金流入美国（＋）。

3. 一位美国居民减持外国金融资产（股票、债券或贷款凭证），应记入贷方，因为该居民接受外国的付款（或收回贷款），资金流入美国（＋）。

4. 一位外国居民减持美国金融资产（股票、债券或贷款凭证），应记入借方，因为美国的买方（或借款人）对外国付款（或归还贷款），资金流出美国（－）。

如果我们将重点放在金融资产本身的流向，那么借方和贷方就好像货物和服务的出口与进口。如上面的 2 和 3 中，美国出口金融资产，并且每一个都记为正值。在上面的 1 和 4 中，美国进口金融资产，因此每一个都记为负值。但是，我们通常关注的是资金的流向，所以 2 和 3 中的情况通常称为资本进口，1 和 4 中的情况通常称为资本出口。

需要在此特别阐述几种私人金融流动。直接投资指由某主体（多为跨国公司）对其控股和掌控的国外企业进行的任何一种资金出借或产权购买。间接投资包括证券、贷款以及银行存款。证券指债券和股票。投资于国外的债券和股票不属于对外直接投资，而是国际证券投资。它表明投资者并不拥有被投资企业的大部分股份，而只是将这种投资作为投资组合的一部分。正如图表 2—1 所示，2010 年美国公布的金融项目赤字为 610 亿美元。根据借方和贷方的含义，这个数字表明相对于外国投资者增持的美国金融资产，美国居民增持的外国金融资产是净增加的。

2.2.3 官方国际储备

国际收支平衡表的第三个主要部分记录了官方持有国际储备的变化。**官方国际储备资产**（official international reserve assets）是由政府持有并且为各国政府认可和完全接受的相互支付的类货币资产。私人（或非官方）国际金融资产和官方国际储备资产的区别与私人和政府的区别并不完全一致。冠以官方一词用于说明资产是由货币当局的政府部门掌握，而非整个政府。其他（“非官方”）政府资产则包括在私人项目中。这一区别的目的是将注意力集中在调节币值的货币管理任务上。在讨论总顺差或总逆差时我们将再回到这点。

19 世纪末 20 世纪初，黄金是主要的官方储备资产。今天，尽管黄金仍作为储备资产持有，但它已经很少用于官方储备交易。目前，各国的官方储备资产的主体是外汇资产。外汇资产是一种在国际交易中普遍接受的以外币标价的金融资产。对于美国来说，其外汇资产是欧元（以前是德国马克）和日元资产。对于其他国家来说，这种外汇资产通常为美元资产。其他两类官方储备资产是一国对国际货币基金组织

---

① 现在国际货币基金组织（IMF）和大多数国家使用金融项目这个术语来指代传统所称的资本项目。令人困惑的是，IMF 现在也有一个独立的非常小的分类名为“资本项目”，主要由传统上包含在单方面转移支付中的资本转移组成。我们对金融项目的描述实际包含了 IMF 所说的金融项目和资本项目的组合。

(IMF) 的特定债权，尤其是在该基金中的储备头寸，以及一国持有的特别提款权(SDR)，这是由 IMF 创造的储备资产。

正如图表 2—1 所示，美国从其持有的官方国际储备变动中获得了巨额的融资。(对这部分价值的解读与对金融项目的解读相同。) 实际上美国政府所持有的国际储备几乎没有变化。最大的变化是外国货币当局大幅增持了以美元计价的官方储备资产(多数为美国国库券)——增量为 2 980 亿美元。官方储备资产盈余 (2 960 亿美元) 为美国政府提供了填补其经常项目赤字所需要的大部分融资。

2.2.4　统计误差

账户最下面是可疑项目——统计误差。如果每笔交易在两个方向的流量都被准确无误地记录下来，则不会有任何统计误差。事实上，正如图表 2—1 所示，2010 年美国国际收支平衡表的统计误差金额很大，贷方差额达 2 350 亿美元。这意味着相对于借方项目，美国的贷方项目并没有被全部记录。会计师引入统计误差使账户平衡，并且提醒我们有某些东西被遗漏了。统计误差对遗漏的记录而言略显保守。它是借、贷双方所有错误和遗漏的净结果。事实上贷方被遗漏的金额要超过 2 350 亿美元，其中一些因为借方项目中未能准确记录而被抵消掉了。

记录误差是如何产生的？哪些项目可能被最严重低估？对于美国，我们猜想，大部分的误差是对私人资本流动的低估，因此 2010 年美国真正的金融项目差额可能是盈余的。对某些发展中国家来说，人们绕过母国的规则和监管将财富输送至国外造成的资产逃逸，是记录误差的另一个来源。我们可以想象，人们和企业有的时候也有这样的动机去隐藏或者低报其产品的进口以及离岸投资的收入。

2.3　经常项目差额的宏观含义

经常项目差额 (CA) 有多重含义。第一层含义来自一国国际收支平衡表中所有项目加总起来必须为零 (因为它是复式簿记记账)。除了经常项目之外的其他所有项目都为国际金融投资的流动，包括私人或非官方 (在金融项目下) 和官方 (官方国际储备的变化)。因此，一国的经常项目差额必须等于**对外净投资** (net foreign investment)，即该国增加的外国金融资产减去该国增加的对外金融负债的差。

- 如果一个国家经常项目盈余，那么其持有的外国资产的增长快于其对外负债的增长，对外净投资为正——该国相对其他国家是净债权国。
- 如果一个国家经常项目赤字，那么其对外负债的增长快于其持有的外国资产的增长，对外净投资为负——该国相对于其他国家是净债务国。

正如图表 2—1 所示，2010 年美国通过增加对外国私人或非官方投资者和贷款人的负债 (表现为资本项目盈余和未记录的资本流入部分的统计误差) 以及增加对国外货币当局的负债 (表现为国外货币当局持有的以美元标价的官方储备资产的增加) 来为经常项目赤字融资。

一国的经常项目差额还与其国民储蓄和国内实际投资有关。一国可以将国民储蓄 (S) 用于两方面：投资于国内，用于本国资本形成，即国内实际投资 (I_d)；投资于国外，即对外净投资 (I_f)。也就是说，国民储蓄 $S=I_d+I_f$。从另一方面看，一国对外净投资等于国民储蓄与国内投资的差额 ($I_f=S-I_d$)，或者说一国经常项目差额等于未用于国内投资的国民储蓄（$CA=S-I_d$）。

从另一个角度分析美国 2010 年的经常项目赤字时，美国国民储蓄相比国内实际投资更低。为了给国内实际投资融资，一国必须依赖国外资金。（我们在第 10 章将再次讨论这一问题，考察美国的经常项目赤字是如何与美国政府预算赤字相关联的，后者是一国支出多于收入的非储蓄形式。）

一国的经常项目差额还与国内产出、收入以及支出紧密相连。一国的经常项目差额是该国国内生产的货物与服务总量与该国在货物和服务上总支出之差。回忆一下基本的宏观经济学知识可知，国内的货物和服务总产出（Y）等于对该国产出的总需求：

$$Y=C+I_d+G+X-M$$

式中：C——本国对货物和服务的私人消费支出；

I_d——对建筑、设备、软件及存货的国内实际投资；

G——政府的货物和服务购买；

X——外国对本国出口的货物和服务的购买；

M——本国对进口外国货物和服务的购买。

C，I_d以及 G 项目中，包含了对本国生产和进口货物和服务的购买。因此，进口必须被单独扣除，因为进口不是对本国商品的需求。

一国对货物和服务的总支出（E）等于消费、国内投资和政府购买之和：

$$E=C+I_d+G$$

因此，国内产出等于该国的总支出加上净出口，或者说 $Y=E+(X-M)$。一国的经常项目差额（近似地）等于其净出口，因此一国的经常项目差额（近似地）等于国内产出与在货物和服务上国民支出的差额①：

$$CA=X-M=Y-E$$

按照这种思路，对美国 2010 年的经常项目赤字的另一个解释是美国家庭、企业和政府购买的货物和服务超出了国内产出。

总体说来，经常项目差额等于三个其他概念：

经常项目差额	**CA**
=对外净投资	$=I_f$
=国民储蓄与国内投资的差额	$=S-I_d$
=国内产出与国民支出的差额	$=Y-E$

以上使用了美国经常项目赤字分析上述等式的含义，但如果一国的经常项目出现盈余，上述等式又有什么含义？

- 该国对外净投资为正（即该国对于其他国家是净债权国或投资国）。
- 该国的国民储蓄超出国内投资。
- 该国的国内生产超出了（并且能从这些产出中获得更多的收入）其对货物和服

① （$X-M$）即货物和服务的出口减去进口，等于经常项目差额，这里忽略了收入流动以及单方面转移支付，这是宏观经济分析中常用的一种简化方式（另一种方法是令国内产出等于国民收入）。

务的消费。

需要说明的是，到目前为止的分析并不是为了判断以上各种情况究竟是好是坏，它们只是对同一现象的不同表述而已。

这些等式有助于我们理解如果想要改变经常项目差额，必须做出何种改变。比如某国试图减少经常项目赤字（即改善经常项目差额，使其负值减少）。根据分析，经常项目差额的改善一定伴随着国内产出（Y）的增长快于国民支出（E）的增长。如果国内产出不能扩张很多，那么必须减少国民支出以减少进口或使更多的产品用于出口。

这些公式同样有助于理解哪些因素可能导致经常项目差额的变化。为了了解经常项目的作用，让我们观察图表 2—2 中自 20 世纪 60 年代初以来四个国家经常项目的走势。图表 2—2 同时描绘了四国经常项目差额和货物及服务的净出口值，即货物及服务差额，占各国国内生产总值的比例。两个指标的差额是各国的净收入流动和转移支付。（在此考察收入与转移项目是有益的，尤其是收入流动，尽管在更为一般的宏观经济分析中通常忽略这两个因素。）

图表 2—2 中的 A 图表明，美国已经从第二次世界大战后的净出口国和净贷款国变成了净进口国和净借款国。在 20 世纪 60 年代以前，美国一直保持经常项目盈余和贸易顺差。美国之所以成为净出口国和净贷款国，很大部分是由于战后重建的欧洲和日本急需美国的商品和贷款。20 世纪 70 年代直至 1981 年，一种新的格局开始出现。美国成为货物和服务的净进口国，但其经常项目仍大致保持平衡，这主要应归功于早期对外投资的利息和利润收入。80 年代，美国存在显著的贸易和经常项目赤字，成为全球最大的债务国。其根本原因是出现了新的联邦政府赤字，美国国民储蓄（S）大幅下降，无法满足国内投资（I_d）的需求，迫使美国不得不从日本和其他国家大幅借债（$-I_f=-CA$）。80 年代末美国的赤字有所减少，但在 1991 年后再次增加。到 2005—2006 年，美国的经常项目赤字已经达到美国 GDP 的 6%，2009—2010 年降到 GDP 的 3%左右。

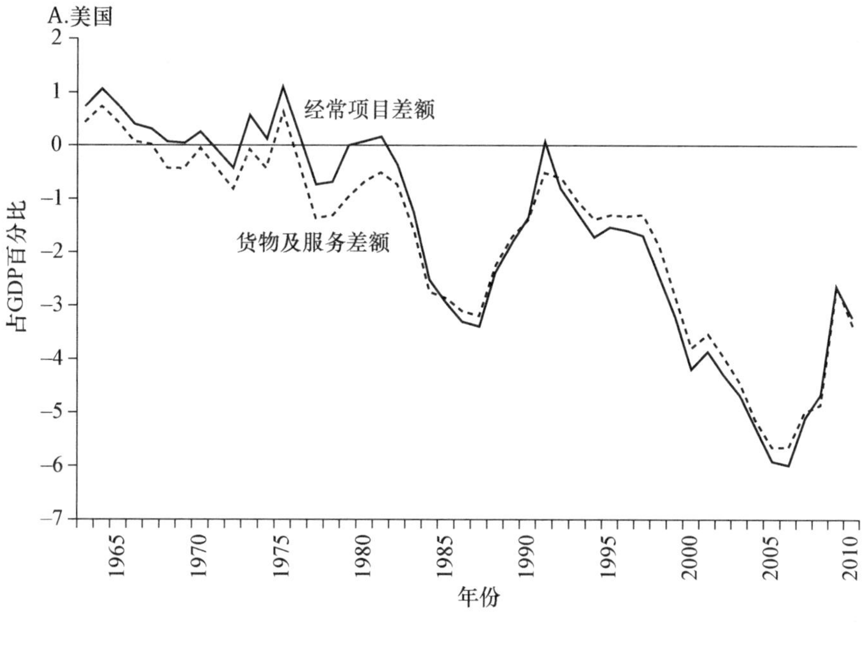

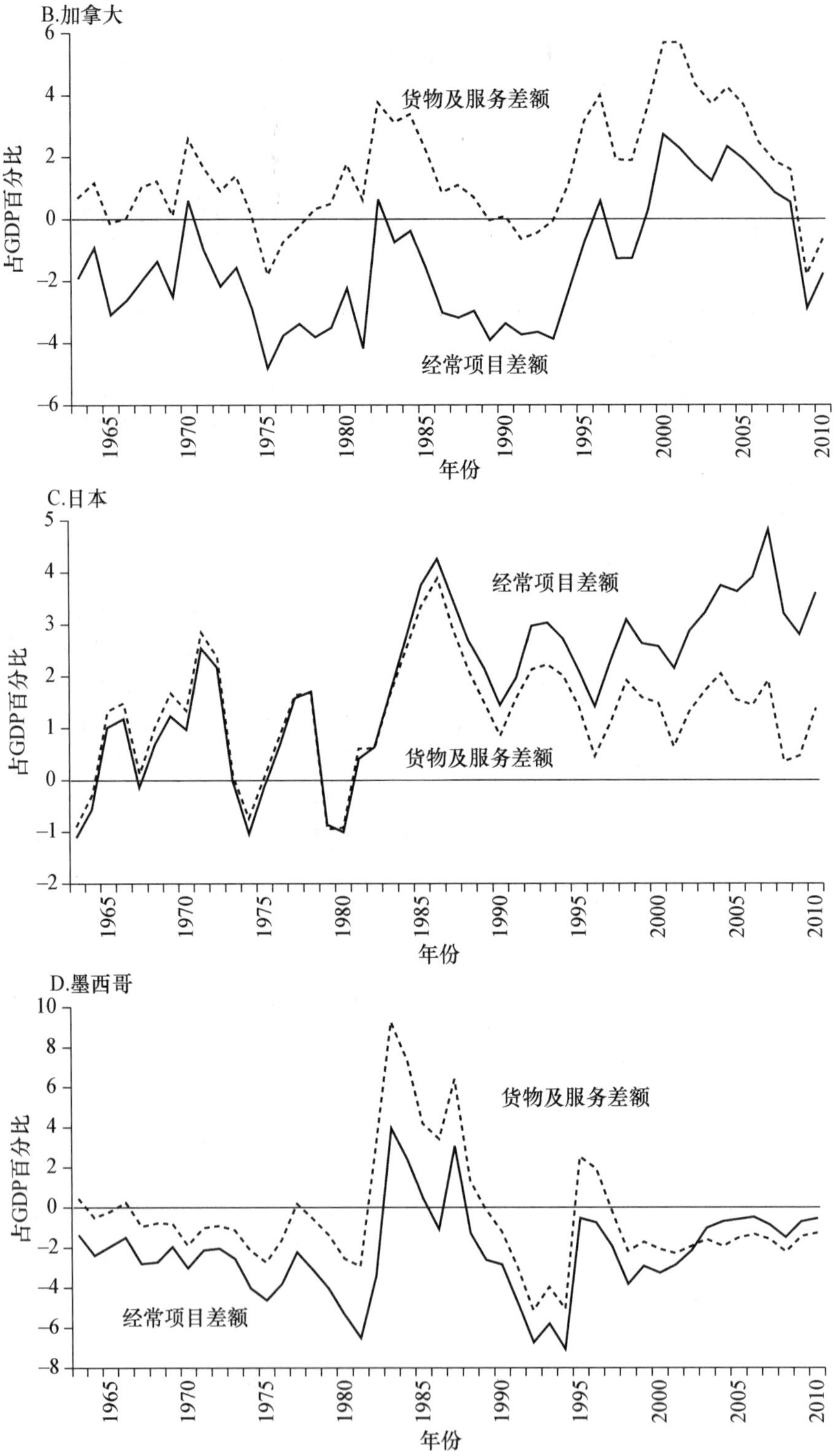

图表 2—2　美国、加拿大、日本和墨西哥的经常项目差额以及货物及服务项目差额（1963—2010 年）

资料来源：International Monetary Fund，*International Financial Statistics*.

一直到 20 世纪 90 年代末，加拿大的历史表现都符合一个具有良好增长潜力的债务国发展的典型模式。在那一时期，加拿大从其他国家借债（尤其是从美国），加拿大的经常项目赤字就能说明这点。加拿大曾利用其货物及服务贸易盈余支付外国投资者先期投资的一些收益。图表 2—2 中加拿大货物及服务差额与经常项目差额之间的缺口，主要是对先期债务的利息和利润的支付。

到 20 世纪 80 年代中期，日本的货物及服务差额几乎与经常项目差额相等。而且从 60 年代初开始，两个项目基本都保持盈余。随着日本商品占据外国市场，这一盈余在 80 年代变得很大，并开始引发争议。当然，造成这一情况的另一种解释是日本的对外净投资（$I_f=CA>0$）在 80 年代中期变得很大。在那些年份中，日本的对外投资，包括对美国的大量贷款，成为国际金融的一个主导性因素（尽管其作用在 90 年代逐渐下降）。日本向净贷款国的转变，也反映了日本的高国民储蓄与国内资本形成之间差额的扩大（$CA=S-I_d>0$）。此外，日本持有的外国资产收益的上升，也使日本自 80 年代中期以来经常项目与货物及服务项目出现的正差额不断增长。

在 1982 年债务危机之前，墨西哥一直是一个净债务国。其经常项目差额为赤字（负的 I_f），对外国债权人的利息和红利的净支付，反映了货物及服务差额与经常项目差额之间不断扩大的缺口。图表 2—2 中的 D 图显示了墨西哥在 1982 年遭遇债务危机时经受的巨大动荡。该国的贸易盈余在 1983 年跃升至 GDP 的 9%。这并不是由于出口的增长（出口并没有增长），而是由于该国不得不削减了 2/3 的进口，勒紧裤腰带向国外债权人支付日益增长的外债利息以及偿还外债本金。1983—1987 年，墨西哥实际上是一个净“投资国”，因为该国通过维持经常项目的盈余而减少了对外国的净债务。1988—1994 年，墨西哥再次成为净债务国（$CA<0$）。1994 年年末发生的比索危机，再一次迫使墨西哥以激进的方式调整其经常项目，并在 1995 年和 1996 年转变为货物及服务差额盈余。那些年几乎没有对外净债务（CA 约等于零）。1998 年该国再度出现小额赤字。

2.4　总差额的宏观含义

国际收支平衡表中的**总差额**（overall balance）表明一国的国际收支随着时间的推移是否达到了可以持续的平衡状态。糟糕的是，没有一种指标可以完美地显示总体平衡。一种常用指标是把对外净投资 I_f（或借款）分成两个部分：金融项目余额（FA）所示的净私人（或非官方）资本流动，以及官方储备资产（OR）的净流动。**官方结算差额**（official settlements balance）（B）衡量的是经常项目差额加上（非官方）金融项目差额的总和①：

$$B=CA+FA$$

由于国际收支平衡表中所有项目的总和必须为零，官方结算差额中的任何不平衡都必须通过官方储备流动予以融资（或支付）：

$$B+OR=0$$

① 官方结算差额也包括统计误差，因为我们假设误差来自私人交易的度量误差。

如果总差额 B 为盈余，它等于本国官方储备资产的累积或外国官方储备持有本国资产的减少（即为官方储备账户中的一个借方差额）。如果总差额为赤字，它等于本国持有的官方储备资产减少或外国官方储备中持有的本国资产累积（即为官方储备账户的一个贷方差额）。在有些情况下，这种官方储备持有量的变动是货币当局特别期望的（例如，逐渐增加本国持有的官方储备资产）；在其他情况下，货币当局则特别不希望这种变动发生，因为变化就意味着总体的不平衡。官方结算差额度量了货物、服务、收入、转移支付以及（非官方）金融资产所有私人交易的净流量。但是，对官方结算差额进行抵补的项目——官方储备持有量的变动——体现了官方结算差额的宏观含义。绝大多数由国家货币当局进行的可以导致官方储备量变动的交易，都属于当局在外汇市场进行的官方干预。货币当局进入外汇市场买卖货币时，通常是本币和外币的相互交易。例如，一国货币当局可以购买本币并且卖出外币。这种售出可以减少官方国际储备中外汇资产的持有量；或者，货币当局也可以出售本币而购买外币，这种购买会增加官方国际储备。

正如图表2—1所示，美国2010年官方结算赤字为2 960亿美元。外国中央银行持有的美元官方储备大致也增加了相同的数额，大部分是通过干预外汇市场购买美元完成的。

在后面的各章节中将会看到，由外汇干预而导致的官方国际储备变动，会对很多其他的经济变量产生影响。这一活动会影响汇率、货币供给、利率、私人金融资产的国际流动、国内资本形成、国内产出，以及货物和服务的出口与进口。

2.5 国际投资头寸

补充国际收支平衡表账户（用来记录交易流量）的是**国际投资头寸**（international investment position）平衡表。它记录了一国在某一时刻，通常为年末持有的外国资产和对外负债的存量。流量改变存量，因此国际收支改变国际投资头寸。例如，一国某一年中经常项目出现盈余，那么该国对外净投资（作为流量）是正的，其国外金融资产的持有量就会增加（或对外负债就会减少）。该年年末的国际投资头寸就比年初时要多（或更小的负值）。①

两种账户之间的联系与一种微妙而又常见的语义差别相关。我们所说的一国是贷款国还是借款国，取决于一定时期内它的经常项目差额是盈余还是赤字。一国是债权国还是债务国，取决于该国的外国资产净存量是正值还是负值。前者涉及的是一段时期内的流量，后者涉及的是某一时点的存量（或持有量）。

在20世纪乃至21世纪初，美国的国际投资头寸经历了一个完整的周期。如图表2—2所示，美国在第一次世界大战前是一个净债务国。第一次世界大战使美国迅速转变为全球最大的债权国，其名义债权头寸于1983年年末达到了最高峰。然而，在80年代美国经历了巨大的经常项目赤字，需要通过增加国际借款来融资。经历60多年才建立起来的债权头寸在此后6年内就被抹掉并且逆转了。到1989年年初，美国再一次成为净债务国，而且债务持续上升。图表2—3通过1983年年末和2009年年末净头寸的完整对比生动地反映了这一变化。

① 前期购入资产市场价格的变动，也可改变国际投资头寸。

图表 2—3　　部分年份美国国际投资头寸（1897—2009 年）　　单位：10 亿美元

	1897 年	1914 年	1930 年	1946 年	1960 年	1983 年	2009 年
美国对外投资	1.3	5.0	21.5	39.4	85.6	1 129.7	18 630.7
私人	0.7	3.5	17.2	13.5	49.3	924.9	18 144.2
直接投资*	0.6	2.6	8.0	7.2	31.9	274.3	4 302.9
其他	0.1	0.9	9.2	6.3	17.4	650.6	13 841.3
美国政府（非官方）	0.0	—	—	5.2	16.9	81.7	82.8
美国官方储备资产**	0.6	1.5	4.3	20.7	19.4	123.1	403.8
在美国的外国投资	3.4	7.2	8.4	15.9	40.9	868.2	21 564.7
直接投资*	—	1.3	1.4	2.5	6.9	153.3	3 120.6
其他	3.4	5.9	7.0	13.4	34.0	714.9	18 444.1
美国国际投资净头寸	−2.1	−2.2	13.1	23.5	44.7	261.5	−2 934.0

* 直接投资是指对大部分由投资者母国所拥有的外国企业的投资。1982 年及以后各年，这些投资以当年市场估计价值记账。1982 年以前各年，以投资的历史成本记账。

* * 美国的官方储备资产包括黄金、外汇资产、在国际货币基金组织的储备头寸和特别提款权。1982 年及以后各年，黄金以市场价值记账。

资料来源：U. S. Bureau of the Census，*Historical Statistics of the United States：Colonial Times to 1970* (Washington，DC：U. S. Government Printing Office，1976)；and U. S. Bureau of Economic Analysis，*Survey of Current Business*，July 2010.

本章小结

本章提到了许多基本定义。这里所介绍的一些专业术语可见于各种新闻媒体，在本书后面各章也会频繁出现。如果某些专业术语看起来比较陌生，务必要对它们进行温习。

一国的国际收支平衡表是记录了在特定时期内该国居民与世界其他地区居民之间的所有价值交换的系统性账户。根据复式簿记原则，每笔兑换或交易都可记载为以下两种流量：

- 贷方项目（+）是记载支付给该国的流量。
- 借方项目（−）是该国必须支付的流量。

我们可以把这些项目归纳为三个主要类别，经常项目、（私人或非官方）金融项目以及官方国际储备资产（国家持有的黄金、外汇资产以及与国际货币基金组织有关的特定资产）。按照这种分类，可以产生四个重要的（净）差额：

1. 货物及服务差额等于货物及服务的净出口。常为贸易差额。

2. 经常项目差额等于国际收支平衡表中经常项目项下货物及服务、收入流动和单方面转移的贷方减去借方。

3. 净私人金融项目差额等于非官方的国外金融资产和债务变化的贷方减去借方。

4. 总差额或官方结算差额是指国际收支平衡表中经常项目差额和私人金融项目差额（加上由于未度量项目统计误差）之和。如果总差额是盈余的，可以通过本国官方储备持有量的增加或者对其他国家货币当局的官方负债（账户底端的借方项目）的减少来抵补。如果它是赤字，则可以通过本国官方储备资产的减少或者官方负债（账户顶端的贷方项目）的增加来抵补。

经常项目差额（CA）具有特殊的宏观经济含义。因为经常项目差额等于对外净投资（I_f），又等于国民储蓄（S）与国内投资（I_d）之间的差额。像 1982 年之后美国这样经常项目赤字的国家，其国内储蓄的形成慢于国内资本的形成。经常项目赤字表示为填补相对较高的国内投资而产生的对外净借款。经常项目差额也等于货物及服务的国内产出（Y）与国民支出（E，即在消费、国内资本形成和政府货物及服务上的支出）之间的差额。因而从另一个角度来看，美国的经常项目赤字是由于美国购买的货物及服务超过了其生产的数量（或说美国的花费超过了其国民收入）。

总差额旨在表明国家的国际收支总体状况是否已达到了可持续的均衡。官方结算差额虽然并不能很好地匹配这个概念，但在宏观经济分析中仍是有用的。该差额反映了官方干预外汇市场——货币当局购买和出售外币的程度。我们在接下来的章节中将会看到，这种干预会对汇率、货币供给以及许多其他的宏观经济变量产生影响。

一国的国际投资头寸代表了该国在某一时点的国际资产和负债的存量。这些存量每年都随着国际收支平衡表中记录的私人和官方资产的流动而发生变动。自 20 世纪 80 年代初以来美国经常项目的巨额赤字的后果是美国由世界最大的净债权国变为最大的净债务国。

关键词

国际收支平衡表（balance of payments）
贷方项目（credit item）
借方项目（debit item）
货物及服务差额（goods and services balance）
经常项目差额（current account balance）
金融项目差额（financial account balance）
官方国际储备资产（official international reserve assets）
对外净投资（net foreign investment）
总差额（overall balance）
官方结算差额（official settlements balance）
国际投资头寸（international investment position）

推荐读物

Lane & Milesi-Ferretti（2006）对许多工业化国家和发展中国家的国际投资头寸进行了分析和估算。国际货币基金组织在《国际金融统计》（*International Financial Statistics*）和《国际收支统计年鉴》（*Balance of Payments Statistics Yearbook*）中汇总了许多国家的国际收支平衡表账户。更详细的美国账户资料定期刊登于《当代商业观察》（*Survey of Current Business*）。加拿大的细分账户资料刊登于《加拿大年鉴》（*Canada Yearbook*）。

习　题

✦ 1. 某国的政府预算赤字为 1 280 亿美元，私人储蓄为 8 060 亿美元，国内投资为 7 700 亿美元，请问该国经常项目差额是多少？

2. “对于一个国家来说，经常项目盈余总比经常项目赤字要好。”你是否同意这种观点？请解释。

✦ 3. “国民储蓄既可以用于国内，也可以用于国外。”请给出这一观点的依据，包括说明两种用途各自给国家带来的好处。

4. “假设一国的资产并没有被他国作为官方国际储备持有，如果该国的官方结算差额为盈余，那么该国货币当局减少了其对官方储备资产的持有。”你是否同意上述说法？请解释。

✦ 5. 下列哪种交易会导致美国经常项目盈余？

a. 波音公司用易货贸易的方式，以价值 1 亿美元的飞机换取了在墨西哥海岸的价值 1 亿美元的旅馆服务。

b. 美国从沙特阿拉伯借到 1 亿美元的长期贷款，并用这一贷款在当年购买对方价值 1 亿美元的石油。

c. 美国向土耳其出售了价值 1 亿美元的喷气式飞机，土耳其将 1 亿美元从其银行账户转到美国卖方的银行账户。

d. 一位英国投资者向美国投资者购买了 IBM 公司 1 亿美元的债券，并将 1 亿美元从其银行账户转到美国投资者的银行账户。

6. 下列哪些变化（其他保持不变）会导致经常项目差额增加（更大的正值或更小的负值）、减少（更小的负值或更大的正值）或保持不变？

a. 对外净投资增加。

b. 货物及服务出口增加 100 亿美元，进口也增加 100 亿美元。

c. 国民货物及服务支出（E）增加 1 500 亿美元，国内货物及服务产出（Y）增加 1 000 亿美元。

d. 为了帮助受灾国恢复重建，向受灾国提供本国生产的价值 5 亿美元的运输工具。

✦ 7. “对于一个经常项目盈余的国家，要想减少盈余，方法之一就是鼓励人们多储蓄，少消费。”你是否同意这种说法？请解释。

8. 你得到了如下某国在某年国际交易的数据：

货物出口	330
货物进口	198
服务出口	196
服务进口	204
收入流动，净值	3
单方面支付，净值	−8
国家持有的外国资产的增加，净值（官方储备资产除外）	202
外国持有的本国资产的增加，净值（官方储备资产除外）	102
统计误差，净值	4

a. 计算该国货物及服务差额、经常项目差额以及官方结算差额。

b. 官方储备资产（净值）的变化是多少？该国官方储备资产是增加了，还是减少了？

✦ 9. 以下各种情况对美国国际投资头寸会产生何种影响？

a. 外国中央银行增加其官方持有的美国政府债券。

b. 美国居民增持日本公司的股票。

c. 某英国养老基金出售其持有的一些美国公司的股票，以购买美国公司债券。

10. 某年 12 月 31 日，某国拥有的对外国国际资产和负债存量如下：

- 该国居民持有由外国政府发行的 300 亿美元的债券。
- 该国中央银行持有作为官方储备资产的 200 亿美元的黄金和 150 亿美元的外汇资产。
- 外国公司已投资于该国的生产设施，其投资现值为 400 亿美元。
- 外国居民持有由该国公司发行的 250 亿美元的债务。

a. 该国的国际投资头寸是多少？该国是净债权国还是净债务国？

b. 如果该国在下一年出现经常项目盈余，会对该国的国际投资头寸产生何种影响？

第3章 外汇市场

正如国际对话需要翻译一样，国家间的经济活动和贸易也需要通过媒介来进行。不同国家的人既使用不同的语言，也使用不同的货币。在不同国家货币之间进行转换的媒介就是汇率，即以一国货币单位度量另一国货币的价格。你可以只使用一种货币，但是其作用是有限的。如果一个美国人想从外国居民手中购买商品，一般而言，外国居民希望对方用本国货币进行支付。

汇率究竟是由什么决定的，哪些是影响汇率的因素，这些正是本书第Ⅰ篇后面所要讨论的问题。本章将介绍现实生活中的货币交易制度，同时还将以第2章中的国际收支平衡表各项目的含义为讨论起点，构建一种汇率理论。

对汇率的研究在很多方面就像到另一个星球去旅行。那是一片完全陌生的地域，与一般家庭的经济生活相去甚远。在这片土地上居住着一些怪物——套期保值者、套利人、“苏黎世地精”①、“洞中蛇”②、爬行钉住③以及肮脏浮动④等。幸亏有两个为人熟知的概念可以帮助大家掌握汇率的知识：利润最大化与竞争。个人追求实际净收入（利润）最大化这条为大家所熟悉的假设，在国际金融领域与其他领域一样适用。可以肯定的是，人们在做决策时，似乎已经把各种经济与政治风险都考虑在内了，并且按照利润最大化的理念行事。参与国际金融活动的各方似乎也像利润最大化行为人那样对瞬息万变的情况做出反应。

尽管民间普遍认为富有的投机集团垄断了金融市场，但在绝大部分的国际金融市场上仍然存在着广泛的竞争。由于在国际外汇市场和国际信贷市场上存在着竞争，因

① 苏黎世地精：对瑞士大银行家的贬义称呼。瑞士大银行家以其秘密的银行政策和操作手段而闻名于世，而地精是神话中住在地下守卫财富的精灵。——译者注。

② 洞中蛇：也称蛇行波动。1971年随着布雷顿森林体系的崩溃，欧洲共同体各成员国达成汇率协议，即成员国之间的汇率波动必须维持在±2.25%以内。这便形成了成员国之间货币兑换的“隧洞”。汇率的波动仿佛在这个洞中的蛇行。——译者注。

③ 爬行钉住：也称为浮动钉住。指固定汇率制度下，货币当局每隔一定时间就对本国汇率进行一次较小幅度的升值或贬值。——译者注。

④ 肮脏浮动：也称管理浮动。指在浮动汇率制度下，央行公开放弃对外汇市场的直接干预，但仍暗中维持干预。——译者注。

此，可以采用我们所熟悉的竞争性市场供求分析法对这些金融市场进行分析。在此，有必要做出一项重要的说明：并非所有的国际市场都是竞争性的。直接投资活动以及卡特尔组织中都明显地存在垄断和寡头垄断。一般的需求和供给曲线并不能很好地解释这些领域的现象。然而，在本书的金融市场内容中，竞争条件不仅依然具备，而且其竞争程度更甚于大多数通常被认为是竞争性的市场。

3.1 货币交易的基本知识

国际汇兑（foreign exchange）是指将一国货币兑换为另一国货币的行为。① 货币就是各个国家内部使用的货币形式。外汇市场中用于交易的大部分货币资产是银行活期存款，只有很小的一部分是流通的硬币和纸币。

汇率（exchange rate）是以另一国货币表示的一国货币的价格。② 根据货币交割实际发生时间的不同，存在两种基本汇率。**即期汇率**（spot exchange rate）是指立即进行交割的货币价格。（对于市场中标准的大宗交易，绝大多数货币的即期交易实际上意味着在成交两个工作日后进行的交易或交割。而对于美元、加元和墨西哥比索之间的交易，则意味着在成交一个工作日后的交易或交割。）**远期汇率**（forward exchange rate）是指交易双方在当前对于将来发生的外汇买卖，约定交割的货币价格。也可以说，远期汇率表示当前约定的在将来一个特定时间（例如自现在起 30 天、90 天或 180 天后）进行交割的货币价格。本章在对国际汇兑作总体研究的同时，对即期汇率进行专门研究。第 4 章将专门研究远期外汇及其使用。

在日趋全球化的今天，众多报纸都在用如图表 3—1 所示的汇率表追踪每日的汇率变化。注意，图表中每个汇率价格都以两种形式出现：一种是一单位美元兑换其他货币的数量；另一种是一单位其他货币兑换美元的数量。这两个汇率价格彼此互为倒数。1 英镑等于 1.645 4 美元与 1 美元价值 0.607 8 英镑表达的是同一个意思（0.607 8=1/1.645 4）。每一个汇率都可以用两种方法来表述，两种方法听起来都是合理的，这是因为外汇价格的双方都是货币。而通常的货物与服务的价格，交易中只有一方是货币，所以报价的方式自然只有一种（比如，一张电影票 9 美元）。通过分子和分母的货币单位来区分某种汇率采用的是哪一种报价方式是一种非常实用的方法。与其他价格一样，汇率衡量的是处于分母位置货币的价值或价格。例如，1.645 4 美元/英镑是指英镑的价值或价格。③

---

① 术语“foreign exchange”也指所持有的外国货币，即外汇。

② 汇率是一国货币所具有的一种价格形式，另一种形式是该货币可即刻购买货物和服务的能力。第二种价格形式是一单位货币的购买力——购买一定数量货物与服务所需要的货币成本的倒数。货币的第三种价格形式是在一定时期内租赁和得到该货币的成本。这（大约）是借款人为货币的使用而支付的利率，它类似于其他的租借价格，如房租或是租车费用。

③ 外汇市场中的交易者在汇率报价中还有一些惯例。在市场中，绝大多数与美元相关的汇率都以每 1 美元等于多少单位的其他货币来表示，但是与某些货币（包括欧元、英镑以及澳元）相关的汇率会以每一单位外币等于多少美元来表示。另外，那些想要购买或出售外汇的交易者会给出两种汇率：一种是买入价，另一种是卖出价。这种买入卖出价差正是这些交易者的获利源泉。此外，买入价与卖出价之间的差异（买卖价差）会随着交易量（或交易形式）的不同而有所不同。在小批量交易中，价差较大；在现钞和硬币的小量交易中价差最大。在主要币种的大笔交易中，买入价与卖出价间的价差一般相对较小。在以后大部分讨论中，我们将忽略买入价与卖出价之差，将汇率当作唯一的值。

图表 3—1　　外汇牌价表（2011 年 3 月 31 日）

纽约外汇市场的外汇牌价适用于总额 100 万美元以上的银行间交易，以下是路透社（Reuters）摘录的东部时间下午 4 点整的数据。

国家（或地区）/货币	美元/外币	外币/美元
美洲		
阿根廷（阿根廷比索）	0.244 9	4.083 3
巴西（雷亚尔）	0.633 8	1.577 8
加拿大（加元）	1.032 3	0.968 7
30 天远期	1.031 4	0.969 6
90 天远期	1.029 9	0.971
180 天远期	1.027 5	0.973 2
智利（智利比索）	0.002 151	464.9
哥伦比亚（哥伦比亚比索）	0.000 554 3	1 804.08
厄瓜多尔（美元）	1	1
墨西哥（墨西哥比索）	0.086 5	11.558
秘鲁（新索尔）	0.361 4	2.767
乌拉圭（乌拉圭比索）	0.053 9	18.55
委内瑞拉（博利瓦）	0.232 851	4.294 6
亚太地区		
澳大利亚（澳元）	1.067 8	0.936 5
中国（人民币）	0.154 3	6.479 5
中国香港（港元）	0.128 6	7.777 3
印度（印度卢比）	0.022 2	45.045
印度尼西亚（印度尼西亚盾）	0.000 117 2	8 532
日本（日元）	0.012 266	81.53
30 天远期	0.012 267	81.52
90 天远期	0.012 271	81.49
180 天远期	0.012 28	81.43
马来西亚（马来西亚林吉特）	0.332 2	3.010 2
新西兰（新西兰元）	0.824 6	1.212 7
巴基斯坦（巴基斯坦卢比）	0.011 62	86.059
菲律宾（菲律宾比索）	0.023 2	43.197
新加坡（新加坡元）	0.810 8	1.233 3
韩国（韩元）	0.000 927 2	1 078.52
中国台湾（台币）	0.034 91	28.645
泰国（泰铢）	0.032 97	30.331
越南（越南盾）	0.000 048 67	20 545
欧洲		
捷克（捷克克鲁）	0.058 57	17.074
丹麦（丹麦克朗）	0.193	5.181 3
欧元区（欧元）	1.439 2	0.694 8
匈牙利（匈牙利福林）	0.005 398	185.25
挪威（挪威克朗）	0.185 7	5.385
波兰（波兰兹罗提）	0.364 4	2.744 2
俄罗斯（俄罗斯卢布）	0.035 75	27.972
瑞典（瑞典克朗）	0.162	6.172 8
瑞士（瑞士法郎）	1.172 5	0.852 9
30 天远期	1.172 7	0.852 7
90 天远期	1.173 2	0.852 4
180 天远期	1.174	0.851 8
土耳其（土耳其里拉）	0.626 6	1.595 9
英国（英镑）	1.645 4	0.607 8
30 天远期	1.644 7	0.608
90 天远期	1.643 5	0.608 5
180 天远期	1.641 2	0.609 3
中东/非洲		
巴林（巴林第纳尔）	2.652 7	0.377
埃及（埃及镑）	0.168 3	5.942 1
以色列（以色列谢克尔）	0.291	3.436 4
约旦（约旦第纳尔）	1.410 9	0.708 8
科威特（科威特第纳尔）	3.639 7	0.274 7
黎巴嫩（黎巴嫩镑）	0.000 661 6	1 511.49
沙特阿拉伯（沙特阿拉伯里亚尔）	0.266 7	3.749 5
南非（南非兰特）	0.146 8	6.812
阿拉伯联合酋长国（阿联酋迪拉姆）	0.272 3	3.672 4

资料来源：*The Wall Street Journal*，June 1，2011.

外汇市场并不只是交易者们相互买卖外汇的聚集场所。银行以及在银行工作的交易员在外汇市场中处于绝对的中心。他们通过计算机和电话等设备联系外汇交易员与客户以及与其他同行之间开展外汇业务。银行及其交易员与客户进行的交易称为零售市场，其中某些小额交易是与个人进行的。比如，当我们到国外旅行时，就可以见到这种交易，但个人交易只是整个外汇交易中极小的部分。绝大部分零售业务涉及非金融企业、金融机构以及其他组织，它们作为银行的客户积极地与银行进行大额的外汇交易。银行之间进行的交易称为银行间同业市场。

在外汇交易中表现活跃的银行遍布世界各地，因此外汇市场是一个 24 小时运作的市场。在各个工作日，外汇交易总会在世界上的某个地方进行。尽管世界各地的银行都是外汇交易的参与者，但大约有半数的外汇交易是由位于伦敦和纽约两地的银行完成的。

外汇市场的交易总量是巨大的。2010 年，全球的日外汇交易总量估计为 3.7 万亿美元，与之相比，美国政府债券的日交易量仅为 5 000 亿美元，美国股票的日交易量仅为 1 300 亿美元（大多数交易是在纽约证券交易所（New York Stock Exchange）和纳斯达克（NASDAQ）完成的）。然而，世界各地的银行中从事外汇交易的人员总共仅有数千人（参见“案例研究”专栏中的“外汇交易”）。

案例研究

欧元：一种新货币的诞生

在图表 3—1 所列出的货币中，有一种在 20 世纪 90 年代中期还尚未出现。1999 年 1 月 1 日，一种重要的新货币——欧元（euro）诞生了。欧盟（EU）创造了欧元，15 个欧盟成员国中有 11 个立即开始使用欧元，也包括于 2001 年 1 月 1 日加入欧盟的希腊。在 1999 年欧元诞生后的几年里，欧元与这些国家原有的货币共存。直到 2002 年 2 月，欧元才完全取代了这 12 个国家的货币。欧元与 12 种货币的兑换率分别为：

13.760 3	奥地利先令
40.339 9	比利时法郎
5.945 73	芬兰马克
6.559 57	法国法郎
1.955 83	德国马克
0.787 564	爱尔兰镑
1 936.27	意大利里拉
40.339 9	卢森堡法郎
2.203 71	荷兰盾
200.482	葡萄牙埃斯库多
166.386	西班牙比赛塔
340.75	希腊德拉马克

紧接着，2007 年斯洛文尼亚、2008 年塞浦路斯和马耳他、2009 年斯洛伐克、2011 年爱沙尼亚先后加入欧盟，欧元与这些国家的货币兑换率分别为：

39.64	斯洛文尼亚托拉尔
0.585 274	塞浦路斯镑
0.429 3	马耳他里拉
30.126	斯洛伐克克朗
15.646 6	爱沙尼亚克朗

直至 20 世纪 80 年代，将欧盟各国货币合为一体似乎还是个科幻故事。然而到了 1991 年，欧盟各国已经起草了《马斯特里赫特条约》(Maastricht Treaty)，在得到所有欧盟国家同意后，该条约于 1993 年开始生效。有些国家通过全民公投，以微弱优势通过并加入该条约。《马斯特里赫特条约》确立了建立货币联盟和实现一个全联盟通用单一货币的程序，包括时间表和各国加入欧

盟的标准。然而，先于欧元出现的欧洲货币汇率机制在1992—1993年遭受极大的压力几近崩溃。货币联盟看上去似乎仍然很遥远。

各国政府并没有放弃努力，并且人们也日益相信货币联盟将成为现实。1998年年初，11个欧盟成员国被认为符合加入货币联盟的5项标准，标准包括各国的通货膨胀率、长期利率、货币币值、政府预算赤字以及政府债务。英国、丹麦、瑞典三个国家已经达到了准入的标准，但它们选择不加入。三个国家都从政治的角度担心国家的力量受到损失，也不愿意失去作为国家象征的本国货币。那时的其他欧盟成员国中，希腊最初没有达到加入的标准，但在两年后加入了欧元区。

1998年，各国银行花费数月的时间调整并测试其计算机系统和通信系统与交易所、结算所和银行间结算系统的连接。这是为了顺利度过1998年12月31日至1999年1月4日的“转换周”，在这一周的第一天各国公布了其货币对欧元的实际永久兑换率；在这一周的最后一天，金融市场在新年假期后重新开放。各种金融证券必须以欧元重新标值，各个系统均进行了最终的测试。众多金融界从业人员牺牲了新年晚会和新年假期。这些准备工作得到了回报。1999年1月4日，各银行和金融市场运行良好，均未发生重大的事故。

2002年年初欧元纸币和硬币的发行也是出人意料的顺利。按预计印制的150亿张纸币，如果首尾相连，可以环绕月球2.5圈。另外，铸造了500亿枚硬币，总重约25万吨。

如今，欧元已经成为与美元和日元并列的世界三大主要货币之一。欧元的诞生是推进欧盟一体化进程的组成部分，该进程还包括以单一欧洲市场为目标的“欧洲1992计划”。2010年和2011年由于必须给希腊、爱尔兰和葡萄牙三国政府提供援救贷款，欧元遭遇了压力。在本书第Ⅱ篇，我们将研究欧元对于欧盟各国宏观经济运行的影响。

绝大多数的外汇交易为美元与其他货币之间的交易。事实上，尽管有一些交易是其他货币与非美元货币之间的直接交易，但很多这样的交易实际上是分两步进行的。首先将一种货币换成美元，再将这些美元换成另一种货币。由于美元经常以这种方式充当另外两种货币间转换的媒介，因此美元也称作媒介货币。

3.1.1　外汇市场的利用

个人、企业及其他组织可以利用即期外汇市场的客户交易或零售业务获得用于支付的外币，也可以在外汇市场上出售他们收到的外币款项。即期外汇市场以这种方式提供结算服务，让偏好使用不同货币的个人、企业和其他组织之间可以相互进行支付。这些支付包括国际收支账户中的各种项目，包括对货物及服务的进出口的支付，以及对购买或销售外国金融资产进行的支付。

可以举一个例子来说明具体过程，该例子同时还说明活期存款在外汇市场上发挥着主要货币的作用。假设一家英国公司已向美国一家飞机生产商购买一架小型飞机（一种公司商务飞机），现在要进行支付。如果英国公司用英镑支票支付，接受这张支票的美国公司要么愿意持有英镑的银行存款，要么自己将英镑兑换成美元。如果美国公司只愿意接受美元，那么英国购买者就必须先将英镑兑换成美元，再向美国出口者进行支付。

假设实际采用的是后一种支付方式。英国公司需要与银行联系，询问英镑和美元的汇率报价。如果汇率是可以接受的，那么这家英国公司便通知银行将英镑从其存款（支票）账户中取出并将其兑换为美元，再将美元支付给美国供货商。如果英国银行在纽约的代理行持有美元活期存款，那么英国银行通知该行从其活期存款账户中取出美元，并将美元转移至美国供货商的银行并存入其活期存款账户。①

正如那些仅在国内进行的绝大多数支付一样，这次外汇交易以及为完成购买飞机而进行的国际支付也利用了活期存款。英国公司用其活期存款账户中的英镑兑换所需要的美元，美国供货商用其活期存款账户接受美元支付。英国银行在其纽约代理银行中的美元活期存款有两种目的：（1）在外汇交易中用于将美元出售给客户；（2）在结算中，将这些（同一）美元作为支付，转移给美国供货商。

案例研究

外汇交易

2010年，全球日外汇交易量达到了令人吃惊的3.7万亿美元，人们很难想象这一数字到底有多大。下面一个例子可以带给我们一些直观的认识：外汇市场不到5天的货币交易量就略微超过美国整整一年的货物及服务产出的总价值量。仅仅在2004—2010年这六年的时间里，全球外汇交易额就翻了一倍有余。这种快速增长的背后是对冲基金、养老保险以及其他金融机构进行的巨额交易，包括依托计算机程序进行的自动高频交易。另外，全球金融危机与经济危机影响着外汇市场——在2008年9月雷曼兄弟倒闭后，外汇交易额有所下降，但是在2009年下半年交易额有所回升。

在巨大的全球外汇交易市场中到底交易的是哪些产品？交易是在哪里进行的？又是谁在进行交易？

首先，外汇交易的主要产品。除了即期与远期外汇交易外，还有一种传统的外汇交易，即外汇掉期。**外汇掉期**（foreign exchange swap）是一组交易，它包括两种货币的即期交易，还包括约定好的两种货币反方向的远期交易（意味着在不久的将来，货币又被交易回来了）。当交易双方都仅是暂时需要即期购买的货币时，这种交易方式非常有用。在2010年的全球外汇市场中，即期外汇交易占交易总量的40%，远期外汇交易占交易总量的13%，而外汇掉期交易占交易总量的47%。在2010年全部外汇交易中，有85%的交易涉及美元，39%的交易涉及欧元，19%的交易涉及日元，13%的交易涉及英镑，8%的交易涉及澳元，6%的交易涉及瑞士法郎。

其次，外汇交易的发生地点。2010年全球外汇交易发生的国家和地区分布主要如下：

英国	37%
美国	18%
日本	6%
新加坡	5%
瑞士	5%
中国香港	5%
其他国家和地区	20%

全球外汇交易中有半数是在英国（绝大多数在伦敦）和美国（绝大部分在纽约）进行的。尽管英镑本身在外汇交易中并不是非常重要，但伦敦无疑是全球外汇交易的中心。

最后，外汇交易的交易方。绝大多数外汇交易是通过由全球范围内数百家银行组成

① 如果英国银行在美国设立了分行，它还可以利用其分行的美元进行这一支付。

的一个网络进行的，这些银行为了增加自己的账户收益，通过在外汇交易中进行报价以及买入或卖出外汇而积极地“创造着一个外汇市场”。根据《欧洲货币》（*Euromoney*）杂志的报道，2011 年 4 家银行完成了全球近一半的外汇交易：德意志银行（Deutsche Bank）约占 16%，巴克莱银行（Barclays Capital）和瑞士联合银行（UBS）分别约占 11%，花旗集团（Citigroup）约占 9%。

绝大多数交易是由受雇于几百家银行的数千名交易员进行的。相对于巨大的交易量，这一人数可以说少得惊人。外汇交易员如此之少是有合理的原因的。原因之一是这一特定行业的资本密集性，它耗费巨资于计算机和电信系统的硬件和软件，然而却只需要少量的交易决策者；原因之二是外汇交易本身的性质。

以每分钟成交数百万美元外汇的速度进行交易，是一项十分繁重的工作；它几乎同民航交通指挥或是排雷兵的工作一样紧张。外汇交易员必须是一些喜好承受压力、能够快速作出决策并能够承担损失的人。很多从事这一工作的人很快就转行做了其他工作。有一次，一个经济学专业的学生参观一家大型银行的外汇交易厅时咨询一位交易员：“从业人员一般会在这个行业干多久?”对方热情地回答：“哦，这对于年轻人来说是一项绝好的工作。”

3.1.2 银行间外汇交易

外汇交易市场中略低于 40%的外汇交易是发生在银行间的银行同业交易。交易对象同样都是以不同货币计值的活期存款。然而，每笔交易都发生在外汇交易员之间，并不涉及“外部”的客户。

外汇市场中银行同业交易有多种功能。银行通过参与银行同业交易，其交易员可以与各银行的交易员进行交流，同时通过观察报出的价格（汇率），银行可以源源不断地获得有关外汇市场的信息。银行同业交易可以使银行在与某一客户进行大额交易时，迅速地以低成本调整其头寸。例如，花旗集团向丰田公司购买了一大笔日元（向丰田售出美元），后来也许花旗不愿意继续持有日元，此时，花旗便可以迅速而低成本地将日元出售给另一家银行（买进美元）。银行间交易还使得各银行及其交易员对汇率近期走势进行投机、迅速地获得某种外币。这种投机性头寸通常只持有很短的时间，一般在当日交易结束前结清。

大多数的银行间交易是通过电子外汇经纪人系统完成的。剩余的小部分交易由外汇经纪人通过电话完成。经纪人进行交易时一直处于匿名状态，直至交易敲定汇率时。有一小部分的银行间交易是通过不同银行的交易员之间彼此直接联系，进行讨价还价后确定交易的汇率并预先约定此项交易的方式。

外汇市场上的这种银行同业外汇交易是不面向小额交易者的。请注意，图表3—1中报出的银行间汇率适用于 100 万美元以上的交易。实际上，为节省时间，交易员将 100 万美元称为“1 美元”。由于每分钟都有百万美元级别的成交量，所以每一个极其微小的汇率差都可导致巨大的收益或损失。比如，一位交易员花了 1 分钟进行查询和讨价还价，以 1.635 4 美元的报价购入 1 000 万英镑，而不是接受原来 1.635 5 美元的报价，那么他就在 1 分钟内为他所在的银行赚了 1 000 美元的收益，这可以折合为每小时 6 万美元的工资率。相应地，对于一条刚发布的新闻（如加拿大货币供给快速增长的报道，利比亚政变的佳闻，或是意大利钢铁行业发生了大罢工等），如果交易员的反应过于迟缓或过于激烈，那么他可能以更快的速率亏损。总体而言，这些专业人员的获利大于亏损，这足以证明他们的高工资是有道理的。然而，外汇交易是一种既让人兴奋又让人紧张的工作。各大银行的外汇交易部门就好比一艘拥挤的船，对于那些不能以微小的价差、快速交易来获取良好收益的“乘客”，这艘船上是没有他们的位置的。

3.2 外汇的供给与需求

为理解是什么因素导致一国货币汇率的上升和下降，我们可以用竞争性市场的方法进行分析。首先，画出需求曲线与供给曲线的交点，以此来决定均衡价格和均衡数量。然后，研究隐藏在供给与需求曲线背后的影响因素。

在外汇市场中，人们出于各种不同的目的进行货币交易。有些人从事货物及服务贸易，为此需要支付或者接受支付。有些人从事金融资产的国际交易。由于他们要在全球范围内开展投资或是借贷、买卖金融资产、借债和还债等活动，因此需要将一国货币转换成另一国货币。

一个国家的货物及服务的出口一般会使得进口国出售本币以获得出口国货币。例如，外国进口者希望用其本国货币进行结算，而美国出口者则希望对方用美元结算。在支付的某一个环节，外国货币需要兑换成美元。在前面的关于外汇市场的部分，我们专门举例说明了美国的货物及服务出口将带来外国货币的供给以及对美元需求的增加，因为外国购买者支付本国货币，而美国出口商愿意最终持有的是美元而非其他货币。只有当美国出口商愿意持有英镑时（或者是英国进口者正好拥有大量美元可供支付），美国对英国的出口才不会引起英镑供给和对美元需求的增加。

相应地，货物及服务的进口会导致本国进口者出售本国货币以便购买外国货币。例如，如果美国进口者希望以美元进行支付，而英国出口者希望对方支付英镑，因为他希望最终持有本国货币。这样，在支付过程的某个环节，美元就必须兑换成英镑。进而，美国的货物及服务的进口将带来对外国货币的需求和美元供给的增加，这是由于美国进口商用美元进行支付，而外国出口商则愿意最终持有本国货币。只有当外国出口商愿意持有美元时（或者美国进口商正好拥有大量可供支付的外国货币），美国的进口才不会产生美元的供给和对外国货币的需求。①

类似的原理也适用于金融资产的交易。假设一家美国保险公司要将其现有的美元债券换成英镑债券，其原因可能是该公司预计投资英镑将获得更高的投资回报率。这家公司需要在外汇市场出售美元，买进英镑，然后在购买英镑债券的交易中用这些英镑支付。美国的资本流出将带来对外汇的需求以及美元供给的增加，因为拥有美元的投资者希望投资于外国金融资产，这些外国金融资产必须以外国货币进行支付。

再举一个例子，一位当前持有英镑活期存款的英国居民希望购买微软的股票。他需要在外汇市场上售出英镑，买入美元，然后在购买微软股票时用这些美元进行支付。美国的资本流入将致使外国货币供给以及美元需求增加，因为持有外币的投资者想要投资于美国金融资产，这些金融资产必须以美元进行支付。

上述所有的交易都会导致外汇交易供给和需求的变化。供给与需求在一定的约束条件下决定了汇率，这些约束条件是由各国所采取的外汇管理体制或机制的性质决定的。

---

① 收入支付和单方面转移支付带来的国际支付也会造成对外币的供给或是需求。例如，如果一家外国公司用其本国货币支付红利，如果持有其股票的美国民众希望得到美元支付，就会导致外国货币的供给增加。另一个例子是，一些在美国和加拿大的外国人需要外国货币以便能够向其在意大利、墨西哥或者其他一些国家的亲属汇款，因为他们最初是从这些国家移民到了美国。

3.2.1　浮动汇率

没有政府或中央银行干预的**浮动汇率制**（floating exchange rate system）是最简单的。外汇的即期价格由市场决定，由货币的私人需求曲线和供给曲线的交点决定，市场通过价格机制出清。图表 3—2 中的两个图说明了浮动汇率制是如何使英镑（1.6 美元/英镑）与瑞士法郎（1.2 美元/瑞士法郎）两种货币在点 E 达到均衡的。

我们暂时偏离主题，先来考察图表 3—2 中曲线斜率背后的原理。我们将主要研究外汇市场的需求曲线。是什么因素导致外汇需求曲线向下倾斜？或者说，为什么更低（更高）的货币价格一般会导致更大（更小）的需求？

为理解需求曲线为何向下倾斜，假设图表 3—2 中 A 图的汇率从每英镑 1.98 美元下降到 1.6 美元。当每英镑价格跌破 1.98 美元时，美国人发现持有英镑要比过去更有利，例如，在英国买羊毛衫更便宜。在英镑贬值之前，一件在伦敦标价 50 英镑的羊毛衫会花费美国旅游者 99 美元（＝50×1.98）。如果英镑突然贬值至 1.6 美元，那么美国旅游者仅需花费 80 美元就可以买到一件同样的羊毛衫。美国旅游者将会购买更多的羊毛衫，为了支付额外的羊毛衫，他们需要更多的英镑以支付给英国商人。只要业务能保持较高的水平，完成交易所产生的对英镑的需求就会不断增加。

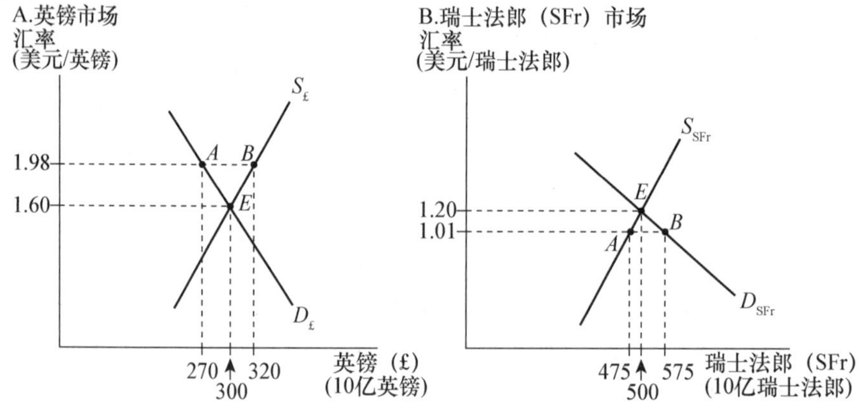

图中的供给和需求曲线显示了除官方货币当局（如中央银行）的干预外，在外汇市场上对这种货币的全部供给和需求。在浮动汇率制下，市场的供需均衡在 A 图和 B 图的点 E。如果货币当局希望将汇率水平固定在某一水平，它就必须在外汇市场上买进或者卖出一定数量的货币，以此来满足私人（非官方）对货币的供给和需求。在 A 图中，如果英国政府承诺英镑将不会低于 1.98 美元/英镑的汇率水平，那么货币当局就必须购买 500 亿英镑，即图中 AB 缺口。在 B 图中，如果瑞士政府承诺瑞士法郎不高于 1.01 美元/瑞士法郎的汇率水平，那么货币当局必须抛售 1 000 亿瑞士法郎，即 B 图中的 AB 缺口。

图表 3—2　即期外汇市场：浮动汇率制与固定汇率制

英国羊毛衫的例子只是说明货币需求曲线向下倾斜的多种因素之一。汇率的变化通常会引起贸易方面的诸多反应。英镑的贬值意味着美国人将从英国生产商那里购买更多的乳酪而从威斯康星州乳酪生产商那里的购买量下降。对于美国人来说有更多理由购买英国产品，因为持有英镑可以使购买更为便宜和便捷，这也使得对英镑的需求大增。更低的汇率会提高对货币的需求量，因此货币需求曲线是向下倾斜的。①

现在回到由市场因素驱动的浮动汇率上来，是什么原因导致了浮动汇率在一定时间内的上升或下降？要回答这个问题需要弄清楚供给曲线与需求曲线平移的影响因

① 类似的原理也可以用于考察外汇的供给曲线，但是实际中的供给曲线的斜率并非如此简单明了。我们现在仍然假设供给曲线通常是向右上倾斜的。

素。这里还是以需求曲线为讨论对象，需求曲线可以受多种经济变量的影响而发生平移。很多需求方面的因素与第 2 章讨论的国际收支平衡表项目相关。当需求从美国产品转移向英国产品时（由汇率变化以外的因素所致），这将导致人们倾向于更多地卖出美元购买英镑。在图中表现为英镑的需求曲线右移（或上移）。同样，美国居民向英国借债者提供贷款的意愿或对以英镑计值的金融资产投资意愿增强，通常会使更多的美元兑换成英镑，进而促使英镑的需求曲线右移。

在浮动汇率制中，如果某种外币的需求曲线因某种原因右移（代表对外汇需求的增加），同时供给曲线保持不变，那么该外币的汇率便会上升。这种移动如图表 3—3 所示，英镑需求曲线向右移至D_2，市场均衡点由点 E 移至点E_2，英镑的价格从每英镑 1.6 美元提高到 1.8 美元。

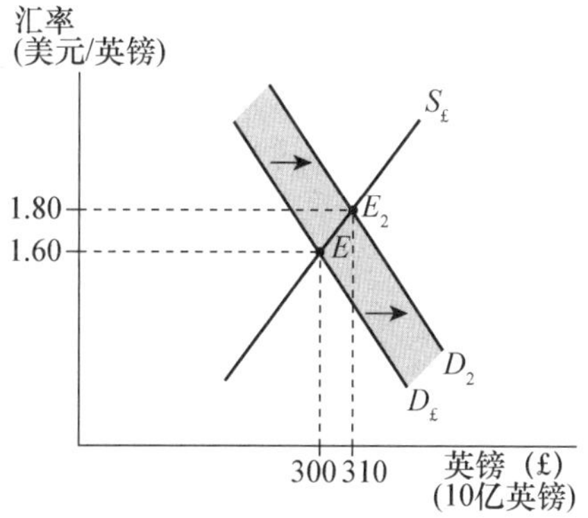

以下与国际收支相关的变化会使外汇需求曲线右移（或上移）：
对美国货物及服务的贸易需求转向其他国家；
美国对其他国家提供贷款或向其他国家进行投资的意愿提高。
如果需求曲线右移，市场均衡状态下的英镑汇率上升。（第 5 章将更深入地讨论移动供求曲线和改变外汇汇率的因素。）

图表 3—3　即期汇率市场中英镑需求曲线的平移

3.2.2 固定汇率

固定汇率制（fixed exchange rate system）是另一种主要的汇率制度。在这种制度下，即使这一汇率与当前的均衡汇率有所偏差，官方也会尽力保持汇率基本不变（或钉住其他货币）。通常，这种制度的运行方式是官方宣布一个窄幅的汇率区间，汇率可以在这一区间内变动。如果汇率达到了这一区间的上限或下限，官方必须予以干预。让我们回到图表 3—2 来看看该制度如何运作。

在图表 3—2A 中，假设官方宣布的“平价”汇率为每英镑 2 美元，与英镑的市场出清价格 1.6 美元相比，这一官定平价使英镑价值被大幅高估。英国官方已宣布其将在平价的 1%以下（约为 1.98 美元）支持英镑，在平价的 1%以上（约为 2.02 美元）支持美元。在图表 3—2A 中，官方必须通过对外汇市场的干预来履行这一承诺，具体做法是在外汇市场中买入 500 亿英镑（或者卖出 990 亿美元，990 亿美元＝500 亿英镑×1.98 美元/英镑）。这一干预措施填补了在 1.98 美元/英镑汇率水平时供给与需求曲线之间的缺口 AB。① 只有这样，才能将对英镑的总需求（包括私人的和官

① 也可以将这种官方干预理解为对需求或供给曲线的移动。我们在研究官方对固定汇率制度的维护时，将官方对汇率市场的干预看作填补没有官方干预时的缺口，这样就会更加形象。

方的）提高到与英镑供给一致的水平，即 3 200 亿英镑。如果用美元购买英镑的交易量不够，总需求不足以与总供给相匹配，英镑价格将会降到官方支持价格 1.98 美元以下。然而，英国政府想要保持固定汇率制却不一定有足够的美元储备永久维系固定的汇率。固定汇率不可能永远维系，这将是本书后面多次涉及的问题。

图表 3—2B 中提供了另一个维持固定汇率的官方干预的案例。假设官方宣布，瑞士法郎的官定平价汇率为 1 瑞士法郎兑换 1 美元，价格区间为 1.01 美元和 0.99 美元。图中的供给与需求曲线显示，与市场出清为每瑞士法郎 1.2 美元的价格相比，瑞士法郎被严重低估。为了维持固定汇率，官方必须干预外汇市场，即出售 1 000 亿瑞士法郎购买美元以满足在 1.01 美元价格处的强劲需求。瑞士官方如果不能购入足够的美元以弥补缺口 *AB*，将汇率压低至 1.01 美元，就可能会放弃努力而听任瑞士法郎价格上涨。

在不同的汇率制度中，汇率的变化被赋予不同的称谓。在浮动汇率中，市场价格（汇率价值）的下降称为该货币汇率的**下浮**（depreciation）；市场价格的上升则称为**上浮**（appreciation）。在固定汇率制下，官方非连续的降低货币平价的做法会导致货币的**贬值**（devaluation）；反之，官方非连续的提高货币平价的做法会导致货币的**升值**（revaluation）。在准固定汇率制中（在这种制度下，汇率一般是固定的，但也并不总是固定不变的），贬值与升值是改变汇率的主要途径。

3.2.3　各国汇率制度安排

哪些国家采用浮动汇率，哪些国家采用固定汇率？这里只作一个概括性介绍，不进行详细分析。第一，大多数主要货币如美元、欧元、日元、英镑、瑞士法郎、加元、澳元和瑞典克朗之间采用的都是浮动汇率；第二，尽管其他很多国家政府都对外汇市场进行了一定程度的官方干预来“管理”汇率的浮动，但它们也宣称实行的是浮动汇率制；第三，一些国家和地区在本币与美元之间采用固定汇率，包括中国香港和沙特阿拉伯；第四，一些国家和地区包括丹麦、保加利亚和非洲一些前法属殖民地国家，将其货币与欧元保持固定汇率。第 6 章将对这些以及其他的汇率政策进行更深入的讨论。

3.3　即期外汇市场中的套汇交易

我们所描绘的外汇市场是一个适用于两种货币间交易的单一的市场。但是，我们也曾提到外汇交易发生于世界上不同的地方。比如，在每天特定的某一时段里，外汇交易发生于纽约、伦敦以及其他欧洲货币交易中心。那么，在同一时刻不同地方的汇率是否基本相同？还是受当地供求条件的影响而有所差别？此外，汇率包括多种不同货币之间的汇率，既有表示各种外币的美元价格汇率，又有各种货币之间的交叉汇率。这些外币的美元汇率和交叉汇率是有联系，还是彼此独立？

套汇（arbitrage）是一种通过买入和卖出，（几乎）没有任何风险地获得净利润的操作。这种操作使得不同地方的汇率基本相同，也使这些汇率和交叉汇率相互联系并保持一致。如果英镑在伦敦的汇率为每英镑 1.7 美元，而同一时间在纽约为每英镑 1.6 美元，此时会发生什么情况？如果外汇交易和货币兑换可以自由进行，那么可以通过在两地之间无风险的套汇而获利。套汇者在英镑便宜的地方（纽约）买入英镑，同时在英镑昂贵的地方（伦敦）卖出英镑。以初始的汇率买卖1英镑，则套汇所得的利润为10美分。这种套汇交易会大规模地进行，增加了纽约市场对英镑的需求和伦敦市场的英镑供给。美元对英镑的汇率在纽约市场将会上升，在伦敦市场将会下降。结果，两地的汇率将会变得基本上一致（仍然会存在一些微小的差额，这是由于交易成本所造成的，这种成本使进一步的套汇活动不再有利可图）。

如果英镑的美元价格为1.6美元，瑞士法郎的美元价格为0.5美元，而瑞士法郎与英镑的交叉汇率为每英镑3瑞士法郎，此时又会如何？尽管情况更加复杂，但这里也存在通过对三种汇率进行套汇而无风险获利的机会——这个过程称为**三角套汇**（triangular arbitrage）。为了解这一获利过程，首先从一定数量的美元，比如150美元开始分析。首先，你用150美元买入300瑞士法郎（150/0.5），再用这些瑞士法郎以交叉汇率买入英镑，得到100英镑（300/3），再将这些英镑重新转换成美元，最后你得到了160美元（100×1.6），如此一来，三角套汇从初始时的150美元中获利10美元。如果你是在同一时刻进行这三笔即期交易，那么这一利润几乎是在一瞬间获得的，而且基本上没有风险。

当这种三角套汇大量发生时，供求压力将促使各种汇率趋于一致。对瑞士法郎的额外需求会提高美元/瑞士法郎的汇率。对英镑额外的需求（用瑞士法郎支付）将提高瑞士法郎/英镑的交叉汇率。对英镑的额外供给（为了得到美元）将降低美元/英镑汇率。一种或多种汇率将发生变化（受供需的影响），使得瑞士法郎/英镑的交叉汇率与美元/英镑的汇率对美元/瑞士法郎的汇率的比值基本相等。比如，如果只有交叉汇率发生变化，那么该汇率变动至每英镑3.2瑞士法郎（1.6/0.5），在这一交叉汇率下，将不再存在通过三角套汇获利的机会。

通常只要是存在这种套汇的潜在可能性，就足以使不同地方两种货币之间的汇率基本保持一致，并使交叉汇率与其他汇率保持一致。实际交易中，这种套汇机会是很少见的。

本章小结

外汇交易就是一国货币与另一国货币之间的交换活动。汇率就是货币之间的交换比率。即期汇率就是两种货币之间即期进行交易的交割价格。远期汇率则是现在商定好在将来某一时刻进行货币交割的价格。银行及其交易员处于外汇市场的中心，它们用计算机和电话与客户（市场的零售业务），以及与银行之间（市场的同业银行交易）进行外汇交易。

即期外汇交易提供一种结算功能，使得想持有或使用不同货币的经济实体得以完成支付。汇率决定于货币的供给与需求，它受到政府所选择的对汇率制度或体制的限制。自由、富有弹性的汇率制度称为浮动汇率制度，在浮动汇率制度下，市场供给与需求相互作用形成的均衡价格（汇率）可以使市场出清。浮动汇率随着市场供给与需求的变换而改变。在固定汇率制度（也称为钉住汇率制）下，货币当局买入或卖出货币，将汇率控制在官方规定的区间之内波动。当汇率有跌破官方设置的下限可能时，货币当局必须买入本币并抛售其他货币。当汇率给官方设定的上限带来压力时，货币当局必须出售本币并购入其他货币。

关键词

国际汇兑（foreign exchange）

汇率（exchange rate）

即期汇率（spot exchange rate）
远期汇率（forward exchange rate）
外汇掉期（foreign exchange swap）
浮动汇率制（floating exchange-rate system）
固定汇率制（fixed exchange-rate system）
下浮（depreciation）
上浮（appreciation）
贬值（devaluation）
升值（revaluation）
套汇（arbitrage）
三角套汇（triangular arbitrage）

推荐读物

有两本优秀的关于外汇市场的教材：Eun & Resnick（2012，Chapter 5），Eiteman，Stonehill & Moffet（2010，Chapter 6）。Cheung & Wong（2000）以及 Cheung & Chinn（2001）通过对外汇交易员的调查，获得许多资料。Sager & Taylor（2006）阐述了外汇市场中的操作实践。Fenn et al.（2009）用具体的实时数据解释了三角套汇的可能性。

习 题

✦ 1. 在即期外汇市场上，有哪些主要的交易或活动可以产生对外汇的需求？

2. 在即期外汇市场上，有哪些主要的交易或活动可以产生对外汇的供给？

✦ 3. 在下列情况下，美元汇率分别发生了何种变化？

a. 即期汇率由 1.25 美元/瑞士法郎变为 1.3 美元/瑞士法郎。

b. 即期汇率由 0.8 瑞士法郎/美元变为 0.77 瑞士法郎/美元。

c. 即期汇率由 0.01 美元/日元变为 0.009 美元/日元。

d. 即期汇率从 100 日元/美元变为 111 日元/美元。

4. 一家美国公司购买了一家日本公司的一组日本棒球运动员卡片，为此必须向其支付 100 万美元。美国公司以美元支票账户进行支付，请具体解释这笔支付将如何进行，包括如何利用即期外汇市场和两地的银行。

✦ 5. 一家英国银行在与其客户的交易中得到一大笔美元，如果这家银行不愿意继续持有这些美元，将如何通过银行间外汇交易市场达成目的？

6. 一位美国的交易员相信，在之后的一个小时之内，欧元的汇率将会十分强势。该交易员应如何利用银行间交易从中获利？

✦ 7. 以下各项交易将产生外汇市场中的日元需求还是日元供给？

a. 一家日本公司将其持有的美国政府债券售出，以获得资金来购买日本的房地产。

b. 一家美国公司从一家小型日本厂商进口玻璃制品，并向对方进行支付。

c. 一家美国农场公司收到进口美国橘子的日本公司的货款。

d. 一家美国养老基金动用部分款项在东京证券交易所购买几家日本公司的股票。

8. 你面对如下三种即期汇率：0.01 美元/日元；0.2 美元/克朗；25 日元/克朗。你开始时持有美元，并希望最终仍然持有美元。

a. 你将如何进行套汇，以便从这三种汇率中获利？初始时的 1 美元将获利多少？

b. 这种套汇活动对日元与克朗之间的交叉汇率会产生何种影响？交叉汇率为多少才能使三角套汇获利的机会消失？

✦ 9. 美元与瑞士法郎之间是浮动汇率或者是灵活的汇率，以下各项将对该汇率产生何种影响？

a. 随着美国文化在瑞士的日益流行，瑞士对美国出口品的需求大幅度增长。

b. 由于相信美国经济与政治情况已有明显改观，瑞士人对以美元计值的金融资产的投资需求大幅度增长。

c. 欧洲政坛局势的不稳定使美国投资者将其金融投资从瑞士撤出，转回美国本土。

d. 负面的新闻报道使美国人对瑞士产品的质量产生了怀疑，引起美国对瑞士出口产品的需求明显下降。

10. 假设美元与瑞士法郎之间的即期汇率为限定在中心汇率上下一个很窄范围内的固定汇率，对于第 9 题中所给出的每一种变化，假设在变化发生之前，私人（非官方）供给与需求曲线相交而形成的均衡汇率均位于所设立的这一狭窄范围内。此时第 9 题中的各种变化，如果导致私人供给与需求的交点偏离上述范围，官方货币当局必须进行何种干预才能维持固定汇率？

第4章 外汇期货和国际金融投资

国际活动常常会引起未来的货币兑换。许多国际贸易中都会出现这样的情况，货款常常要到将来某一时间（通常在不久之后）才能结清。国际金融活动也是如此。收益的获得、债务的偿还，或金融资产的出售都会创造出未来的现金流。在进行所有这些活动时，我们面对的一个主要挑战就是无法确切地知道将来会按照怎样的汇率水平将一国货币兑换为另一国货币。

本章将考察货币的期货交易以及远期汇率不确定性所带来的风险，并讨论如何利用外汇远期和期货合约降低外汇风险或进行外汇期货投机。本章的大部分内容将集中讨论国际金融资产投资的收益和风险问题。

4.1 汇率风险

汇率无时无刻不在发生变化。在浮动汇率制下，即期汇率每分钟都在变化，这是因为货币供给和需求在持续不断地变化。的确，正如我们已经看到的，自 20 世纪 70 年代初以来，由于供给和需求的巨大变动，浮动汇率不时发生迅速且大幅的调整。即使在固定汇率制下，即期汇率也在时刻发生变化，不过只要政府能够成功地维持固定汇率水平，汇率变化就会被限定在以官定平价为中心的一个窄幅范围内。然而，即便在固定汇率制下，当政府人为地使本币升值或贬值时，汇率也能并且有时也确实会发生大幅度的变化。不论在哪种汇率制度下，在有些时候，即期汇率的变动可以被外汇市场参与者预见到，但在其他情况而且通常是绝大多数情况下，汇率的变动是无法预见的。

如果汇率在将来发生了无法预知的变化而导致个人（或组织，如公司）收入的价值、财产的价值或资产净值变动时，该个体便面临着**汇率风险**（exchange rate risk）。这虽然是个宽泛的概念，但在特定条件下却有着具体的内容。例如，当你在日本度假，持有的却是美元，因而打算将其兑换成日元来购买商品或支付其他开销，此时你便面临着汇率风险。你购买商品的美元价格以及能够购买到的商品数量，将受到你在日本度假期间美元对日元汇率的影响。尽管你会对汇率的变化作出某种预期，但实际的汇率变化很有可能与预期大不相同。从你个人的角度看，风险是日元可能的大幅升值，这将导致你需要更多的美元去兑换特定数量的日元。如果你想购买的商品以美元计价的价格上升，你的度假乐趣也就越少。当然，日元也可能贬值而不是升值，此时你会很高兴地看到手中的美元拥有更强大的购买力。但是不管怎样，从度假伊始，你便面临着汇率风险，因为你并不知道度假期间日元汇率会发生何种变化。

汇率风险的另一个例子是某投资者初次购买以外币标价的金融资产，例如投资者购买了墨西哥股票。你也许听说过，投资新兴市场“心动不如行动”，事实将证明这句话可能正确过头了。因为墨西哥股票的美元价值，不仅取决于股票的市场价格（以墨西哥比索计价），而且还受到比索对美元汇率变化的影响。如果比索贬值，你手中股票的美元价值便会降低。即使你已经预期到某种程度的比索贬值，并将其计入以美元计价的投资总体收益预期，你仍然可能面临比索贬值超出预期程度的风险。

人们对汇率的瞬息万变一般会做出两种截然不同的反应，当然这只是代表了不同人在不同情况下的反应而已。有些人不愿意在未来汇率的变化上下赌注，他们知道在日常活动中不可避免会面临汇率风险，但他们力图通过套期保值来降低或者消除风险。对外汇头寸面临的汇率风险进行**套期保值**（hedging），是指减少或消除持有外币净资产或净负债头寸的行为。

而另一些人则认为自己对未来汇率的走势有很好的判断力，并热衷于对未来汇率下注。他们愿意持有或购买有汇率风险的外汇资产，认为汇率将朝有利于自己的方向变动，并从中获利。**投机**（speculating）是指获取某种资产的净资产头寸（“多头”）或净负债头寸（“空头”），并企图在价格波动中盈利的行为，这里的投机对象是外国货币。

具有以上两种动机的个体也被分别称为套期保值者和投机者。按照这种区分，人们似乎要么是套期保值者，要么是投机者。但实际上，同一个体在某些情况下会进行套期保值，在另外一些情况下则会选择投机。

4.2 外汇期货市场的基础知识

面对汇率风险，你可以有多种方式进行套期保值以规避风险，如果你可以承担更大的风险，也有多种渠道进行投机。比如，在去日本旅游的例子中，你可以在出发前购买日元（或以日元计价的旅行支票）来进行套期保值，在日本就可以用日元支付费用或购买商品。

对于一些大规模的交易，包括国际货物及服务贸易、国际金融投资或纯粹对远期汇率变动进行投机的行为中，外汇期货和远期汇率通常都是有用的。正如前一章提及的，**远期外汇合约**（forward foreign exchange contract）是买卖双方即期签订的以现在商定的某种价格（**远期汇率**（forward exchange rate）），在未来某一天用一种货币兑换另一种货币的协议。

银行作为远期外汇交易的中间人，通常会满足其客户对特定数额（外汇数量）、在未来特定日期交割的合约要求。通常远期交易的期限为 30 天、90 天和 180 天（1 个月、3 个月和 6 个月）。[①] 例如，你与银行签订一份 90 天的远期外汇合约，约定你

① 通常的远期外汇合约中，实际的货币交易在规定期限的两天（或一天）之后进行，这是为了和缔结标准即期合约所产生的两天（或一天）的延期相匹配。本章的讨论忽略了实际外汇交易中存在的两天（或一天）的延迟交割。

以每英镑 1.643 5 美元的价格购买 10 万英镑。该合约意味着从今天起 90 天后你将从美元活期存款中支取 164 350 美元，以换取 10 万英镑的银行存款。不论 90 天后实际的即期汇率如何，货币交换都将按合约规定的数量和价格进行。在与此相对应的交易中，现在同意出售 90 天远期英镑合约的某人，必须准备在 90 天后以约定的价格（每英镑 1.643 5 美元）进行交割。此人在 90 天远期合约到期前完全不必拥有任何英镑，但在 90 天后他出售英镑的价格则是现在就已确定的。不要将远期汇率与将来即期汇率混为一谈，将来即期汇率是在 90 天后实际的现货汇率。90 天后实际的英镑即期汇率可能高于、低于或等于远期汇率。从这一角度讲，远期汇率就如同商品的远期价格或者酒店客房的预订房价。

远期外汇市场对于大客户尤为便利，特别是那些信用得到银行认可的公司。这些客户在远期交易进行之前，只需签订合约，无须做出任何承诺。而其他客户则必须交付一定的保证金。如果未来客户不履行合约，银行将会没收其保证金。但保证金只占合约的一小部分（因为银行只需补偿合约另一方客户头寸的净损失）。

4.2.1 外汇期货的套期保值

套期保值指取得某种外币资产以抵补已持有的该货币的净负债头寸，或是用某种外币的净负债抵消已持有的该种外币的净资产头寸。国际交易中的套期保值者是指拥有本国货币并且要轧平其外币债务和资产头寸的人。金融业内，套期保值就是减少同一外币的两种“敞口”，即多头头寸（持有净外币资产）和空头头寸（持有净外币负债）。比如，一个美国公民对其持有的欧元头寸进行了套期保值，便保证了未来美元对欧元汇率的变化不会影响其净资产量。套期保值是一种相当常见的行为，对于那些不以国际金融交易为主要业务的人来说更是如此。套期保值使其轻松规避了任何持有外汇净头寸面临的风险，这样就不必时刻关注瞬息万变的国际货币市场，从而节省了时间和精力。

对于外汇头寸所面临的汇率风险，有很多方式可以进行套期保值。面对各种风险类型，远期外汇合约是一种直接的套期保值方法。假设美国的某家公司购买了一批商品，并同意于 3 个月后支付卖方 10 万英镑。这就表明这时该公司持有英镑的净负债头寸（假定该公司没有其他英镑资产或负债），此时该公司就面临外汇风险。因为该公司不知道 90 天后的即期汇率是多少，从而不能确定其债务的美元价值。对汇率风险进行套期保值的方式之一是签订（或购买）一张 10 万英镑 90 天的远期合约。如果当前的远期汇率为 1.643 5 美元/英镑，那么公司在 90 天后必须支付（或出售）164 350 美元。该公司以远期合约的方式拥有英镑资产头寸（合约使公司拥有英镑债权）。这恰好与购买商品而产生的英镑负债相匹配，实现了“完美的套期保值”。于是该公司可以放心，无论 90 天后的即期汇率发生何种变化，公司都只需支付 164 350 美元。①

---

① 美国公司还可以通过其他数种方式获得英镑资产，以此来对其英镑债务进行套期保值。它可以将商品出售给他人，并要求对方在 90 天后支付英镑。它也可以用现在持有的美元以即期汇率买入英镑，再将这些英镑存入银行获取 90 天的利息，经过这样的投资操作可以偿付英镑债务。公司还可以通过在期货交易所内购买英镑期货合约，建立多头头寸（买入英镑）。它也可购买外汇买权期权合约，该合约使公司有权以合约规定的价格（执行价格或者履约价格）购买英镑。以上行为都使得公司获得英镑资产，从而对其英镑负债具有套期保值作用。公司是采用远期外汇合约还是其他方式，取决于各种方式的成本以及每种方式对风险头寸的抵补程度。在很多场合，远期外汇合约能以低成本按企业的需要进行套期保值。专栏中的“期货、期权与掉期交易”会进一步讨论期货及期权合约。

远期外汇合约的套期保值功能还可以用于许多其他场合。第一种情况是，假设一家美国公司在60天后就将得到100万英镑的应收账款，但因为无法确定60天后的即期汇率，因此也无法确知该笔应收账款的美元价值。该公司可以签订60天的远期外汇合约卖出英镑（买入美元）进行套期保值，利用远期汇率锁定应收账款的美元价值。第二种情况是，假设一家英国公司需要在30天后支付20万美元，以偿还其美元债务，则可以签订30天的远期外汇合约买入美元（卖出英镑），从而对其面临的汇率风险进行套期保值。第三种情况是，假设一个英国人在180天后将得到一笔200万美元的遗产（以美元支付），则可以通过180天的远期外汇合约进行套期保值，卖出美元（买入英镑）保证其头寸不受汇率波动的影响。

扩展阅读

期货、期权与掉期交易

远期外汇合约是一种当下签订的对未来发生的货币交易的约定。远期货币交易的雏形自20世纪70年代初就已经出现了。如今，愿意进行套期保值或投机的人除了选择传统的远期交易，还可以选择货币期货、货币期权以及掉期交易等方式。

货币期货（currency futures）合约是指可以在有组织的交易所，比如芝加哥商品交易所（Chicago Mercantile Exchange），进行交易的货币合约。通过签订期货合约，你可以有效地锁定在未来特定日期买入或卖出某种外币的价格。听起来，它似乎与远期外汇合约非常相似。是的，它们确实相似，不过依旧存在一些差别。第一，期货合约是一种标准化合同（这使其可以在有组织的交易所进行交易）。比如，下一年3月交割的日元兑换美元的合约规格为1 250万日元。而远期外汇合约却可以根据客户的需要由银行来自由定制。第二，如果你签订了期货合约，交易所会要求你向其交纳一定数量的保证金来表达你履行合约的诚意。远期外汇合约可能也会要求签订者支付一定数量的保证金，但通常并不需要。第三，由于期货合约交易实行的是逐日结算制，结算所每天都会计算出你已成交的期货合约的收益和亏损。如果投资者受到太大的亏损，他便会被要求追加保证金。而远期外汇合约给签约人带来的盈利或亏损通常只有在合约到期时才得以显现和兑现。第四，可能对于你的认知最重要的一条是，几乎所有支付得起保证金的人都可以购买期货合约，然而各银行通常只愿意与信誉很高的客户签订大金额（数百万美元）的远期外汇合约。期货合约为普通人和小企业进行外汇套期保值和投机提供了一种低成本而又直接的途径。

在某些情况下，远期外汇合约和期货合约的一个共同的主要缺点是，签约人的敞口头寸可能给其带来巨大的损失。无论如何，你都必须履行合约。如果即期汇率的变动已经朝着不利于你的方向移动，你也将不得不高买低卖，签订的合约将给你带来巨大的亏损。有些套期保值者或者是投机者可能并不喜欢这一特点，于是产生另一种交易方式——期权合约。

货币期权（currency option）赋予期权的买方（或持有者）在未来某时刻，按照合约规定的执行价格买入外币（买权期权）或卖出外币（卖权期权）的权利。合约中确定的并允许持约人在将来能按此价格进行外汇交易的价格称为执行价格或者敲定价格。期权是一种有价值的权利，买方通过向期权的卖方（或开出方）支付一定的额外费用（期权费）来获得这种权利。

假设你认为瑞士法郎在下个月会有大幅度的升值。瑞士法郎的即期价格为每瑞士法郎兑换1.2美元，当前30天期的远期汇率（或者，下月到期瑞士法郎期货合约的当前价格）为每瑞士法郎1.21美元。你预期30

天后瑞士法郎的现货价格为1.26美元。假设你利用远期外汇合约（或者利用期货合约）进行投机，持有瑞士法郎头寸，那么只要30天后瑞士法郎的实际价格高于1.21美元，你便可以获利。但如果到期时的现货价格低于1.21美元，你就会亏损，而且30天后瑞士法郎的现货价格越低，你的亏损就会越大。如果30天后瑞士法郎的现货价格是1.14美元，你依旧必须按照1.21美元的远期外汇合约价格进行购买，即便当时瑞士法郎的现货价格仅为1.14美元，这样你就遭受了巨大的损失。

其实你也可以采用外汇期权合约对瑞士法郎的汇率进行投机。期权的缺点是你必须为获得该权利支付一定的期权费。（而在远期外汇合约中没有类似的费用支出。）期权的优点在于，合约可能导致的亏损仅限于期权费——你不会损失更多。比如，你可以购买30天到期的外汇买权，这样你便有权利以每瑞士法郎1.21美元的执行价格买入瑞士法郎。如果30天后实际的即期汇率高于每瑞士法郎1.21美元，你就可以行使自己的权利。

此时，你的总收益与相应的远期合约相比要低一些，这是由于你必须支付一定的期权费购买期权。即便如此，如果30天后实际的汇率远高于每瑞士法郎1.21美元，你仍可以获得巨大的收益（通过执行期权，你可以以较低的价格买入瑞士法郎，然后以更高的价格卖出）。如果30天后瑞士法郎的实际即期价格低于1.21美元，你可以选择不执行期权。即使实际即期价格大大低于执行价格，你也只是会损失购买期权的期权费，而不会损失更多。

另一种重要的远期交易型外汇合约是**货币掉期**（currency swap）。在货币掉期合约中，交易双方商定在一段特定时期内进行不同币种的互换，例如，微软公司与其银行商定进行掉期交易。微软公司同意：（1）当前交付欧元以换取相应数量的美元；（2）每3个月支付一次美元利息，并收取欧元利息；（3）在掉期合约结束时，偿还美元并回收相应数量的欧元。由于微软公司已经承诺在当前和将来多次以美元换取欧元，你可能会觉得这种操作看上去与即期和远期外汇交易合约很相似。你的看法是对的，其实，掉期交易基本上就是将一系列的即期交易合约与远期交易合约归并到一张合约中。与一组相互独立的外汇交易合约相比，掉期交易有两个优点：采用同一张合约降低了交易成本同时也降低了风险，风险降低的程度虽然很小但却有重要意义；在掉期交易中，一方当事人的任何违约行为都可解除另一方将来所承担的所有义务，而在一组相互独立的交易中，一方在某些合约上违约时仍然可以强迫另一方履行其他合约。

微软公司为什么要进行这种掉期交易呢？原因之一可能是这种交易为微软公司提供了一个以低利率发行欧元债券的机会，这或许是因为欧盟的投资者强烈地希望在自己的债券投资组合中加入一些微软债券。但微软实际上却需要美元进行业务扩张并为其美元债务支付利息。微软公司可以利用在欧盟出售欧元债券这一机会得到欧元，之后通过掉期交易将欧元换成美元。这样微软必须向欧盟投资者以欧元支付利息，但是同时也从掉期交易中得到欧元利息支付。这两项欧元现金流大约相等，所以基本上，微软的义务就只剩下为掉期交易支付美元利息这一项。通过将发行欧元债券和掉期交易结合起来的做法，微软可以实现两个目的：第一，微软可以利用欧盟异乎寻常的低利率降低其总体的融资成本，即便微软本身不想承担欧元债务；第二，微软实际上并没有承担欧元债务——因为（净）现金流通过掉期转换成了公司所希望拥有的美元现金流。

外汇的期货、期权和掉期交易是外汇产品中相对较新的品种。第一张外汇期货合约出现于1972年。第一笔在交易所进行的外汇期权交易出现于1982年，外汇期权也可以直接由银行或者其他金融机构根据用户的具体需求来提供。第一笔大额的外汇掉期交易于1981年在世界银行与IBM公司之间签订（美元对德国马克和瑞士法郎）。

在交易所进行的外汇期货和期权交易是比较重要的。2010 年 12 月，两者的总价值分别相当于 1 700 亿美元和 1 230 亿美元。另外，绝大多数外汇交易是在银行、其他金融机构及其客户之间进行的。而“场外交易”（包括现货交易、远期交易、直接签约的外汇期权交易以及外汇掉期交易），其规模要远大于在交易所进行的外汇期货和期权交易。外汇掉期已成为一种重要的产品，2010 年 12 月，其有效合约的总价值已达到近 19 万亿美元，同期直接签订外汇期权合约的总价值也已达到大约 10 万亿美元。

4.2.2 外汇期货投机

投机意味着未来的不确定性给投机者以本币计值的净财富带来的风险和盈利机会。人们对投机者这一称谓充满着各种各样的想象：他们通常被刻画为异于常人：极度贪婪而又神经高度紧张，给混乱的经济体系推波助澜；他们置身于风暴的中心——每次市场濒临失控，就一定会看到他们的身影，随后的市场失控造就了他们的机会。尽管投机者在历史上的确扮演过破坏性的角色，但这两者的因果关系是否存在，还有待于实证研究。

对现实更重要的是，我们必须认识到，对投机唯一准确的定义便是前文曾经提及的宽泛概念。任何愿意持有外币头寸的人都是投机者，不论他们对于远期汇率抱有什么样的动机和预期。这个定义本身不带任何恶意的评判成分。银行和一些其他的国际金融机构总是宣称自己的投资有别于他人的投机，其潜台词是后者的行为更为冒险、鲁莽。但实际上，这两者间并没有清晰的界限。任何承担汇率风险的投资行为都包含一定的投机因素。

人们可以谨慎地通过多种方式建立投机性外币头寸。对将来即期汇率进行投机的一种直接方式是利用远期外汇合约。就像对套期保值者一样，远期外汇合约也同时为投机者提供了通向远期外汇交易的桥梁，市场上也没有身份证件来检查和区分这两个人群。如果一位投机者认为他可以很好地预见未来的即期汇率，通过远期外汇市场，他便可以方便地根据这种预期下注。实际上这是非常便利的，这个投机者甚至可以在自己当时并未实际持有货币的情况下进行下注。

为了说明这一点，假定 5 月份你确信英镑会从目前每英镑价值 1.65 美元的即期汇率开始贬值，到 8 月份每英镑将会跌至仅值 1.5 美元。也许是你预见到了英国即将发生的政治和经济危机，而其他人没有预见到。你可以利用远期外汇市场获得巨大的收益。通过联系你的开户行的外汇交易员，签订 90 天远期外汇合约，约定以每英镑兑 1.643 5 美元的远期汇率卖出 1 000 万英镑。如果银行相信你有能力在 8 月份履行这份远期合约，那你在 5 月份甚至不需要投入任何费用，只需要签订这份远期合约就可以了。那么，到了 8 月份，你又将如何拿出 1 000 万英镑呢？如果你确信危机会发生，那便无须担心，尽管放松好了。不妨去夏威夷度假三个月，漫步于绵长的海滩，看一看报纸，看看英镑如何像你预料的那样不断下跌。8 月份合约到期时，通知银行以实际的即期汇率结算远期合约，就像你预期的那样此时的即期汇率已经跌至 1.5 美元/英镑。也就是说，你在 8 月份以 1.5 美元/英镑的价格在即期市场买入 1 000 万英镑（总成本 1 500 万美元），而按照远期外汇合约以 1.643 5 美元/英镑的价格卖出 1 000 万英镑（共收到 1 643.5 万美元）。于是，仅仅几分钟，凭着自己料事如神的先见之明以及对“低买高卖”的透彻理解，你就赚了 143.5 万美元的净利润。如果你比市场上的其他人都更加精明，那么利用这一便捷的外汇市场就可以让你赚得盆满钵溢。

然而，你的投机活动可能会有另一种不同的结果。假如你预测错误，英国的政治经济状况在 5 月份到 8 月份期间变得更为景气了。到了 8 月，英镑的即期汇率已上涨到了 1.9 美元/英镑，此时你便不得不花费 1 900 万美元买进 1 000 万英镑，并按远期合约约定的价格将其卖出，只获得 1 643.5 万美元。不用太复杂的数学计算，你就能知道这对个人财富意味着什么，也许你将不得不改变自己的生活方式。

如果在 5 月份有很多人都预期英镑的即期汇率在 8 月份要下跌到 1.5 美元/英镑，并且都想利用远期外汇市场进行投机，那么情况又会怎样？他们将会大量卖出英镑远期。远期英镑供给的增加将对英镑的远期汇率产生向下压力，使其趋向于 1.5 美元/英镑。一般情况下，并不是所有的投机者对将来即期汇率都拥有完全相同的预期。然而，我们假设投机者对供给与需求的压力将促使远期汇率等于将来即期汇率的平均预期值。比如，90 天远期汇率也许就意味着消息灵通人士认为的英镑 90 天后应该具有的价值。它将会是未来即期汇率的预期值的一个平均值，这与足球赌博中的分差十分相似，这个分差就是赌博者认为强队会赢弱队分数预期值的平均值。

4.3 国际金融投资

近几十年来，国际金融投资活动迅速增多。国际投资决策取决于可行投资方案的风险与收益的权衡。如何衡量外币金融资产的综合收益？国际金融投资所面临的特殊或主要的风险来自哪些因素？投资者是否能通过套期保值规避外汇风险？本章余下部分将讨论这些与国际金融投资有关的问题。尽管讨论的焦点是投资，但大多数原理也适用于借款者选择通过贷款还是发行证券来获得外汇的决策行为。

假定有一位投资者，她现在持有美元，并计划在一年以后仍然持有美元（或者至少要以美元计算其资产和收益）。如果她投资于美元金融资产，比如美国政府债券或美元定期存款，那么一年后她将获得美元收益并拥有美元财产，此时无须进行外汇转换。但如果她投资于外币金融资产（如英国政府债券或英镑定期存款），那么她将面临的情况就不会这样简单。首先她必须按照期初的即期汇率将美元兑换成英镑，再用英镑购买以英镑标价的金融资产。持有这份资产将使她在此后一年内获得英镑收益并拥有英镑资产。这些英镑收益和资产可以以一年后英镑兑换美元的汇率转换成美元（可以进行实际转换，也可能只是计算一下这一财产的美元价值）。

一年后，将按照哪种汇率把英镑兑换成美元呢？主要有两种选择，它们分别与套期保值和投机的概念相对应。选择一，她可以现在签约，利用远期外汇合约，以 1 年期远期汇率将英镑兑换成美元。她因远期合约而将拥有的英镑负债与其英镑资产头寸相抵补，从而对自己面临的汇率风险进行套期保值，这样她的国际投资是套期保值的国际投资或**抵补的国际投资**（covered international investment）。选择二，她可以等待，直到按照将来即期汇率，也就是一年后的实际汇率，将英镑兑换成美元。但她不能确定将来的即期汇率是多少，因此投资将面临汇率风险。这种未经套期保值的投资具有投机性质，因此称为**无抵补的国际投资**（uncovered international investment）。

4.4 抵补的国际投资

我们可以利用图表 4—1 对国内投资与抵补的国际投资进行比较，该图表将投资

（或借款）方式描绘成环"湖"小路。人们将资产从左边转移到右边代表买入英镑卖出美元的行为。由下向上的活动表示的是进行投资或对外放贷，而那些从远期头寸向下转向即期头寸的活动表示的则是出售生息资产或者借款。相应地，包含汇率符号（即期汇率 e 和远期汇率 f）和货币利率符号（i_{US} 和 i_{UK}）的公式表明了某人的资产价值在各种移动中是如何增值的。此处汇率为英镑的美元价格。利率水平是特定期限内的利率，并且以小数计值，而非百分比。①

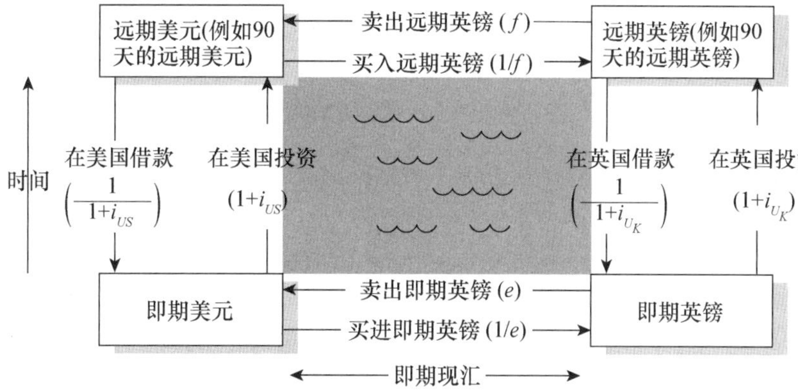

i_{US}＝美国目前 90 天期限的利率（非年化）
i_{UK}＝英国目前 90 天期限的利率（非年化）
e＝英镑目前的即期价格（美元/英镑）
f＝英镑目前 90 天的远期价格（美元/英镑）
是及时地将一种货币兑换为另一种货币，还是进行同一种货币即期交易与远期交易之间的转换，图中的箭头指明了你应当采取的行动。数学表达式说明了当你想进行货币兑换时所需要的乘数。这里有两条路径可以让你从一个角转移到另一个角，两条路径中至少有一条路径需要多次转化。

图表 4—1　两种货币表示的即期和远期资产头寸："湖边"图

在研究一个人是如何从"湖"的一角达到另一角时，你会发现某人在选择走哪条路径更有利可图时，他总是在比较两个公式。假设我们希望将即期美元换成远期美元，首先可以以英镑为媒介，在即期市场按照 1 美元兑换 $1/e$ 英镑的价格买进英镑。之后，我们再投资这些英镑并获取利息。即期的每 1 美元在到期时变为 $(1+i_{UK})/e$ 英镑。在投资时，我们还需要在远期市场（以汇率 f）卖出即将收到的英镑，以保证在将来到期时得到确定数量的美元。总之，每一美元的即期投资在将来到期时会变为 $(1+i_{UK})f/e$ 美元。或者，我们也可以简单地将本国货币在本国进行投资以获得利息，进而从每一美元的即期投资中得到将来 $(1+i_{US})$ 数量的美元。选哪条路径取决于这两种收益的大小。这一差值有时称为**抵补利差**（covered interest differential）（CD）：

$$CD=(1+i_{UK})\cdot f/e-(1+i_{US})$$

如果该差值为正，那么投资者在英国投资较为有利。如果为负，那么投资者就应拒绝在英国投资，而将投资转向美国。为什么称之为抵补呢？因为投资者对汇率风险进行了完全的套期保值或者说他通过外币作为中介，实现了从即期本币到将来本币的投资过程，从而抵补了汇率风险的损失。还有一种近似的表达式可以推导出抵补利差

① 也就是说如果利率期限不是 1 年，那它就不是年利率。如果报价以年利率来表示，那么需要对它们进行换算。比如，90 天的利率约为年利率水平的 1/4。

公式。在推导之前，首先需要引入**远期升水**（forward premium）这一术语。远期升水（F）为英镑的远期汇率与即期汇率之差与后者的比值①，即：

$$F=(f-e)/e$$

远期升水（以百分比形式表示）表明即期持有的英镑增值比例，它是以即期汇率买入英镑，并在将来以现定的远期汇率卖出英镑的投资行为的结果。（如果 F 为负，则英镑为远期贴水（discount），也就是以即期汇率买入英镑，而在将来以现定的远期汇率卖出英镑，使即期持有的英镑价值减少。）

下面简单的近似公式表达的是抵补利差约等于英镑的远期升水加上利差②：

$$CD=F+(i_{UK}-i_{US})$$

该表达式说明，选择湖边哪一条路径取决于英镑的远期升水与两种货币利差的比较结果。

还有一种方法可以解释这一近似式。美国投资者通过在英国进行投资所获得的抵补后的总收益（以美元表示）近似等于这两项之和：货币兑换时的即期汇率与远期汇率之差带来的收益（英镑的远期升水 F）加上英镑投资本身的利息收益（i_{UK}）。抵补利差近似等于投资英镑资产获得的抵补后总收益（$F+i_{UK}$）与投资美元资产获得的收益（i_{US}）之差。③

4.4.1 抵补套利

抵补利差可以使交易者轻松地判断货币之间的交换是否有利可图，并利用这种方法在任何利差下获得套利收益。**抵补套利**（covered interest arbitrage）指即期买入某国货币的同时，卖出该国货币的远期，从两国的利差和该货币远期升水的组合投资中获取净利润。尽管抵补套利要在一段时间内占用一些资金，但基本上是无风险的。实际上，套利的方式之一就是套期保值：从即期的美元开始，沿着“湖边”的路径，而最终获得有保障的更多数量的美元。

为了表明这种套利的运作原理，假定英国和美国 90 天利率分别为 $i_{UK}=0.04$（4%）和 $i_{US}=0.03$（3%）；即期汇率及 90 天后远期汇率均为 2 美元/英镑。由此，对于远期英镑来说，既不存在升水，也不存在贴水（$F=0$）。这意味着 $CD=0.01$

---

① 往往表示为年百分比：

$$F=\frac{(f-e)}{e}\cdot\frac{360}{n}\cdot 100$$

式中，n 代表远期的天数，同时为方便计算，1 年算作 360 天。

② 为了说明其近似表达式，首先将最初的 CD 公式转化为：

$$CD=f/e+i_{UK}\cdot f/e-1-i_{US}$$

公式右边加上并减去一个（i_{UK}）：

$$CD=f/e+i_{UK}\cdot f/e-i_{UK}-1+i_{UK}-i_{US}$$

将远期升水公式 $F=f/e-1$ 代入后合并可得

$$CD=F+i_{UK}-i_{US}+i_{UK}\cdot F$$

如果英国利率（i_{UK}）和英镑远期升水（F）很小（小数表示），那么公式的最后一项（两个很小数字的乘积）就非常小，在近似估计中可以忽略不计。

③ 这种近似方法之所以有用，还因为所有利率都可以转换为年利率并可以以百分比形式呈现，也就是我们通常所说的利率的表示方式。F 是以年百分比表示的远期升水，利率也以年百分比表示，而不管远期的天数是多少。

(1%)，一位纽约的套利商选择了沿着“湖边”逆时针方向的路径采取行动。他打电话通过伦敦的代理银行或分支银行在现货市场签约卖出 2 000 万美元，买入 1 000 万英镑，并指示银行用该笔英镑买入 90 天后到期的英国政府债券。这意味着在 90 天后，他将拥有 1 040 万英镑（1 000 万英镑×1.04）可以支配。为了抵补汇率风险，他在远期市场签约卖出 1 040 万英镑，这使他在 90 天后可以得到 2 080 万美元。此时，他可以胸有成竹了，因为他知道进出英国的“电话旅行”已使他可以在 90 天后稳得 2 080 万美元，而不是将期初的 2 000 万美元投资国内获得的 2 060 万美元。如果他拥有良好的信用，还可以用 2 080 万美元的预期收入作为抵押，并以 3%的利率在美国借入 20 194 175 美元现款（20 800 000/1.03）。这比他打电话之前所拥有的资金大约多出 1%。所以，194 175 美元的套利收入减去电话费、所有交易费、在美国使用的一些信贷额度的费用以及几分钟的时间，也算是一笔不菲的收入。而且，只要没有人违约，这一投资毫无风险。（读者可以自行验证一下，如果远期的英镑有 2%的贴水（因为 f=1.96，F=－0.2)，纽约的套利者将在美国投资，在英国借贷或售出债券并出售即期英镑，最后获得大约 1%的净收益。）

如果很多人都利用套利交易来投机，那么对市场会产生什么影响？他们的行为会对汇率、不同国家的利率产生压力。在最初的一个例子中，英国的利率为 4%，美国的利率为 3%，并且无论是即期汇率还是远期汇率都是 2 美元/英镑，如下是大量的套利行为产生的影响：

● 由于大量的套利者为了满足即期交易而出售英镑、购买美元，这使得英镑对美元的即期汇率趋于高出 2 美元/英镑。

● 由于大量的套利者同时也会购买远期美元、出售远期英镑，这使得英镑对美元的远期汇率趋于低于 2 美元/英镑。

● 由于大量套利者将他们以美元结算的投资转移到了以英镑结算的投资（或者借入美元进行英镑的投资），这使得美国利率有上升趋势而英国利率有下降趋势。

如果一种或者多种比率发生了上述改变，那么抵补套利的利差就缩减了。所有这些影响最终会导致什么结果呢？

4.4.2　抵补利率平价

约翰·梅纳德·凯恩斯（John Maynard Keynes）本人就是一位套利投机者。他认为获取套利的机会具有自我消除的特点，因为远期汇率会做出调整，使得抵补利差降为零。自凯恩斯起，我们就将 $CD=0$ 这一条件称为**抵补利率平价**（covered interest parity）。抵补利率平价有两种等价的表达式：

● 一国货币的远期升水（贴水）等于该国利率低于（或高于）另一国利率的数额（本例中可表示为：$F=i_{US}-i_{UK}$）。

● 投资于一种外币的总抵补收入等于投资于本币的总收入（$F+i_{UK}=i_{US}$）。

在前面的案例中，如果远期汇率为 1.98 美元/英镑（而不是 2 美元/英镑），便存在抵补利率平价。英镑的 1%的远期贴水（等于 1.98 美元/英镑的远期汇率与 2 美元/英镑即期汇率的差额与即期汇率的百分比）抵消了英国利率（4%）与美国利率（3%）之间的利差。美国投资者在英镑资产上的抵补投资只能获利 3%，即 4%的利率减去 1%的汇率损失。这 3%的收益率与他们投资美元资产的收益率相同，因而没有套利动机。

抵补利率平价解释了即期汇率与远期汇率之差为零的现象。如果一国的利率低于美国的相应利率，那么该国的货币便为远期升水，利率的百分比之差将等于远期升水的百分比。回顾图表 3—1 所示的外汇牌价表，对日本和瑞士的货币而言，其 90 天远期汇率（单位外币的美元值）都高于即期汇率。这些货币为远期升水，由此可以断定，日本和瑞士当时的 90 天期利率要低于相应的美元资产的利率。加拿大和英镑的 90 天远期汇率低于即期汇率，说明远期贴水与两国利率相对较高有关。

抵补利率平价将四种比率联系起来：远期汇率、即期汇率，以及两个国家的利率。如果四个变量中有一个发生变化，那么其他三个变量中至少有一个也要发生变化，以维持（重新满足）抵补利率平价。例如，如果即期汇率上升而两国利率差没有发生变化，那么远期汇率就必须上升以维持远期升水不变。在这种情况下，任何使即期汇率上升（或下降）的因素也将会使远期汇率同样上升（或下降）。实际上，在过去的几十年中，世界主要货币的短期利率差异没有发生多大变化，因此，任何两种货币之间的即期及远期汇率趋于同时上升或下降。换句话说，长期内，即期汇率与远期汇率之间存在高度正相关的关系。①

4.5 无抵补的国际投资

国际金融市场上无抵补的投资，是指投资于以外币计值的金融资产而不进行套期保值，也不通过远期交易将未来的投资收益转换为本币。最简单的例子是，在未来某一天以当日即期汇率将以外币计值的投资收益兑换为本币（或进行实际兑换，或以本国货币计算财富或总收益）。在投资的最初阶段，将来即期汇率是不确定的，因此这种投资将面临汇率风险（假设投资者没有该货币的其他债务以抵补）。

初始投资时，投资者可能对将来即期汇率有所预期。投资者可用预期的将来即期汇率（e^{ex}）来预测无抵补国际投资的预期总收益（预期的将来即期汇率与决定是否利用远期合约进行投机的汇率属于同一类型）。

这里也存在类似于图表 4—1 中环“湖”小路之类的逻辑关系。但图中“湖”的上部表示在未来，以将来即期汇率进行的货币兑换。在进行对外投资时（“事前”），对于将来即期汇率会是多少，我们只有一个模糊的认识或只有一个预期。只有对外投资到期时（对外投资到期，“事后”），我们才能知道将来即期汇率实际是多少，也才可以确定未抵补的对外投资实际总收益是多少。

为了理解这一过程，再次假定需要将即期美元转换成将来的美元。我们可以再次让货币从英国开始流动，但此次，我们不打算规避汇率风险。首先在现货市场买入英镑，1 美元兑换 $1/e$ 英镑；然后用这些英镑进行投资，初始的每 1 美元在将来到期时将变为 $(1+i_{UK})/e$ 英镑。我们预期将以汇率 e^{ex} 将这些英镑换成美元，因而在我们的预期中，现在投资的每 1 美元在将来变成 $(1+i_{UK})\times e^{ex}/e$ 美元。我们将它与当前美元仅投资于美元资产将获得的 $(1+i_{US})$ 美元的结果相比，就得到了**预期无抵补利差**（expected uncovered interest differential）（EUD）：

① 抵补利率平价对于前面讨论的远期英镑债务的套期保值也具有意义。套期保值的目的是以现期美元获得远期英镑（为购买商品所需）。如果抵补利率平价成立，那么利用远期合约进行套期保值（向“湖”的上方走，之后沿着“湖”的上方向右走）的成本，与当前买入现货英镑并对其进行 90 天投资（在“湖”的下方向“湖”右方走，再向上走）的套期保值成本基本相同。

$$EUD=(1+i_{UK})\cdot e^{ex}/e-(1+i_{US})$$

如果该值为正，那么对英镑资产的无抵补投资预期总收益将会更大；如果该值为负，那么在美国国内投资的预期收益就会更大。①

预期无抵补利差公式几乎与抵补利差公式相同，唯一的区别在于预期的将来即期汇率e^{ex}取代了即期的远期汇率 f。这并不令人奇怪——两者的差别就在于是否利用远期合约规避汇率风险或进行套期保值。

也可用一个简单的近似公式来表示预期无抵补利差，它近似地等于预期外币升值率（如果为负，则为贬值率）加上两国定期利率差②：

$$EUD=\text{预期升值率}+(i_{UK}-i_{US})$$

从另一个角度分析，美国投资者在英国进行投资获得的无抵补的预期总收益（以美元计值）近似等于投资过程中，因英镑升值（或贬值）而从货币兑换（即期汇率和将来即期汇率）中得到的预期收益（或亏损）的总额加上投资英镑本身的利息收益。将投资英镑的预期总收益（预期货币升值率＋i_{UK}），与投资美元资产获得的收益（i_{US}）进行比较，从而得到了近似的预期无抵补利差。

我们举一个类似于在抵补投资中使用的数字例子。设即期汇率（e）为 2 美元/英镑，90 天投资的当期利率为$i_{UK}=0.04$（4%）和$i_{US}=0.03$（3%）。如果美国投资者预计将来的即期汇率（e^{ex}）在 90 天后仍为 2 美元/英镑，那么预期无抵补利差将是多少？由于他预期英镑汇率将保持不变，预期的利差将为 1%（等于实际的利差：4%—3%），这是有利于英镑投资的。投资者期望通过对英镑资产进行无抵补投资而得到更大的收益，但并不能确定一定能够获得这个额外收益，因为 90 天后实际的汇率也许与他所预期的大不相同。

既然无抵补的对外金融投资会面临汇率风险，为什么还有人愿意进行无抵补投资呢？有两方面的原因：一是与收益相关；二是与风险相关。首先，正如上述数字例子所表明的，无抵补投资的预期总收益可能会大于在国内投资的收益（EUD 为正）。可以这样认为，当投资者预计所承担的风险会得到足够的补偿时，他会进行无抵补投资，当实际的将来即期汇率远低于他的预期值时更是如此。

然而，投资者实际面临的风险更加微妙、难以把握。问题不仅在于这一投资本身的风险，还在于这一无抵补投资对于投资者的整个投资组合风险的影响。尽管我们不会对这一问题进行深入研究，但对投资组合的分析表明，在投资组合中加入无抵补投资将会增加总体风险；但在另一些情况下，由于投资更加多样化，无抵补投资也可能使得投资组合的总体风险有所降低。如果它降低了总体投资风险，尽管预期的无抵补利差可能为负，投资者仍会青睐无抵补的对外投资。

为了说明无抵补的对外投资和预期无抵补利差的重要性，下面讨论当风险问题不成为一个重要问题时，会出现怎样的情况。当投资者不太在意面临的投资风险时（风

---

① 从进行无抵补美元投资的英国投资者角度看，如果用每 1 美元可以兑换英镑数额的汇率表达形式，预期的无抵补利差为：

$$(1+i_{US})\cdot e^{ex}/e-(1+i_{UK})$$

② 当考虑实际时间段时，预期升值率等于（$e^{ex}-e$）/e，它往往以年百分比的形式表示：

$$\frac{e^{ex}-e}{e}\cdot\frac{360}{n}\cdot 100$$

式中，n 为预期的远期即期汇率的远期天数。

险中性），或者当投资组合的收益表明，在投资组合中加入无抵补投资不增加投资组合的整体风险或所增风险忽略不计时，风险问题在分析中就不是很重要了。在这种情况下当无抵补利率差为正值，每位投资者都将愿意进行无抵补的对外投资。投资者调整其投资组合时，他们通过买入英镑或卖出英镑以兑换美元来增持或减持以英镑计价的投资，从而能够影响即期汇率市场的供求关系。（他们也可以通过买入和卖出金融资产对利率的变动施加压力。）

通常，只有远期不存在大规模调整投资意愿时，利率变动的压力才会减退。当预期的无抵补利差等于零（$EUD=0$）时，至少对于一般的投资者来说，都会面临一个条件，我们称之为**无抵补利率平价**（uncovered interest parity）。（这一利率平价也称为“国际费雪效应”，以第一个提出该术语的经济学家欧文·费雪（Irving Fisher）命名。）它有两种表达形式：

- 一种货币的预期升值（贬值）幅度和该国利率低于（高于）他国利率的差值相同（比如，英镑预期升值率$=i_{US}-i_{UK}$）。
- 投资于一种外币的无抵补预期总收益等于投资于本币的总收益（预期升值率$+i_{UK}=i_{US}$）。

考虑前文例子中用到的汇率和利率：英国和美国的利率分别为 4%和 3%，预期的将来即期汇率为 2 美元/英镑。在上述条件下，如果当期的即期汇率为 2.02 美元/英镑，则无抵补利率平价成立。此时，预期英镑贬值的幅度为 1%（从当前汇率 2.02 美元/英镑到将来即期汇率 2 美元/英镑），这与英国利率高于美国利率的差为 1%（即 4%−3%）相匹配。

如果无抵补利率平价成立，它便将四种比率联系起来：即期汇率，当前预期的未来可能（平均）的即期汇率，以及两个国家的即期利率。同抵补利率平价一样，如果这四个变量中有一个发生变化，则其他变量中至少有一个也要发生变化，才能保持或重新满足无抵补利率平价。有几种可能导致英镑迅速升值的原因：如果英国的利率上升，这将提高英镑的即期汇率，因此会降低未来英镑进一步升值的预期或提高未来英镑贬值的预期（假设将来即期汇率的预期不变）；如果利率保持不变，但预期的将来即期汇率提高，那么就必须提高即期汇率，以保持预期的英镑汇率的升值率（或贬值率）不变。我们将在下一章考察即期汇率的决定因素时，更深入地分析这些变量之间的关系。

案例研究

世界最优秀的投资家

1930 年，乔治·索罗斯（George Soros）出生于布达佩斯。他的父亲是一名律师，但他却成了全球投资领域的超级明星，据估计 2010 年他拥有 140 亿美元的净财富。自 1969 年其创立自己的投资基金起，他的投资基金的年平均收益率达到了令人难以置信的 30%。

作为一名犹太人，他和他的家庭成功地躲避了纳粹的迫害并生存下来。1947 年，他来到英格兰，想继续工程学的深造，但最终却被伦敦政治经济学院（London School of Economics）录取并于 1952 年毕业。他最初在伦敦的一家小型经纪公司工作，但是未被委以重任使他很失落。

1956 年，索罗斯移居纽约，先后在两家小型的证券公司工作，直到 1963 年加入 Arnold & Bleichroeder 公司。1967 年，他晋升为投资研究部门负责人，他擅长在价值被低估的欧洲股票中寻找优良的投资机会。1969 年，他用自己的 25 万美元和他所认识的投资者的 600 万美元创立了一个离岸对冲基金。（对冲基金是一种合伙制投资，不受美国证券交易委员会（SEC）等政府部门的管辖。每个对冲基金都可以有自己的投资风格和投资战略，且各不相同。有一些对冲基金确实使用不同类型的套期保值策略，但其他的对冲基金却不这样。基金经理的报酬包括佣金和一定比率的基金收益，而且他们自己在基金中也有大量的投资。）

之后，索罗斯很快离开了 Arnold & Bleichroeder 公司，专心经营自己的索罗斯基金。尽管美国股市在 20 世纪 70 年代总体表现低迷，但索罗斯基金却不断发展。作为基金管理人，索罗斯专注于寻找美国和其他国家价值被低估的股票。他购买不受人们欢迎的低价股票，同时出售短期受到追捧的高价股票。他当时预计石油需求会超过石油供给，于是在 1973 年第一次石油危机爆发前，买进了从事油田勘探和石油开采公司的股票。在 70 年代中期他大量投资于日本股票。1979 年他将基金改名为量子基金（Quantum Fund），以纪念海森堡（Heisenberg）在量子力学中提出的不确定性原理。1980 年该基金的回报率达到了 103%，资产总值增长到 3.8 亿美元。

1981 年，《机构投资者》（*Institutional Investor*）杂志称他为“世界最优秀的投资家”。但是对于索罗斯和他的基金来说，1981 年却是艰难的一年。基金损失了 23%，1/3 的投资人撤走了资金。但是后来证明，撤资是错误的决定，量子基金之后仍然能够获得巨额的回报。

1985 年 8 月，索罗斯确信美元相对于日元和德国马克被高估了，而且很快这种高估就会得到纠正。于是他决定建立投机性的投资头寸，尝试从其预期的汇率变动中获得收益。他借入美元，并用这些美元兑换日元和德国马克，然后购买日本和德国的政府债券。他共建立了 8 亿美元的头寸，大大超过了基金的总资本。在 9 月底，一些主要国家政府签署了《广场协议》（The Plaza Agreement），签署国在协议中承诺采取联合行动（如干预外汇市场）以抬高其他主要货币相对于美元的价值。在一个月之内，随着美元的贬值，索罗斯赚了 1.5 亿美元。同时他还投资购买外国股票和长期美国政府债券，他的基金在 1985 年的回报率达到了 122%。当然，他建立的头寸并不是都能获利。例如在 1987 年，美国和其他国家股市在 10 月份的崩盘使量子基金损失了 8.4 亿美元，但是基金在全年仍获得了 14%的回报率。

1992 年 9 月，索罗斯进行了一次最著名的投资。随着德国 1989 年的统一，德国利率不断上升，德国马克趋于升值。但大部分欧盟国家的货币均处于欧洲货币体系的汇率机制中，实行的是相互钉住的汇率机制。所以德国以外的其他国家不得不提高本国利率以维持钉住的汇率。索罗斯预测，英国政府不会采取提高利率的政策，因为英国当时的经济处于困境之中，失业率居高不下。他预计英国要么在汇率机制框架下使英镑贬值，要么退出欧洲货币体系的汇率机制。但无论是哪种情况，英镑的汇率都会下降。于是，他借入英镑投资德国马克，并运用期权和期货交易，建立了英镑空头头寸和德国马克多头头寸。这些头寸非常巨大，达到了 100 亿美元。在索罗斯和其他投机者建立头寸的过程中，他们抛售英镑，使英镑承受着汇率下降的压力。各国的中央银行试图捍卫钉住汇率，但很快英国政府就放弃了努力并退出了欧洲货币体系的汇率机制。英镑对德国马克随之出现贬值。在一个月之内，量子基金从英镑头寸赚取了近 10 亿美元收益，而且从欧洲货币头寸中赚取的收益也达到了 10 亿美元。《经济学家》（*Economist*）杂志称索罗斯是“让英格兰银行破产的人”。

1992 年以后，索罗斯将量子基金的大部分交易决策交给了由他选定的继承人斯坦利·德鲁肯米勒（Stanley Druckenmiller）。量子基金依然时而获得巨额收益，时而遭受巨大损失。1997 年年初，索罗斯和德鲁肯米勒预测了泰铢会疲软，量子基金在 1 月份和2月份建立了泰铢的空头头寸。7月份金融危机爆发，泰铢大幅贬值，量子基金大发其财。但是当泰铢和其他亚洲货币持续贬值时，他们认为市场对汇率的调整已经超出限度。例如，当印度尼西亚货币从1美元兑换2 400印度尼西亚盾贬值到1美元兑换4 000印度尼西亚盾时，他们建立了印度尼西亚盾的多头头寸，但是印度尼西亚盾继续下跌至1美元兑换10 000印度尼西亚盾以上时，他们遭受了损失。

1988年，当俄罗斯金融市场崩溃、卢布崩盘之际，量子基金在俄罗斯的投资损失了20亿美元。但是基金全年的投资回报率仍然超过12%。1999年上半年，基金亏损了20%，随即将投资方向转向科技股，最终，全年回报率达到35%。在2000年年初，由于投资科技股和做多欧元使基金受到打击，头四个月就亏损了22%。

由于厌倦了投机市场上的争斗，德鲁肯米勒于4月份辞职。索罗斯对外宣布基金转向追求低风险、低回报的投资。然而，在2007年夏天，全球开始陷入经济与金融危机之际，索罗斯临时复出并在外汇交易中取得巨大成功。在2007—2009年全球陷入危机的几年里，量子基金的实际年平均回报率逆势而上，达到了22%，而索罗斯本人也有超过70亿美元进账。

随着从基金管理中的逐渐淡出，索罗斯开始热衷于著书撰文，从事慈善事业和政治活动。他的文章很让人费解，他严厉地批评过度的资本主义和个人主义——他称之为“市场原教旨主义”。他认为没有管制的全球金融市场天生就是不稳定的，他呼吁对其进行严格的国家管制并同时呼吁建立新的全球性机构（比如国际信用保险机构）为发展中国家获得贷款提供担保。

索罗斯是国际投资者中的精英，他的名字已成为对冲基金的代名词，对于那些获取大额投机头寸的基金来说更是如此。他也曾受到政府官员的公然谴责，马来西亚总理马哈蒂尔·穆罕默德（Mahathir Mohamad）在1997年就曾批评索罗斯，指责他是给他们国家的货币和金融市场带来巨大而不公正的投机压力的始作俑者。索罗斯一直为自己的投资活动辩护，声称自己只是觉察到了即将发生的变化而已，而这些变化无论如何终将发生。然而从他的著作中可以看出，站在更广的观察视角上，他对当前全球金融系统的看法也是爱恨交加的。

4.6 利率平价真实存在吗？实证分析的结果

本章讨论的汇率与利率之间的关系是非常有用的概念。这些关系在实际的汇率和利率变动中真的成立吗？让我们看看实证考察的结果。

4.6.1 抵补利率平价的实证分析

抵补利率平价说明远期升水应当（近似地）等于利差。在外汇市场和短期金融市场中可以获得这些比率的数据，因此对抵补利率平价的验证可以直接进行，唯一需要做的就是识别并确定各种可比的、以不同货币计值的金融资产。我们一般选择没有或很少发生违约风险的金融资产，这样，各种资产在违约风险方面的细微差别就不会影响实证检验。

我们首先考察从1970年早期开始的这个时间段各主要货币的表现。当时世界刚刚转向实行有管理的浮动汇率制度不久。图表4—2显示了一项详细研究的结果，该研究检验了从 1978 年开始的美国与德国、日本、法国短期金融资产的抵补利差。对于德国和日本，大约从 1985 年起，抵补利差一直都非常接近零（较小的浮动范围是由较小的交易成本导致的）。而对于法国，1987 年年初也是如此。大约从 20 世纪 80 年代中期开始，抵补利率平价对于这四种货币的可比短期资产都是成立的（对其他许多未在图中显示的货币同样成立）。

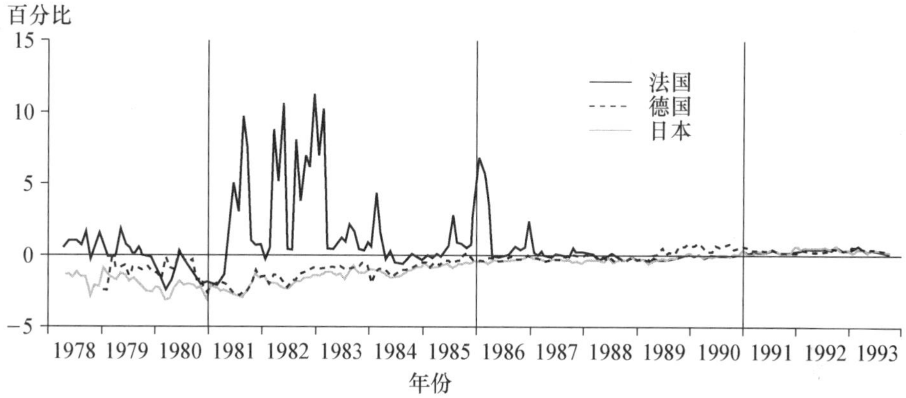

年抵补利差是从美国投资者的角度来衡量的，$CD=F+i_{US}-i_F$，其中 F 是以美元表示的远期升水，i_F 表示其他国家（德国、日本或者法国）的利率。远期汇率和利率都是 90 天期的。利率数据来自美国商业报告和其他三个国家的银行间拆借利率。

图表 4—2　美国针对德国、日本、法国的抵补利差（1978—1993 年）

资料来源：Pigott（1993—1994）.

早期各国利率的偏差似乎反映了实际发生的或预期要发生的政府**资本管制**（capital controls），这种管制措施限制了金融投资者将资金从一国转移的能力。德国和日本在 20 世纪 80 年代初大幅放松了对资本的管制。在货币流动更为自由的条件下，抵补套利交易成为可能。自 80 年代中期以来，抵补利率平价也在美国和法国这两个国家之间存在。

1981 年，社会党人密特朗当选为法国总统。外国投资者开始担忧法国会实行更为严格的资本管制，这样会增加在法国进行抵补投资的风险。这个风险就是投资者不能随意将资金从法国撤出的政治风险。因此 1981 年出现了对抵补利率平价的大幅偏离，年抵补利差有时达到了 10%。外国投资者的担忧是正确的。法国于 1981 年加强了资本管制，直至 1986 年才真正地放松管制。一旦解除了管制，重新施加管制的风险也降低了，抵补利率平价从 1987 年起再次成立。

让我们更详细地考虑抵补利率平价问题。这类对抵补利率平价的偏离，甚至是微小的偏离，大概多久会出现一次？需要多长时间来消除这些偏离？阿克拉姆、赖姆和萨诺（Akram，Rime，and Sarno，2008）为这些问题提供了一些答案。他们的研究利用了 2004 年欧元、英镑、日元对美元汇率的实时数据，这些实时数据跨越 7 个半月并且细化到秒。他们所采用的利率数据，是大型银行向其国际客户提供的欧洲货币存款利率。银行在欧洲货币市场操作的目的是可以获得以任意一种货币结算的生息存款，而不仅仅是该银行所在国的货币。（“案例研究”专栏中的“欧洲货币：不（只）是欧元，且不受管制”更深入地讨论了这一市场。）

案例研究

欧洲货币：不（只）是欧元，且不受管制

欧洲货币市场是一个全球范围的巨额货币批发市场，它不受任何政府的控制。**欧洲货币存款**（Eurocurrency deposit）的传统定义是：以不同于银行所在国或地区发行的货币为计价单位的银行存款。然而，这一定义并不完全正确。自 1981 年起，纽约一家美国银行的国际业务部（International Banking Facility）便可以从事相当于欧洲美元存款的业务了。因此，对欧洲货币存款更为恰当的定义是：不受存款计值货币发行国政府管制的银行存款。欧洲美元存款是美元存款，但它又不同于普通的美元存款，因为它不受美国央行的管制。事实上欧洲（Euro）这一前缀在国际金融领域已经不是一个地域概念，而是指不受或者很少受政府管制的金融工具或活动。欧洲债券是指不受债券计值货币发行国的通常管制的债券。

欧洲货币存款是大额定期存款。2010 年，世界各地的银行，包括欧洲、北美、亚洲和加勒比地区的银行，共有欧洲货币存款约 21 万亿美元。大约有 3/4 为欧洲美元存款，约有 1/4 是欧洲欧元存款（euro Eurodeposits）。（是的，有些术语让人混淆——作为货币的欧元 euro 与作为前缀的 Euro 是不同的。）欧洲英镑与欧洲日元的数量也相当庞大。

欧洲货币存款似乎始于 20 世纪 50 年代末的欧洲。有几个理由可以解释欧洲货币的产生和快速发展。欧洲积极从事国际贸易活动的公司开始暂时性地持有美元，它们将这些美元存入当地愿意接受美元存款的银行。在冷战时期，苏联人为了使自己的美元存款免受美国政府的直接干涉而开始在欧洲银行存放美元。在 20 世纪 70 年代，通过石油出口而拥有美元的阿拉伯国家也担心其在美国的存款可能会受到限制，因而转向在欧洲存款。该市场得以长期发展的最重要原因是银行发现当它们吸收此类美元存款（和利用它进行放贷）时，可以规避施加于其银行业务活动的各种政府管制。

一种可以规避的管制就是政府对货币国际流动的限制。例如，在 20 世纪 50 年代末，英国政府曾限制英国银行向外国人出借英镑，但却允许它们向外国人出借美元。在 20 世纪 60 年代，美国政府试图限制资本外流，致使借款人转向欧洲美元市场，以期借到不能从美国借到的美元。

在欧洲货币市场上可以规避的其他管制是政府施加于国内银行业务活动的一些标准化管制。希望吸收欧洲货币存款的国家对这样的存款，一般没有存款准备金或保险金的要求，它们同时也放松或取消了其他一些管制。各种各样的负担和附加成本的免除，使这些银行可以对欧洲货币存款提供比一般国内银行存款更高的利率，而且还可能对由这些存款支持的贷款收取较低的利率。欧洲货币缺少管制也意味着对于存款者在存款的要求权上有更大的风险。一旦银行破产，他们的债权能否得到承兑具有更大的不确定性。

欧洲货币存款和贷款通常被认为可以提高国际金融市场的效率。欧洲货币为大型公司、金融机构以及各国政府提供了投资获利或以低成本融资的另一条渠道。它所带来的效率有些是来自政府管制成本的免除，另一些则来自避免了各国银行间为同一业务而开展的更为激烈的竞争。

前面的研究发现，大体上看，抵补利率平价在欧洲货币存款中得到了非常好的验证。阿克拉姆、赖姆和萨诺十分仔细地研究了他们的精细数据，发现抵补利率中存在潜在的可获利偏差。在所研究时期内，欧元的抵补利差大约为 1%，英镑为 2%，日元为 0.6%。这些偏差虽然可以带来收益，但是一般来说偏差非常细微且不持久，其

持续的时间通常不会超过 1 分钟。虽然快速的交易可以找到一些抵补套利的机会，但是这种机会也是转瞬即逝。

总之，抵补利率平价是一个通过了实证检验的重要理论。一般情况下，它适用性良好，也就是说对于主要货币国家以及越来越多的已解除或放松对国际金融资本流动管制的国家来说，远期汇率、现期汇率和利差确实存在紧密的联系。然而，即便在主要货币国家，当其金融市场出现动荡时，抵补利率平价也不总是适用的，正如“全球危机”专栏中的“抵补利率平价的崩溃”所讨论的发生全球性金融与经济危机时的情况。

全球危机

抵补利率平价的崩溃

始于 2007 年夏天的全球金融与经济危机见证了许多金融市场的瓦解。虽然与许多其他市场相比，外汇交易市场受到的影响要小得多，但是它毕竟受到了打击。全球危机对外汇交易市场的不利影响之一，就是出现了抵补利率平价的明显偏移，通常情况下利率理应满足抵补利率平价的条件。下图显示了危机对抵补利率平价的影响，关注的对象是伦敦银行间拆放款利率（LIBOR），这一利率是伦敦各大银行在彼此间进行多币种借贷业务时所使用的利率。类似于图表 4—2，该图也是从美国角度衡量的年抵补利差，显示的是美元对欧元以及对英镑的 90 天远期汇率和 90 天的 LIBOR。

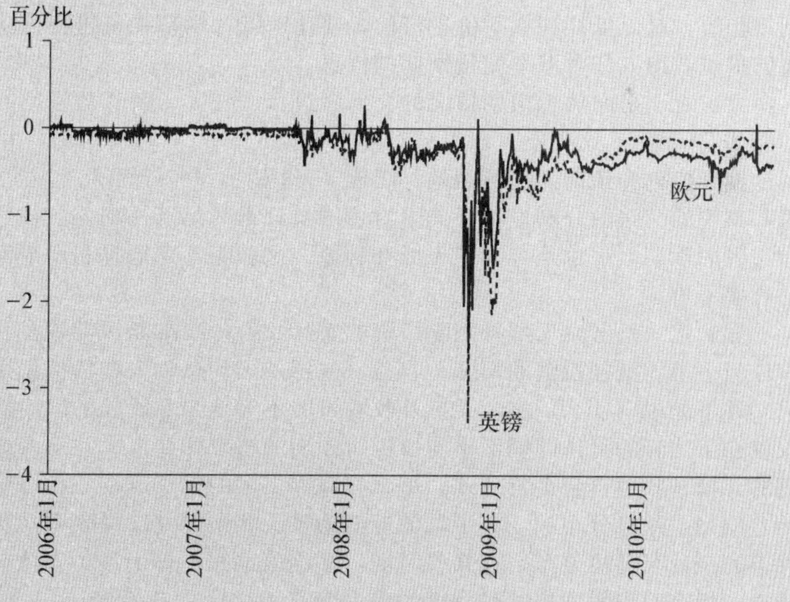

抵补利差：美元对欧元及英镑（2006—2010 年）

资料来源：Levich (forth coming). The author is grateful for data provided by Richard Levich.

直到 2007 年 8 月，抵补利率平价依旧适用于这些金融资产，一切就如图表 4—2 所示。正如我们在第 1 章所讨论的，全球经济与金融危机发生的导火索是 2007 年 8 月法国巴黎银行宣布其不能再担保旗下的几只互惠基金持有的抵押资产。在 8 月末，抵补利差已经明显扩大，并且波动更加显著。2008 年 1 月到 3 月中旬，各项利率又重新满足了抵补利率平价条件，然而当贝尔斯登公司（Bear Stearns）面临倒闭时，显著的抵补利差又再次出现。全球经济与金融危机发生的第二阶段同时也是更为严重的一个阶段，以 2008 年 9 月 15 日雷曼兄弟的倒闭为标志。对抵补利率平价的偏离明显扩大，9 月末 10 月初欧元对美元抵补利差超过 2%，9 月末英镑对美元的抵补利差超过了 3%。经过一系列的大幅震荡，2009 年年初抵补利差逐渐缩小并且趋于稳定。但是，此时的抵补利差仍然大于 2007 年 8 月之前。（在危机时期的其他主要货币，包括瑞士法郎、加元、日元以及澳元也都存在对抵补利率平价相似的偏离。）

为什么抵补利率平价会发生如此大的偏离？这是由于不存在相应的政府管制来阻止国际资本流动或者阻止银行间的相互借贷。然而，银行自身并没有从出现的抵补利差中获益。尽管远期抵补消除了汇率风险，但是它并不能消除全部风险。银行间的投机交易，无论是通过未来支付货币来完成外汇交易合同，还是偿还贷款都依赖于对方履行合同中的己方责任。通常情况下，大银行彼此间的交易风险都是忽略不计的，但是在全球经济与金融危机期间，对方银行可能存在大量潜在的损失，且这些损失会导致它们自身破产。基于这种考虑，人们认为此时银行间的交易风险等级较高。由于不存在弹性较高的资金供给来进行抵补利率的投机，抵补利率平价的条件便不再满足了。

4.6.2　无抵补利率平价的实证分析

无抵补利率平价表明，一种货币即期汇率的预期升值率应当（近似地）与两国的利差相等。对无抵补利率平价进行检验要比对抵补利率平价进行检验困难得多，因为我们很难获得人们对汇率变化预期的信息。

方法之一是向熟悉市场情况的交易者进行调查，了解其对汇率的预期（并希望他们能如实回答）。这样便可以得到对将来即期汇率的平均预期值，并由此计算出汇率的预期升值率和预期无抵补利差。图表 4—3 显示了一个用此方法进行研究得到的结果，其中的两张图分别显示了美国对德国及日本的无抵补利差。在这两张图中，市场参与者的预期似乎总是夸大了无抵补利差。这表明了无抵补利率平价的可靠性不及抵补利率平价。

方法之二是考察无抵补国际投资的实际收益，以推断预期收益和预期汇率。仅考察任何一笔无抵补投资的实际总收益（包括外国利息收入和货币兑换的实际收益或损失）并不能说明什么。实际无抵补收益可能不等于与之比较的国内投资的收益。原因仅仅在于实际的将来即期汇率与投资时预期的将来即期汇率并不一致。然而，如果预期的无抵补收益符合平价公式，那么将许许多多的投资放在一起考察，实际的无抵补利差应当是随机分布的，其平均值近似为零。多项研究已经表明，实际的无抵补利差并不完全总是随机分布；在某些时期，平均值也并不等于零。无抵补利率平价大致上成立，但有时也表现出某种程度的重大偏离。

为什么无抵补利率平价不能绝对成立呢？有一种可能的非常简单的解释：因为汇率风险在起作用。除非预计进行无抵补投资对其投资组合增加的风险可以得到充分的补偿，否则投资者将不会进行这种有风险的投资。因而对无抵补利率平价的偏离便反映了补偿汇率风险所必需的风险溢价。然而，许多研究的结论认为，无抵补利差往往大于弥补这种风险所必需的溢价。

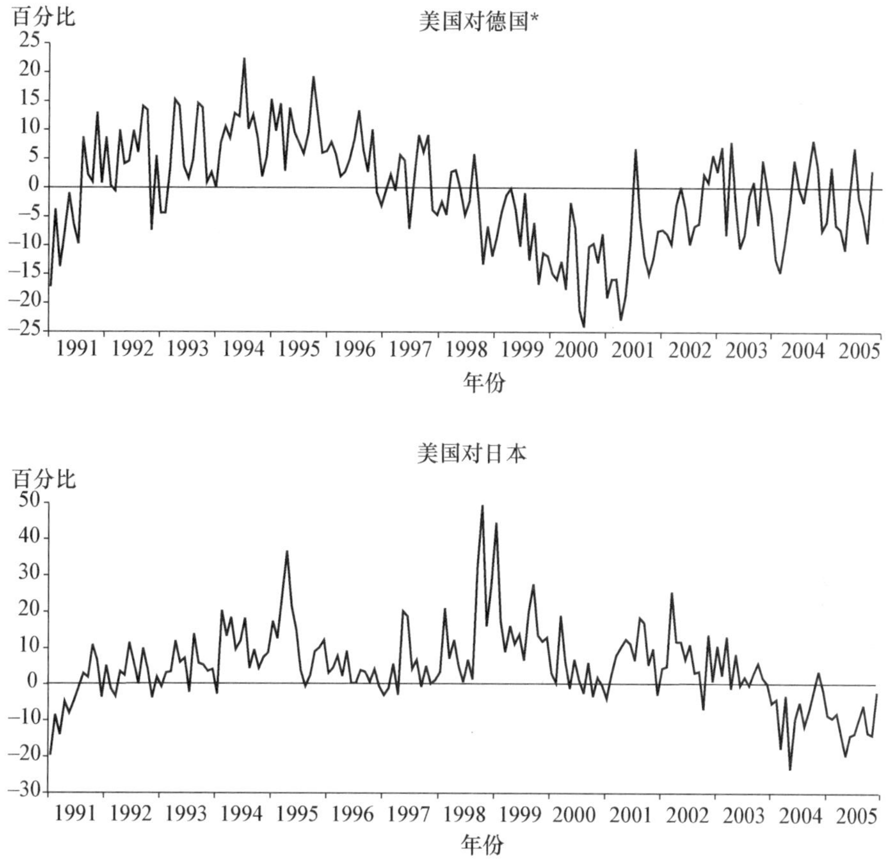

预期的年无抵补利差是从美国投资者的角度衡量的，EUD＝美元预期升值＋$i_{US}-i_F$。美元 90 天的预期升值根据的是《共识预测》（*Consensus Forecasts*）上对现货流动的预测。利率来源为这些货币 90 天的欧洲货币存款利率。

＊1998 年之前使用的是德国马克对美元的汇率，1998 年之后使用的是欧元对美元的汇率。

图表 4—3 无抵补利差：美国对德国和日本（1991—2005 年）

资料来源：Balakrishnan and Tulin（2006）. The author is grateful for data provided by Ravi Balakrishnan and Volodymyr Tulin.

利差大于风险补偿，显示了交易者对将来即期汇率的预期是有偏离的。在某些时候，交易者对远期汇率变化的预期会持续偏离实际水平。当前的一些研究正试图寻找将来的即期汇率的市场预期存在偏离的本质原因。有一种解释让人不安，它认为如果偏差仅仅是一种持续性的错误，那么外汇市场就是一个无效率的市场。其他的一些解释较为含蓄，但比较易于让人接受。一种看法是认为交易者对汇率变化规律认识得比较迟缓，因而在其正处于认识过程中所做出的预测是有偏差的。另一种看法认为，市场参与者可以（准确地）预测在将来的某个时点，汇率会有一次大幅而突然的变化。但在这一大幅度变化出现之前，预测是有偏差的，因为他们对于尚未出现的汇率大幅变化设置了一定的概率。如果市场预期某种固定汇率的货币将发生大幅度贬值，那么当前对 90 天后的即期汇率的预期值是即期汇率（如果在以后的 90 天内不发生贬值）和一个更低的汇率（如果在以后 90 天内确实发生贬值）的平均值。因此，在贬值实际发生之前，对汇率的预期会表现出偏差——它会一直低于这段时间始终保持稳定的实际（固定）汇率。

我们得出一个审慎的结论：无抵补利率平价，实证上作为一种粗略的近似值至少是有用的，它看似也能较好地运用于实际汇率的预测。

4.6.3 远期汇率和将来即期汇率预期的实证分析

如果远期汇率市场有足够多的投机活动，远期汇率就应当与市场对将来即期汇率的平均预期相同。尽管这看上去与利率平价迥然相异，实际上却与它紧密联系。如果抵补利率平价理论适用于实际汇率，那么检验远期汇率是否正确预测了将来即期汇率，就等同于检验无抵补利率平价。抵补与无抵补利率平价间的唯一区别就在于用远期汇率取代当前对将来即期汇率的预期。

对于满足抵补利率平价的货币，对远期汇率的分析结论便与无抵补利率平价的结论相同。远期汇率总的来说还是有用的，它可以作为市场对将来即期汇率的预期的指标，也可以作为将来即期汇率的指标，尽管这种预期具有一定的偏差。偏差部分是由于存在风险溢价，部分是由于预测本身的偏差。此外，远期汇率不是一种对将来即期汇率的特别准确的预测，预测的误差往往很大。事实上，正如我们将在第 5 章看到的，没有一种预测汇率的方法是完全准确的！

本章小结

当某人持有某种外汇的净资产头寸（多头）或净债务头寸（空头）时，他便面临着汇率风险。如果他没有预料到汇率的某种变化趋势，那么其收入和净资产的市值将会随之改变。套期保值是让投资者持有的某种外币的资产和负债的头寸相等的交易，以规避未来汇率变化所带来的风险。投机意味着取得某种外币的多头或空头头寸，进而对该货币未来的价值变化进行“下注”的交易。有多种方法可以对外币进行套期保值或投机。

远期外汇合约是以现在约定的价格，在未来某一日期买入或卖出某种外币（远期汇率）的合同。远期外汇合约非常有用，因为它为对汇率风险进行套期保值或从将来即期汇率的变化中投机获利提供了一种直接的方法。利用远期外汇市场进行投机显现出的一个有趣假定是：现在的远期汇率应当等于将来即期汇率的平均预期。

近年来，国际金融投机活动迅速发展。因为需要进行货币兑换，进行外币资产投资比在国内进行投资更为复杂，它既包括即期用本币兑换外币，又包括未来将外币卖出，换回本币。如果通过远期外汇合约，在即期锁定未来卖出外汇的价格，这便是套期保值或抵补的国际投资。如果未来的货币买卖是以将来即期汇率交割，这就是无抵补的国际投资，这种投资面临汇率风险，因而属于投机。

由于抵补套利能利用国内投资与抵补性对外投资收益的抵补利差，我们预期抵补利率平价是成立的（只要不存在实际和有威胁性的政府管制来限制国际货币的流动）。抵补利率平价理论认为，某种货币的远期汇率超过即期汇率的百分点等于该国利率低于他国利率差值的百分点。对不存在资本管制的国家，以及对具有可比性的、短期金融资产的实际利率进行的实证考察表明，抵补利率平价几乎完全成立。

投资时，无抵补国际投资的预期总收益可用投资者预期的将来即期汇率计算。而无抵补国际投资的预期总收益可与国内投资收益进行比较。预期无抵补利差是决定是否进行无抵补国际投资的因素之一，汇率风险也是决策时所必须考虑的。如果这一风险很微小或者并不重要，那么就可以假设无抵补利率平价成立。某种货币的预期升值率等于该国利率低于他国利率差值的百分点。用实际利率很难对无抵补利率平价进行实证检验，因为很难直接获得将来即期汇率的预期或预期的升值率。因此，作为对实际情况的近似反映，无抵补利率平价理论虽然并不那么完美，但大致还是有用的。尽管投资者对将来即期汇率的预期或预测有一定偏差，汇率风险也是投资者要考虑的重要因素。（与此相似的一个结论是，实证上，远期汇率是将来即期汇率的近似但有偏差的估计。）

关键词

汇率风险（exchange rate risk）
套期保值（hedging）
投机（speculating）
远期外汇合约（forward foreign exchange contract）
远期汇率（forward exchange rate）
货币期货（currency futures）
货币期权（currency option）
货币掉期（currency swap）
抵补的国际投资（covered international investment）
远期升水（forward premium）
抵补套利（covered interest arbitrage）
无抵补的国际投资（uncovered international investment）
抵补利差（covered interest differential）
抵补利率平价（covered interest parity）
预期无抵补利差（expected uncovered interest differential）
无抵补利率平价（uncovered interest parity）
资本管制（capital controls）
欧洲货币存款（Eurocurrency deposit）

推荐读物

在远期汇率、即期汇率以及利率之间的平价关系的理论和实证研究方面做的较好的是 Pigott（1993—1994）以及 Marston（1995）。Akram et al.（2008）利用实时的汇率和利率数据分析解释了抵补套利的可能性。Levich（forthcoming）以及 Baba & Packer（2009）对全球经济与金融危机期间，抵补利率平价发生的偏差进行了分析。Froot & Thaler（1990）以及 Levich（1989）对外汇市场的高效率和低效率进行了实证分析。关于外汇期货、期权、掉期交易方面的知识可见 Eun & Resnick 编写的一本不错的教材（2012，Chapters 7 and 14）。关于欧洲货币部分，请参见 Dufey & Giddy（1994）。Bartram & Dufey（2001）对投资组合中有关国际投资方面的综述。

习　题

✦ 1. “对外币金融资产进行投资，其部分收益来自资产本身，部分收益来自外币。”你同意这种观点吗？请解释。

2. 如果让你判断 1 年期的美国和英国政府债券之间是否存在抵补利率平价，你需要哪些数据？如何进行验证？

✦ 3. 从美国公司或美国个人的角度解释以下行为带来的汇率风险特点。你需要在答案中说明他们在外汇交易中进行的是多头还是空头操作。

a. 美国的一家小企业向一家日本企业出售了实验用的计算机组件，并将在 60 天后收到 100 万日元的货款。

b. 一位美国大学生收到价值为 1 000 万日元的日本政府债券作为生日礼物，债券将在 60 天后到期。

c. 一家美国公司必须偿还一笔日元贷款，本金加利息共计 1 亿日元，60 天后到期。

4. 即期汇率为 0.01 美元/日元，60 天远期汇率为 0.009 美元/日元。第 3 题中各公司或个人应如何利用远期外汇合约对其风险进行套期保值？各远期合约的交易数量应为多少？

✦ 5. 即期汇率为 0.5 美元/瑞士法郎，当前 180 天远期汇率为 0.52 美元/瑞士法郎。预期 180 天后的即期汇率为 0.51 美元/瑞士法郎，此时应如何利用远期合约进行投机？

6. 即期汇率为 1.2 美元/欧元，90 天期的远期汇率为 1.18 美元/欧元。预期 90 天后的即期汇率为 1.22 美元/欧元，如何利用远期外汇合约进行投机。如果很多人都以同样的方式投机，这将会对远期汇率产生怎样的压力？

✦ 7. 有以下汇率和利率：即期汇率：0.01 美元/日元；180 天远期汇率：0.010 5 美元/日元；180 天美国利率（美元资产利率）：6.05%；180 天日元利率（日元资产利率）：1.00%。

利率为 180 天（非年度）真实利率，利用这些数据进行借贷或者投资，请计算以下各项环“湖”两条路径（见图表 4—1）的结果。

a. 从当前 1 美元开始，180 天后的美元值。

b. 从当前 1 美元开始，180 天后的日元值。

c. 从当前 100 日元开始，180 天后的日元值。

8. 市场汇率以及利率如下：即期汇率：1 美元/瑞士法郎；30 天远期汇率：1.01 美元/瑞士法郎；30 天美元债券的年利率：12%（30 天利率为 1.0%）；30 天瑞士法郎债券的年利率：6%（30 天利率为 0.5%）。

a. 瑞士法郎是远期升水还是贴水？

b. 美国投资者应当对 30 天瑞士法郎债券进行抵补投资，还是应对 30 天美元债券进行投资？请解释。

c. 抵补套利交易将对各种汇率和利率产生何种压力？如果在实际中只有远期汇率发生变化，它的值将会变为多少？

✦ 9. 现有如下的汇率和利率：即期汇率：1.08 美元/英镑；90 天美元债券年利率：8%（90 天利率为 2%）；90 天英镑债券年利率：12%（90 天利率为 3%）；投资者预期 90 天后的即期汇率为 1.77 美元/英镑。

a. 如果仅仅根据预期收益率之差进行决策，一位美国投资者是否应对英镑债券进行无抵补投资，而不是对美元债券投资？

b. 如果仅仅根据预期收益率之差进行决策，一位英国投资者是否应对美元债券进行无抵补投资，而不是对英镑债券投资？

c. 如果有足够多的无抵补投资试图寻求更高的预期收益，会对即期汇率产生何种压力？

10. 为什么在实践中，检验在真实利率下无抵补利率平价，要比检验抵补利率平价更困难？

第5章 汇率的决定

要想理解汇率首先要考虑供给和需求，这一步是必不可少的。然后再找出影响供求变动的潜在因素，这是任何市场分析都必须包含的步骤。

自 20 世纪 70 年代初浮动汇率制为各国广泛采用后，哪些因素会导致汇率变动呢？图表 5—1 显示了这一时期汇率大幅波动的情况。1971 年至 1973 年年底，绝大多数工业发达国家的货币相对于美元都出现了升值，平均升值幅度约为 20%。1973 年后，随着现代浮动汇率制度新时代的开始，汇率的波动呈现出以下三种趋势。

第一，长期趋势。如图表 5—1A 所示，在整个时期内，日元、瑞士法郎和德国马克相对美元呈升值趋势，其中瑞士法郎升值了大约 5 倍，日元升值了 4 倍，德国马克（1999 年起钉住欧元，2002 年被欧元取代退出流通）升值接近 3 倍。如图表 5—1B 所示，在整个时期内，特别是自 2000 年年初以来，意大利里拉、英镑、澳元和加元则呈贬值趋势。1970—2002 年，意大利里拉（钉住欧元，后被欧元取代）对美元贬值幅度约为 70%，澳元贬值幅度约为 50%，英镑贬值幅度约 40%，加元贬值幅度约 33.3%。其他货币如以色列谢克尔或阿根廷比索，贬值幅度之大，如果在图表 5—1B 中标示出来，其纵坐标计值将逼近零。

第二，中期趋势（考察的时间长度为数年）。这些货币的中期趋势有时呈现出与长期趋势相反的情况。例如，1980—1985 年，瑞士法郎、德国马克和日元出现了贬值，其中日元贬值幅度较小。另外，英镑与意大利里拉，在 1985—1988 年间，则出现了升值。欧元从 1999 年年初诞生至 2000 年年末，相对于美元贬值；其后从 2000 年年末直至 2005 年年初，又一直升值，这可以从被其取代的两种货币（德国马克与意大利里拉）的汇率曲线走势图中看出。

第三，短期趋势。汇率每月都会出现剧烈的短期波动（事实上，这种波动每天、每小时甚至每分钟都在发生）。

从每一种外币的汇率波动轨迹中，可以反观美元汇率的波动情况，或通过计算得出美元对一揽子外国货币汇率的平均变动情况。1973—1980 年，美元相对其他工业化国家货币的汇率波动幅度相当有限，但其后几乎所有观察家都对美元的反弹感到震惊。美元在 1985 年达到汇率的峰值；相对于 1980 年，美元升值超过 50%；相对于

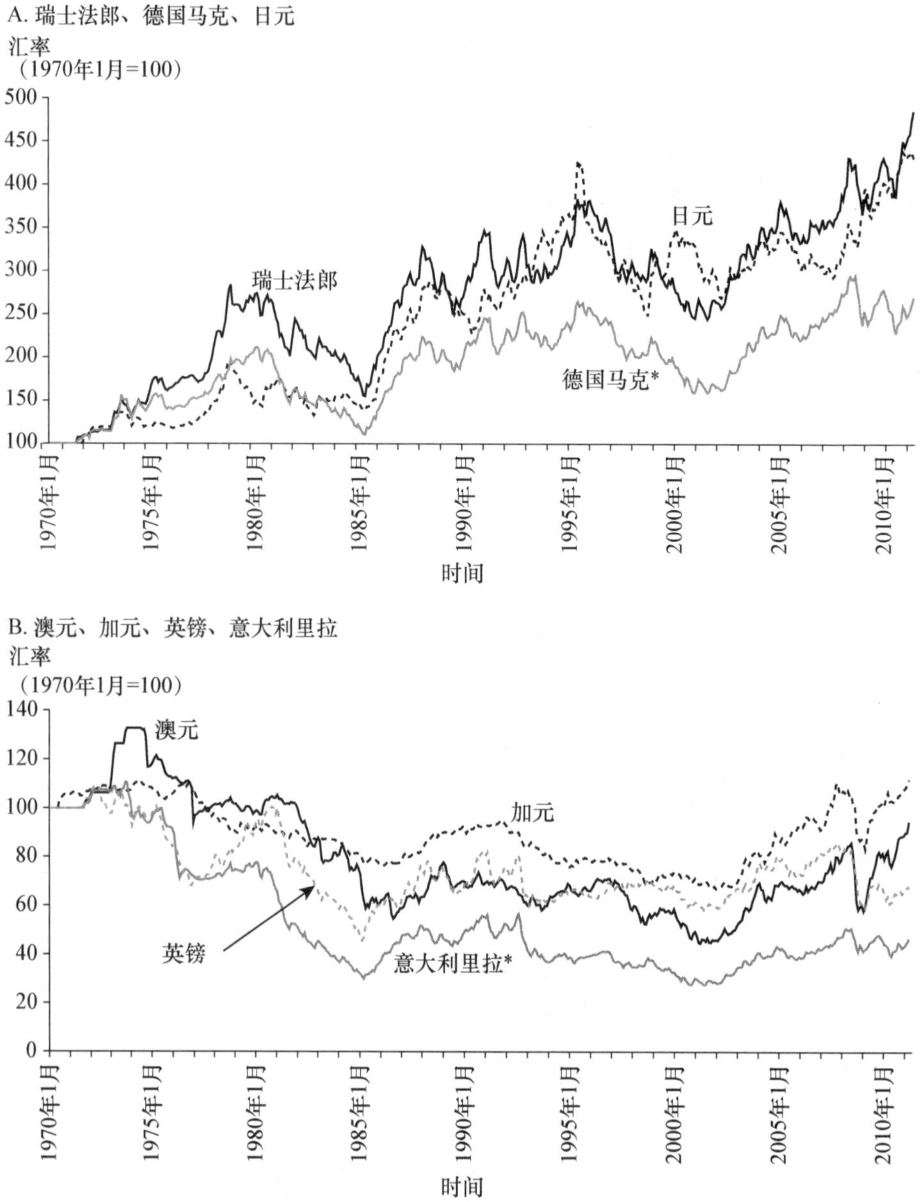

图中显示了每一种货币的美元价格（如美元/英镑），各种汇率均以 1970 年 1 月的价格为基期值进行了调整，基期值为 100。各种货币价值在一定时间内的增长，表明了该货币在该时期对美元汇率的上升（升值）；货币价值的下降则表明了该货币在这一时期对美元贬值。如图所示，在整个 41 年的时间里，日元、瑞士法郎、德国马克升值，而意大利里拉、澳元和英镑贬值。加元的贬值趋势持续到了 2002 年，此后开始升值，且币值超过了其 1970 年的最初价值。

* 1999 年初，德国马克与意大利里拉开始钉住欧元，最终欧元在 2002 年取代了这两种货币。所以从 1999 年 1 月起，它们的变动轨迹与美元/欧元的汇率变动相同。

图表 5—1　几种货币汇率的变化（1970—2011 年，月度数据）

资料来源：International Monetary Fund，*International Financial Statistics*.

1970 年，美元升值约 20%。从 1985 年年初到 1988 年年初，美元出现贬值（速度更快），贬值幅度甚至稍稍超过此前 5 年升幅的总和。从 1988 年年初至 1995 年，美元对其他工业化国家货币的平均汇率虽然一直在波动，但整体上却没有表现出明显的变动趋势。1995 年至 2002 年年初，美元汇率平均升值 40%，但在 2008 年年初，美元汇率下跌，与 1995 年水平相比还低 12%，随后三年美元的汇率有所上升，但在 2011 年中期又跌回到 2008 年年初的水平。

为什么浮动汇率会有大幅波动？汇率的短期变动趋势又怎样转化为长期变动趋势？为什么中期变动趋势有时与长期趋势相反？本章将阐述经济学家们对这个具有挑战性难题的认识和观点，以及对这个问题尚存的某些不解。

5.1　本章架构

本章将集中讨论汇率变动趋势的决定因素。[①] 5.1 节主要阐述汇率的短期波动趋势。为理解这点，我们有必要研究国际金融市场上投资者的思维方式和行为规律。当今国际外汇市场每天的交易量超过 4 万亿美元，但其中只有相当小的一部分交易与国际货物及服务贸易有关，绝大部分是因为国际金融投资者建立或调整自己的资产组合。

汇率的资产市场理论（asset market approach to exchange rates）强调的是在国际金融投资者调整投资组合的作用下，以不同货币计值的金融资产供求变化会对各种货币间的汇率产生压力。我们可以用第 4 章中的无抵补利率平价作为本节的理论先导，它的主要结论是：汇率（e）短期内的上升是由以下因素的变化引起的：

- 国外利率相对于本国利率（$i_f - i$）上升。
- 预期的将来即期汇率（e^{ex}）的上升。

5.2 节主要讨论汇率的长期变化趋势。为什么在长期，一些货币趋于升值，而另一些货币趋于贬值？用来解释这些长期变化趋势的一个关键的经济“基本面”就是国家间货物及服务价格通货膨胀率的差异。**购买力平价**（purchasing power parity，PPP）是理解国家间的产品价格与汇率之间长期关系的核心理论。

5.3 节将研究货币作为国内产品价格水平和通货膨胀率决定因素的作用。通过将货币与国内价格水平和通货膨胀率相联系，**货币主义的汇率理论**（monetary approach to exchange rates）强调了货币供给和需求的重要性，并将其作为理解汇率决定因素的关键。货币主义的汇率理论的一个主要结论是即期汇率 e（以本国货币表示的单位外币价格）在遇到下列变化时在长期内会升值：

- 本国货币供应量相对于外国货币供应量增加（M^s/M^s_f）；
- 外国的实际国内产出相对于本国的实际国内产出增加（Y_f/Y）。

5.4 节描述了汇率从短期趋势演变成中期趋势，进而发展为长期趋势的路径。同时还考察了汇率超调现象，即汇率对政府政策或其他重要的经济或政治新闻做出过度反应。汇率在短期内会出现超调现象，但随着时间的推移它会经历中期变化，并在长期趋于汇率的内在价值。

5.5 节探讨上述理论和相互关系的现实意义以及如何有效地对未来汇率进行预测。

---

① 这里所关注的因素，不仅可以用于解释浮动汇率的改变，也可以用于理解固定汇率体系面临的压力。任何可以使浮动汇率升值或贬值的因素都可以使得固定汇率更加难以维系。这些分析资料不仅是对浮动汇率决定因素的探究，也适用于在固定汇率制或管理浮动汇率制下国际收支平衡的分析。

5.2 短期汇率

经济学家认为要了解汇率在短期内面临的压力，最好的方法是考察以不同货币计值的资产的供求状况。原则上讲，汇率的资产市场理论研究应包括所有的金融资产，幸运的是我们只需研究以各种货币计值的有价证券（如政府债券）就可以理解该理论的核心。这里的分析建立在第4章的无抵补金融投资和无抵补利率平价理论的基础上。投资者确定无抵补的外汇债券预期投资总收益的依据是：

- 债券本身的基本收益（由利率或收益率决定）。
- 预期汇率收益或损失（预期外币升值或贬值）。

尽管我们不相信无抵补利率平价总是完全成立，但仍然可以认为本币债券收益与外币债券预期收益两者将会趋同（或至少没有太大差别）。因为这两种收益之间的任何差异都将促使国际金融投资者重新调整其投资组合，最终使得两种收益重新趋同。①

无抵补利率平价（不论是准确的还是近似的）将下面四个变量联系在一起：本国利率和外国利率、即期汇率和预期的将来即期汇率（比较这两种汇率意味着预期汇率是升值还是贬值）。这四个变量中的任何一个发生变化，都会引起另外三个变量中的一个或多个随之变化。下面将重点研究其他三个变量对即期汇率的影响，图表5—2对各种影响及其结果进行了总结。

图表5—2　　短期汇率的决定因素

变量的变化	国际金融资产的重新组合方向	对即期汇率的影响（e=本币/外币）
国内利率（i）		
提高	转向本币资产	e下降（本币升值）
降低	转向外币资产	e上升（本币贬值）
外国利率（i_f）		
提高	转向外币资产	e上升（本币贬值）
降低	转向本币资产	e下降（本币升值）
预期的将来即期汇率（e^{ex}）		
提高	转向外币资产	e上升（本币贬值）
降低	转向本币资产	e下降（本币升值）

说明：对每种变量变动进行的分析，都假设其他两个变量不变。

5.2.1 利率的作用

外汇市场对利率的变化很敏感，利率的变化常常带来汇率的大幅波动。汇率的反

① 这种以无抵补利率平价理论为基础的广义资本市场理论是一种投资组合平衡理论，它强调了投资组合的重新调整对汇率的决定作用。然而，投资组合平衡理论的应用还不止于此。进一步分析该理论还可以得出如下结论：以不同货币计值的资产的供给变化会使无抵补利率平价发生偏移（以风险升水的形式），足以吸引投资者持有（需求）所有这些资产。其原因在于在投资者的投资组合中，以不同货币计值的资产实际上是不能完全替代的。

应速度很快，所以媒体在报道汇率每日涨跌行情时都把利率的变化作为首要的原因。

如果本国利率（i）提高，而外国利率（i_f）和预期将来即期汇率（e^{ex}）保持不变，那么本币债券的收益率就会相应增加。如果国际金融投资者此时想增持本币资产，那么在购买本币债券之前他们必须先买入本国货币。对本币需求的增加将带动本币的即期汇率升值（所以 e 下降）。假设投资者可以迅速地调整投资组合，那么对即期汇率的影响也很迅速（即刻或在几分钟内生效）。

现在有一个涉及美国、瑞士以及 90 天债券的例子。期初美国的年利率为 9%，瑞士的年利率为 5%，即期汇率为每瑞士法郎兑换 1.2 美元。预期 90 天后即期汇率为每瑞士法郎兑换 1.212 美元。在以后的 90 天里，瑞士法郎预期升值 1%，那么瑞士法郎预期年平均升值幅度为 4%。（对于这两种货币，无抵补利率平价是成立的，因为瑞士法郎债券的预期年总收益率约为 9%，等于 5%的利率加上 4%的预期货币升值。）如果美国的利率提高到 11%，又会发生什么？假定其他初始变量不变，收益差将使美元债券更受投资者青睐。因此，投资者将产生增持美元债券的动机，这使得外汇市场上对美元的需求增加，导致美元立即升值。假设利率和预期的将来即期汇率不变，美元将升值至大约每瑞士法郎 1.194 美元。一旦这一新的即期汇率在市场上公布，瑞士法郎便会在未来 90 天中以更快的速度升值，每年升值率约为 6%。无抵补利率平价再次成立（5%的瑞士利率加上大约 6%的瑞士法郎预期升值率，与 11%的美国利率相等），这消除了国际投资者再次调整其投资组合的动力。

如果国内利率下降，而国外利率和预期的将来即期汇率保持不变，本币的即期汇率预计将会下降（e 将会上升）。

如果国外利率（i_f）上升，情况也是相似的。假设本国利率和预期将来即期汇率不变，外币债券投资的收益就会更高。国际金融投资者倾向于持有外币债券，他们首先需要在外汇市场买入外币。这会造成外币需求的增加，即期汇率 e 上升（本币贬值）。

将刚才的例子稍作修改，仍然使用 90 天的债券，并考察其年收益率。如果美国利率为 9%，即期汇率为每瑞士法郎 1.2 美元，预期将来即期汇率约为每瑞士法郎 1.212 美元，如果瑞士利率从 5%提高到 7%，结果又会如何？此时收益差使得投资瑞士债券更为有利，外汇市场上对瑞士法郎需求的增加会使其迅速升值（美元贬值），即期汇率必然会立刻跃升至约每瑞士法郎 1.206 美元，以重新恢复无抵补利率平价。

如果国外利率下降，即期汇率 e 也会下降（本币即期升值）。

如果两国利率同时发生变化，结果又会如何？答案是很直观的，关键是观察利率之差 $i-i_f$。如果利率差增加，收益差就使得投资于本币债券更加有利，e 值会下降（本币升值）。反之，本币贬值。

5.2.2　预期的将来即期汇率的作用

将来即期汇率的预期通过影响国际金融投资组合，同样也能对当前的汇率产生强有力的影响。当国际金融投资者认为将来的即期汇率高于他们原来的预期时，将会出现何种情况？这意味着与即期汇率相比，投资者预期外汇升值得更多，或贬值得更少，或由贬值转为升值。假设利差不变，预期的将来即期汇率提高会使得投资本币与外币债券出现收益差，这种收益差会使外币债券更受投资者青睐。这里的分析与上文相似，如果国际金融投资者要转持外汇资产，他们首先需要在外汇市场上买入外汇，之后才能用外汇买入外国债券。对外汇需求的增加会提高即期汇率 e（外币升值；本币贬值）。相反，如果预期将来的即期汇率下降，而利差不变，投资本币债券将变得更加有利，本币即期升值（e 下降）。

我们来考察前例中的另一个变量。假设美国年利率为 9%，瑞士年利率为 5%，即期汇率为每瑞士法郎 1.2 美元，如果预期 90 天后的即期汇率由每瑞士法郎 1.212 美元提高到 1.236 美元（这也许是因为国际投资者相信瑞士的政治局势将大为改善），将会发生什么？与期初的即期汇率相比，现在投资者预期瑞士法郎在以后的 90 天内会以更大幅度升值，年升值率约为 12%（而不是原来预期的 4%）。利差的变化会使得投资瑞士法郎债券更为有利。由于投资者希望在其投资组合中更多地持有瑞士法郎资产，外汇市场上对瑞士法郎的需求会增加。即期汇率将上升（瑞士法郎升值，美元贬值）。事实上，即期汇率会变为每瑞士法郎大约 1.224 美元。此时在新的汇率水平下，瑞士法郎预期将仅升值约每年 4%。无抵补利率平价再次恢复，此时投资者就没有任何动力调整其资产组合了。

如同利率的变化一样，将来的即期汇率预期的变化也会很快地影响即期汇率（瞬间发生或在几分钟之内发生）。在瑞士法郎的例子中，瑞士法郎会比原先的预期有更大幅度的升值，这样的预期会导致其迅速且大幅度地升值。现在考虑另一个例子，如果国际投资者从预期将来的即期汇率不变（e^{ex} 等于初始 e）转变为预期将来的外币会贬值（e^{ex} 将降至期初即期汇率 e 以下）。那么国际投资者会调整其国际投资组合，卖出外币债券，这种意愿会导致外币贬值（e 下降），从而使预期变成现实。

由于汇率预期会对实际汇率产生很大的影响，我们自然希望知道是什么决定了对汇率的预期。很多不同的因素都会影响人们对将来汇率的预期。

某些投资者，尤其是在对汇率进行短期（几分钟、几小时、几天或几个星期）预测时，会认为汇率近期的变动趋势会继续，并且推断该趋势会持续至未来。这被称为**顺势效应**（bandwagon）。例如，已经升值的货币会被预期继续升值。一国货币汇率最近的升值，使一些投资者预期该货币在近期会进一步升值。如果投资者按照这种预期行动，那么该货币便会进一步升值。这种顺势效应使得人们担忧，“投机”活动有时是导致汇率不稳定的因素，因为国际投资者的活动可以使汇率偏离与经济基本面一致的长期均衡汇率。如果只是简单地将近期汇率走势延伸到将来，而不考虑经济的基本面，那么这种预期可能是非常不稳定的。比如，欧元 1999 年诞生以后对美元的贬值产生了顺势效应，这使得欧元对美元的贬值一直持续到了 2000 年年末。（欧元对美元的价值从 1999 年 1 月的 1 欧元 1.18 美元一直下降到 2000 年 8 月的 1 欧元低于 0.83 美元。）

同样，预期也可以建立在汇率将最终与基本经济面保持一致的信念上（如下一节要讲的购买力平价）。这种预期被认为具有稳定的作用，因为它将导致稳定性投机，使汇率向着符合某些经济基本面的价值移动，比如国内产品的价格水平。

对汇率预期的改变还可能源于很多新的信息。这些新信息中最重要的部分就是那些出人意料、突如其来的“新闻”，这些信息或是有关于政府政策，或是有关于国内外经济数据、经济发展情况，以及政治领袖和政治局势（国内及国际政治事件和冲突）。例如，外汇市场往往对一国贸易或经常项目余额的官方数据作出反应。这些数据在很大程度上反映了一国的货物及服务进出口的平衡情况。市场对此类新闻的反应是有道理的。例如，一国贸易赤字或（尤其是）经常项目赤字意外增加时，意味着该国需要从国外得到更多的外汇以弥补赤字。如果该国不确定能得到所需外汇，那么该国货币就会在外汇市场上贬值。为了弥补贸易逆差，对外汇的需求必然随之增加，这样就会导致外币升值、本币贬值。如果国际投资者按照这一逻辑调整其预期，汇率就会迅速发生变化，而并非随着贸易失衡而缓慢地对市场施加压力使货币逐渐贬值。

5.3 长期汇率的分析：购买力平价（PPP）

从短期看，浮动汇率的波动性很大，并且通常很难确定其波动的原因。而从长期看，汇率主要由经济基本面来决定，经济基本面为汇率的长期变化趋势提供了“锚定”。对长期汇率的理解首先基于这样一个命题：产品价格水平和汇率之间存在一种可预测的关系。这种关系依赖于一个事实，即人们会根据自己所必须支付的价格来选择购买哪个国家的货物及服务。对于这一关系，可从三个角度来考察：从一种产品或一篮子产品的角度考察汇率；从静态的角度考察产品价格与汇率的关系；从动态角度研究产品价格和汇率随时间变化的特征。

5.3.1 一价定律

一价定律（law of one price）认为一种商品如果能在完全竞争的国际市场上自由买卖，那么该种商品在不同地方使用同一种货币表示的价格应当相等。我们称这一价格为世界（国际）均衡价格。现在将汇率考虑进去，由一价定律可知，用本国货币表示的某种商品的国内价格（P）应该等于通过即期汇率（e，本币/外币）换算得到的该种商品的外币价格（P_f）。

$$P=e\cdot P_f$$

不论考察的是某一个时点还是一段时间内的变化，只要政府取消贸易壁垒，允许自由贸易，一价定律对于大宗“可贸易品”都是成立的。这类大宗商品包括黄金、其他金属、原油和各种农产品。

以芝加哥美国2号软红冬小麦为例，假定它在芝加哥的价格为4.8美元/蒲式耳。如果小麦从芝加哥运往伦敦的运费很便宜，那么小麦在伦敦市场的美元价格就不会高很多。为了简化这个例子，假设不考虑运输费用。很显然，如果汇率为1.6美元/英镑，那么这种小麦的英镑价格为3英镑/蒲式耳。在伦敦，小麦的美元价格也应该是4.8美元/蒲式耳（=3×1.6）。如果两地小麦用相同货币表示的价格存在差异，就会有人在芝加哥和伦敦之间贩运小麦而获利。比如，假设伦敦市场上对小麦的需求突然增加，伦敦的小麦价格上涨到3.75英镑/蒲式耳，汇率仍为1.6美元/英镑，则小麦在伦敦的美元价格为6美元/蒲式耳。只要允许自由贸易，可以预期到两地价格很快会趋于一致，大概会处于4.8美元到6美元之间的某一水平。在这个小麦（一种标准化商品，并拥有全球性的完全竞争市场）的案例中，套利活动将在一周内使两地小麦实现“一价”。

然而，一价定律并不适用于国际贸易中大多数的商品，包括几乎所有的制造品。解释这一现象并不困难。首先国际运输成本并不能忽略不计，其次各国政府也采取了非自由贸易政策，而且许多产品的市场并非完全竞争，等等。掌握市场力量的企业会在不同国家的市场上实行不同的价格，利用价格歧视以增加利润。一项有关的研究认为，美国和加拿大之间的贸易壁垒对价格差异产生的影响相当于将两国间的距离增加了数千英里。总而言之，单纯的一价定律对于许多产品并不适用。

5.3.2　绝对购买力平价

绝对购买力平价（absolute purchasing power parity）指一组或一篮子可贸易产品在不同国家以同种货币表示的价格是相同的。本质上，用不同货币表示的这些产品的平均价格（通常称为价格水平或产品价格水平）等于通过汇率换算成用同一种货币表示的平均价格：

$$P=e\cdot P_f$$

式中，P 是用本币表示的产品平均价格水平；P_f 是用外币表示的产品平均价格水平。对这一公式加以变换，就可以得到与绝对购买力平价理论相一致的即期汇率的计算公式：

$$e=P/P_f$$

绝对购买力平价与一价定律明显密切相关。两个等式是相同的，只是价格变量在一价定律中是指某种商品的价格，而在绝对购买力平价定理中，指一组商品的平均价格水平。如果一价定律对于所有产品均成立的话，那么绝对购买力平价也成立（只要两个国家的产品组合相同）。即使一价定律不完全成立，由于产品组合中不同产品的价格差异可能相互抵消而趋于平均数，绝对购买力平价也可以作为计算汇率的重要依据。

然而，研究表明，现实中的绝对购买力平价理论并不比一价定律表现得更出色。在任一时点上，购买力平价理论偏离汇率的幅度都可能很大。（如果把非贸易品包括在商品组合中，偏离会更加严重，请参见专栏中的“价格差异与国际收入比较”。）除此之外，当数据的来源（比如各国政府）使用不同的产品组合编制价格指数时，对它们进行比较就会陷入技术难题。然而，事实表明，对于可贸易品而言，随着考察期的延长，现实的汇率与绝对购买力平价理论所计算出的汇率之间的偏离趋于缩小。

案例研究

价格差异与国际收入比较

对人均产出和收入水平进行国际比较具有重大的社会意义。为了判断哪个国家最需要联合国的援助、世界银行的贷款以及其他帮助，相关官员需要对这些国家的人均收入进行比较。要判断日本的生产能力是否已经超越美国，我们需要对日本与美国的人均国民生产总值加以比较。这样的比较是危险的，但也是不可避免的。这些比较中很有可能存在许多重大错误。

最严重的缺陷之一是在将一国的货币转换成另一国的货币时，事实证明按照市场汇率进行转换是一种很不可靠的方法。原因是，当考察的商品范围涵盖了国内支出或生产的全部种类时，购买力平价理论便不再有效。在范围如此之广的产品组合中，有许多产品是无法在国家间进行贸易的。不存在任何直接的理由（例如套利）可以让人认为“非贸易品”的价格在按照市场汇率转换成同一种货币后在国家间的价格趋同，而且事实上，这些转换后的价格也不会趋同。

如果市场汇率靠不住，那么应该用何种方法来比较国家间人均收入的高低呢？原则是明确的：就是将以各国价格度量的人均国民收入，转换成用一组以共同的国际价格度量的人均国民收入，如那些能适用于购买力平价理论的价格。这样，就可以比较不同国家中处于平均消费水平的居民，从组成价格的一篮子货物与服务中购买了多少个单位。但是我们很难得到每个国家在这么宽泛的篮子内货物与服务的价格数据。

联合国国际比较计划（ICP）就是因此而设立的。由宾夕法尼亚大学（University of Pennsylvania）的艾伦·赫斯顿（Alan Heston）、欧文·克拉维斯（Irving Kravis）和罗伯特·萨默斯（Robert Sumers）领导的工作小组，为测度不同国家的物价做了艰苦的工作。ICP 工作小组已经收集整理了 20 世纪 50 年代以来 130 多个国家有关价格结构和收入水平的珍贵的年度数据。实际上，他们得到的是平减即期国民收入数据后的真实 P 和 P_f 的水平。他们还证实了人们普遍忧虑的问题：对于所有货物和服务而言，市场汇率 e 本应等于由购买力平价理论计算出的 P/P_f 的值，但实际上，一般来说，两者有很大幅度的偏离。

下面的国别比较表中列举了汇率背离购买力平价理论的一些典型例子，并说明了用"共同价格水平"替代"人均国民收入的汇率转换"是一个更好的比较方法。

人均国民收入（2009 年）（相对于美国=100）

国家	使用汇率	使用共同价格	国内价格水平（表中国家/美国）为购买力平价理论预测价格水平的百分比
挪威	183	121	150
新加坡	80	109	74
瑞士	141	103	137
美国	100	100	100
澳大利亚	94	84	112
瑞典	105	83	126
加拿大	91	82	111
德国	92	81	113
英国	89	79	114
法国	92	74	124
日本	82	73	112
意大利	76	70	108
韩国	43	60	72
以色列	56	59	94

续前表

国家	使用汇率	使用共同价格	国内价格水平（表中国家/美国）为购买力平价理论预测价格水平的百分比
沙特阿拉伯	37	53	71
捷克共和国	37	52	71
俄罗斯	20	40	50
波兰	26	40	66
墨西哥	19	31	63
土耳其	19	30	64
智利	20	29	69
巴西	17	22	78
南非	12	22	56
泰国	8	17	48
中国	8	15	52
埃及	4	12	36
印度尼西亚	4	8	54
印度	3	7	37
巴基斯坦	2	6	37
尼日利亚	3	5	57
加纳	3	3	77
坦桑尼亚	1	3	36

资料来源：World Bank, *World Development Indicators*.

如果购买力平价理论确实有效，那么右边的每一栏数值都应该为 100。由于中间一栏以购买力平价为基础的度量结果与左边一栏以汇率为基础的度量结果大相径庭，对购买力平价偏离之大，足以让一些国家重新排名。表中的数据表现出两个明显的特征。第一，对于大多数工业化国家来说，价格差百分比都大于 100。这些国家以购买力平价为计算基础的实际平均收入与美国的相比，并不像汇率数值表现的那么高。

第二，通常使用汇率进行比较，会夸大贫富国家之间实际收入的差距。表的下半部分中，低收入国家的价值百分比都小于 100。

一些最不发达国家，价差比率达到了 1∶3，这是对购买力平价的实质性偏离。

为什么低收入国家的价格会比美国的价格低这么多？主要是因为“非贸易品”（如住房、理发和其他本地服务）在国家间存在巨大的价格差。尤其是低收入国家与高收入国家之间，“非贸易品”的价格极为不同。有两种力量会拉大这些价格差距：第一种力量是一国居民对城镇土地的需求收入弹性有着越来越高的趋势。所以当一国收入翻番后，其商业和住宅用地的土地成本将超过原来的两倍，从而使得“土地密集型”的“非贸易品”成本上升。第二种力量是随着国家经济的发展，其贸易品的生产率的提高要比其非贸易性的货物和服务快得多。在更为发达的国家，“贸易品”部门更高的生产率趋于推动工资的上升，而生产非贸易品的公司也必须向员工支付同样高的工资。但是由于这些部门的生产率并没有获得相应的提高，这必然会导致在更为发达的国家，“非贸易品”的生产成本和价格较高。

5.3.3 相对购买力平价

无论是一价定律还是绝对购买力平价，都是对于某一时点成立的。而这里购买力平价理论的另一个版本则更具体地研究了汇率在一段时期内的变化趋势。**相对购买力平价**（relative purchasing power parity）指一段时期内，两国间产品价格水平的差异会被同期内汇率的变化抵消。相对购买力平价的准确计算公式如下：

$$\left(\frac{e_t}{e_0}\right)=\frac{(P_t/P_0)}{(iP_{f,t}/P_{f,0})}$$

对于每个变量，下标为 0 的表示基期变量，下标为 t 的表示报告期（此后某个时刻）变量。每一个括号内的比率都是每个变量从基期到报告期的增长率。将该式与绝对购买力平价的第二个公式相比较，可以发现如果绝对购买力平价在基期和 t 期都成立，那么相对购买力平价也将成立。而且，即使在某些情况下，绝对购买力平价不完全成立，相对购买力平价也可以很好地解释汇率随时间变化的原因。

相对购买力平价常用的近似表达式如下：

$$\text{外币升值率}=\pi-\pi_f$$

式中，π 为国内的通货膨胀率（以产品价格表示）；π_f 为外国通货膨胀率（以产品价格表示）。[①] 因此，相对购买力平价公式指出了汇率在一段时间内的变化率等于同一时间内两国通货膨胀率之差。

相对购买力平价理论为预测汇率的波动趋势尤其是长期趋势，提供了强有力的工具。

- 通货膨胀率相对较低国家的货币在外汇市场上趋于升值。

---

① 对于汇率的近似公式，重新表述 t 时期的每个变量，等于基期 0 时刻的值加上从基期 0 到 t 期的变化值：

$$\left(\frac{e_0+\Delta e}{e_0}\right)=\frac{[(P_0+\Delta P)/P_0]}{[(P_{f,0}+\Delta P_f)/P_{f,0}]}$$

也等于

$$[1+(\Delta e/e_0)]=\frac{[1+(\Delta P/P_0)]}{[1+(\Delta P_f/P_{f,0})]}$$

等式两边同乘以分母，进行因式分解并整理，可以得到简单形式为：

$$(\Delta e/e_0)=(\Delta P/P_0-\Delta P_f/P_{f,0})-[(\Delta e/e_0)\cdot(\Delta P_f/P_{f,0})]$$

如果外币升值率（$\Delta e/e_0$）和国外通胀率值（$\Delta P_f/P_{f,0}$）都很小（小数形式），则等式的右边最后一项（两个小数字的乘积）将十分微小，在估值中可以忽略不计。

- 通货膨胀率相对较高国家的货币在外汇市场上趋于贬值。

实际上，一项对相对购买力平价理论的严格运用研究表明，在其他国家的通货膨胀率既定时，国内的年通货膨胀率每增加一个百分点，就会导致同期本币贬值率增加一个百分点（或者本币升值率减少一个百分点）。因此，相对购买力平价理论对于像瑞士这样的国家就具有重要的意义，因为这些国家正寻求在全球性通货膨胀的背景下保持国内物价稳定。就长期而言，如果其他国家的物价每年上涨10%，一国为了保持国内物价稳定，就只有与通货膨胀国家保持步调一致，接受其货币升值10%。

案例研究

PPP理论的变迁

类似于购买力平价（PPP）这样的理论，贯穿了整个近代国际经济史。每当汇率由于战争或是其他重大事件而剧烈波动时，PPP理论就会被再次提及。当国际价格水平和趋势既定，这个理论有时会用来解释为什么一国需要改变本国的总体价格水平，以使汇率稳定在某个期望的水平。在其他一些情况下，当国际价格和国内价格的近期趋势既定，该理论会用来预测均衡的汇率水平。在拿破仑战争期间以及战后的一段时间内，这个理论反复出现在了英国关于“金本位—反金本位”的讨论中，当时讨论的问题是为什么英国会由于战争不得不放弃固定汇率制以及金本位制，以及对这个问题有什么解决方法。

PPP理论真正成形于1920年。在第一次世界大战后，欧洲各国的汇率偏离了它们战前的标准水平，并且给许多国家带来不同程度的通货膨胀。古斯塔夫·卡塞尔（Gustav Cassel）以及其他一些学者利用PPP理论来研究欧洲各国的官方汇率或是本国的物价水平需要做出多大幅度的调整。比如，PPP理论大致指出了英国在1925年犯的错误：当时英国无视自身的通货膨胀比其贸易伙伴更为严重的事实，一意孤行地将英镑调回到了第一次世界大战前的黄金平价。

第二次世界大战后，随着固定汇率制的复位，PPP理论也逐渐淡出。从表面上看，似乎是由于其缺点已经显现，而实际上主要是因为人们预期汇率会保持固定，PPP理论就不那么引人注目了。

1970年年初，国际上又重新广泛地实行浮动汇率制，PPP理论也随之再次复兴。如今，它已经成为分析一国货币汇率是被低估还是高估的标准工具。

5.3.4 相对购买力平价的实证检验

前面的分析表明，购买力平价理论在长期有效，但在短期不成立，这里可以利用近年来的数据对该理论作具体的实证检验。图表5—3证明了现代浮动汇率制下购买力平价理论在长期的有效性。对于样本中的每一个国家，无论工业化国家还是发展中国家，将该国货币对美元的汇率年平均变动率与美国和该国的通货膨胀率之差进行比较。①

按照相对购买力平价理论的预期，当通货膨胀率差额为正值（美国的通货膨胀率较高或该国的通货膨胀率较低）时，该国的货币会升值；当通胀率之差为负值时，该

① 这里把1975—2009年作为比较的时间段，选择1975年作为期初有些主观性：它接近于当前的浮动汇率时期的起点，同时又是之前固定汇率制时代结束的几年后，因此满足了制度过渡需要的调整时间。通货膨胀率是以批发价格指数或是一个相似的价格指数（其间只包括或绝大多数是贸易产品）来衡量的。

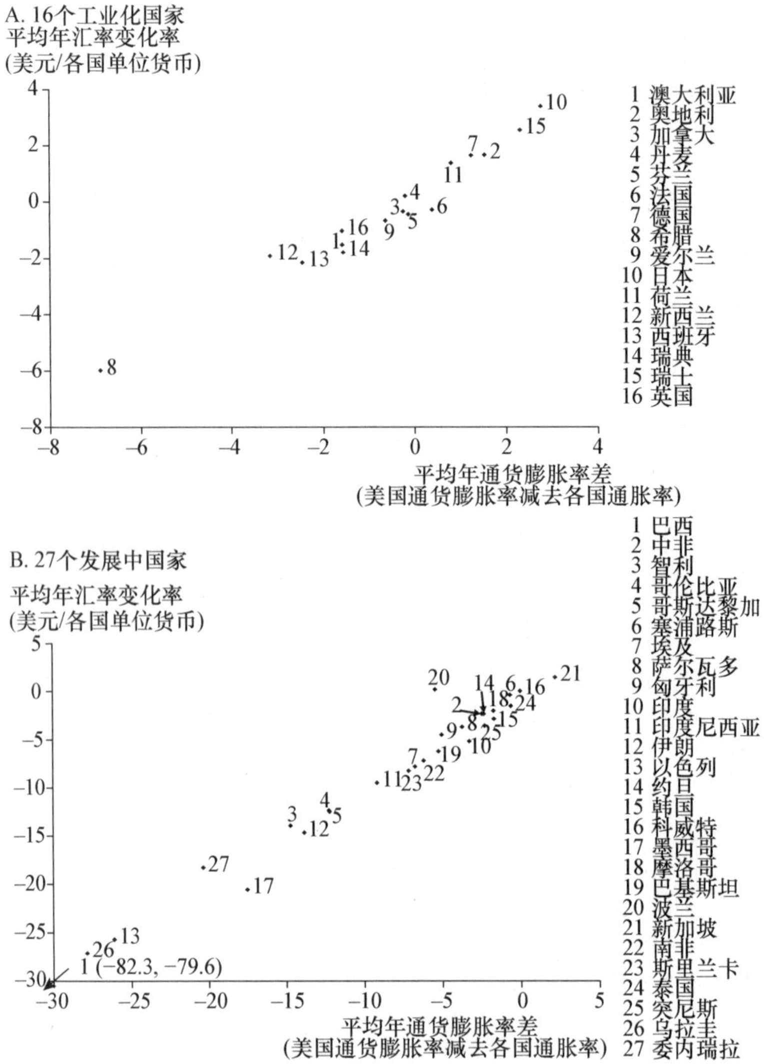

1975—2009 年的整体情况很好地支持了购买力平价理论。如果美国的通货膨胀率高于其他国家，其他国家的货币便趋于升值；如果美国的通货膨胀率低于其他国家，其他国家的货币便趋于贬值。通货膨胀率是根据批发价格指数（类似于生产价格指数）计算的，年变化率以自然对数之差计算。

图表 5—3　相对购买力平价：通货膨胀率之差与汇率变化（1975—2009 年）

国的货币就会贬值。观察样本中的每一个国家，这种关系都是显著的。实际上，这种关系很接近于较为严格的相对购买力平价理论所得出的关系为 1∶1 的结论。①

还可以使用单个国家汇率的时间序列数据检验近年来购买力平价（PPP）理论在短期和长期的有效性。图表 5—4 显示了德国马克和日元对美元的实际汇率，以及以 1975 年为基期，根据 PPP 理论逐月计算出的德国马克和日元对美元与 PPP 理论相符

① 检验这种关系的标准统计方法是使用简单的一元回归，为这些数据的散点寻找一条最适当的直线。对于工业化国家来说，直线的斜率（0.928）并非显著地不等于 1（同时截距项非显著地不等于 0）。对于发展中国家来说，斜率（0.964）也并非显著地不等于 1（同时截距项并非显著地不等于 0）。这些结论显示出发展中国家与购买力平价所预测的 1∶1 的关系非常接近，且两条直线都可以与数据很好地拟合。对发达国家而言，96%以上的汇率变动可以用通货膨胀率的差额来解释；而发展中国家 99%的汇率变动可以得到解释。

的汇率。根据 PPP 逐月计算的汇率等于两国间价格水平的比率 P/P_f（相对于基期的比值）。正如图表中所示，二者间的偏离很明显，而且持续数年时间。1981—1986 年，相对于根据 PPP 计算出的德国马克对美元的实际汇率被严重低估，但在 20 世纪 90 年代前半期的大多数时候又被高估。1999 年年初，欧元取代德国马克成为德国的流通货币。欧元汇率开始时低于根据 PPP 计算出的汇率，随后又向该汇率水平回归，并且围绕该水平上下浮动。1976—1986 年，日元对美元的实际汇率的走势与其 PPP 汇率走势非常一致，但此后即被高估。2005—2008 年，日元实际汇率再次接近其 PPP 汇率，随后的几年再一次超过其 PPP 汇率值。从长期看，实际汇率确实存在向 PPP 值靠拢的趋势。在整个时期内，德国马克和日元按照 PPP 理论都会升值，事实也正是如此。

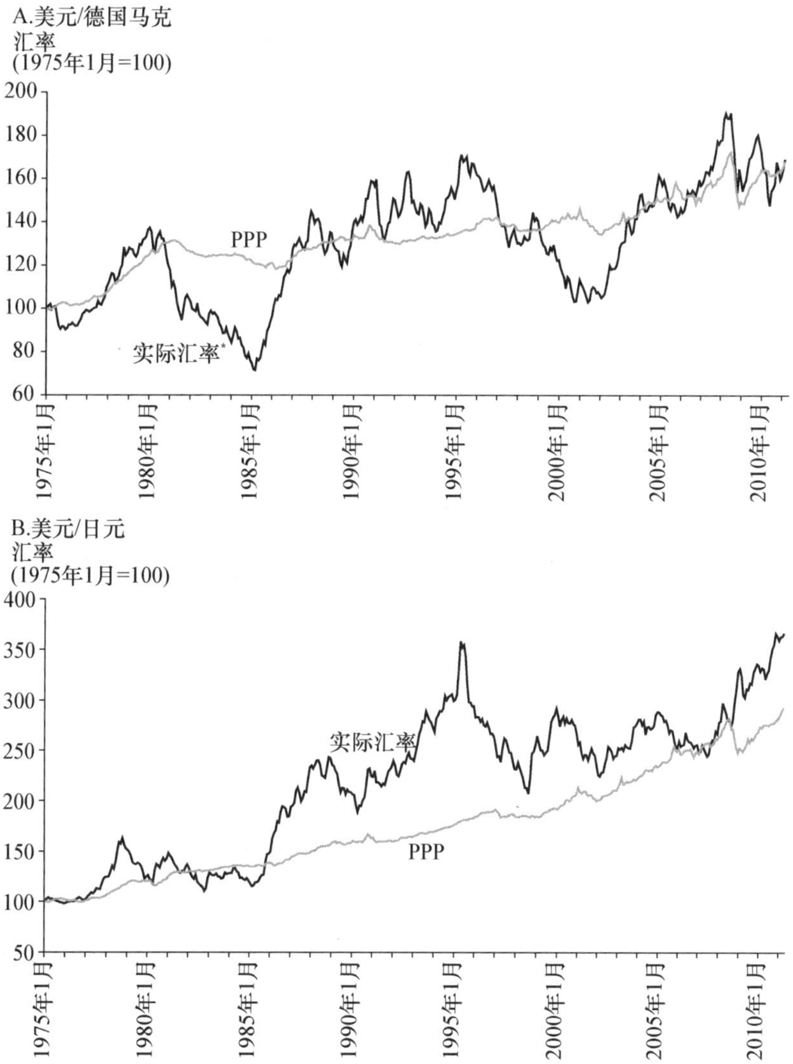

＊自 1999 年 1 月初，德国马克就钉住欧元，所以之后其汇率跟随美元/欧元汇率变动。

PPP 所意味着的汇率等于国家物价水平之比 P/P_f，实际汇率可以与 PPP 汇率有很大的不同，这种偏离可以维持数年。然而，从长远来看，实际汇率趋近于 PPP 汇率。

国家物价水平以批发价格指数（或生产者价格指数）度量。

图表 5—4　实际汇率与 PPP 汇率（月度走势）(1975—2011 年)

资料来源：International Monetary Fund，*International Financial Statistics*.

如果对其他国家也进行这样的实证检验，仍可以得出类似的结论：短期内，汇率会明显偏离其 PPP 汇率；但就长期而言，PPP 理论成立。在严格调查研究的基础上，弗鲁特和罗戈夫（Froot and Rogoff，1995）得出如下结论：对主要的工业化国家而言，平均需要 4 年左右的时间才能将其货币汇率与其 PPP 汇率之间的偏离缩小一半。

5.4 长期汇率分析：货币分析方法

购买力平价理论表明：汇率与不同国家的价格水平至少在长期内是密切相关的。但紧接着又引出了一个新的问题：是什么因素决定了一国的平均物价水平及其变化率（即通货膨胀率）？经济学家认为在长期内货币的供给（或其增长率）决定了价格水平（或通货膨胀率）。这说明不同国家间的货币供给，与其国内价格水平和通货膨胀率密切相连，并决定长期汇率。实际上，这并不奇怪。汇率本身就是一种货币对另一种货币的价格。因此，考察汇率或国际收支，如果不考虑国内的货币供求，就好比要演《哈姆雷特》（Hamlet），却没有丹麦王子这一角色。

相对货币供给量影响汇率。无论是在国内商品市场还是在国际外汇市场上，流通的货币数量越多，这种货币就越不值钱。恶性通货膨胀的出现将这一点表现得淋漓尽致。1922—1923 年间，德国的货币供给万亿倍地增长，直接导致了在外汇市场上外币相对于德国马克万亿倍的升值，同时在德国国内，各种物价出现了万亿倍的上涨。货币过度供给造成的恶性通货膨胀也是解释以色列和几个拉丁美洲国家的货币在 1970—1980 年间几乎一文不值的主要原因。

5.4.1 货币、价格水平和通货膨胀

货币与国内价格水平（或通货膨胀率）之间的关系是由货币的供给与需求之间的关系决定的。人们为什么“需要”并持有货币？关键原因在于货币是一种交换媒介。交易所需支付的货币数量是不确定的，居民以及企业需要持有一定数量的货币，以应对不时之需。对货币的这种交易需求随着每年交易量的变化而变化，这种交易量可以用国内生产总值（GDP）的货币价值很好地表示。

货币需求数量理论的关键是找出国内生产总值和一国货币需求之间的关系。**货币数量理论方程**（quantity theory equation）表明，在任何国家，货币供给都等于货币需求，并与国内生产总值的货币价值成正比。对本国和世界上其他国家而言，货币数量理论方程分别为：

$$M^s = k \cdot P \cdot Y$$

$$M_f^s = k_f \cdot P_f \cdot Y_f$$

式中，M^s和M_f^s分别为本国和外国货币供应量（分别以美元和外币衡量）；P 和P_f分别代表本国和外国的价格水平；Y 和Y_f分别表示本国和外国实际（按照不变价格计算的）国内产出。对每个国家而言，名义 GDP 或说是 GDP 的货币价值等于价格水平乘以实际产出（$P \cdot Y$ 与$P_f \cdot Y_f$）。其中的 K 和k_f分别表示本国和外国的货币持有量与其名义 GDP 之间的比例关系，这代表了人们的行为方式。如果 GDP 增加，交易量上升，k 代表人们为进行更大规模的经济活动所需要增持的货币数量。有时货币数量理论假定 k 为常数，有时则不是（事实证明，k 随时都在变化）。目前对长期的分析，

我们一般遵循通常的假定：货币供应量（M^s和M_f^s）仅是由各国的货币政策决定的，而各国的实际产出（Y 和Y_f）由该国的要素供应量、技术水平及生产率等总供给方面的因素决定。

通过采用上面两个方程的比率并加以整理，即可利用货币数量理论方程得到两国间的物价水平比率：

$$P/P_f=(M^s/M_f^s)\cdot(k_f/k)\cdot(Y_f/Y)$$

5.4.2　货币方程与购买力平价理论的综合运用

将绝对购买力平价方程与货币数量理论方程结合起来，以本国与世界其他国家的货币供应量与国内产出数据为基础，可以得到汇率的预测公式：

$$e=P/P_f=(M^s/M_f^s)\cdot(k_f/k)\cdot(Y_f/Y)$$

现在一种外币（如英镑）与其他货币（这里指的是美元，美元是这个例子中的本币）之间的汇率（e）仅与M^s，K 及 Y 有关。价格比（P/P_f）则作为中间变量，在长期内由M^s，k 及 Y 决定。

这一方程表明当外国的货币供给增长放缓（M^s/M_f^s的比率上升）、外国实际产出增长加快（Y_f/Y 的比率上升）或k_f/k 比率上升时，外国货币将会升值；反之，当外国货币供应急剧增长且实体经济停滞不前时，外国货币将会贬值。

进一步利用这一方程还可以定量地考察货币供应量或国内产出的变化率对汇率的影响。方程假设一些关键变量的弹性系数等于 1。这意味着，如果比率（k_f/k）保持不变，在以下情况下，汇率将上升 1%：

- 本国货币供应量（M^s）增长 1%；
- 外国货币供应量（M_f^s）下降 1%；
- 本国的实际 GDP（Y）下降 1%；
- 外国的实际 GDP（Y_f）增长 1%。

根据汇率弹性还可以得出另外一个合理的结论：在平稳增长的情况下，汇率不会被影响。如果所有国家的货币供应量都以同样速度增长，即M^s/M_f^s保持不变，或各国国内产出也以同样的速度增长，即Y_f/Y 保持不变，那么汇率就不会发生任何变动。

在长期，k 的变动同样也会对汇率产生影响，但此处先不作研究。下面将更详细地考察货币供给与实际收入对汇率的影响。

5.4.3　货币供给对汇率的影响

这里讨论的例子中，美国为本国，英国为外国。假设英镑的货币供应量缩减了10%，英镑将变得更加稀缺且购买力更强。英镑数量的减少可以通过英国紧缩的货币政策实现。这种紧缩政策会收紧英国银行系统的准备金，并迫使银行紧缩信贷，减少英镑存款账户下发行的债券（这些构成了英镑货币供给的主要部分）。紧缩的信贷使得从银行贷款变得更加困难，会抑制消费，降低英国的总需求、总产出、就业率，物价水平也会下降。此后随着时间的推移，产出与就业率将会止降回升，物价将下跌10%。在此变化过程中，根据相对购买力平价理论的预测，英镑将会升值。因此，英镑供应量 10%的缩减最终导致英镑汇率升值 10%。

美元的供应量增加 10%会产生与上述相同的结果。假设美国中央银行增加货币供应量 10%，额外的美元流入市场，最终将会使得国内的物价上涨 10%。国内物价的上涨将暂时导致国际市场上以英镑标价的货物及服务的需求量增加，因为此时这类货物及服务更为便宜。最终汇率（e）将上升 10%，相对购买力平价重新得到满足。随之得到的另一个预测结果就成了必然的结论：如果前面的方程是正确的，且英镑和美元的货币供给都同样增长 10%，那么对汇率将不会产生任何影响。

5.4.4 收入对汇率的影响

用相同的方法还可以探究实际收入和产出的长期变化将怎样影响汇率。下面先采用这种研究方法进行分析，然后再指出必须注意的问题。

假定英国的实际收入水平与其正常情况相比突然增加 10%。这可能是该国生产率提高的结果。英国产出和收入的提高将伴随着交易规模的扩大，这会导致对英镑需求的增长。如果生产率的突然提高使英国的实际国民收入增长 10%，那么根据货币数量理论方程，英镑的交易需求也会上升 10%。假定英国的货币总量不增加，那么增加的交易需求量就无法得到满足。于是英国的物价水平必须下降 10%，以保证国民收入的货币价值总量不变。实质上本例中生产率的增长是以更低的产品价格的方式传递给了购买者。根据相对购买力理论，物价的下降导致了英镑的升值，且升值的幅度也应该是 10%。此外，从方程中还可以得出两个推论：如果美国的实际收入下降 10%，也将推动汇率上升 10%；如果英国和美国的收入同样增长 10%，那么汇率将保持不变。

然而，对于得到的结论，还必须强调一个问题。如果读者只注意到了“收入对汇率产生影响”这一点，将会被误导。收入并不是一个简单的自我变化的独立变量，导致其变化的因素也会对汇率产生重大的影响。在上一段中有关英国生产率提高的案例中，英国实际收入的增长源于供给方面的贡献，即在有限的资源条件下，英国有能力实现更多的产出。无论是根据货币数量理论方程，还是通过其他的思路（英国生产率的提高导致出口增加，增加的出口需要其他国家用英镑来支付），很明显这些都将使英镑更加坚挺。但是，假如英国实际收入的增长是由政府支出扩大的凯恩斯效应（Keynesian effect）或其他一些提高总需求的政策实现的，那么这种实际收入的增长，就不一定会使得英镑更加坚挺。如果主要的效应是加重了英国的通货膨胀（或使得英国人购买更多的进口品），那么就有理由相信，总需求的额外增长实际上会使英镑贬值。

总需求的变动主要是在短期内对汇率的波动产生影响，而供给的变动则在长期主导汇率的走势。货币数量理论方程可以用于判断汇率的长期变化，更高的产出或收入意味着该国货币的升值。

作为这一部分的总结，再次回到显示主要货币汇率变化的图表 5—1。能否用货币理论解释图中某些货币汇率的长期趋势？从 20 世纪 70 年代初浮动汇率制得到普遍实行至今，我们可以将日元升值的原因部分归纳为：首先是日本强劲的实际经济增长（Y 的增长）；其次是日本的货币供给低于其他国家的平均水平。这些因素致使日本国内通货膨胀一直处于低位，促使日元的国际价值上升。瑞士法郎的升值同样归因于瑞士对国内货币供给严格的控制，而意大利里拉的贬值则是由于里拉的供给增长超过了各国的平均水平。

5.5　汇率超调

由前文分析可知，长期汇率由购买力平价和长期的平均通货膨胀率决定，而短期汇率则不断受到投资者对投资组合快速调整的猛烈冲击。二者看似前后矛盾，但实际上又是相互联系的，因为短期最终将演变为长期。前文已经提到这种演变的一个原因，即国际投资者在对将来即期汇率进行预测时，其依据是相信汇率最终将向购买力平价的价值移动，因为货币供应量、GDP 及通货膨胀率等经济基础变量最终将成为决定汇率的关键因素。

对这一关系进行更深一层的考察，并对**汇率超调**（overshooting）现象加以探究，对我们的研究是很有帮助的。我们发现，国际投资者能够对新闻做出理性的反应，促使汇率变化超过他们预期的最终的长期均衡汇率水平。此后汇率会缓慢回落到这一水平。也就是说，在短期内汇率会被过度调整到超过长期均衡的水平，之后慢慢地回到该均衡水平上，这就是下面要深入讨论的汇率超调现象。

图表 5—5 为我们的分析提供了一个“全景图”，展示了即使所有投资者都能正确判断未来均衡汇率，汇率也会出现超过最终的长期均衡水平的汇率超调现象。假设本国的货币供应量在 t_0 时刻突然有了 10%的意外增长，随后货币供应量的增长率又恢复到投资者的预期值。投资者如果相信购买力平价理论和汇率的货币分析方法最终会成立，就会认为若货币存量永久性地增加 10%，最终将使外币价格上升 10%。从长期来看，国内价格水平（P）和外币价格（汇率 e）都将提高 10%。因此，当投资者预期未来即期汇率最终将上升 10%时，预期的未来即期汇率将会上升。

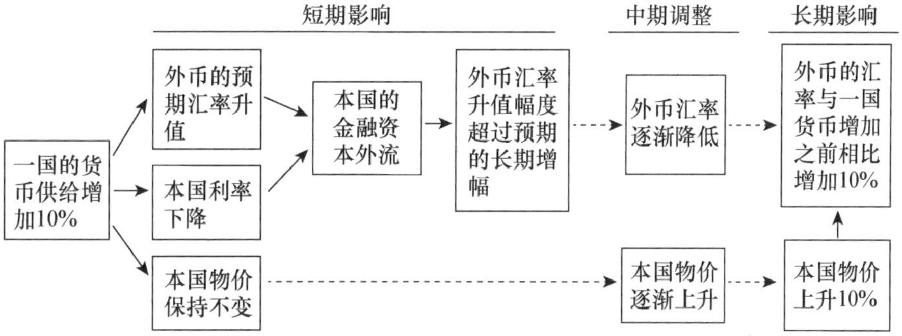

图表 5—5　汇率超调关键因素的“全景图”

本国货币供应量的增长还有以下两种现实的附加效应，会对以上分析的汇率变化形成一定的干扰，并使汇率沿着一条特殊的变化路径，最后实现 10%的上升：

- 产品价格在短期内具有一定的黏性，因此国内的通货膨胀需要较长时间才能使国内价格（P）上升 10%（相对于国外价格 P_f）；
- 由于开始时价格呈现黏性，货币供给的增加将会促使国内实际及名义利率下降。

随着国内利率（i）的降低，产生的收益差使得外汇资产更受青睐（假设外国利率（i_f）保持不变）。因此，由于以下两个原因，在初始的即期汇率水平上，总体收益率的差别将使得外币资产更受青睐：

- 预期外国货币将升值；
- 本国利率下降。

投资者重新配置资产组合并转向持有外币资产的意愿，会增加对外币的需求，并导致外币的迅速升值。

外币会立即升值多少呢？在预期外币升值 10%的基础上，外币将迅速升值 10%。本国利率的下降则对货币的供给与需求产生了额外的压力，所以当前的即期汇率一定会立即升值且幅度会超过 10%。

图表 5—6 说明的是汇率随时间变化的路径，包括开始即刻发生的大幅变动，以及随后在中期，汇率向其新的长期均衡水平调整。汇率值在初始的大幅变动后，产生的过高的即期汇率随后将缓慢地向其预期的远期水平回落。也就是说，当前新的即期汇率 e 会迅速超过新的预期的即期汇率e^{ex}，所以预期中的外币随后将会贬值，缓慢地向新的预期水平回落。一旦即期汇率进行了调整，重建无抵补利率平价是必要的。国内利率（i）较低，因而本国投资收益率也较国外低。在发生即期汇率超调之后，外国投资的总收益也会变低。尽管国外利率（i_f）未变，但由于投资者预期外币将从高位贬值，对外国投资总体收益的预期也将降低。投资者一定是认识到了此后一段时间外币将会贬值，因此即便投资外国资产的相对收益率较高，投资者也会停止向其投资。

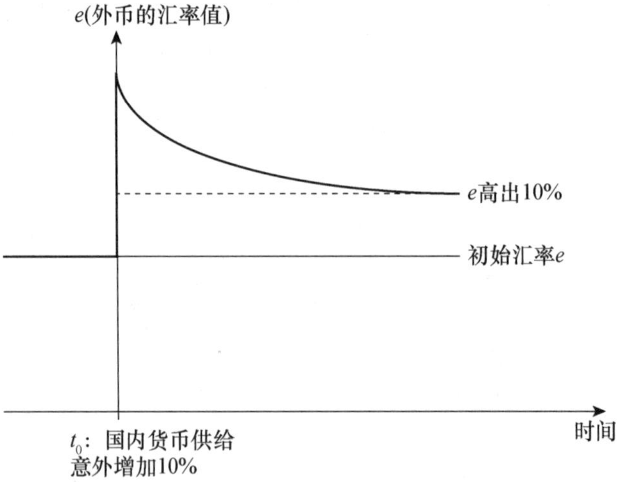

国内货币供给毫无征兆地突然增加 10%，会导致该国货币即期汇率迅速上调且调整幅度超过 10%，即汇率超调。随后，该国币值缓慢回升，直至币值调整到比货币增发前汇率水平贬值 10%为止。

图表 5—6　汇率超调时的汇率变化路径

因此，一旦本币供给增加 10%的消息公布，外币的即期汇率很快就会被投资者抬高 10%以上（Dornbusch，1976）。杰弗里·弗兰克尔（Jeffrey Frankel，1979）的一项研究则表明，也许本国货币供给意外增加 10%的消息突然公布，会立即导致即期汇率上升 12.3%，随后再回落到增长 10%的水平。

从另一个角度考虑，汇率超调的幅度会更大。在短期，如果对比每个时点的实际汇率与根据购买力平价理论计算出的汇率，汇率超调的幅度甚至会更大。由于国内的物价水平只是缓慢上升，并最终达到 10%的增幅，因此购买力平价理论只意味着汇率也将逐步上升，最终达到 10%的涨幅。因此，在货币供给增长后大约一年左右，即期汇率的大幅增长似乎与同期国内通货膨胀率的小幅上涨是不相符的。

本例说明了汇率在短期内可以有很大的波动性（这是由于国际金融投资者会对突然公布的政策变化和其他新闻做出反应）；同时，从长期来看，汇率变动的趋势最终还是符合购买力平价理论的。这个例子也说明，要清楚地甄别“不稳定性投机”是很困难的。短期内出现的过度的、与经济基本面不符的汇率变动，从长期看，可能是正常的、合理的、趋于稳定的。

5.6　汇率的可预见性——实证分析

我们希望能够对汇率进行预测。建立各种理论模型的目的之一，是为了预测现实经济中汇率的变动趋势。自 20 世纪 70 年代初以来世界各国普遍实行浮动汇率制，国际经验为我们提供了充足的数据，可用于对各种汇率理论进行实证检验。

这些理论模型在预测汇率变化时能达到多高的准确度？很显然我们不能苛求预测完全与现实一致，但是想必我们期望的一个有用的经济理论模型应当至少优于那种认为未来汇率等于即期汇率的最简单模型。这是最低的标准。最简单的模型就相当于认为即期汇率的波动服从一个“随机游走”过程，因此我们无法预测汇率是上升还是下降。任何有效的经济结构模型的预测都应当好于这个简单模型。

令人颇为惊讶的是，目前经济学家普遍认为经济结构模型在预测短期（未来一年之内的）汇率方面是基本无效的。弗兰克尔和罗斯（Frankel and Rose，1995）回顾了许多汇率相关的研究，这些研究采用了各种模型，模型中包含多种经济基本因素，如货币供给、实际收入、利率、预期通货膨胀率，以及贸易或经常项目余额。他们的结论认为，结构化的经济模型在短期预测方面并不会比简单的随机游走方法更准确。

经济基本面所强调的购买力平价理论和货币主义分析方法对于预测未来的汇率是有一定作用的。经济结构模型对于预测一年以上的远期汇率，一般比“随机游走”的简单模型更好。如果当前实际汇率与根据购买力平价理论预测出的汇率之间的偏差，能在之后几年中哪怕得到部分缩小，那么进行预测也是有价值的。经济学家仍然要保持谦逊，从绝对值上来说，他们对于长期汇率的预测误差还是很大的，尽管他们的误差与简单地认为“未来汇率等于即期汇率”这样的预测相比，已经小得多了。

为什么利用经济模型难以对汇率进行预测？答案主要有以下两个方面：

其一，而且很可能是更为重要的一个原因是汇率对新信息的反应是强烈而迅速的。正是因为新闻的发生是不可预测的，与其他的预测不相关，因此对这些新闻的反应往往会引发大幅度的汇率变动。实际汇率的变动会产生汇率超调现象，随后向根据购买力平价理论或货币主义方法估计的长期均衡汇率平稳调整。有研究汇总了各种不同类型的新闻对汇率的快速影响，尽管某些类型的新闻似乎只在某种特定情况下才产生影响。例如，当美元供给意外收缩、美国国内利率意外上升（相对于国外利率）、美国实际 GDP 意外增长、美国就业率意外增加、美国贸易或经常项目余额意外改善、美国政府预算赤字意外增加时，美元趋于升值。此外，随机的观测表明，汇率对于实际发生的事件及事件未来发生的概率变化等新信息都会做出反应。这里所说的事件，不仅包括那些刚刚提到的经济变量，还包括选举、新的官员任命、国际局势以及战争等政治变量。

其二，汇率预期的形成与基本经济因素可能并无多大关系。调查表明，很多外汇市场参与者只是将近期的汇率走势向后推1个月，这正是我们在本章开头部分讨论的顺势效应。由于投资者的行动对其预期具有自增强效应，近期的汇率走势可以得到增强并维持一段时间。如果汇率的变动完全脱离了实体经济的基本面，就出现了**泡沫**（bubble），或称投机泡沫。要完全确定地识别这种泡沫有很大的难度，1984年至1985年年初美元相对其他很多货币升值的最后阶段就是这种泡沫。外汇市场极可能不时地出现泡沫表明它存在某种经济无效率。读者可能记得，第4章结尾在讨论为什么无抵补利率平价的估算偏差远远超过风险升水所能解释的程度时，曾得出过类似的结论。

扩展阅读

了解货币的汇率

我们总是对像美元这样的货币的汇率感兴趣，但是汇率的测度并不像听起来那样简单。对于每一种货币来说，相对于其他货币都有100种以上的汇率。这些“常规”的汇率就是外汇市场上的牌价，专业术语称为**名义双边汇率**（nominal bilateral exchange rate）。由于多种原因，我们只对这些常规市场汇率中一个或特定几个国家的货币汇率感兴趣。

但出于其他目的，比如对宏观经济的分析需要，我们也想知道一国货币汇率值的总体或平均走势如何。此外，我们可能不需要汇率的简单平均数，这是由于对于某国而言，有些国家比其他国家更为重要。因而，我们需要加权平均汇率，其中权重表示的是对某国而言的其他国家的重要程度。比如，在分析汇率对一国进出口贸易的影响时，可以根据该国与其他国家的贸易规模设定权重。一国货币的加权平均汇率值称为**名义有效汇率**（nominal effective exchange rate）。本章开篇曾使用过这个概念，当时讨论的是美元对其他工业化国家货币的平均汇率值。原则上，测度实际有效汇率的单位是“每单位本币平均折合多少外币”。但由于实际上我们没有“平均外币单位”的度量方法，因此名义有效汇率常用指数形式加以表示，并将基年值设为100。另一个有关汇率分析的问题是实际汇率对购买力平价理论值偏离的程度。在图表5—4中，我们将实际名义双边汇率（德国马克和日元）与根据相对购买力平价理论计算的名义汇率值（由于P/P_f随着时间推移会改变）进行了比较。实际汇率对购买力平价值的偏离也可以通过实际汇率（RER）来衡量。依照惯例，我们计算本币的实际汇率如下：

$$RER_t=\frac{(P_t/P_0)\cdot(e'_t/e'_0)}{(P_{f,t}/P_{f,0})}\cdot 100$$

式中，使用名义汇率e'表示现在测度的是“每单位本币折合多少外币”。（更一般地，该方程表明用名义汇率（e'）标价的货币的实际汇率价值，分子中的（P_t/P_0）一定是被标价的货币发行国的产品价格。）

实际汇率没有单位，因此我们衡量t时期的汇率价值，可以用相对于基期指数表示，基期指数为100。如果相对购买力平价理论一直成立，那么实际汇率价值将永远等于100。如果相对购买力平价理论在长期成立，那么实际汇率将趋于回归到100（或者围绕着100波动）（假设基期选择得当）。如果被标价货币的名义汇率价值高于其购买力平价理论值，那么实际汇率就会高于100。在这种情况下，我们有时将其表述为该货币的汇率相对于购买力平价理论值被高估了。如果被标价货币的名义汇率值低于其购买力平价理论值，那么实际汇率就会低于100。这时我们常称该货币的汇率相对于购买力平价理论值被低估了。此外，实际汇率的长期增长称为实际增值；长期下降称为实际贬值。我们可以计算出**实际双边汇率**（real bilateral exchange rate）（相对于某种特定的他国货币）和**实际有效汇率**（real effective exchange rate）（相对于一组其他国家货币的加权平均汇率值）。

总之，共有四种方式可以反映一国货币汇率的指标：名义双边汇率、名义有效汇率、实际双边汇率和实际有效汇率。每一种汇率都有特定的用途。比如在本书第Ⅱ篇，我们将把一国实际有效汇率与该国产品的国际价格竞争力的强弱联系起来。

下图显示了从 1975—2011 年之间美元的名义有效汇率及其实际有效汇率，样本共包括 37 个其他国家（18 个工业化国家和 19 个发展中国家）。我们可以看出，美元名义汇率总体上趋向于升值。（尤其是因为美元相对于许多发展中国家的货币，如墨西哥货币在名义上趋向于升值。）

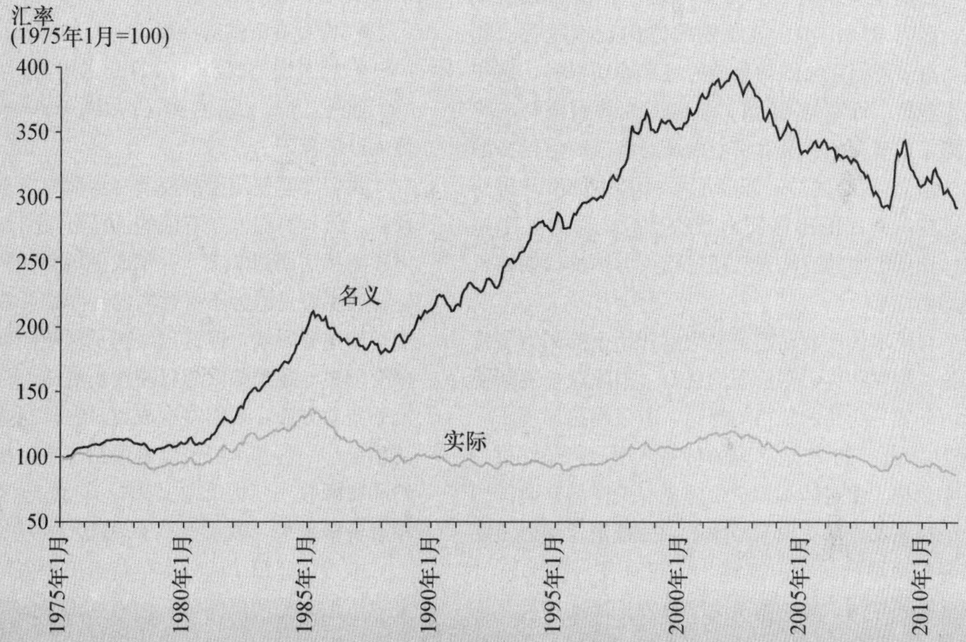

美元的名义有效汇率和实际有效汇率（1975—2011 年）

资料来源：Federal Reserve Board of Governors.

美元的实际有效汇率同样随着时间推移而波动，但它更接近 100。这种向 100 回归的趋势表明了购买力平价理论的长期有效性。但有时，实际有效汇率与 100 之间的差异还是可能很大，尽管这一点在图中并不明显。值得一提的是，从 1980 年到 1985 年间，美元有过一次大幅的实际增值（增幅接近 50%），随后的三年里又经历了大幅贬值，结果使美元的实际汇率重新接近 100。1995 年到 2002 年间，美元再一次经历了显著的实际增值，增幅约为 34%，2008 年年初又回落到了 1995 年的水平。

本章小结

本章分别考察了我们所知的（以及未知的）汇率的决定因素。资产市场理论将汇率看成是以不同货币标价的金融资产市场均衡的一个组成部分。我们使用资产市场理论能更深刻地理解短期汇率的变化规律，该理论关注的是国际投资者的投资组合调整，尤其是对不同货币债券的投资决策。如果无抵补利率平价成立（至少是近似成立），那么国内利率（i）和国外利率（i_f）或预期的将来即期汇率（e^{ex}）的任何变化都可以产生无抵补利差以及向无抵补利率平价回归的压力。

关注当前即期汇率 e（外国货币的价格），其升值的压力主要是：

- 利差（i_f-i）增大；
- 预期将来即期汇率（e^{ex}）上升。

预期将来即期汇率的变化是一种自加强的预期，因为即期汇率会朝预期的方向迅速变化。此外，有多种因素会影响预期的将来即期汇率，这些因素包括：近期的实际汇率走势、汇率最终将向购买力平价移动的投资者信心以及经济或政治形势的意外消息（“新闻”）。即期汇率对诸如货币政策变化这样的新闻的迅速而剧烈的反应，称为汇率超调，即期汇率的变化大大超过购买力平价预期的长期均衡标准。

对汇率长期变动趋势的理解开始于购买力平价理论。绝对购买力平价理论认为：国际竞争逐渐使国内外贸易商品的价格均等化，所以在总体上 $P=e\cdot P_f$，此处的 P 是一国的价格水平，e 是外币的汇率价格。相对购买力平价理论则关注的是两国国内的通货膨胀率，以及汇率水平因抵消这种通货膨胀差异而进行的相应调整。长期而言，在比如 10 年或更长期内，相对购买力平价理论的适用性是比较好的。在长期内，通货膨胀率相对较高国家的货币趋于贬值，通货膨胀率相对较低国家的货币趋于升值。

由于外汇市场是以一种货币兑换另一种货币的场所，货币主义分析方法主要从国内货币的供求关系来解释汇率。国内货币的交易需求可以用 $k\cdot P\cdot Y$ 表示，即行为方式系数（k）乘以价格水平（P），再乘以实际国内产出水平（Y）。等式 $M^s=k\cdot P\cdot Y$ 表示国内货币供给（M^s）与交易货币的需求应当相等，前者由中央银行的货币政策决定。对任何其他国家而言，以下的类似等式也将成立：$M_f^s=k_f\cdot P_f\cdot Y_f$。

将基本的货币主义等式与购买力平价理论相结合，就产生了一个预测汇率（e）或者外国货币价值的等式：$e=(M^s/M_f^s)\cdot(Y_f/Y)\cdot(k_f/k)$。如果忽略 k 的变动，便可以利用这一等式预测到以下两个因素的变化将提高外币的价格（e）：

- 相对货币供给（M^s/M_f^s）的增长；
- 相对国外产出（Y_f/Y）的增长。

此外，（M^s/M_f^s）和（Y_f/Y）对 e 的作用的弹性应近似等于 1。

我们能够使用经济模型对预期的未来汇率进行预测，但预测能力是有限的。经济模型几乎没有能力预测从短期到未来（一年或更短的时间内）的汇率。这主要是因为不可预测的新闻是影响短期汇率变动的重要因素，但这也反映了预期会推动短期汇率变动，导致顺势效应以及投机泡沫。在预测长期汇率波动方面，我们略有成就。在长期，汇率的变动趋势与一些基本经济因素保持一致：相对货币供给和实际收入（货币主义理论），或与之相类似的相对价格水平（购买力平价理论）。

本章还介绍了四种衡量货币汇率值的指标。名义双边汇率是两国间货币的市场汇率的挂牌价。名义有效汇率是取一组外国货币加权，得到平均汇率值。实际双边汇率是将两国的市场汇率和物价因素考虑在内的一种汇率。实际有效汇率是对一组其他国家的实际双边汇率加权后的真实汇率。实际汇率可用于衡量对购买力平价汇率的偏离幅度，同时也能反映出一国的价格竞争优势。

关键词

汇率的资产市场理论（asset market approach to exchange rates）

购买力平价（purchasing power parity，ppp）

货币主义的汇率理论（monetary approach to exchange rates）

顺势（bandwagon）

一价定律（law of one price）

绝对购买力平价（absolute purchasing power parity）

相对购买力平价（relative purchasing power parity）

货币数量理论方程（quantity theory equation）

汇率超调（overshooting）

名义双边汇率（nominal bilateral exchange rate）
名义有效汇率（nominal effective exchange rate）
实际双边汇率（real bilateral exchange rate）
实际有效汇率（real effective exchange rate）
泡沫（bubble）

推荐读物

Frankel & Rose（1995）以及 MacDonald & Taylor（1992）以资产市场理论和货币分析法为基础，对汇率决定因素的研究进行了综述。Mark（1995）建立了一个改良的货币模型，将该模型对汇率预测的结果与随机游走的预测结果进行了比较。Neely & Sarno（2002）对利用货币模型预测汇率的方法进行了批判性的考察，其方法具有一定的技术性。Zettelmeyer（2004）对澳大利亚、加拿大和新西兰的数据进行了实证检验，结果表明突如其来的紧缩（或宽松）的国家货币政策会提高（降低）国内利率水平，同时也会使本国货币升（贬）值。Lyons（2001）通过关注实际贸易活动，为理解汇率的决定因素另辟蹊径。Menkhoff & Taylor（2007）对外汇交易者的技术分析与图解分析进行了综述。

Froot & Rogoff（1995）对大量关于购买力平价的研究进行了综述。Sarno & Taylor（2002）的调查则更富有技巧性。

习　题

✦ 1. “汇率的短期压力主要来自国际货物与服务贸易流动的逐渐变化。”你是否同意？为什么？

2. 目前的一些汇率如下：即期汇率：1美元/欧元；180天期欧元债券年利率：3%；180天期美元债券年利率：4%；投资者目前预期180天后的即期汇率：1.005美元/欧元。

a. 说明无抵补利率平价在这些利率条件下（近似地）成立。

b. 如果180天期美元债券利率下降至3%，即期汇率将受到何种影响？如果欧元利率和预期将来即期汇率不变，要使无抵补利率平价重新成立，新的即期汇率应为多少？美元应升值还是贬值？

✦ 3. 当前的汇率及利率如下：即期汇率：2美元/英镑；60天期美元债券年利率：5%；60天期英镑债券年利率：11%；投资者当前预期60天后的汇率：1.98美元/英镑。

a. 说明无抵补利率平价对上述汇率和利率（近似地）成立。

b. 如果60天期英镑债券利率下降至8%，即期汇率将受到何种影响？如果美元利率和预期将来即期汇率不变，要使无抵补利率平价重新成立，新的即期汇率应为多少？英镑是升值还是贬值？

4. 有如下汇率及利率：即期汇率：0.01美元/日元；90天期美元债券年利率：4%；90天期日元债券年利率4%。

a. 如果无抵补利率平价成立，投资者预期90天后的汇率值为多少？

b. 美国的一次大选刚刚结束。国际投资者认为，在大选中获胜的新总统会更加有力地支持企业界。因此，投资者预期90天后的汇率将是0.009 5美元/日元。此时外汇市场将发生什么变化？

✦ 5. 作为一名外汇交易者，对于如下新闻，你将采取何种行动？

a. 墨西哥的石油储备被证明比原来该国所宣称的要小得多。

b. 加拿大社会信用党（Social Credit Party）在大选中获胜，该党承诺要大规模扩大货币和信用供给。

c. 通过一次表决，瑞士政府出人意料地通过了一项法案，该法案将对瑞士向国外支付的利息提高利息率。

6. 对黄金和巨无霸汉堡包而言，一价定律更适用于哪一个？为什么？

✦ 7. 如果你将要出国度假，去一个相对于购买力平价货币价值高估的国家好，还是去一个相对于购买力平价货币价值低估的国家好（在其他条件相同的前提下）？

8. 按照购买力平价理论和货币主义理论，解释从 20 世纪 70 年代初到 90 年代末德国马克（相对于美元）汇率上升及英镑名义汇率下降的原因。

✦ 9. 墨西哥现时的年通货膨胀率将近 20%，而外部世界的美元物价通常以每年 3% 的速度上升。假定墨西哥试图稳定其货币不断浮动的市场汇率（美元/比索），比索物价的通货膨胀率必须下降多少？如果货币数量理论有效，k 值保持不变，墨西哥的实际产出以每年 6%的速度增长，那么墨西哥政府应该保持多高的货币增长速度？

10. 为了实现再次当选的目的，某国的现政府决定将本国的货币供给增长率提高 2 个百分点。由于这种提高一旦启动就很难逆转，加速的增长率就成为“恒定”的了。

a. 按照货币主义理论，这将如何影响该国货币的长期汇率趋势？

b. 请使用购买力平价理论解释名义汇率将受到影响的原因。

✦ 11. 1975 年，美国的价格水平是 100，普格罗维亚的价格水平也是 100。

在外汇市场上 1 普格罗维亚皮纳特等于 1 美元。2008 年，美国的价格水平上升到 260，普格罗维亚的价格水平上升到 390。

a. 按照购买力平价理论，2008 年的美元对皮纳特的汇率是多少？

b. 如果 2008 年的美元对皮纳特的实际汇率是 1 美元/皮纳特，相对于购买力平价，皮纳特是被高估还是低估了？

12. 下面是关于美国和普格罗维亚经济的详细信息：

	1975 年			2008 年		
	M^s	Y	P	M^s	Y	P
美国	20 000	800	100	65 000	1 000	260
普格罗维亚	10 000	200	100	58 500	300	390

a. 美国和普格罗维亚在 1975 年的 k 值各是多少？

b. 如果 k 值不变，请根据货币数量理论，说明从 1975 年到 2008 年两国的价格水平变化。

✦ 13. 考虑图表 5—6 所示的汇率超调的例子。在该例中，本国货币供给增加了 10%。假设价格缓慢调整的方式是在 5 年中每年上升约 2%，如果每年购买力平价成立，汇率将以何种方式变动？实际汇率变动方式如图表 5—6 所示，购买力平价在短期内是否成立？在长期中又是否成立？

14. 某国货币的浮动汇率值（外币的本币值）已在多年中保持稳定，该国现在大幅度地紧缩（减少）货币供给。该国的产品价格水平并未立即受到影响，但会在今后几年中逐渐降低（相对于不减少货币供给的情况）。

a. 当宣布和实施减少货币供给时，该国汇率为什么会发生大幅度的变化？

b. 在今后几年里，汇率的走势将如何变化？为什么？

第6章 政府的外汇政策

第 2～5 章已经对外汇市场上的货币交易作了基本分析，并探讨了如果货币交易主要通过市场自发进行，汇率究竟由哪些因素决定。其实，无论市场调节的实际效果是好是坏，很多国家的政府一般都不会任由它来决定汇率，而是通过汇率政策或外汇管制政策干预外汇市场。

前面章节已经讨论了政府采取汇率政策或外汇管制政策的一个原因。如果汇率由市场决定，那么它有时会发生剧烈的波动。汇率在波动中容易出现超调现象，还可能受到投资者或投机者"顺势效应"的影响。由于汇率是一种非常重要的价格——它们会对一国国际交易的方方面面产生影响，因此，政府制定政策的目标便是减少汇率的波动。

政府有时还会出于其他原因干预外汇市场。一国政府可能想要阻止本币升值或促使其贬值，以使本币汇率保持在低位。这样会使该国的某些经济活动或利益集团受益，比如本国的出口者和进口替代品的生产者。或者，在不同的情况下，该国会做出相反的举动：阻止本币贬值或促使其升值，从而将本币汇率保持在高位上，这样会使另外一些经济活动或利益集团受益，比如进口品的购买者。较低的进口品价格还可以降低国内的通货膨胀率。此外，政府的政策还会反映其他一些非经济目标，如保持本币汇率稳定或维护本币坚挺，可以维护并提高国家声誉。而本币贬值可能会被看成是政府在政策选择上的失误所致。

本章有三个目标：第一，构建一个政府可能采取的一系列外汇政策的框架；第二，对这些政策进行分析，着重于对官方外汇买卖及外汇市场管制政策的经济学分析；第三，回顾拥有 140 多年历史的汇率制度，包括现行的汇率制度，并从中得出一些经验教训。在第 7 章中，我们将分析近年来金融危机的起因，提出减少危机发生的建议，并继续对汇率制度的历史进行深入的考察。本书的第Ⅱ篇将深入考察政府外汇政策更广泛的宏观经济意义。

6.1 两个方面：汇率的灵活性和外汇市场准入的限制

政府干预外汇市场的政策分为两类：

- 直接作用于汇率本身的政策；
- 直接规定了哪些人、基于何种目的可以进入外汇市场进行交易的政策。

第一类政策直接作用于价格（汇率），而第二类政策则直接规定了外汇交易的数量（通过限制某些个体参与外汇交易）。二者之间的区别类似于政府的两种进口保护政策——关税和配额之间的区别。如同在进口保护政策中一样，尽管某一政策只是直接影响了市场的价格或数量中的一个变量，但我们知道任何一种政策都将对两个变量产生影响。干预汇率水平的政策会影响市场上交易的规模（成交量），而外汇管制政策也会对汇率产生影响。

汇率政策通常按照汇率的灵活性，即政府允许的汇率波动幅度来分类。最简单的情况是，政府在浮动汇率和固定汇率两者之间进行选择，然而正如我们将要看到的，实际情况比这要复杂得多。

政府对外汇市场的干预还体现在市场准入资格的限制上。一种政策选择是不加限制——每个人都可以自由地进入外汇市场。此时，无论是进行货物及服务贸易（经常项目交易），还是进行国际投资活动（金融项目交易），本币和外币之间都可以不受限制地完全兑换。另一种政策选择为某种形式的**外汇管制**（exchange control）——政府对外汇市场的进入进行某些限制。在最为极端的外汇管制政策中，所有的外汇收入（例如本国的出口收入）必须交给该国货币当局。任何人想要得到外汇都必须向货币当局申请，由当局决定其是否满足申请条件。稍微宽松一些的外汇管制政策则对某些交易限制用汇，而对其他交易允许自由用汇。例如，在部分外汇管制的情况下，政府：

- 允许所有的货物及服务进出口结算都可以使用外汇市场（即本币对于经常项目的交易是可以自由兑换的）。
- 施加某种形式的**资本管制**（capital control），即对于与某些（或所有）国际金融活动相关的结算加以限制或要求审批。

另一种不那么极端的限制政策是对某些种类的进口用汇需求加以限制，如奢侈消费品的进口。

6.2 浮动汇率

如果政府政策允许市场决定汇率，则汇率会自由地移动到市场的均衡点。这种政策选择称为**清洁浮动**（clean float）。市场的供给和需求将完全取决于私人（非官方）的活动。浮动汇率则随市场供求的变化而变化。这种清洁浮动是汇率完全自由浮动的极端情形。

即使一国实施浮动汇率制而且允许其自由浮动，政府也往往不愿意让汇率完全由私人的供给和需求决定。政府会通过**官方干预**（official intervention），即由货币当局进入外汇市场买入或卖出外币（与本币进行交换）直接影响汇率。政府希望通过这种干预改变外币的供求结构，进而影响汇率的均衡价格——使市场出清的汇率价格。

这种政策——汇率基本上是浮动的（或灵活的），但同时政府又通过干预试图影响市场汇率——称为**有管理的浮动**（managed float）（如果你是一个相信政府的乐观主义者）或**肮脏浮动**（dirty float）（如果你是一个悲观主义者）。政府往往采取“逆向操作”以减小汇率的波动幅度。例如，如果本国的货币升值（外币贬值），当局便要通过买入外币（卖出本币）来进行干预。当局期望更多的本币供给将减缓或阻止其升值幅度（或者相应地，对外币更多的需求将减缓或阻止其贬值）。政府对外汇市场干预的实际有效性存在争议，我们将在第10章对此作进一步探讨。然而无论怎样，绝大多数采用浮动汇率制的国家，都会对汇率的浮动进行一定程度的管理。

6.3 固定汇率

如果政府实行固定汇率制，就会将汇率固定在其所期望的水平上。这一选定的固定汇率称为外汇平价，或中心值。政府通常允许汇率围绕这一中心值，在一定区间内波动。当然，与政府允许的浮动汇率制相比，固定汇率制下汇率可调整的空间更为有限。

在固定汇率制的实施过程中，政府通常要面对三个具体的关键问题：本币与何种货币挂钩？何时以何种频率调整本币的汇率值？政府面对汇率波动的压力时，如何维持固定汇率？

6.3.1 与何种货币挂钩

固定汇率制意味着将本币币值固定于某种“参照物”，但这种“参照物”究竟是什么？正如我们在本章后半部分将要看到的，大约一个世纪以前，这一问题的答案是黄金。如果多个国家都将本币币值钉住一定数量的黄金，那么套利行为就可以确保这些货币之间的汇率固定在各自的金价水平上。也就是说，与相同的参照物（如黄金）挂钩的货币，彼此之间也相互挂钩。在理论上，任何商品或一组商品都可以担当这种等价物——黄金平价只是更广泛意义上商品平价的一个特例。

一国也可以将其本币币值钉住其他某种货币，而不是某种商品。第二次世界大战后，很多国家都将其本币与美元挂钩。实际上，其他任何一种货币也都可以担负这样的使命。

或者，一国也可以不将其货币币值固定于某一种货币，而是将其固定于一组货币币值的平均值。为什么一国要将本币与一揽子其他货币挂钩呢？其目的与投资组合多样化的道理相同（不要将所有的鸡蛋放在同一个篮子里）。如果一国货币只与另外一种货币挂钩，当该外币与任何第三种货币间的汇率出现极大变化时，本币币值会随挂钩货币一起坐过山车。但是与一组货币挂钩便可以削弱这种效应，因为一组货币币值的平均值会更为稳定。

本币与一组什么样的“货币篮子”挂钩呢？这里有一个现成的货币篮子——**特别提款权**（special drawing right，SDR），它由世界上四种主要货币组成。①一国也可以确定自己的货币篮子。例如，一国可能希望保持本币汇率稳定，以有利于本国的国际贸易活动。在这种情况下，该国所选定的货币篮子将包括其主要贸易伙伴国的货币，这些国家的货币在货币篮子中所占的比重取决于它们占该国贸易额的比重。以这种方法设计货币篮子时，该国的思路与计算货币的有效汇率的思路一样。

如今已没有哪个国家将其货币与黄金或任何其他商品挂钩。本章随后将讨论金本

① 如同我们在第2章中曾提到的，SDR是由国际货币基金组织建立的一种储备资产。国际货币基金组织定期调整SDR的构成。例如在2011年，1SDR＝0.66美元＋0.423欧元＋12.1日元＋0.111英镑。市场汇率可用来计算以特定单一货币计值的SDR价值。

位制，但除此之外，对固定汇率的探讨都假设一国将其货币与其他一种或多种货币固定挂钩。

6.3.2 何时调整汇率

一旦一国选定了本币挂钩的货币，它便为本币确定了用外币表示的币值。为了维护汇率长期稳定，政府就要面对何时调整固定汇率的问题。

政府可能会坚持永不调整汇率。永久性固定汇率制是与清洁浮动汇率制截然相反的另一种极端情况。然而，政府的承诺并不完全可靠。这种承诺并不具有真正的约束性——因为政府可以改变其政策。实际上，没有任何汇率可以被永久地固定住。鉴于此，意识到政府具有调整汇率的能力，我们一般采用**钉住汇率**（pegged exchange rate）代替固定汇率这一术语。

尽管固定汇率并不会被永久性地固定，政府仍可能会努力使汇率在长时期内保持不变。然而，当一国的国际收支情况出现严重或“基础性”失衡时，政府便会调整钉住汇率。这称为**可调整钉住**①（adjustable peg）。

在一些情况下，政府可能会发现无法将汇率长期钉住某一个特定的汇率水平。例如，当一国通货膨胀率相对较高时，仍坚持将本币钉住一个低通货膨胀率国家的货币，就会严重违背购买力平价，并削弱本国产品的国际价格竞争力。尽管如此，一国仍愿意保持某种形式的钉住汇率，这或许是由于它认为浮动汇率的波动性太大。在这种情况下，这些国家的解决之道就是选择**爬行钉住**②（crawling peg）。在这种汇率制度下，钉住汇率值常常（例如每个月）根据一组指标或政府货币当局的判断进行调整。如果采用指标法，第5章的讨论给出了一个合理的方案——本国与被钉住国通货膨胀率之差。如果采用通货膨胀率之差这一指标，名义钉住汇率就会在长期与购买力平价保持一致，这种双边汇率也将是稳定的。其他一些可能会采用的指标，包括一国拥有的官方储备资产（它表明一国国际收支平衡的压力）、货币供给增长率（表明潜在的通货膨胀压力）或当前实际市场汇率与钉住汇率中心值的比值（表明在允许的波动区间内，使汇率偏离中心汇率的外汇市场压力的大小）。

实际上，对允许汇率波动的区间宽度的选择，与钉住汇率的调整频率问题密切相关。如果波动区间较大，实际汇率围绕中心值波动的空间就会很大，市场压力可促使实际汇率发生较大的波动，而不必迫使政府决定是否调整钉住汇率的值。

至此，有必要总结以上分析的要点。就政府干预外汇市场的政策而言，通常将政府的决策概括为在浮动汇率制与固定汇率制两者之间进行的选择。浮动汇率制可以允许实际汇率有相当大的波动，而固定汇率制则对汇率的波动加以严格的限制。尽管这一结论在很大程度上是正确的，但现实情况则更加微妙。

在自由浮动汇率制下，汇率完全由市场决定。但在管理浮动汇率制中，政府则通过干预外汇市场来影响汇率。在受到很大干预的浮动汇率制中，汇率只呈现极小的波动——几乎是完全钉住的，尽管政府并不承认这一点。

即使在固定汇率制下，由于多种原因，汇率也经常变化或波动。钉住汇率中心值上下波动的区间也可以很宽，使得汇率在这一区间内可以发生相当大的波动。本币汇率还可以相对于那些非篮子货币的其他货币发生很大的波动。此外，政府也可以调整

---

① 又译可调整固定。——译者注

② 又译蠕动钉住。——译者注

汇率，有时这种调整会比较频繁，如同在蠕动钉住汇率制中那样。

完全自由浮动汇率制与永久性固定汇率制这两种极端的情况，对于比较一国的不同汇率政策的影响是有帮助的。同时，我们必须记住，在现实中，各国或多或少允许其货币的汇率有一定的波动。对某个特定国家进行全面的分析时，需要对政府的汇率政策的本质进行考察。

6.3.3　固定汇率的维持

采用固定汇率制的国家要面对的第三个重要问题是如何维护这种制度。外汇市场中的私人（或非官方）供给与需求的压力有时会导致汇率的波动幅度超出允许的区间。此时，政府必须使用某些方法以维护钉住汇率制度——将实际汇率维持在允许波动的区间以内。

一国政府如何维持其汇率在所宣布的区间内？一般有四种基本方法：

1. 政府可以干预外汇市场，卖出本币，买入外币；或卖出外币，买入本币，以维持或影响市场实际汇率。

2. 政府可以实施某些形式的外汇管制，通过限制市场供给与需求来维护或影响汇率（关税或配额两种贸易保护措施的作用与此极为类似）。

3. 政府可以调整国内利率以影响短期资本流动，从而调整市场供求，维持或影响汇率。

4. 政府可以对国家的整个宏观经济状况进行调节，以适应它所选择的固定汇率值。财政政策或货币政策带来的宏观经济调整，能够改变外汇市场的供求状况，例如调整出口能力、进口需求或国际资本流动。

除此之外，还存在第五种政策选择——放弃而不是维护固定汇率制：

5. 一国可以改变其固定汇率制（使本币升值或贬值）或转向浮动汇率制（通常此时本币将立即升值或贬值）。

维护固定汇率制的这四种方法并不是相互排斥的——一国可以同时采用几种方法。实际上，各种方法之间往往是紧密相关的。例如，为影响短期资本流动而调整利率，与整体宏观经济管理实际上是相关的。在本章的下面两节，我们将更详细地考察前两种选择：政府干预和外汇管制。本书的第Ⅱ篇将考察国家外汇政策对整个国民经济更为广泛的影响。

6.4　官方干预下的维护

一国维持固定汇率的第一道防线通常是官方对外汇市场进行干预。我们在第 3 章已经介绍过这个方法。在此，我们将对这个问题进行更为深入的考察。在本节的第一部分，我们考察一国将本币与美元挂钩的情况。此时的即期汇率 e 为单位美元的本币价值（以这种方法表示的汇率是直接标价法，因为这里的美元是“外币”）。

6.4.1　阻止本币贬值的干预

首先考虑这样一种情况，即外汇市场的私人（或非官方）的供求正试图使汇率超出允许的上限——本币趋于贬值。假设这是某个拉丁美洲国家，该国要将固定汇率维持在 1 美元兑换 25 比索的水平，允许波动的范围为±4%（即上下浮动 1 比索）。如图表 6—1 所示，非官方的供给与需求正试图将汇率推向 1 美元兑换 28 比索的水平，此时图中供求曲线的交点使市场出清。如果该国货币当局要通过干预使固定汇率维持在允许波动的区间内，那么货币当局必须以官方的角色介入外汇市场：卖出美元，买入本币。为使汇率维持在允许的波动区间内，当局必须以 1 美元兑换 26 比索的价格（区间上限）在外汇市场卖出 30 亿美元，买入 780 亿比索。

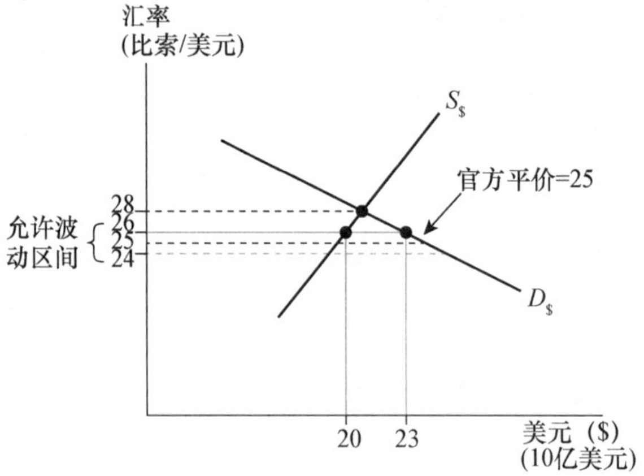

为了阻止汇率值超出允许波动区间的上限，该国中央银行必须以 1 美元兑换 26 比索的价格卖出 30 亿美元。

图表 6—1　通过干预维持固定汇率：阻止本币贬值

我们可以观察这些干预是如何影响该国的国际收支平衡的。对美元相对较强的需求通常与该国对外国的货物、服务以及（非官方）金融资产的强劲需求（相对于外国人对本国的货物、服务以及非官方金融资产的需求）有关。如果该国的货币当局干预外汇市场以维持固定汇率，这将导致官方结算差额的赤字。官方干预为本国提供了更多的外汇，使本国居民从外国的购买（总价值）大于本国对外国的出口（货物、服务和非官方金融资产）。通过对外汇市场的干预，货币当局用官方结算差额为本国的赤字融资。

该国货币当局从哪里获得在外汇市场上抛售的美元呢？该拉丁美洲国家自己绝对不可能制造美元。货币当局要么用自己的官方国际储备资产（或其他类似的政府资产）从一些国家，最有可能是从美国的货币当局（美联储）兑换，要么借得美元。下面分别考察这两种情况。

正如在第 2 章中所指出的，一国的官方储备资产主要由四部分构成：该国持有的以世界主要货币标值的外汇资产，在国际货币基金组织的储备头寸、特别提款权，以及黄金储备。为了说明官方储备的规模，图表 6—2 提供了世界官方储备资产方面的信息：

图表 6—2　**官方储备资产（1970 年至 2009 年年末）**　单位：10 亿美元

	1970 年	1980 年	1990 年	2000 年	2009 年
外汇资产	45	381	806	1 935	8 166
特别提款权	3	15	28	24	315
在 IMF 的储备	8	22	32	62	61

续前表

	1970 年	1980 年	1990 年	2000 年	2009 年
黄金（百万盎司）	40 (1 057)	573 (953)	345 (940)	261 (952)	945 (869)
总储备资产	96	991	1 211	2 282	9 487

绝大多数官方储备资产以外汇资产形式持有。由国际货币基金组织提供的两种储备资产相对较少。作为官方储备的黄金持有数量曾在 20 世纪 70 年代和 21 世纪初下降，但是官方黄金储备价值主要随黄金美元价格的变化而变化（此处用伦敦市场价格表示）。

资料来源：International Monetary Fund，*Annual Report*，various years.

正如图表 6—2 所示，官方储备资产快速增长，同时它的组成结构也在变化。1980 年，黄金（按其市场价格衡量）占全球官方储备资产的一半以上，但是自此以后，官方持有的外汇资产比例迅速增加，到 2009 年外汇资产约占官方储备资产的 86%。这些外汇资产大多为较安全的、具有很好流动性且有利息收入的债权，如政府债券。在这些外汇资产中，有近 2/3 是以美元标价的资产，大约 1/4 是以欧元标价的资产。（同时也有少量以英镑、日元和少数其他国家的货币标价的资产。）

如果这个拉丁美洲国家的官方储备资产以美元计值，该国货币当局可以卖出这些储备资产以获得美元用于市场干预。如果官方储备资产以其他货币（例如欧元或日元）计值，那么当局必须兑换美元，不过这也很容易完成，因为其他货币也是可交易的。

如果该国在国际货币基金组织拥有储备头寸，它便可以要求从该组织得到美元。如果该国拥有特别提款权，便可以凭借该特别提款权从美国货币当局或国际货币基金组织得到美元。特别提款权实际上是一种允许各国借入美元的信贷限额。它之所以可以被当作储备，是因为一国可以自动地从这一信贷限额内提取贷款。如果一国拥有黄金，它也可以通过出售黄金得到美元，但目前各国货币当局几乎都不会通过出售黄金换取外汇。

除了用储备资产获得美元，该国货币当局还可以借入美元。它可以从其他国家的货币当局借入美元（或其他主要货币）。一些国家相互之间保持着一种名为互换信贷额度的方式，以便于官方借贷。货币当局还能够从私人（非官方）借入美元。有时，这些借贷是隐蔽的，其目的在于对外汇市场上其他参与者保密。

这种借贷通常被看作不同于一般的官方国际储备交易，因为一国也许不能通过借入而“自动地”得到美元——出借者必须愿意放贷。然而，也存在一种特殊的情形，即某国（诸如美国）的货币已被其他国家的货币当局所持有。如果该国货币为其他国家的**储备货币**（reserve currency），那么该国便可以通过官方渠道发行债券，让其他国家的中央银行持有而轻松地获得借款。具体而言，就是美国可以享受法国经济学家雅克·鲁艾夫（Jacques Rueff）所说的无痛苦赤字。美国，尤其是在 20 世纪 50—60 年代，曾因为其货币的特殊地位而无痛苦地弥补了本国赤字。毫无疑问，前面讨论的拉丁美洲国家不具备这样的条件。

干预的另一面即一国货币当局从外汇市场买入本国货币的经济含义是什么呢？通过买入本国货币，一国的货币当局让本币退出经济系统。这会减少本国货币的供给，除非货币当局另外采取其他措施，如将本币重新注入经济系统的**冲销**（sterilization）。如果货币当局的确采取了措施以防止国内货币供给发生变化，那么货币当局仅仅是依靠干预来维持固定汇率。这称为**冲销型干预**（sterilized intervention）。

如果货币当局干预后允许货币供给减少，我们便可以看到这与另外两种维持固定汇率方法之间存在明显的相互作用关系。本国货币供给的变化会改变国内利率，这些变化又会对国家整个宏观经济（包括国家的价格水平）产生影响。[①] 第Ⅱ篇我们将更加深入地考察这一问题。

6.4.2 阻止本币升值的市场干预

现在假设外汇市场上，私人（非官方）供求压力促使外汇价格跌破允许波动区间的下限——本币趋于升值。例如，一个亚洲国家试图维持一个固定汇率值，即 1 美元兑换 100 单位本币，波动区间为±5%（±5 单位本币）。如图表 6—3 所示，外汇市场上的非官方供求迫使汇率下降到 1 美元兑换 85 单位本币，在图中对应于可以使市场出清的供求曲线的交点。如果该国货币当局承诺要将固定汇率维持在允许波动的区间内，就必须以官方角色进入市场，买入美元卖出本币。它必须在外汇市场以 1 美元兑换 95 单位本币的价格（区间下限）买入 20 亿美元，相应地在外汇市场上卖出 1 900 亿单位本币。

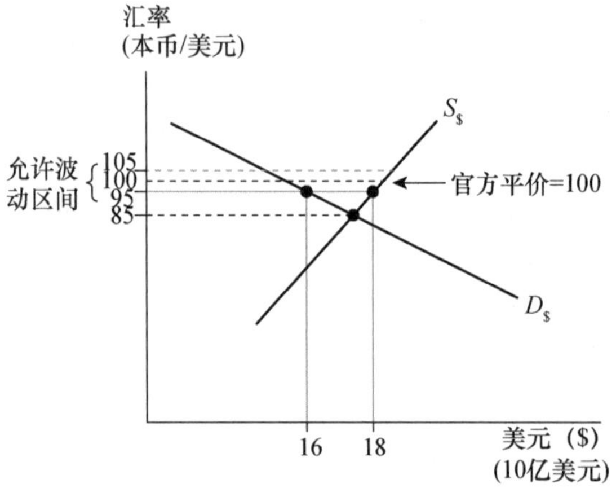

为阻止市场汇率跌破允许范围的下限，该国货币当局必须以 1 美元兑换 95 单位本币的价格买入 20 亿美元。

图表 6—3　通过干预维持固定汇率：阻止本币升值

对本币较强的需求通常与外国人对本国货物、服务和（非官方）金融资产较强的需求相联系。如果该国货币当局通过外汇干预维持固定汇率，会使官方结算差额出现盈余。该亚洲国家通过外汇干预向外国人提供了本币，使其从这个亚洲国家的购买总额超过了外国向该国的出口总额（货物、服务和非官方金融资产）。

一国的货币当局将如何处理从外汇市场上得到的美元呢？这些美元将会增加该国的官方储备资产（或者偿付以前的官方美元债务）。最有可能的是，货币当局将用美元购买以美元计价的外汇资产，比如美国政府债券。此时，该国持有的官方储备资产增加。请注意，这种情况与美国的“无痛苦赤字”密切相关。美国的赤字便是其他一些国家的盈余。如果其他国家要阻止本币升值，便会买入美元以进行干预。在这一过程中，美国则发行可被其他国家作为储备资产的金融资产，以弥补美国的官方结算赤字。

干预的另一面，即一国货币当局在外汇市场上卖出本币的经济含义是什么？这种干预会使该国的货币供给增加，除非货币当局另外采取其他冲销措施，消除在经济系

① 由于货币当局卖出外币，干预也可能会改变外国货币的供给，但是我们通常不会过多关注。

统中新增的本币。如果该国货币当局没有（完全）冲销，会使本币供给增加，从而影响到国内利率以及整个国家的宏观经济。

6.4.3　暂时性失衡

官方通过干预来维持固定汇率，涉及的一个重要问题是干预时间持续的长短。在允许波动区间边界内，非官方供给与需求之间的缺口会持续多长时间？或者说，在该汇率水平下，官方结算的失衡会持续多久？

如果失衡只是暂时性的，单纯通过干预来维持固定汇率便是合理而有效的。在这种情况下，货币当局可以对连续出现的赤字和盈余进行干预。实际上，对暂时性的赤字和盈余进行干预优于让汇率波动。

例如，加拿大对其主要贸易伙伴国英国保持着固定汇率。汇率 e 为单位英镑兑换加元的数值，即以加元为本币的直接标价。图表 6—4 是一个在固定汇率制条件下成功地弥补暂时性盈余和赤字的例子。假设造成暂时性国际收支和外汇市场波动的是一些可预见的因素，例如外汇收入的季节性波动，加拿大在秋冬收获季节比在春夏非收获季节能出口更多的产品，进而获得更多的外汇（英镑）收入。为更好地说明问题，进一步假设，谷物出口的生产者在收获季节囤货（不出口）的代价是高昂的，或者某些因素阻止了私人投资者或投机者插手本应由政府官员履行的均衡职能。如果官方不能弥补暂时性的失衡，汇率便会在收获季节，即本国出口增加时，降至点 B 的 1.4 加元，而在非收获季节升至 1.8 加元。在这种情况下，会造成一些福利损失。因为最好是生产者在非收获季节需要英镑以便支付进口时，不要以 1.8 加元才能兑换 1 英镑；而在收获季节取得英镑收入时，不能只以 1.4 加元的价格用英镑兑换加元。加拿大政府可以通过将外汇价格稳定在 1.6 加元以避免这一福利损失。这样的汇率水平是可以保持稳定的，因为 1.6 加元/英镑是一个均衡价格，在这一均衡水平下，生产者在某一季节卖出的外汇数量恰好与另一季节买入的外汇数量相等，从而在稳定外汇价格的同时实现了外汇的收支平衡。

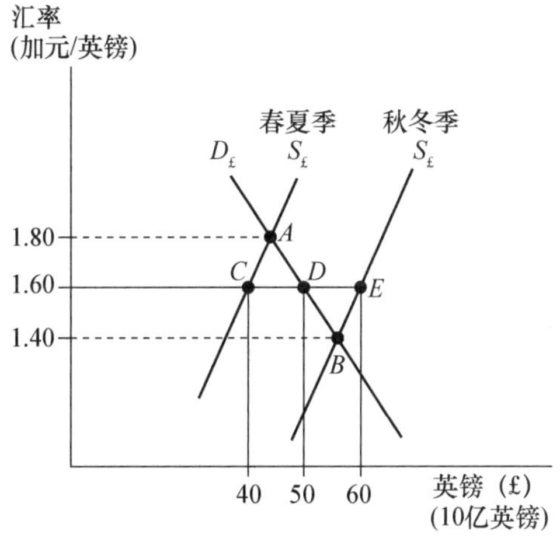

秋冬季：官方买入 DE=10 亿英镑的外汇。
春夏季：官方卖出 CD=10 亿英镑的外汇。
政府的干预使得福利增加，数量为面积 ACD 和 BDE 之和。

图表 6—4　以稳定的汇率成功地平衡暂时性的外汇赤字和盈余

官方这种以秋冬季增加外汇储备为春夏季的外汇赤字提供融资的做法，给世界带来了社会净福利的增加。这是由于加拿大官方以 1.6 加元的价格向那些本来愿意在春夏季为 1 英镑支付 1.8 加元的人提供了外汇，同时，又以 1.6 加元的价格从那些本来愿意以低至 1.4 加元卖出英镑的人那里购买相同数量的外汇。增加的社会净福利以三角形 ACD 和 BDE 面积之和表示（相当于每年约 10 亿加元）。在这种情况下，官方干预是成功的，且优于让汇率在不同的季节自发调整到均衡点的情形。

只有满足了一些严格的条件，用官方干预纠正暂时性失衡才能成为一种正确的政策选择。首先，个人投机者必须无法预期外汇供求的变化，而且不能利用这个投机机会在秋冬季买入外汇，并进行几个月的投资后再在春夏季将其卖出。如果私人交易者可以这样做，他们的交易行为就会使外汇价格在全年保持在接近 1.6 加元/英镑的水平，这样就无须进行官方干预了。

其次，政府能够正确地预见未来的外汇供求，并能够预见到在不存在官方干预的情况下实现外汇均衡的路径，也是至关重要的。如果政府不能够正确预测，官方试图在固定汇率条件下平衡赤字和盈余的成本将是高昂的，因为在某些时候货币当局的官方储备积累不能与另一些时候的官方储备消耗保持平衡。

6.4.4　非暂时性失衡

如果一国的官方结算差额失衡不是暂时性的，情况又会如何？换句话说，如果失衡是长期的或是基础性的，情况会如何？对于通过干预来维持固定汇率的国家，在赤字型失衡中，该国货币当局将持续地消耗官方储备（或借入外汇），而在盈余型失衡中，货币当局将积累越来越多的储备。

如果长期赤字使本币面临贬值压力，货币当局便必须持续地卖出外汇来干预外汇市场。最终，官方储备就会减少，其借入外汇的能力也随之变小。而且，如果私人投资者和投机者看到了官方储备的减少并开始坚信该国货币将贬值，情况将变得更糟。这时会出现单向投机赌博。当投资者和投机者卖出本币并买入外币时，官方干预需要弥补的缺口会变得更大，进而加速了储备的消耗。随着外汇储备的消耗，该国货币当局仅通过干预来维持固定汇率的能力也在减弱。它必须转向其他三种维持固定汇率方法中的一种，或者干脆放弃固定汇率制（听任本币贬值）。

为理解如何通过官方干预来弥补基础性失衡所造成的经济损失，我们可以回顾一个保卫固定汇率却遭遇惨败的实例——1994 年墨西哥比索的贬值。墨西哥货币当局一向执行严格的有管理的浮动汇率制，有效地将墨西哥货币的汇率稳定在 1 美元大约兑换 3.5 比索的水平。为了维持这一汇率，墨西哥官方储备在 1994 年从将近 300 亿美元减少到大约 60 亿美元。如此低的储备水平最终迫使墨西哥于 1994 年 12 月 20 日放弃固定汇率制。至该年年底，比索贬值了大约 1/3，汇率下降为 1 美元大约兑换 5 比索。墨西哥由此损失了纳税人的数十亿美元。曾经以 1 比索大约兑换 0.29 美元的价格买入过多比索的墨西哥政府为了重建官方储备，不得不以更低的价格卖出比索而买入美元。高买低卖使墨西哥蒙受了巨大损失。

相反的情况下，长期的盈余使本币有升值的压力，货币当局必须持续地买入外汇。这样，国家最终将积累起大量的国际储备。对该国而言，由于一些原因，这一储备规模将显得过于庞大。其中的原因在于：首先，由于各国通常为国际储备资产选择低利息收入的投资方式，这一特殊形式的国民财富的基本收益率很低。其次，如果该国最终必须放弃固定汇率制而使本币升值（外币相应贬值），外汇资产的价值将会缩水。此外，这一外汇储备的规模也会被他国认为过于庞大，因为在本国保持国际收支盈余并积累外汇储备的同时，那些国家正面临国际收支赤字的压力。

第1章中讨论过的中国官方储备的大量增加就是近期发生的一个例子。自20世纪90年代中期人民币汇率开始钉住美元以来，中国的官方结算就一直处于盈余状态，而且从2001年开始，盈余变得越来越大。为了维持固定汇率，中国货币当局不断地在外汇市场上买入美元卖出人民币。从2000年年底到2005年中期，中国官方持有的外汇储备资产增加了4倍。从总体上分析，中国国际收支盈余不是暂时性的，且短期内很难扭转。中国政府因此面临着其他国家，尤其是美国与欧盟，要求人民币升值的强大政治压力。2005年7月，中国政府稍微调高了人民币的汇率，并允许人民币在接下来的三年内逐步升值。在2008年7月至2010年6月保持人民币汇率的稳定后，中国政府又使人民币相对于美元逐步升值。自始至终，中国国际收支总体盈余仍在持续，并且中国货币当局一直持续干预外汇市场（买入美元卖出人民币）。到2011年年初，中国政府已经积累了超过3万亿美元的官方储备。

政府干预和官方储备的积累使中国政府面临着与1994年墨西哥政府所遭受的损失类似的损失。不同的是，中国政府不得不持有它曾经高价买入现在却贬值了的外汇（贬值的美元），而墨西哥政府持有的却是贬值的本币。由于2005年以来人民币的逐步升值，中国政府已经遭受了以美元计值的官方储备资产的损失。而市场和政治压力仍要求人民币继续升值。由于人民币最终相对于美元会有一个大幅升值，中国政府将会遭受更大的损失。

上述实例并不能证明维持固定汇率是毫无意义的。它们只是证明了现行的官方汇率演变为长期失衡时，仅通过干预来消除汇率波动是要付出巨大代价的。必须采取其他措施加以配合。基础性失衡要求进行制度调整，而不仅仅是以资金的方式进行平衡。然而，要判断什么是基础性失衡，对官方来说是有很大难度的。人们只知道基础性失衡非常严重，并且/或者持续时间太长，以至于难以通过金融手段纠正，而且直到它发生之前，大家都没有明确的方法识别这种失衡。

6.5 外汇管制

在维持固定汇率的各种政策选择中，从对社会福利的整体影响分析，一般认为，外汇管制是最差选择。但奇怪的是，外汇管制却被广泛使用。根据国际货币基金组织对各国官方政策的统计，2009年有55个国家，全部是发展中国家，实行比较全面系统的外汇管制政策，管制内容包括上缴出口收入、限制国际金融资产组合投资。还有相当数量的国家实行程度较轻的外汇管制。例如，有46个其他国家对资本交易实行相当程度的控制。这其中的许多国家，在应对持续性的国际收支赤字时，广泛采取政府管制措施，对本国居民购买外国货物及服务、出国旅游、进行海外投资等加以限制，以维持固定汇率。

外汇管制与进口数量限制（进口配额）非常相似。实际上外汇管制的经济学原理只不过是将进口配额的经济学原理从一般货物的进口拓展到进口“欠条”①（海外投资）、旅游服务以及普通商品进口而已。如果用“一元一票制”原则分析福利变化，

① 即进口产权。——译者注

进口配额与征收进口关税的作用是一样的。这同样也适用于外汇管制：它就像是向所有的国际交易征缴了统一税收，而且其影响可能比统一税收更糟糕。

为了说明外汇管制在经济上的弊端，有必要从一个极大简化了的外汇管制模型开始进行分析。在这个简化的模型中，外汇管制导致的社会福利损失要远远小于实际中的管制带来的损失。图表 6—5 描绘了一个我们能想象到的管理得最好的外汇管制系统的基本框架。该图表中假设美国政府希望将汇率水平固定在低于自由市场汇率均衡水平的外汇价格。这个官方汇率为 1 英镑兑换 1 美元，其他外汇的价格也相应地被低估。外汇管制方法要求出口者将其所有从外国购买者手中得到的英镑收入都上缴给美国政府。相应地，美国政府则对出口者从海外赚取的每 1 英镑支付给他们 1 美元的国内银行存款。在这样的汇率水平下，出口者每个月仅能获得并上缴给货币当局 300 亿英镑，这一数字远低于美国居民每月在该汇率水平下购买外国货物、服务与资产所需要的 633 亿英镑。如果美国政府要维持 1 英镑兑换 1 美元的汇率，同时又不打算进行外汇干预，也不愿意收缩美国整体经济规模，使外汇市场在 1 英镑兑换 1 美元的汇率水平上自动出清，那么它必须对外汇购买权进行分配。

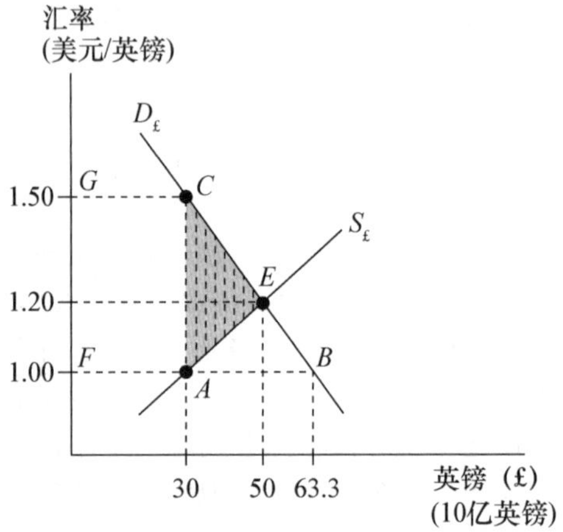

外汇管制将可用外汇限制在 300 亿英镑，这是该国出口商以 1 美元/英镑汇率兑换到的额度。即便只有那些对外币估价最高（1 英镑可以兑换 1.5 美元甚至更多）的那些人可以兑换到这些英镑，该国也只会遭受面积为 *CEA* 部分的福利损失。

图表 6—5　差中选优：良好的外汇管理的福利损失

假设美国政府官员使用一种合理的但并不常见的方式分配外汇购买权。每个月他们都会宣布又到了网络拍卖外汇购买权的时候了。他们在 1 月 21 日宣布，任何要在 3 月份购买英镑（或任何其他外汇）的公民必须在 2 月 15 日以前进行投标。一个准备 3 月份去英格兰度假的家庭会发出这样的投标，即愿意以每英镑 3 美元的价格购买 700 英镑，以不超过每英镑 2.5 美元的价格购买 1 000 英镑。一位汽车进口商也会提出申请，在任意汇率水平下都愿意购买相对应若干数量的英镑以进口外国汽车。收到这些投标后，政府的计算机系统会按照价格对这些投标进行排序，各个价格的投标将被汇总到一起，这构成了图表 6—5 中的需求曲线 $D_£$。政府会在 2 月 20 日宣布汇率水平为 1 英镑兑换 1.5 美元，在这一汇率水平下，恰好能够满足 300 亿英镑的对美元的需求。计划 3 月份去英格兰的家庭将通过支付给政府 1 500 美元＝1 000 英镑×1.5 美元/英镑获得 1 000 英镑。所有愿意以等于或高于 1.5 美元的价格购买英镑的人都将按 1 英镑兑换 1.5 美元的价格买到英镑，尽管他们曾愿意支付更高的价格。而任何出价低于 1.5 美元/英镑的人将无权在 3 月份购买英镑。

这一制度使美国政府可以通过外汇拍卖而得到巨额收入。通过收取 1.5 美元/英镑×300 亿英镑=450 亿美元，却仅向出口者支付 1 美元/英镑×300 亿英镑=300 亿美元，美国政府得到了 150 亿美元的净收益。减去它的管理成本后，这一政府收益将以削减其他税收或更多政府支出的形式返还给广大公众。图表 6—5 中的面积 *GCAF* 代表了这一来源于进口者而又归还给社会的拍卖收益，它并不构成整个社会的净收益或净损失。

然而，刚才所描绘的外汇管制的确减少了社会的整体福利。这一损失以面积 *CEA* 表示。要理解为什么，需要记住供给曲线与需求曲线实际上表示了边际成本与边际收益。实行外汇管制时，全社会只能得到 300 亿英镑，这使一些本可以使双方都获益的贸易无法进行。在点 *C*，需求曲线表示一些美国人愿意以 1.5 美元的代价得到 1 英镑。在点 *A*，供给曲线表示另外有些人，他们可能是美国出口者或者其客户，愿意以低至 1 美元的价格提供英镑。然而，外汇管制却使这两个群体无法走到一起并在英镑的外汇市场交易中分享这 0.5 美元的净收益。也就是说，纵向距离 *AC*=0.5 美元代表了因不能自由买卖英镑而导致的社会福利损失。同理，将供给与需求曲线之间的每个纵向缺口的距离相加至点 *E*，表示外汇管制由于阻碍私人交易而导致的福利损失量。所有这些净损失之和构成了面积 *CEA*（50 亿英镑）。

实际上，外汇管制还会产生其他几种效应与成本。首先，在实践中，政府通常不公开进行外汇拍卖，而是按照更为复杂的规则以较低的官方汇率分配外汇购买权。为了得到外汇购买权，人们必须通过规定的申请程序说明购买外汇的用途并希望获得优先受理。因停工待料或开工不足而急需进口投入品的工厂往往可以优先得到外汇，而进口非重要投入品或奢侈消费品的用汇，或在外国银行办理私人存款的用汇则不在优先之列。现实中的外汇管制与我们假设之间的第一个区别是：前者往往导致更大的管理成本，以及由此引发的与之相关的更大私人福利的损失。另一个区别是：一些不重要的用汇可能会被批准，而一些更为重要的用汇反而得不到批准。政府不一定能满足处于需求曲线顶端的需求者对外汇的需求。上述原因决定了外汇管制的实际净福利损失要大于面积 *CEA*。

其次，外汇管制的另一种影响——试图逃避管制——是可以预见到的。未被批准购买外汇的人会感到不满和沮丧，尽管他愿意支付的外汇价格要高于外汇收入者向政府出售外汇的价格。这些未能如愿的外汇需求者将另寻其他途径得到外汇。途径之一是向掌握外汇审批权的政府官员行贿。另一条途径是以高于政府购买价向外汇收入者购汇，对于外汇收入者来说，违规进行这种“直接出售”更为合算。在这种情况下，另一个外汇交易市场——**平行市场**（parallel market）或黑市——便发展起来。在这个市场里，私人的外汇卖方与买方进行交易，规避了政府的管制。在绝大多数实行外汇管制的国家里都存在外汇黑市。各国对非法黑市交易者的惩罚力度差别很大，对于违反外汇管制的行为，一些国家会视而不见，而另一些国家则会对当事人处以死刑。在实行外汇管制的国家，当你进行黑市交易之前，一定要弄清对这种行为的处罚力度；想通过自由市场交易来获利的想法，有可能使你付出失去自由的代价。①

---

① 在许多国家，政府自己就建立两个或更多的外汇市场，并相应地允许存在多种汇率——双轨或多轨汇率制，各种汇率适用于特定类型的交易。例如，在双轨汇率制下，经常项目交易使用一种汇率，而金融交易使用另一种汇率。2009 年，有 20 个发展中国家实行某种程度的双轨或多轨汇率制。作为这种政策的一部分，需要某种形式的汇率控制指导每笔交易的适用汇率。同样，这种制度也会诱发违规行为。例如，人们可能会在交易类型方面弄虚作假，以便适用更为优惠的汇率。

进行实际外汇管制的成本如此之大，以至于让人们怀疑外汇管制政策究竟有什么价值。因为外汇管制可以维持固定汇率，人们可能会认为，这种管制固定了本币的外币价值，从而降低了经济的不确定性。但是，如果外汇管制使私人企业和家庭担心是否能以官方汇率购入外汇，这将无助于减少经济的不确定性。外汇管制最受某些政府官员的青睐，因为他们可以利用外汇管制强化对资源配置的决定权。外汇管制毫无疑问具有这种效应。从积极的方面来说，权力越大就越有利于政府官员通过全面的计划来实现社会目标。从消极的方面看，不幸的是这也是事实，政府官员把外汇管制看作强化个人权力并从中渔利的一个机会。此外，外汇黑市和其他违反外汇管制的行为，使人们对管制的真正效果产生了怀疑。

6.6 国际货币体系的演变

本章的前面部分为说明政府外汇政策建立了一个分析框架，也考察了官方干预和对外汇管制政策的福利影响。本章余下的部分将要考察在一个多世纪以前，几乎在世界范围内建立金本位制之后，各国政府在实施外汇政策实践中积累的经验教训。本章最后一节将描述现行的货币体系（或可能是“非体系”）。

6.6.1 金本位制时代（1870—1914 年）（固定汇率制的一种）

自 1914 年起，人们就一直对第一次世界大战前实行的金本位制怀念不已。第一次世界大战之后，许多国家的政府坚信，金本位制实施的经验证明了这是一种理想的固定汇率制度。学术界也有同样的看法，金本位制的“成功”得到了专家们的一致肯定，学术研究的焦点不是这一制度是否运作良好，而是为什么能运作得如此之好。

在英国发生的一系列历史事件促成了 1870 年国际**金本位制**（gold standard）的建立。自 17 世纪末期起，英国尽力使英镑更加紧密地与黄金而不是白银挂钩，部分原因是由于英国官方的黄金—白银的比价与其他国家相比更优惠，这导致套利者将黄金运入英国、将白银运出英国的套利活动。实践证明，英镑与黄金的关系至关重要。19 世纪英国在工业和国际贸易上的领先地位，提高了与该国货币挂钩的黄金的地位。同时，由于英国没有卷入战争，这进一步强化了英国作为金融安全、审慎投资在人们心中的模范形象。另一个意外事件也提高了黄金的地位。在 19 世纪中叶（美国的加利福尼亚州和澳大利亚）和 19 世纪末期（南非和加拿大的克朗代克）金矿发掘的规模都非常小，以至于黄金的供给量没有突然增加而影响其作为国际价值尺度的地位。而 19 世纪 70 年代和 80 年代白银开采的扩张，却生产了太多的白银，以致其价格暴跌。由于这些事件，以含金量作为各国币值定值依据的金本位制从 1870 年至第一次世界大战期间一直保持不变。

在金本位制时代，各国政府将其本币币值固定于特定数量的黄金。各国政府还允许个人自由地以本国货币兑换黄金和进行黄金的进出口。通过黄金的套利活动，各国货币的汇率将保持在一定的区间之内（区间的宽度反映了黄金在各国之间的运输成本）。此外，政府黄金持有量的变化与国家货币供给的变化有关——进而也与该国的平均价格水平、通货膨胀率以及宏观经济运行的其他方面相联系。

金本位制的实际意义并不仅限于此。在固定汇率制兴盛的时期，国际收支的实际调整过程在第一次世界大战后曾使弗兰克·陶西格（Frank Taussig）及其哈佛大学的学生们迷惑不解。他们发现，国际黄金流动似乎自我消失得非常快，快到对该国货币供给可能产生的影响都不足以改变收入、价格和国际收支平衡。阿瑟·I·布卢姆菲尔德（Arthur I. Bloomfield）在第一次世界大战后发现，1914 年之前各国中央银行几乎都没有为了保持汇率稳定而对国民经济进行调控，这更加让人们迷惑不解。第一次世界大战前与两次世界大战之间的中央银行并无多大差别，它们在大多数情况下都对其国际储备的流动进行了冲抵（冲销），并且根本没有加速调整经济以适应收支盈余或赤字。因此，各国国内货币供给并没有发生多大变化。那么，究竟是什么维持了第一次世界大战前的国际收支平衡呢？

首先必须注意到，在 1914 年以前绝大多数国家都能够在国际收支中有所盈余，黄金和外汇持有量增加。这减少了维持固定汇率所需要付出的调节成本，因为收支盈余的国家不会面临汇率调整的压力。国际收支的普遍盈余除了归因于官方金矿中新开采的黄金的缓慢积累，还得益于英国及德国（程度略逊于英国）愿意其他国家增持英镑、德国马克债务，并具有承担这些负债的能力。例如，在 1900—1913 年，英国官方（英格兰银行（Bank of England））黄金储备出现的赤字，在数量上毫不逊色于 20 世纪 60 年代使美国人近乎绝望的国际收支赤字。实际上，对 1913 年的英国来说，即便是动用官方黄金储备来偿还 1/3 的流动负债也是不可能的。主要货币的发行国大大增加了对其他国家的流动负债，但却没有人在乎这种流动负债与日俱增，也没有人计算过准确的负债量，这对于维护金本位制是极为有利的。

当然，英国也曾一度要求阻止黄金储备的外流，因为外流的黄金储备明显比未知的流动性负债增加更引人注意。英格兰银行也显示出其令人难忘的能力：在几个月内便阻止了黄金的外流，这比收缩整个英国经济以改善收支所需要的时间要短很多。由于英格兰银行紧缩银根导致英国利率提高，即便其他国家的中央银行也以同样幅度加息，仍然吸引了大量的海外短期资本流入英国。这种控制短期资本流向的能力似乎与伦敦作为世界金融中心的地位有关。作为主要的国际短期贷款人（和借款人），当英格兰银行向伦敦的私人银行发出紧缩指令时，伦敦可以在短期内收缩全球的货币供给。就此看来，在第一次世界大战前的金本位制中，一面是大多数国家总体的收支盈余，另一面则是主要的赤字国家（即英国）能抵御汇率的短期波动的压力。

基于以上的回顾，显而易见，金本位制之所以取得成功，部分是因为第一次世界大战前平静的经济环境。在这一时期，世界经济没有受到像两次世界大战、20 世纪 30 年代大萧条、1973—1974 年和 1979—1980 年两次石油输出国组织（OPEC）石油价格冲击这样严重的冲击。因此，金本位制只是部分看上去是成功的，因为它没有经受过严峻的全球性考验。

第一次世界大战前金本位制的成功似乎还有一个原因：当时，对“成功”的要求并不像现在这样苛刻。那时，中央银行只负责确定本币的含金量或汇率值。在第一次世界大战之前公众舆论并不要求中央银行（或政府当局）承担减少失业或稳定物价的责任。当时的中央银行不必面对维持固定汇率与稳定国内经济的两难选择，这种困境将在第 9 章进行讨论。

1914 年之前的平静时期还使一些国家取得了关于浮动汇率制的宝贵经验。一些国家在短期危机中放弃了固定汇率和黄金的可兑换性，就连英国本身也在拿破仑战争时期这样做过。面对战争时期沉重的财政负担，英国停止了英镑与黄金的兑换，并于 1813 年使英镑贬值 30%，直到战争结束英国才恢复了黄金的官方可兑换性。其他一些国家也有过同样的经历，正如图表 6—6 中所示的各国的情况。在美国南北战争时期，为了满足战争的需要，北方印制了大量钞票，以至于无法保证纸币的含金量。1864 年新发行的美元贬值达 60%以上，后来经过长时期的缓慢上升，才于 1879 年恢复到黄金平价水平（伴随着美国物价的显著下降）。短期巨额的融资需求也曾使其他一些国家的货币偏离了黄金平价。在意大利、俄罗斯和奥匈帝国，战争是破坏金本位制的罪魁祸首。

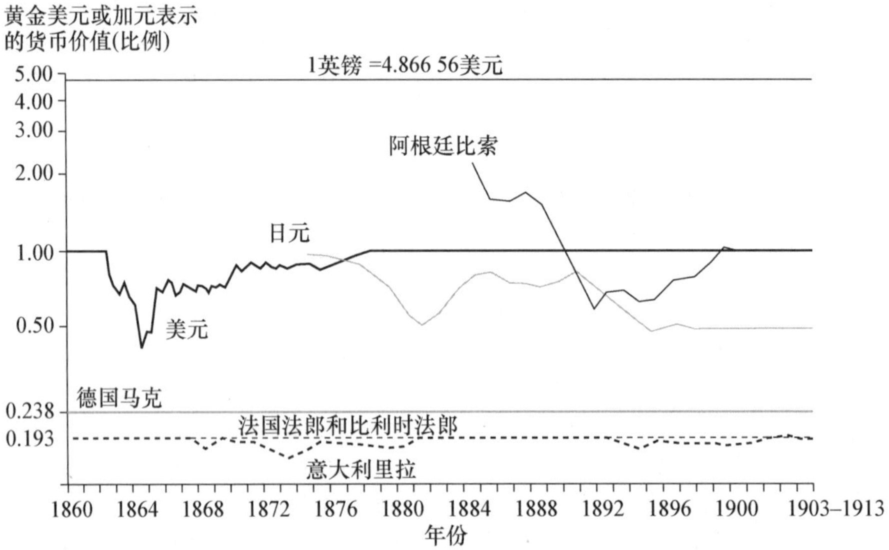

资料来源：The data are annual averages of market exchange rates, except for the rates on the greenback dollar from 1862 through 1872, which are monthly averages for every third month. The Argentine paper peso rates are the John H. Williams gold premiums cited in Alec G. Ford, *The Gold Standard*, *1880 – 1914*: *Great Britain and Argentina* (Oxford: Clarendon, 1962), p. 139. The Italian series is from Istituto Centrale di Statistica, *Sommario di Statistiche Storiche Italiane*, *1861 – 1955* (Rome, 1958), p. 166. The gold value of the paper Japanese yen was calculated using the midrange New York dollar value of the metal-backed yen (Bank of Japan, Statistics Department, *Hundred Year Statistics of the Japanese Economy* [Tokyo, 1966], p. 318) and the average price of silver in paper yen for the period 1877 – 1886 (Henry Rosovsky, "Japan's Transition to Modern Economic Growth, 1868 – 1885," in *Industrialization in Two Systems*, ed. Henry Rosovsky [New York: Wiley, 1966], pp. 129 and 136). The U. S. greenback dollar series is the W. C. Mitchell series cited in Don C. Barrett, *The Greenback and Resumption of Specie Payments*, *1862 – 1879* (Cambridge, Mass.: Harvard University Press, 1931, pp. 96–98). The virtually fixed rates are available in the *Economist* for prewar years.

图表 6—6 一些货币的汇率走势（1860—1913 年）

上述固定汇率与浮动汇率的历史反映了某些规律：绝大多数放弃固定汇率制的国家都是在国际收支赤字增大、国际储备外流的背景下这样做的。请注意，在图表 6—6 中，随着货币的贬值，固定汇率制终结了。这种贬值间接地表明，固定汇率的金本位制主要影响国际收支赤字的国家，而不会影响收支盈余的国家。确实，收支盈余的国家会发现，在固定汇率制下不断积累外汇储备是非常容易的。

总体上，在 1914 年之前的浮动汇率制度中，并没有出现不稳定的经济投机活动的趋势。在绝大多数时期，考虑到价格指数的变动，汇率的波动并没有显示出对预期汇率的大幅偏离。两个可能的例外情况分别与美元和俄罗斯卢布有关。1864 年 4 月到 7 月之间，美元贬值了 49%，尽管批发价格指数仅上升了不到 15%，但这意味着是投机活动极大地加速了美元的贬值，但实际上美元汇率很快就发生了反弹。类似地，在 1888 年，政治谣言导致交易惨淡的俄罗斯卢布大幅跳水。在第一次世界大战前的这段时间，除了这两次不稳定的投机活动外，即便出现了迫使政府面临汇率考验的政治事件，浮动汇率看上去也都十分稳定。

6.6.2　两次世界大战之间的汇率巨幅波动时期

如果说 1914 年以前的金本位制被认为是国际货币体系成功运行的典型，那么两次世界大战间的国际货币体系则成了各国政府都绝不愿意再次经历的噩梦。由于受到第一次世界大战和大萧条的冲击，国际收支和汇率曾剧烈波动，极不稳定。图表 6—7 描绘了两次世界大战之间的汇率走势，汇率的波动集中在两个时期：第一次世界大战结束后的头几年（1919—1923 年）和大萧条中货币危机最严重的时期（1931—1934 年）。

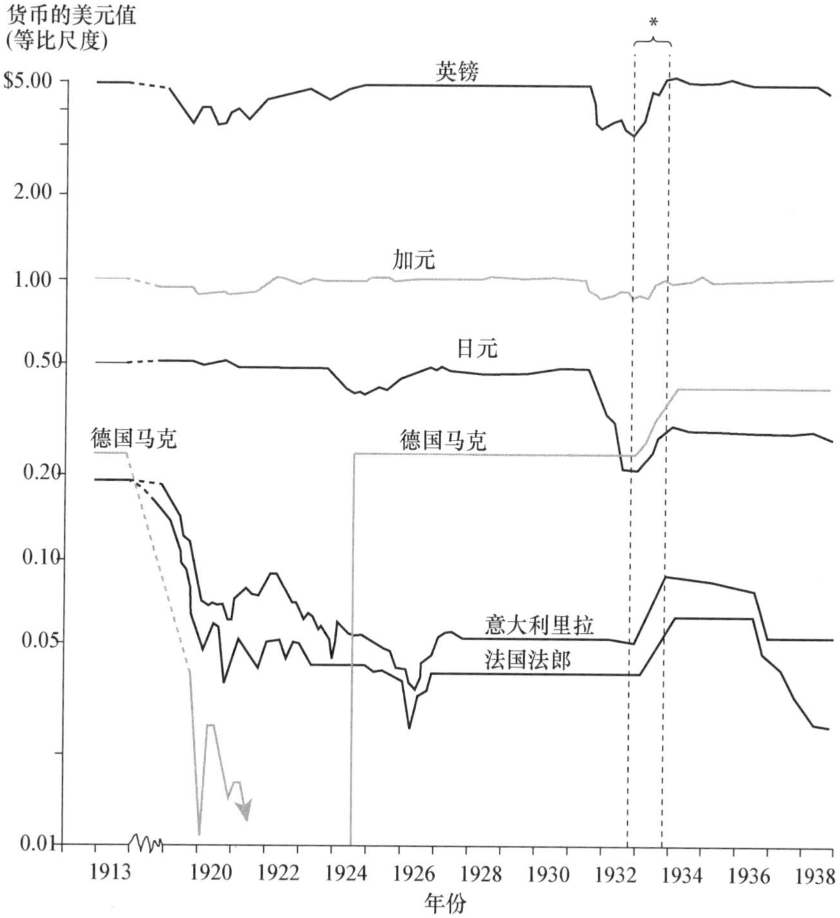

图表 6—7　一些货币的汇率走势（1913 年，1919—1938 年，按月）

* 1933 年 3 月至 1934 年 2 月，美国将黄金价格由每盎司 20.67 美元提高到每盎司 35 美元。

资料来源：U. S. Federal Reserve Board，Board of Governors，*Banking and Monetary Statistics*（Washington，D. C.，1943）.

第一次世界大战后，欧洲各国不得不与战争所留下的通货膨胀和政治动荡做斗争。这些国家的货币在战争时期曾不可兑换，其通货膨胀率高于美国——新的金融领导者。在这一背景下，英国做出了一个重大的决定，即回到其战前的黄金平价制，并在 1925 年 4 月之前实现黄金平价汇率。这一决定曾经被认为是对于道义责任的坚守，并被看作是重建国际信心和恢复英国在世界经济复苏中的领导作用而进行的有力尝试。然而，更为普遍的看法是：将英镑价格恢复到 4.866 56 美元对英国来说是一个严重的错误。正如经济理论所预言的，这也导致了相当严重的失业和贸易品生产的停滞，因为高汇率水平的英镑实际上削弱了英国产品的国际价格竞争力。

法国、意大利以及其他一些欧洲国家出于政治上的复杂原因，选择了一条更容易出现高通胀率的发展道路。不断换届的法国政府，无力减少政府支出或提高税收，不得不大量印制钞票来弥补预算赤字。在 1922 年墨索里尼（Mussolini）上台之前以及随后的时期里，类似的情况也曾发生于意大利。然而，最为严重的通货膨胀出现在德国。在 1922—1923 年间该国的货币供给、价格、外汇成本均上涨了万亿倍以上，德国马克变得一文不值。到 1923 年年末，满满一手推车的纸币已不足以购买全家一周的食品。德国政府不得不重新发行等于第一次世界大战前美元价值的一套新货币，而旧德国马克则永远不能兑换为新货币。

20 世纪 30 年代初期国际货币关系再次崩溃。随着萧条的蔓延，已被第一次世界大战后初期的混乱和华尔街的崩溃所震惊的金融界，对银行存款和货币问题开始变得如惊弓之鸟。著名的奥地利 Creditanstalt 银行的倒闭，导致了德国银行的德国马克挤兑风潮，因为德国曾向奥地利提供大量的贷款。这一金融恐慌很快就袭击了英镑。英镑曾长期疲软，此时又因英国曾向金融崩溃中的德国提供大量贷款而处境更糟。1931 年 9 月 19 日，英国放弃了它曾经倡导的金本位制，而让英镑贬值至其市场均衡价值。1933 年年初至 1934 年年初，美国也发生了危机。罗斯福总统和他的顾问为增加就业而调整了金价，使美元的含金量下降。其他国家也纷纷采取本币贬值、加收关税以及其他贸易限制措施以刺激本国就业。这种“以邻为壑”（以牺牲他国的经济利益来换取本国利益的行为）的政策在各国间蔓延，并随着 20 世纪 30 年代初国际贸易的锐减而加剧了全球范围的经济衰退。

两次世界大战之间，国际货币体系的经历给政策制定者带来了哪些教训呢？在第二次世界大战期间，专家们似乎认为两次战争之间的历史表明，需要在固定汇率与浮动汇率之间找到一个妥协，但更侧重于选择前者。拉格纳·纳克斯（Ragnar Nurkse）在他 1944 年为国际联盟（League of Nations）撰写的著作《国际货币的历史经验》（*International Currency Experience*）一书中提供了一些有说服力的论据，认为两次世界大战之间的经历表明了浮动汇率的不稳定性。图表 6—7 为他的论点增添了些许证据：在两次世界大战之间，汇率的确比在 20 世纪 70 年代之前的其他任何时期都更为剧烈地波动。

然而，随后进行的一些研究表明，如果对两次世界大战之间的历史作更为仔细的观察，可以得到相反的结论：两次世界大战之间的历史经验表明，在严重的冲击面前试图维持固定汇率是无效的；为缓冲一些国际冲击，转向浮动汇率制是有必要的。

现在普遍的观点认为，两次世界大战之间金本位制的实施导致萧条在全球范围内蔓延，并且使萧条更为严重。在 20 世纪 20 年代末和 30 年代初，美国和法国积累了超过全球一半的黄金储备，但是并没有使国内货币供给增加。然而，其他国家，如英国，不得不紧缩货币政策以限制黄金外流。全球范围通货紧缩政策的压力使萧条演绎成为一场近乎全球性的大萧条。之后当英国在 1931 年放弃金本位制的时候，美国政府把利率提高了 2 个百分点，以防止美元被兑换成黄金。由于不恰当的紧缩货币政策以及大范围的银行破产，美国的萧条愈加严重。由于政治上的压力迫使政府追求其他的目标，比如降低国内失业率，中央银行最终放弃了固定汇率制。金本位制虽然结束了，但是已经造成了巨大损失。

这些研究还表明：即便在两次世界大战之间的不稳定时期，投机活动也具有稳定化效应——国内货币政策及财政政策才是不稳定性因素。这种与主流学说相悖的结论最早是在对英国 1919—1925 年间汇率波动的研究中得出的。利兰·耶格尔（Leland Yeager）和齐安格（S. C. Tsiang）两人都发现，英镑的波动方式很容易用通货膨胀率之差对贸易平衡的影响来解释，相对于由均衡汇率的购买力平价理论（见第 5 章）预见的汇率波动，实际汇率波动一直接近长期趋势。图表 6—7 显示了货币汇率的迅速下降。然而在任何汇率制度下，失控的货币供给的扩张，都不可避免地导致这种汇率的下降。1926 年前的法国如此，德国的超级通货膨胀更是如此。

进一步考察 20 世纪 30 年代初期货币的不稳定性，可以得出相似的结论。1931—1932 年，由于衰退所导致的（在日本则是由对华侵略所导致的）固定汇率制失衡的扩大，英镑、日元以及其他货币迅速贬值。在放弃了固定汇率制后，浮动汇率制只是反映而不是恶化了各国的国民经济状况。

6.6.3　布雷顿森林体系时代（1944—1971 年）（可调整的钉住汇率）

1944 年，同盟国中各国负责货币事务的领导人在美国新罕布什尔州的布雷顿森林开会，设计出了一个更好的货币体系。所有的人都同意当时的货币体系需要改革。美国在布雷顿森林会议上居于主导地位，正如它主导着当时的世界经济和全球黄金储备一样。美国要求实行某种形式的固定汇率制。的确，所有国家的领导人都希望实行如图表 6—4 所示的类似于固定汇率制的汇率制度。只要有足够的储备可以使各国渡过暂时性失衡的困境，只要各国的经济政策使得任何失衡都只是暂时性的，那么便都可以成功保持汇率稳定并实现福利改善的目标。

两位经济学家，英国的约翰·梅纳德·凯恩斯（John Maynard Keynes）和美国的哈里·德克斯特·怀特（Harry Dexter White）设计出一种新型的中央银行体制，它可以使国际收支赤字的国家有足够的官方储备渡过暂时性的失衡。这个伟大的设计其实是通过政府干预来维护完全的固定汇率制，并且有足够的国际储备允许赤字国家实施干预。凯恩斯计划还要求向国际收支盈余国家和赤字国家自动施加压力，使其改变国内宏观经济政策以实现国际收支平衡的目标。

然而最后的结局是，美国、英国，以及其他国家的政府难以接受这一庞大的计划。美国人不愿意将自己的数十亿美元拱手让人，交由他国政府支配，也不愿意看到仅仅因为本国收支盈余，就要面对通货膨胀（这就是当时的预期）。看到美国人的这种态度，英国及其他国家对自己如何通过经济调控去应对很可能出现的国际收支赤字担心不已。作为交换，它们坚持保留一旦发生持续性赤字，各国拥有使本币贬值并实行外汇管制的权力。

最终妥协的结果就是所谓的**布雷顿森林体系**（Bretton Woods system）。该体系的主要特征是可调整的钉住汇率制。这个体制实行固定汇率，各国可以暂时动用国际储备解决收支失衡问题，除非国家收支状况出现“基础性失衡”。出现了这种“基础性失衡”的国家可能会将“固定”的汇率调整至一个被认为是可持续的新的官方汇率平价水平。**国际货币基金组织**（International Monetary Fund，IMF）作为一个全球性的机构得以建立，它增强了国际货币的稳定性，并且向成员国借出储备金以解决暂时性的赤字。（专栏“国际货币基金组织”提供了关于 IMF 及其活动的更多信息。）该组织类似于凯恩斯和怀特设计的全球中央银行。然而，其资源和权力都远小于凯恩斯和怀特的设想。同样有限的是该国际组织协助各国调整宏观经济政策以保持各国收支平衡的能力。

全球治理

国际货币基金组织

在 1944 年的布雷顿森林会议上，45 个国家的政府达成一致，要成立一个新型的全球货币机构——国际货币基金组织（IMF）。IMF 于 1946 年开始正式运作，其成员数量不断壮大。1975 年 IMF 有 127 个成员，到 2011 年成员数达到 187 个。

IMF 由其成员政府共同所有。在加入 IMF 时，每个成员都必须认缴一定的份额，称为配额。配额的 1/4 是一般被称作官方国际储备的资产，而另外 3/4 是每个国家各自的货币。一国份额的大小与其经济规模大致相关，并且决定了其投票权的大小。美国拥有大约 17%的投票权，因此，对于某些需要 85%的赞成票才能通过的决定，比如协议条款的修正，美国政府拥有否决权。为了扩充 IMF 的金融资源，各成员份额会定期增加。IMF 也可以向其一些成员借款，也接受一些成员的自愿捐助。

IMF 有一些相互联系的目标。它促进其成员之间的国际货币合作和国际贸易的扩大；致力于保持井然有序的汇率协定，避免汇率竞争性贬值；努力建立经常项目收支下各成员货币的无限制兑换；而且，IMF 对成员提供暂时性贷款，为它们纠正国际收支失衡争取时间。在这里我们看一下 IMF 作为一个政府借贷者之外的职能。下一章的专栏将深度介绍 IMF 的借贷职能。

井然有序的外汇制度

随着国际金融体系的演变，IMF 的优先事项和主要职能也在不断地变化。最初，IMF 主要是监督固定汇率制的布雷顿森林体系。如果某国想要大幅贬值货币或对其汇率进行大幅调整，则需要征得 IMF 的批准。IMF 也会评判大幅币值调整是否必要，以及该国纠正基础性失衡的调整幅度是否合适。

随着 20 世纪 70 年代初布雷顿森林体系的崩溃，如今世界各国都能采取各自的汇率政策。这样的“无体系”迫使 IMF 不得不为追求有序的外汇制度寻找新方法。IMF 有着清晰的原则，包括避免汇率的过度动荡，抑制通过汇率操纵以获得不公平的贸易优势，避免由于持续的同一方向的大额外汇市场官方干预导致的汇率错配。为了遵守这些原则，IMF 监督和检查每一个成员的外汇政策和宏观经济政策。然而，IMF 的权力是有限的。它只能给出建议和劝告，却无法强迫一个国家改变自己的政策，而且它也没有一个正式的争端解决机制。如果一国不服从 IMF 的建议，则 IMF 可能拒绝向该国提供贷款。但是许多国家根本不需要借款，并且预期永远不需要向 IMF 借款。

经常项目可兑换

在第二次世界大战后，大多数国家在几乎所有外汇交易上都实行外汇管制，国际贸易也因此受到抑制。IMF 力促各个国家取消与国际贸易相关的外汇交易和其他经常项目交易的限制。20 世纪 60 年代初，大多数工业化国家已取消了限制并且实现了经常项目可兑换。一些发展中国家在经常项目交易上仍有限制，但是全球的趋势却是实现自由化。

其他职能

随着时间的推移，IMF 也采取了其他一些行动。首先，20 世纪 60 年代世界国际储备资产增长不足，促使 IMF 创造了特别提款权（SDR），我们之前已经介绍过。IMF 在 1970—1972 年和 1979—1981 年分配给其成员的特别提款权总计达到 210 亿美元，在 2009 年又分配了 1 830 亿美元的特别提款权。尽管有 2009 年的巨额分配，特别提款权仍然仅占世界官方国际储备资产的 3%（见图表 6—2）。

其次，IMF 的另外一个职能是促进国际货币合作。为此，IMF 收集并公布各国经济和金融数据，为跨国比较提供便利。它也报告和分析全球经济趋势和前景以及全球经济政策问题。

最后，在宏观经济和金融部门政策方面，IMF 也提供技术性的援助及培训。援助及培训尤其面向低收入国家和 20 世纪 90 年代从社会主义转型国家的政府官员。

始于第二次世界大战后的汇率调整大约完成于 1950 年，布雷顿森林体系在之后 20 年中都表现得十分令人称道。各国经济发展迅速，失业率保持在低水平。绝大多数货币的汇率在长时期内都保持固定不变，正如图表 6—8 所示。

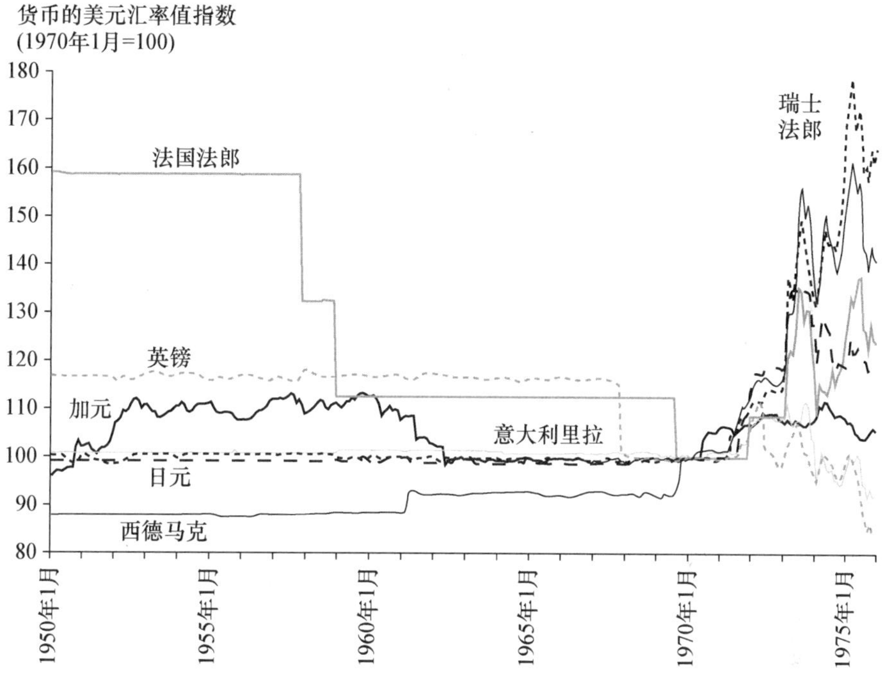

图表 6—8　一些货币的汇率走势（1950—1975 年，按月）

资料来源：For 1950－1956，Board of Governors of the Federal Reserve System，*Banking and Monetary Statistics*，*1941－1970*（Washington，D. C.，1976）；for 1957－1975，International Monetary Fund，*International Financial Statistics*.

强劲的经济增长对货币制度成功运作的促进作用，可能要大于后者对前者的促进作用。根据 1950—1962 年加拿大管理浮动汇率的历史经验，良好的经济增长环境与浮动汇率制度也是兼容的。如图表 6—8 所示，美元和加元的年平均汇率很少波动。这本身并不能证明浮动汇率制的效果很好。然而对加拿大浮动汇率制的深入研究却能得出这一推论。回归分析表明，如果加元的汇率对资本流动有任何影响，这一影响是趋于稳定的影响；也就是说，更低的加元汇率值会吸引更多的净资本流入，因为投资者预计到当加元汇率处于低位时，它将有更大幅度的升值。其他的研究证明，加元汇率的波动并不大于根据美加间贸易品相对价格的变动所预测的值。在这个稳定的经济环境中，加元的浮动汇率表现良好，几乎同其他国家的固定汇率一样稳定。

单向投机赌博

如图表 6—8 所示，自第二次世界大战后实行可调整的固定汇率制以来，直至 1971 年，主要货币之间的汇率几乎没有发生什么变动。然而，可调整的固定汇率制下出现了一种新形式的私人投机，这使各国政府深感忧虑。随着世界经济的发展，私人资金的国际流动总量也随之增加。固定的但可调整的新汇率制度促使私人投机者袭击“有问题”的货币，这给私人投机者提供了绝好的**单向投机赌博**（one-way speculative gamble）机会。根据一种货币的供求关系，人们总是能够看出该货币是面临贬值还是升值的压力。对于有可能贬值的货币，诸如 20 世纪 60 年代中期的英镑，精明的私人投机者知道该货币不可能有较大的升值。因此，如果他们在即期（或远期）市场卖出英镑，他们也不会受什么损失。如果该货币不贬值，除了一些本国利率与外国利率间（或远期汇率与即期汇率间）的微小差异，他们不会有任何损失。但如果他们的预期正确，英镑确实发生了贬值，也许可能在一个周末就出现大幅贬值，这会给他们带来一笔可观的收益。在这种情况下，私人投机者将蜂拥而至加入对“问题货币”的投机。

在可调整的固定汇率制中出现的投机活动，给所有希望不调整固定汇率制就能解决收支失衡问题的政府或中央银行出了一道难题。一个经典案例是，1964 年至 1967 年 11 月，由哈罗德·威尔逊（Harold Wilson）领导的英国工党政府为将英镑汇率保持在 2.8 美元/英镑所做出的艰苦卓绝的努力。当威尔逊执政时，他发现英国的贸易和收支平衡状况比原来官方公布的数据还要糟糕。为了将英镑币值稳定在 2.8 美元/英镑的水平，威尔逊政府采取了多种措施，包括加强外汇管制、大幅提高利率、有选择地提高税率、承诺削减政府支出，以及从国际货币基金组织、美国和其他国家大量借债。然而，越来越多的投机者怀疑英国政府是否有能力支撑英镑的汇率，这些投机者甚至被英国财政大臣斥为“苏黎世地精”。而最终结果是，所有的紧缩措施和所有的支持性贷款的努力，如同 1925—1931 年为将英镑汇率保持在 4.866 56 美元/英镑的努力一样，付诸东流。1967 年 11 月 18 日，英国政府将英镑贬值 14.3%，至 2.4 美元/英镑。于是那些“地精”大赚了一笔。那些在英镑贬值前刚刚以 2.67 美元的价格卖出一笔远期英镑的人，现在能够以 2.4 美元的价格买入同样数量的英镑，每英镑获取了 27 美分的价差收益。而英国政府及其纳税人以将近 2.8 美元的价格买入在 11 月 18 日之后每英镑只值 2.4 美元的英镑，承受了巨大的价差损失。

单向投机活动的存在，似乎使布雷顿森林体系的可调整固定汇率看起来不像完全固定汇率和完全浮动汇率那样稳定。如果投机者认为，政府将不惜一切经济代价而维持固定汇率，他们将不会袭击该种货币。在 20 世纪 60 年代中期，如果英国政府能够表现出巨大的决心，不断减少货币供给，紧缩国民收入和就业量，直至 2.8 美元/英镑真正成为均衡汇率，那么投机者们就会相信汇率将固定在 2.8 美元/英镑。然而，正如投机者们所意识到的，第二次世界大战后的各国政府都不愿仅仅为了维持固定汇率而使国内经济付出如此惨重的代价。而在浮动汇率制中，投机者在对英镑进行攻击时会更为谨慎，由于浮动汇率，他们面临着双向赌博。因为即期汇率为均衡汇率，并不是人为造成的官方非均衡汇率，未来的实际汇率可能高于也可能低于现行的即期汇率或投机者预期的未来汇率。

尽管对可调整固定汇率的投机性攻击曾使政府官员心有余悸，但尚不能肯定这些攻击就是导致汇率不稳定的因素。如果官方为保持本币固定汇率所做的努力只是暂时延缓必然贬值的权宜之计，而并不能提高货币的均衡汇率值，那么投机活动只是加速了向新的均衡汇率转变的过程。从这个角度来说，投机活动稳定了国际货币市场。当然，它是否真能起到这种稳定作用还有待检验，但政府官员往往对投机性攻击做出过度反应，并造成固定汇率过度贬值。

美元危机

第二次世界大战后国际经济的增长使国际货币体系中的首要货币——美元陷入了一场危机。在布雷顿森林体系中，各国货币均与美元挂钩，美元成为主要的储备货币，美国政府承诺，对各国政府的美元储备以每盎司 35 美元的官方价格兑换为黄金（这一体系有时称为金兑换本位制）。

随着第二次世界大战后欧洲及日本的经济复苏，以及它们的公司相对于美国公司竞争力增强，美国的国际收支状况突然转变为大规模的赤字。这些赤字部分是由于随着国际贸易的高速增长，其他国家的货币当局期望收支盈余以便增加国际储备。一段时间以后，欧洲和日本政府开始担心美国政府的收支赤字。越来越多的美元集中到欧洲和日本政府手中。类似的情况曾发生于 1914 年，当时各个国家积累了越来越多的英镑储备。然而，在第二次世界大战后的格局中，各国政府对美元的黄金价值的信心已不像 1914 年以前世界各国对黄金与英镑之间的信心那样足了。当在肯塔基州诺克斯堡（纽约联邦储备银行（New York Federal Reserve Bank）的总部所在地）出现了以法国为首的要求将美元兑换成黄金的示威活动时，美国的黄金储备迅速下降。人们开始怀疑美元的价值是否还像官方金价所表示的那样高。

在这种情况下，美国显然可以紧缩本国经济，直至各国中央银行被迫向美国卖出黄金以支付从美国的进口。另一种选择是加强外汇管制，使美元对黄金贬值。外汇管制被局限在一定的程度以内（比如，对向国外的借款征收利息均等化税，实行对外信用“自愿”限制计划等），但这些管制与美国官方鼓励资本跨国自由流动的立场相矛盾。美元对黄金的贬值会标高美国黄金储备的美元值，但会给苏联和南非（两个主要的黄金生产国）带来意外收益，这在政治上是令人难以接受的。

面对当时国际规则下的这些选择，美国选择了改变规则。1968 年 3 月 17 日，美国政府匆忙召集了七国会议，宣布实行黄金双重价格制。在伦敦、苏黎世以及其他市场上，黄金的私人价格可以受供求关系影响而自由浮动；签约七国之间的官方黄金交易价格将仍为每盎司 35 美元。然而美国的国际收支赤字仍在延续，不得不通过出售更多的美国外汇储备来弥补。最终，美国还是得做出选择，或者紧缩经济，或者实施外汇管制，或者改变国际货币规则。美国政府再一次选择改变规则。

1971 年 8 月，美国总统尼克松下令停止美元对黄金的可兑换性，正式切断了官方黄金对美元的联系。他还下令对美国的所有进口商品征收 10%的临时性进口附加关税，直至其他国家同意让本国货币对美元升值（即美元以同样的幅度贬值）。之后，绝大多数货币汇率都相对于美元浮动，直到 1971 年 12 月签订了试图重建原来货币体系的《史密森协定》(Smithsonian Agreement)。根据该协定，西德马克升值约 17%，日元升值约 13%，其他货币也都以较小的幅度升值，其总体效果是美元贬值近 10%，美国政府取消进口附加关税。黄金的官方美元价格也上升至每盎司 38 美元，但这只是象征性的，因为美元与黄金之间已经不可兑换。该协定并没能够挽救旧的货币体系。1973 年 3 月，绝大多数货币转向对美元浮动。布雷顿森林体系这一固定汇率制于 1971 年终结后，在 1973 年彻底退出了历史舞台。

6.6.4　当前的体制：相对无序的混乱阶段

当前的国际货币体系有时被称为有管理的浮动汇率制。自 20 世纪 70 年代初以来，越来越多的国家，包括很多主要的工业化国家，都实行了浮动的或相对灵活的汇率制度，但各国政府往往试图通过干预或对浮动汇率实施某种形式的管理来影响汇率。

1973 年以来，一个值得关注的现象是各国政府对汇率浮动的抵触情绪，一些抵触在对浮动汇率制的管理中得到显现。例如，自 1973 年以来，日本政府曾数次努力使日元对美元贬值，目的显然是为了防止日本产品失去国际价格竞争力。在这一过程中，日本中央银行买入了大量的美元（这些美元的日元价值逐渐走低，因为日元对美元确实升值了）。另外的抵触表现在，有相当数量的国家继续选择将其货币与美元或其他货币挂钩。

欧盟曾经是抵制浮动汇率制的中心，至少对于欧盟国家之间货币的交叉汇率来说是如此。欧共体（欧盟的前身）的各成员国政府曾努力阻止其成员国货币间汇率的变动，并于 1971 年 12 月首先建立了“洞中蛇”汇率制度。各成员国商定了相对于美元升值最多的货币与贬值最多的货币之间的最大区间（“隧洞”）以及成员国货币之间汇率的最大波动区间（“蛇”）。然而，这一制度的持续时间是短暂的。英国、意大利、法国很快便允许其货币贬值到远远低于“隧洞”下限的水平，只剩下了西德马克与比利时、荷兰和卢森堡三国货币间的一组固定汇率。欧共体各成员国政府后来于 1979 年建立了一种后续的货币体制，即欧洲货币体系汇率机制（ERM）。在 20 世纪 90 年代初，欧盟各国政府确立了转向永久性固定汇率和单一货币制度的过程。正如在第 3 章所讨论过的，1999 年年初，新的共同货币欧元诞生，并于 2002 年取代之后的欧盟 15 国中 12 个国家的货币。

虽然各国政府依然强烈地倾向于实行固定汇率或有管理的浮动汇率，但固定汇率是难以维系的。布雷顿森林体系崩溃后，美国政府立即转向提倡实行浮动汇率制。美国对美元的汇率值往往采取“宽容地放任”政策（例如在 20 世纪 70 年代初，1980—1984 年，以及 1995—2011 年），在这些时期内，美国货币当局几乎不对外汇市场进行任何官方干预。而在另一些时期，尤其是在 20 世纪 80 年代末，美国政府曾经对美元汇率的浮动实行积极的管理。在 1981—1985 年美元汇率上升后，美国政府加入了两个重要的国际协定，以便通过协调干预来管理浮动汇率。其中一个协定是 1985 年 9 月签署的《广场协定》(Plaza Agreement)，该协定旨在促使美元贬值，美元后来也的确贬值了。另一个协定是 1987 年 2 月签署的《罗浮协定》（Louvre Agreement)，该协定的目的是稳定美元对其他主要货币的汇率值。正式的协调于 20 世纪 90 年代初渐渐消失，正如我们曾看到的，美元对其他主要货币仍不时出现大幅波动。

20 世纪 90 年代至 21 世纪初的一系列汇率危机表明，面对大规模的私人资金流动时，维持固定汇率或高度管理的浮动汇率非常困难。当投机者认定某国政府正试图维持本国不现实的汇率水平时，他们便会对该货币进行单向投机，这一投机足以使货币当局极力维持固定汇率的努力功亏一篑。

20 世纪 90 年代的第一次重大危机发生在欧盟。90 年代初期，除希腊以外的所有欧盟国家都加入了使各成员国货币相互挂钩的欧洲货币体系汇率机制（此外，一些欧洲国家，包括瑞典和芬兰，也将本币与这一体系挂钩，尽管它们并没有正式加入这一机制）。在受到德国统一的冲击以及随后的德国政府实行的紧缩货币政策的影响之后，该汇率机制于 1992 年和 1993 年遭受了巨大的投机冲击。各国政府通过大规模的干预、调高短期利率和加强资本管制等方式力保固定汇率，但英国和意大利最终还是于 1992 年退出了汇率机制，瑞典与芬兰也停止与该体系挂钩。仍留在该体系中的货币先后于 1992 年和 1993 年贬值。此外，1993 年，仍留在体系中的绝大多数货币的波动区间从 2%放宽至 15%，以便允许固定汇率有更大的波动空间来阻止投机。

自 1994 年以来，一系列的汇率危机袭击了发展中国家，使实行固定汇率制或高度管理浮动汇率制的国家在转向浮动汇率制后货币大幅贬值。此处仅是概括的介绍，具体内容将在第 7 章讨论。

正如本章前面所讨论的，墨西哥政府在大量使用官方储备以维持比索汇率而无济于事后，不得不于 1994 年年末放弃了高度管理的汇率制度。被 13 个非洲国家采用的非洲金融共同体法郎，在以固定的汇率与法国法郎挂钩 45 年之后，于 1994 年贬值了 50%。1996 年，委内瑞拉政府放弃了固定汇率制，该国货币博利瓦在一天之内贬值了 42%。1997 年 5 月，捷克政府为了维持已经保持了 6 年的固定汇率，消耗了大约 30%的国际储备。之后，捷克政府宣布转向浮动汇率制。捷克克朗在浮动汇率制开始实行的几天之内就贬值了大约 10%。

1997 年，亚洲金融危机爆发。同年 7 月，泰国政府放弃了泰铢的固定汇率制，到年底，泰铢对美元贬值 45%。接着，马来西亚政府也实行了浮动汇率制，马来西亚林吉特贬值了 35%。不久，印度尼西亚也转向浮动汇率，印度尼西亚卢比贬值 47%。11 月，韩国政府也停止维持韩元的固定汇率，韩元贬值了 48%。

1998 年，俄罗斯政府实行浮动汇率制，在大约一个半月时间内，卢布相对于美元贬值了 60%。自 1998 年 4 月至 1999 年 1 月，巴西政府动用了其大约一半的官方储备以维持雷亚尔的固定汇率值。但随着资本外流和其他投机压力不断增加，巴西政府宣布于 1999 年 1 月转向浮动汇率制。在两个半星期内，雷亚尔贬值了 39%。2001 年年初，土耳其政府放弃了固定汇率制，土耳其里拉的价值在当年贬值了近一半。2002 年年初，阿根廷政府也转向了浮动汇率制。随着阿根廷比索的狂跌，阿根廷经济也受到了巨大打击。

在经历了所有这些制度和危机之后，当今的国际货币体系又如何？恐怕对它最好的描述就是无体系——各国政府几乎可以选择任何一种汇率政策，并可随时改变这种政策。2010 年中期，不同国家和地区所采用的汇率政策见图表 6—9。

图表 6—9 中的列（1）表明，有 17 个国家（地区）使用其他国家货币作为本国（地区）货币（第 11 章将讨论“美元化”——固定汇率制的极端形式）。列（2）和列（3）为 16 个使用欧元作本币的欧元区国家和 25 个货币与欧元挂钩的国家。这 25 个国家包括继续参加汇率机制的欧盟成员国和采用非洲金融共同体法郎的非洲国家。（2011 年年初，爱沙尼亚加入了欧元区，因此，它从列（3）转入列（2）。）

列（4）显示了 42 个将其货币与美元挂钩的国家（地区）。列（5）显示了 6 个与其他某种单一货币，通常为邻近大国的货币挂钩的国家。列（6）显示了 15 个与一个货币篮子挂钩的国家。列（7）中的 6 个国家采取的是爬行钉住汇率，其固定汇率值频繁变动。（2010 年 6 月，中国转向爬行钉住汇率制。）

在图表 6—9 的列（9）有 14 个实行浮动汇率制的国家，其汇率主要由市场供求关系决定，其中包括一些工业化国家。列（8）显示了 53 个实行高度管理的浮动汇率制的国家。这些国家的货币当局通过积极的干预来影响汇率，但又不做出保持某一特定汇率水平的承诺。在过去 10 年中，采用浮动汇率制的国家的数量有所增多。在 1991 年，只有 36 个国家采用浮动汇率制。这一数字在 2010 年增至 67 个（将列（8）和列（9）的国家数相加）。

总而言之，在当今的体制中，各个国家都可以选择自己的汇率政策。当前有两个主要货币集团：与美元挂钩的货币集团和与欧元挂钩的货币集团。美元、欧元与日元、英镑、瑞士法郎和加元等其他主要货币之间的汇率，是较少（通常是很少）官方管理的浮动汇率。经济学家们对这一“无体系”外汇体制的优劣以及各个国家政策选择的优劣各执一词。对浮动汇率制的批评源于一个明显的问题：浮动汇率的波动幅度太大，甚至“超过了任何人的预期”。但是，固定汇率有时又是难以维持的，因此容易导致货币危机。这一问题将在第 11 章继续讨论。

图表 6—9

汇率安排[1]（2010 年 5 月 1 日）

(1)	(2)	货币钉住的对象[1] (3)	(4)	(5)	(6)	(7)	(8)	(9)
用外币作为本国(地区)货币(无独立的本币)[2]	欧元区（用欧元作为货币）[3]	欧元[3]	美元[4]	其他货币	篮子货币	爬行钉住[4]	管理浮动	自由浮动
安道尔	奥地利	**欧洲货币体系汇率机制：**	安提瓜和巴布达	不丹	阿尔及利亚	博茨瓦纳	阿富汗	澳大利亚
厄瓜多尔	比利时	丹麦	阿鲁巴	（印度卢比）	白俄罗斯	哥斯达黎加	阿尔巴尼亚	加拿大
萨尔瓦多	塞浦路斯	爱沙尼亚	阿塞拜疆	文莱	斐济	埃塞俄比亚	安哥拉	智利
基里巴斯	芬兰	拉脱维亚	巴哈马	（新加坡元）	伊朗	哈萨克斯坦	阿根廷	捷克
科索沃	法国	立陶宛	巴林	莱索托	科威特	尼加拉瓜	亚美尼亚	日本
列支敦士登	德国	**非洲金融共同体法郎区：**	孟加拉国	（南非兰特）	利比亚	乌兹别克斯坦	巴西	毛里求斯
马绍尔群岛	希腊	贝宁	巴巴多斯	纳米比亚	摩洛哥		哥伦比亚	新西兰
密克罗尼西亚	意大利	布基纳法索	伯利兹	（南非兰特）	缅甸		刚果民主共和国	挪威
摩纳哥	卢森堡	喀麦隆	玻利维亚	尼泊尔	萨摩亚		埃及	波兰
黑山	马耳他	中非	布隆迪	（印度卢比）	新加坡		冈比亚	索马里
瑙鲁	荷兰	乍得	柬埔寨	斯威士兰	所罗门群岛		加纳	瑞典
帕劳	葡萄牙	刚果共和国	中国	（南非兰特）	叙利亚		格鲁吉亚	土耳其
巴拿马	斯洛伐克	科特迪瓦	吉布提		汤加		危地马拉	英国
圣马力诺	斯洛文尼亚	赤道几内亚	多米尼加		突尼斯		几内亚	美国
东帝汶	西班牙	加蓬	多米尼克		瓦努阿图		海地	
图瓦卢		几内亚比绍	厄立特里亚				匈牙利	
津巴布韦		马里	格林纳达				冰岛	
		尼日尔	圭亚那				印度	
		塞内加尔	洪都拉斯				印度尼西亚	
		多哥	中国香港				以色列	
		其他：	伊拉克				肯尼亚	
		波斯尼亚黑塞哥维那	牙买加				韩国	
		保加利亚	约旦				吉尔吉斯斯坦	
		佛得角	老挝				利比里亚	
		科摩罗	黎巴嫩				马达加斯加	
		克罗地亚	马尔代夫				马拉维	
		马其顿	荷属安的列斯群岛				马来西亚	
			阿曼				毛里塔尼亚	
			卡塔尔				墨西哥	

续前表

(1)	(2)	货币钉住的对象				(7)	(8)	(9)
		(3)	(4)	(5)	(6)			
用外币作为本国(地区)货币(无独立的本币)[2]	欧元区（用欧元作为货币）[3]	欧元[3]	美元[4]	其他货币	篮子货币	爬行钉住[4]	管理浮动	自由浮动
		圣多美和普林西比	卢旺达				摩尔多瓦	
			圣基茨和尼维斯				蒙古	
			圣卢西亚				莫桑比克	
			圣文森特和格林纳丁斯				尼日利亚	
			沙特阿拉伯				巴基斯坦	
			斯里兰卡				巴布亚新几内亚	
			苏里南				巴拉圭	
			塔吉克斯坦				秘鲁	
			特立尼达和多巴哥				菲律宾	
			土库曼斯坦				罗马尼亚	
			阿拉伯联合酋长国				塞尔维亚	
			委内瑞拉				塞舌尔	
			越南				塞拉利昂	
							南非	
							苏丹	
							瑞士	
							坦桑尼亚	
							泰国	
							乌干达	
							乌克兰	
							乌拉圭	
							也门	
							赞比亚	

注：1. 每个国家（地区）的分类依据 IMF 确定的每个国家（地区）实际的（事实上的）政策。对一些国家（地区）而言，这个分类不同于其国家（地区）的官方（法律上的）表述的政策。

2. 这些国家（地区）通常被称为“美元化”，除了安道尔、科索沃、摩纳哥、黑山、圣马力诺（欧元），基里巴斯、瑙鲁、图瓦卢（澳元），列支敦士登（瑞士法郎）外，其余都把美元作为其货币。

3. 爱沙尼亚于 2011 年 1 月 1 日加入了欧元区。

4. 中国于 2010 年 6 月转为爬行钉住类。

资料来源：International Monetary Fund，*Annual Report on Exchange Arrangements and Exchange Restrictions*，2010.

本章小结

政府对外汇市场政策的两个主要方面是对汇率波动幅度的控制以及对外汇交易的管理措施（如果有任何管制的话）。对外汇市场的约束称为外汇管制。

外汇政策包含了一个循序渐进的系列。处于极端的完全灵活的汇率制度，被称为清洁浮动制，即汇率完全由非官方（或私人）供给和需求决定。各国政府一般不允许汇率完全自由地浮动，而是采取措施（如官方干预）对汇率的浮动进行管理，称为"肮脏浮动"。

另一种汇率制度是固定或钉住汇率制。政府必须决定将本币与其他货币或商品挂钩。可供选择的有黄金这样的商品或某种单一货币，或一篮子货币。政府还必须确定中心固定汇率波动的区间。汇率可以围绕法定平价上下波动，波动要受到波动区间的限制。永久性固定汇率是一种极端的情况，实际上政府几乎不可能永远不调整固定汇率。如果汇率并不是永久固定的，政府还必须决定何时对固定汇率进行调整。如果几乎不调整汇率，便称为可调整钉住汇率；如果是经常调整，便是爬行钉住汇率。

如果政府选择了固定汇率制，便必须决定，在私人供给与需求压力迫使实际汇率超出允许的波动区间时，如何维持固定汇率。可以采用以下四种办法中的一种或多种：

1. 对外汇市场进行官方干预，货币当局买入或卖出本国货币以改变外汇供求状况。

2. 实施外汇管制，以便从某些方面或所有方面限制或控制外汇供求。

3. 调整本国利率，以影响短期资本流动。

4. 调整宏观经济，改变非官方外汇供求状况。

政府还可以有第五种选择——放弃固定汇率制（让本币升值或贬值）或转向浮动汇率制。

政府对外汇市场的干预与官方储备交易和国际收支状况密切相关。如果政府试图通过干预而阻止本币贬值，就必须在外汇市场买入本币卖出外币。政府用于干预所需的外汇，可以动用官方储备或者对外借款，由此可能造成该国官方结算赤字。相反，如果政府要阻止其本币升值，就必须卖出本币买入外币。政府可以利用其买入的外汇增加官方储备（或偿还过去的债务），此时国家官方结算处于盈余状态。

政府在外汇市场上的干预也会影响一国货币供给量，因为货币当局在干预过程中会增加或减少本币供给。政府可以利用冲销，即通过其他途径相应地减少或增加货币供应，以保证货币供应的稳定。

如果官方结算余额的失衡为暂时性的、能够自我扭转的，通过干预来维持固定汇率便是有效的。这种方法假设投机者不能履行同样的稳定化功能，还假设政府官员可以正确地预测可持续的长期汇率。如果这些假设不能成立，用固定汇率制解决结算赤字和盈余的能力将大打折扣。

用外汇管制的方法维持固定汇率会产生类似于进口配额所造成的无谓损失，而且还会导致较高的管理成本。逃避外汇管制的行为，包括贿赂政府官员以及建立非法黑市，都会削弱管制的实际效果。

不同汇率体系的成败，从历史上看，取决于这些体系曾经遭受的冲击的强度。固定汇率的金本位制在 1914 年之前似乎是成功的，这在很大程度上是由于该时期的世界经济本身比以后时期的世界经济更为稳定。很多国家能够保持固定汇率，是因为它们能够在既定汇率条件下拥有收支盈余，而不必采取任何紧缩性宏观经济政策来实现盈余。主要的国际收支赤字国家英国，可以通过在伦敦对信贷加以控制而在短期内控制国际储备流动，但它从未被要求在遭受持续性冲击时保持英镑汇率固定。在第一次世界大战前的稳定时期，即使是浮动汇率体系也表现出了稳定性（可能有两个短时期的例外）。

两次世界大战之间的经济形势相当混乱，以至于各种货币体系都经受了严峻的考验。固定汇率制已经崩溃，一度坚持固定汇率的各国政府也被迫实行浮动汇率。对这个阶段的研究表明，金本位制的实施导致了大萧条的加深。研究还表明，投机活动具有稳定作用。大范围的货币波动是由第一次世界大战导致的经济效应及许多国家国内不稳定的货币政策和财政政策引起的。

第二次世界大战后的历史说明了 1944 年建立的可调整的固定汇率制布雷顿森林体系在很多方面缺少可行性。在这一体系中，私人投机者有很强的动机去攻击外汇储备正在减少的货币并迫使这些货币大幅贬值。在布雷顿森林体系时期，美元充当储备货币的功能也受到越来越大的限制。外国中央银行通过官方干预获得大量的美元储备，而美国则出现了官方结算赤字。一开始，这被看作增加了官方储备而受到这些国家的欢迎，但随着官方储备变得太大，美元便不受欢迎了。各国中央银行纷纷以美元兑换黄金，减少了美国的黄金储备，从而进一步削弱了外国政府对美元的信心。美国不得不调整其国际收支状况或者改变规则。美国选择了建立新的规则，于1968年将私人黄金市场与官方黄金价格脱钩，并在1971年停止了美元对黄金的可兑换性并迫使美元贬值，并于1973年转向一般浮动汇率制。

当前的汇率体系允许各个国家选择自己的汇率政策。目前，存在两个主要的货币集团，一个由与美元挂钩的货币组成，另一个由欧元及与欧元挂钩的货币组成。欧元区制度是对原来的货币制度，包括欧洲货币体系汇率机制的发展，因为欧盟成员国想要建立一个汇率稳定的区域，以利于区域内贸易的开展。

美元集团的货币与欧元集团的货币之间的汇率相互浮动。澳大利亚、加拿大、日本、新西兰、瑞典、瑞士以及英国等工业化国家的货币则独立地浮动。浮动汇率制国家的政府通常对完全由市场决定汇率缺乏足够的信心，因此都对浮动汇率进行一定程度的管理。

许多发展中国家都实行某种形式的固定汇率制，但发展的趋势是不断扩大汇率的灵活性和浮动性。20世纪90年代至21世纪初发生的一系列外汇危机，包括1994年的墨西哥比索危机、1997年的亚洲危机（泰铢、马来西亚林吉特、印度尼西亚卢比以及韩元）、1998年的俄罗斯卢布危机、1999年的巴西雷亚尔危机、2001年的土耳其里拉危机以及2002年的阿根廷比索危机，表明维持固定汇率使其免受短期投机资本的冲击是相当困难的。一旦投机者认定某种货币的币值已经偏离了其真实价值时，便会对该货币进行单向投机。

关键词

外汇管制（exchange control）
资本管制（capital control）
清洁浮动（clean float）
官方干预（official intervention）
有管理的浮动（managed float）
肮脏浮动（dirty float）
特别提款权（special drawing right，SDR）
钉住汇率（pegged exchange rate）
可调整钉住（adjustable peg）
爬行钉住（crawling peg）
储备货币（reserve currency）
冲销（sterilization）
冲销型干预（sterilized intervention）
平行市场（parallel market）
金本位制（gold standard）
布雷顿森林体系（Bretton Woods system）
国际货币基金组织（International Monetary Fund，IMF）
单向投机赌博（one-way speculative gamble）

推荐读物

国际货币基金组织的《外汇安排及外汇限制年度报告》（*Annual Report on Exchange Arrangements and Exchange Restrictions*）提供了各国对外汇市场政策的信息。Edison et al.（2004）及Schindler（2009）考察了资本管制现象。

McKinnon（1993，1996）及Giovannini（1989）对过去一个世纪的国际货币历史进行了全面的广泛考察。Bloomfield（1959），Lindert（1969），Bordo & Schwartz（1984）则深入地分析了战前金本位制。Meissner（2005）对金本位制进行了统计检验。

Eichengreen（1992）对两次世界大战期间的货币制度进行了专业性考察。Yeager（1958），Tsiang（1959），及Aliber（1962）作了两次世界大战之间浮动汇率制度稳定性的前沿性研究。

要了解更多布雷顿森林体系的信息，可参见 Bordo & Eichengreen（1992）的相关研究。Robert Triffin（1960）的经典著作和 Jacques Rueff（translation，1972）成功预言了布雷顿森林体系下的美元危机。Eichengreen（2007）思考了布雷顿森林体系的历史经验对当今国际货币问题有何启示。Eichengreen（2011）讨论了国际货币体系中美元的过去和未来。

Reinhart & Rogoff（2004）重新评价了 1949 年以来的外汇政策。Calvo & Reinhart（2002）对 1973 年以来的浮动汇率制采取的较强管理措施进行了记录。Agénor（2004）对某些国家退出固定汇率制的来龙去脉进行了考察。

习　题

✦ 1. 自由浮动汇率制与管理浮动汇率制的区别是什么？

2. 可调整的固定汇率制与爬行钉住汇率制的区别是什么？

✦ 3. 对于试图维持固定汇率制的国家来说，暂时性失衡与基础性失衡有何区别？对比在这两种失衡中，政府干预外汇市场来维持固定汇率的效果。

4. “一国在近期将实行外汇管制的预期可能会对该国货币产生升值压力。”你是否同意，为什么？

✦ 5. 某国政府刚刚实行了全面的外汇管制以防止本币贬值。你预期这一措施将产生何种效果？

6. 普格罗维亚政府正在努力将其货币（皮纳特）以 1 美元兑换 3 皮纳特（上下浮动各 2%）的汇率与美元挂钩。然而，私人市场供求正在促使皮纳特贬值。实际上，如果政府不维持固定汇率，当前市场条件下的汇率应为 1 美元兑换 3.5 皮纳特。

a. 普格罗维亚政府如何通过对外汇市场的官方干预来维持固定汇率？

b. 普格罗维亚政府如何通过外汇管制来维持固定汇率？

c. 普格罗维亚政府如何利用国内利率手段来维持固定汇率？

✦ 7. 在金本位制中，美国的黄金固定价格为每盎司 20.67 美元，英国的黄金固定价格为每盎司 4.247 4 英镑。

a. 这些黄金的固定价格意味着美元/英镑的“固定”汇率是多少？

b. 如果外汇市场的牌价为每英镑 4 美元，你将如何进行套利？（在金本位制下，你能够以各国的黄金固定价格从该国中央银行买入或卖出黄金。）

c. 这种套利活动会对汇率产生何种压力？

8. 思考 1914 年以前金本位制时期的国际货币史。

a. 金本位制属于何种汇率制度？它是怎样运作的？

b. 处于该体系中心的是哪一个国家？该国在该货币体系的成功运行中发挥了何种作用？

c. 该时期经济冲击的本质是什么？

d. 该时期投机活动及其对汇率的压力表现有哪些？

✦ 9. 两次世界大战之间，国际货币历史的主要特征是什么？政策制定者们从这一历史中得到了什么教训？当今，人们为什么会对这些教训提出疑问和进行争论？

10. 请思考自 1944 年至 20 世纪 70 年代初的布雷顿森林体系时代的国际货币史。

a. 布雷顿森林体系属于何种汇率制度？它是如何运作的？

b. 处于该体系中心的是哪个国家？该国对于该货币体系的成功运行发挥了何种作用？

c. 在这一时期，投机活动及其对汇率的压力表现在哪些方面？

✦ 11. 实行固定汇率制的布雷顿森林体系为什么会崩溃？

12. 当前的汇率制度有时被描述为有管理的浮动汇率制，它包括一些相互挂钩的各种货币组成的货币集团。

a. 相互挂钩的两个主要的货币集团是什么？

b. 有哪些主要货币是相互浮动的？

c. 根据本章以及本篇前面各章的讨论，你认为自 20 世纪 70 年代初美元转向有管理的浮动汇率制以来，美元与其他主要货币之间的汇率变化特征是什么？

第 7 章 国际借贷与金融危机

在过去的几十年里国际资本流动迅速增长。放贷者（或投资者）向借款人提供现在就可以使用的资金，换取“债权”或能在将来获得利息和分红的所有权股份。国际资本流动传统上可分为不同的类型，划分的依据包括出借人或投资人的类型（私人还是官方）、债务期限（长期还是短期）、债权人是否拥有管理控制权（直接投资还是证券投资），以及借款人（私人还是政府）。下面是按照前三条依据进行的分类：

1. 私人贷款与投资。

(1) 长期。

a. 直接投资（投资者向国外企业提供贷款或购买其股权，并在很大程度上拥有和控制该企业）。

b. 贷款（绝大多数是由银行向外国借款人提供贷款，期限在 1 年以上）。

c. 证券投资（购买 1 年期以上的股票或债券，该股票或债券由外国政府或不被投资者所控制的外国企业所发行）。

(2) 短期（向外国借款人提供 1 年或 1 年以内的贷款，或购买由外国政府或不被投资者所控制的外国企业所发行的 1 年或 1 年以内的债券）。

2. 官方借贷与投资（大都由政府或国际货币基金组织和世界银行这样的多边机构提供，有长期和短期两种）。

本章将深入分析银行贷款和证券投资的原因及其影响。

国际借贷与投资经历了重大的变革。第二次世界大战之前到 20 世纪 80 年代初，世界主要的出借国为美国；20 世纪 70 年代，一些新富的石油输出国也加入提供贷款的行列。然而，从 20 世纪 80 年代初期开始，美国成了世界上最大的净借款国；1983—1995 年，石油输出国也变成了净借款国。日本和德国成为 1980 年以后最主要的贷款国。由于 20 世纪 90 年代末石油价格的上涨，石油输出国又一次成为主要贷款国。主要的贷款形式为私人贷款和证券投资，这与 20 世纪 40 年代末至 70 年代初的国际借贷不同，那时占主导地位的是政府贷款与外国直接投资。

国际借贷可以产生两种主要收益。第一，它实际上是一种跨期交易。贷款人放弃今天的资源是为了能在将来得到更多资源，而借款人今天得到资源又必须心甘情愿地在将来偿还得更多。第二，它可以使贷款人和投资人的投资组合多样化。将外国金融资产添加到投资组合中去，可以通过资产的多样化降低整个投资组合的风险。本章将先对国际借贷的收益进行分析，然后集中探讨投资者如何利用各国收益率差异获得跨期收益。

国际借贷并非总是平稳有序的。向发展中国家的贷款，会在借贷热潮与信用危机之间摇摆。在金融危机中，借贷规模收缩，贷款人急于收回贷款。本章最后将讨论金融危机发生的原因及解决措施，以及如何才能降低其发生的频率。

7.1 规范有序的国际借贷的收益与损失

如果世界经济是稳定和可预测的，并且借款者完全履行偿债义务，那么从全球角度观察，国际借贷就是有效率的，它给一些人带来的收益将大于给另一些人造成的损失。在这样的世界中，国际借贷的福利效应正好与开放贸易下的福利效应或允许劳动力自由流动的福利效应相同。

图表 7—1 阐述了允许国际自由借贷的一般效应。为便于分析，假设世界上只有两个国家：一个是“日本”，它拥有充裕的金融财富，但缺乏有吸引力的国内投资机会；另一个是以阿根廷、巴西、加拿大和美国为原型的“美国”，相对于大量投资盈利机会（例如它拥有新技术或地大物博的自然条件），它的金融财富不足。图表 7—1 中的横轴代表了全球财富总量，它等于日本的财富（W_J）加上美国的财富（W_A）。这些财富用于金融资本投资。纵轴代表资本投资收益的百分比（我们经常把利率当作均衡回报率，尽管它也包含直接投资的收益）。日本的资本投资机会以资本边际产出曲线 MPK_{Japan} 表示，它起始于左边的纵轴，并根据实际投资产出收益对日本可能进行的各种投资排序。对美国的投资机会以资本边际产出曲线 $MPK_{America}$ 表示，它起始于右边的纵轴，并按照相反的方向，从右至左对各种投资排序。

我们首先分析国际金融交易被禁止的情况。在这种情况下，每个国家只能用自己的金融财富为实际资本融资。如果所有的日本财富 W_J 都用于国内，日本的贷款者只能得到较低的收益率，国内资本投资收益沿 MPK_{Japan} 曲线下降。竞争将迫使日本的贷款者在点 R 接受每年 2%的低收益率。与此同时，在美国，资金的缺乏将阻止在点 S 左边形成任何的实际资本，因为 W_A 是美国所拥有的全部财富。对国家财富 W_A 借款的竞争将美国的借款利率提高到点 S 的 8%。假设资本全部用于生产，则可以用图表 7—1 来说明全世界及其各个国家的总产出。如果我们把每单位资本（MPK）的产出相加，就可得到所有资本的总产出，等于 MPK 曲线下方的面积。由于没有国际资本流动，全球的收益等于图表 7—1 中的阴影面积。日本的产出是过点 R 的垂直线左侧的阴影面积，美国的产出则是右侧的阴影面积。

现在假设不存在国际金融壁垒。在这种情况下，日本的财富持有者和美国的借款者都有强烈的动机走到一起。如果没有国际金融壁垒，并且假设不同借款的风险或信用是相同的，那么就不可能出现一个集团仅以 2%的利率贷款，而另一个集团却愿以 8%的利率借款这种现象。日本的贷款人会将其一部分资金借给美国的借款人。经过一段时间，流到美国的资金在美国形成更多的资本，而日本的资本量却减少了。国际

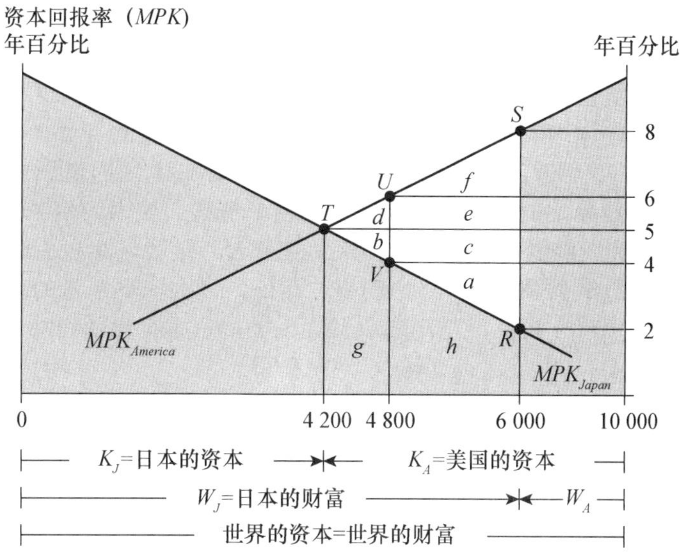

从不存在国际贷款（RS）到允许自由贷款（T）：
日本的收益（$a+b+c$）$=27$
美国的收益（$d+e+f$）$=27$
世界的收益（$a+b+c+d+e+f$）$=54$
如果日本对借贷给外国的资本每年征收 2%的税（从 T 到 UV）：
日本的收益（$e-b$）$=9$
美国的损失（$d+e$）$=15$
世界的损失（$b+d$）$=6$
如果美国对借入的外国资本每年征收 2%的税（从 T 到 UV）：
日本的损失（$b+c$）$=15$
美国的收益（$c-d$）$=9$
世界的损失（$b+d$）$=6$

图表 7—1　规范有序的国际借贷的收益与损失

借贷会导致全球的投资回报将处在 2%～8%之间某一水平的均衡点，假设在点 T 的 5%实现了均衡。在这种情况下，日本的财富超出其国内实际资产存量的（W_J-K_J）部分，正是美国为其实际资本与财富之差（K_A-W_A）而必须借入的部分。

在国际金融自由化的条件下，全球产值最大化。这一产值量等于两条边际产出曲线下方的全部面积，即所有阴影部分加上三角形 RST 的面积。三角形 RST 的面积（$a+b+c+d+e+f$）显然是自由的国际借贷超过禁止的国际借贷而获得的收益。这一收益源于自由的国际借贷使财富所有者有机会到世界上任何地方去寻求最高的投资回报。

国际借贷的全球收益将在两个国家之间进行分配：

日本的国民收入来源于两部分：

- 国内的生产，为 MPK_{Japan} 曲线下方直至点 T 的面积（4 200 单位财富投资于本国生产）。
- 加上以 5%的利率借贷给美国 1 800 单位的财富而获得收益，即面积（$a+b+c+g+h$）。

因此，日本对外投资获得的净收益是面积（$a+b+c$）。

美国的国内收入为以下两项的差：

- 国内的生产，为 $MPK_{America}$ 曲线下方直至点 T 的面积（6 800 单位财富投资于本国生产）。

● 减去矩形面积（$a+b+c+g+h$），即按 5%的利率向日本借入 1 800 单位财富所需支付的利息。

因此，美国从国际借贷中获得的收益是面积（$d+e+f$）。

在两个国家内，都会有因为自由借贷而出现的新的受益者和受损者。日本的贷款者因利率从 2%升至 5%而获益。但这却损害了日本国内借款者的利益，因为来自外国借款者的竞争，迫使他们按同样高的利率借款。美国的借款者因能以 5%，而不是原来 8%的利率借款而获益。但美国的贷款者一定会怀念过去禁止国际借贷时的好时光，那时借款者需要支付 8%的利率。此外，日本资本存量的减少会降低该国其他资源（如劳动力和土地）的产出和收益，而美国资本存量的增加则会提高该国其他资源的产出和收益。

7.2 国际借贷税

前面比较了自由国际借贷和禁止国际借贷两种情形，再一次验证了一些正统的结论：自由化将增加全球产出及各国收益。用贸易分析法还能得出另一个标准化结论：一国在对国际借贷征税时，存在**国家最优税率**（nationally optimal tax）。如果一国强大到足以影响世界市场的投资收益率，它便可以以牺牲其他国家和全世界的整体利益为代价，利用这一市场力量获利。

在图表 7—1 中，假设日本是拥有市场力量的国家。通过限制对外贷款，日本可以迫使美国借贷者支付更高的利率（从点 T 到点 S，向右上方移动）。假设日本对其居民的海外资产每年征收 2%的税。这将提高美国借款者必须支付的利率，同时压低日本贷款者在税后可得到的利润。当国外与国内利差恰好等于 2%的税率时，资金收益率再次达到均衡。图表 7—1 中的缺口 UV 代表了这种利差。日本政府的税收总量（面积 $e+c$）等于税率乘以征税后日本继续拥有的 1 200 单位的国外资产量。日本由于对国外借贷征税而获得了净收益，这迫使美国对其继续承担的债务支付 6%，而不是 5%的利率。在 2%的税率下，这一新增收益为面积 e，它足以抵消日本因减少对外贷款所受到的损失（面积 b）。通过确定合适的税率水平（可能是也可能不是这里所给出的水平），日本可以实现对外贷款资金的国家最优税率。

当然，双方也可以进行博弈。图表 7—1 表明，美国也拥有一定的市场力量，因为通过限制本国的借款，美国可以迫使日本的贷款者接受更低的收益率（从点 T 到点 R，向右下方向移动）。假如是美国（而非日本）向同样的国际资产征收 2%的税率，情况又会如何？结果会与日本征税时的情况完全一样——但此时是美国政府将税收收入（面积 $c+e$）收归囊中。此时，美国以牺牲日本和世界的整体利益为代价，获得了收益（面积 c 减去面积 d）。（如果两国都对同一国际借贷征税，国际借贷额便会减少。最佳结果是，一国由于征税而获得比原来自由借贷更高的收益，但最有可能的结果是两国同时遭受损失。）

7.3 向发展中国家提供的国际借贷

国际借贷通常是规范有序的，并能使双方获益。由于净储蓄国能获得更高的回报，而净借款国能够以更低的成本借贷，贷款者和借款者通常都能从跨期交易中获益。投资组合多样化能降低投资风险，国际金融投资还能带来额外的收益。有时，各国会因税收政策问题发生冲突，但这种冲突往往是可以解决的。

然而，有时也会发生严重错误。由于周期性金融危机的存在，国际借贷有时并不是规范有序的。在本节的后面部分，我们将主要讨论过去30年在发展中国家发生的危机。在那段时期里，工业化国家向发展中国家的贷款导致了金融崩溃而不是双方的获益。当然，工业化国家也经历了金融危机，尤其是银行业的危机。本节后面的一个案例考察了始于2007年的全球金融和经济危机，并说明了我们从发展中国家的危机中得出的结论与引起并传播全球危机的因素之间的相似之处。

在发展中国家的金融危机中，债务国会面临偿债困难，而且常常违约——不能按贷款协议偿还债务。当风险太大时，贷款者会削减或停止向风险借款者发放新贷款。本节将简要回顾资本向发展中国家流动的历史，并揭示发展中国家金融危机的本质。下一节将讨论金融危机发生的原因、解决危机的途径，以及有利于减少危机发生频率的建议。

7.3.1　1974—1982年国际借贷的高潮

第一次世界大战之前存在大量的国际借贷，当时，英国是主要的债权国，而发展中的新兴移民国家（美国、加拿大、阿根廷、澳大利亚）则为主要的债务国。这种国际借贷在很大程度上符合图表7—1所示的规范有序的模式：借贷获得了更高的收益（尽管不履行债务的情况也很常见）。① 20世纪20年代，随着美国成为最主要的债权国，许多国家的政府都在纽约发行债券。30年代的经济大萧条导致很多发展中国家债务违约。直到60年代，流向发展中国家的贷款一直停留在低位。

20世纪70年代的石油危机带来了向发展中国家提供私人国际借贷的高潮。1970—1980年，发展中国家未偿付的债务增长了7倍多，其中债务占这些国家国民生产总值的比重由1970年的11.3%，上升到了1980年的21.4%。

石油危机使世界石油价格先是上涨为原来的4倍，后来变成3倍，同时还导致了工业化国家的经济衰退和严重的通货膨胀。那么，石油危机又为何能够促使国际借贷再度兴旺呢？有四个因素共同促成了这一借贷高潮。第一，富有的石油输出国增加的收入的短期边际储蓄倾向很高。当它们的储蓄越来越多时，这些国家愿意以流动性的方式进行投资，尤其是投资于美国和其他金融中心的债券和银行存款。这样，很多大型的国际私人银行得以筹集到更多资金，并向更多的借款者提供贷款。于是各银行便面临“资金再循环”或将“石油美元”再投资的问题。但是借给谁呢？

第二，市场对工业化国家资本的盈利能力普遍表示悲观。许多工业化国家的实际利率异乎寻常地低。一个较有市场前景的领域是投资节能设备，但开发这类项目需要较长周期。银行增大了的贷款能力曾一度无法被工业化国家的借款者所吸纳，这促使

① 美国是其中的一个债务拖欠国。英国在1826—1837年向美国提供了大量贷款来为运河建设和棉花种植融资。随着1837年美国出现了经济萧条，共有8个州将债务拖欠到1843年。

银行另辟蹊径。于是，发展中国家开始受到关注，这些国家长期以来一直使用高利率和高比例分红来吸引那些数量很少的私人资本。

第三，发展中国家在 20 世纪 70 年代曾出现过抵制外国直接投资的高潮。在对外直接投资中，跨国公司通常以工业化国家为基地，保持着对外国子公司的控制权。尽管银行愿意为跨国公司的对外直接投资提供贷款，但发展中国家对这种投资一直持敌视态度。民主思潮的流行以及对跨国公司会颠覆本国政权的担忧担忧，使对外直接投资占发展中国家资金净流入的比重由 1960 年的 25%下降到 1980 年的 12%。为了在发展中国家寻求更高的投资收益，各银行不得不直接向这些国家的政府和企业提供贷款。

第四，“羊群”效应。这意味着向发展中国家的放贷一旦开始增加，就会有自加强的趋势。各主要银行都在极力寻求放贷机会，每家银行都想抢在其他银行之前提供贷款。即便许多资金都贷给了管理混乱的国家中规划不周的项目，但许多银行还是这样行事。

7.3.2 1982 年的债务危机

1982 年 8 月，墨西哥宣布无力偿还其巨额外债。十余个其他发展中国家随后也宣布无力偿还贷款。许多因素可以解释为什么危机在 1982 年出现。美联储为降低通货膨胀实行更为紧缩的货币政策，美国利率大幅度上升；美国及其他工业化国家陷入严重的衰退；发展中国家的出口急剧下降，商品价格大幅跳水，而实际利率仍保持在高位。债务人的偿还能力因此急剧下降。

刚开始，提供贷款的各家银行对危机的反应取决于其出借规模。小型银行（占总贷款份额很小的银行）仓皇出逃，它们纷纷售出债权或索回债款以减少自身风险。然而大型银行如果单纯寻求脱身，必然会引发更大的危机，因此它们希望问题只是暂时性的。因而大型银行会调整偿债期，将贷款延期；它们向债务人提供新的小额贷款，帮助债务人扩大经营，使其将来有能力偿债。图表 7—2 提供了流入发展中国家的资金信息。20 世纪 80 年代初期，向发展中国家提供的以私人长期贷款为主要形式的银行贷款，在 1983 年和 1984 年有所下降。如图表 7—3 所示，发展中国家的长期债务在 1980—1985 年几乎翻了一番。外债占国民生产总值（GNP）的比重由 1980 年的 21.4%上升至 1985 年的 32.7%，用于偿债的出口收入比重也翻番，达到 26.2%。各大银行在对发展中国家债务人的前景进行重新评价后，认为再追加贷款是不明智之举。1985 年流向发展中国家的净银行贷款开始处于较低水平，并且一直持续到 1995 年。

债务危机一直笼罩着整个 20 世纪 80 年代，各债务国显然都面临着经济低速增长以及缺乏国外贷款的问题，但这并不能使各债务国有能力偿还外债并结束这场危机。为此，美国财政当局起草了布雷迪计划（以美国财政部部长尼古拉斯·布雷迪（Nicholas Brady）的名字命名）。根据该计划，从 1989 年开始，各债务国部分债务可以被减免，剩下的债务重新打包成“布雷迪债券”。到 1994 年，绝大多数的银行债务都被减免和转换成债券。始于 1982 年的债务危机至此结束。

图表 7—2

发展中国家的净资金流入（1981—2009 年）

单位：10 亿美元

来源和类型	1981 年	1982 年	1983 年	1984 年	1985 年	1986 年	1987 年	1988 年	1989 年	1990 年	1991 年	1992 年	1993 年	1994 年	1995 年
长期净流入	82	77	60	54	44	42	50	56	56	68	75	111	161	165	178
官方贷款	23	24	23	22	20	21	23	19	22	26	26	22	23	14	22
私人债务	46	42	26	23	13	12	16	19	9	17	13	37	44	39	47
银行存款和其他贷款	44	37	26	23	10	11	17	16	7	16	6	29	15	13	27
债权	1	5	1	−1	3	0	−1	2	2	0	7	8	29	26	21
证券（股票）	0	0	0	0	0	0	0	0	2	3	6	9	32	28	14
外国直接投资	14	12	10	9	12	10	10	18	22	22	30	43	62	84	95
短期净流入	20	8	−17	−6	2	2	12	10	14	14	20	35	34	11	54
总资金净流入	102	86	43	48	46	44	62	67	70	82	95	146	195	176	232

来源和类型	1996 年	1997 年	1998 年	1999 年	2000 年	2001 年	2002 年	2003 年	2004 年	2005 年	2006 年	2007 年	2008 年	2009 年
长期净流入	226	275	254	201	176	174	153	203	304	431	553	929	748	565
官方贷款	3	10	22	16	5	11	−7	−14	−9	−24	−43	5	18	50
私人债务	78	80	74	12	9	−3	−2	38	70	113	145	283	196	53
银行存款和其他贷款	29	43	37	−10	−11	−19	−13	15	36	65	113	195	172	2
债权	49	37	37	22	20	16	11	23	34	48	32	88	24	51
证券（股票）	26	29	3	10	14	7	8	26	37	67	108	133	−53	109
外国直接投资	118	156	156	163	148	159	154	152	207	274	343	508	587	354
短期净流入	33	17	−45	−18	−8	19	−13	57	53	74	84	184	−14	6
总资金净流入	259	292	209	183	168	193	140	260	357	505	637	1 113	734	572

资料来源：World Bank，*Global Development Finance*.

图表 7—3　发展中国家未偿还的债务（1970—2009 年）　单位：10 亿美元

债务类型	1970 年	1980 年	1985 年	1990 年	1995 年	2000 年	2005 年	2009 年
长期债务	61	393	708	1 032	1 470	1 777	1 965	2 759
公共的及公共担保的	45	325	623	973	1 261	1 287	1 283	1 407
私人无担保的	15	68	85	60	208	490	682	1 352
IMF 贷款	1	12	37	34	60	58	49	52
短期债务	9	112	125	187	331	287	475	734
总债务	70	516	870	1 253	1 860	2 122	2 489	3 545
债务占 GNP 比率（%）	11.3	21.4	32.7	35.5	38.8	37.8	26.4	22.1
债务占货物及服务出口比率（%）	16.2	20.6	26.2	21.5	18.0	20.9	13.2	11.3

资料来源：World Bank，*Global Development Finance*.

7.3.3　20 世纪 90 年代资本流动的重新高涨

大约从 1990 年起，对发展中国家的贷款和投资开始再度增加。四种力量共同推动了这次新的贷款高潮。第一，布雷迪计划涵盖的债务问题之广，债务数量之大，使投资者们相信原有的危机已经解决。因此在各债务国同意了布雷迪计划的解决方案后，几乎能立即获得新的私人贷款。第二，美国的低利率再次迫使出借人对外投资，以寻求更高的收益。第三，随着发展中国家的政府改革，它们成了受青睐的贷款对象。这些国家解除了产业管制，对国有企业私有化，并实施外向型贸易政策来鼓励出口产品的生产，为外国投资者提供了新的具有盈利前景的投资机会。第四，个人投资者以及迅速成长的共同基金和养老基金，都在寻求可以增加收益、分散风险的新的投资组合。发展中国家已成为这种组合投资的新型市场。

图表 7—2 显示流入发展中国家的投资迅速增长。1986—1997 年，对发展中国家投资资金净流量几乎每年（除了 1994 年）都有所增长。其中大部分资金流向了少数几个被称为新兴市场的发展中国家——拉丁美洲的墨西哥、巴西和阿根廷，亚洲的中国、印度尼西亚、马来西亚、韩国和泰国。此时的投资类型与 20 世纪 70 年代贷款高潮时有所不同。外国证券投资者对股票和债券的净购买量占净资金总流量的比重，从 1990 年的几乎为零增长到 90 年代中期的大约 30%。银行贷款比重下降，但其总额从 1994 年到 1997 年也有了很大的增长。图表 7—3 表明，发展中国家未偿还债务占国民生产总值的比重由 1990 年的 35.5%，上升至 1995 年的 38.8%，但是低利率实际上降低了发展中国家出口货物及服务中用于还债的比重。

7.3.4　1994—1995 年的墨西哥金融危机

自 1990 年以来，流向发展中国家的借贷资金总体上是强劲的，但期间也出现了一连串的债务危机。第一次危机于 1994 年年底冲击了墨西哥。

20 世纪 90 年代初，由于墨西哥实行了经济改革并加入了北美自由贸易区，正在寻求高收益的国际投资者看好墨西哥的投资前景，向该国投入了大量资本。但是潜在问题也逐渐暴露出来。当墨西哥的通货膨胀率高于其主要贸易伙伴美国时，墨西哥政府只允许比索缓慢贬值，因此比索的实际汇率在上升。1993 年，经常项目赤字占墨西哥国内生产总值的比例上升至 6%，尽管流入的资本能很快弥补这一赤字。由于缺乏银行监督和政府管制，墨西哥银行体系很不完善。流入的资本进入墨西哥的银行体系后，银行贷款快速增长，违约现象也与日俱增。1994 年，即墨西哥的大选年，发生了政治骚乱，恰帕斯地区发生了暴动和两起政治暗杀事件。比索面临一定的贬值压力。墨西哥政府则采用了冲销型干预以维护本币币值，致使墨西哥的国际储备量不断下降。

墨西哥实行轻度政府预算赤字的财政政策是合理的。然而，该国财政当局调整了政府债务的形式，促发了危机。从 1994 年年初开始，政府用一种名为 tesobonos 的以美元计值的短期政府债券代替了以比索计值的政府债券。到 1994 年年底，当局共发行了大约价值 280 亿美元的 tesobonos 短期债券，其中绝大多数都于 1995 年上半年到期。

引发危机的导火索是一场大规模的资本外逃，主要是因为墨西哥居民担心比索贬值，纷纷抛售比索。到 1994 年 12 月，比索贬值，此时墨西哥的官方储备已下降至大约 60 亿美元。因为担心政府无力偿还其美元债务，投资者开始拒绝购买新的 tesobonos 债券来结算即将到期的债券。金融危机爆发了，每个投资者都想以美元的形式收回投资，然后卷铺盖走人。然而对每个投资者而言合理的事情，对于投资者整体却不一定合理。墨西哥政府难以在短期内全部偿还这些债务。当投资者重新评估了他们在新兴市场的投资后，不仅撤回了在墨西哥的投资，而且也撤回了在其他很多发展中国家的投资（称为"龙舌兰效应"，或称波及效应）。

美国政府开始担忧墨西哥金融危机对政治以及经济的影响。它安排了一个庞大的援救计划。该计划允许墨西哥政府从美国政府和国际货币基金组织（IMF）① 借得高达 500 亿美元的贷款。实际上，墨西哥政府只借入了 270 亿美元，用以支付到期的 tesobonos 债券并补充官方储备。本币贬值和金融危机给墨西哥带来了急剧而痛苦的调整。墨西哥经济陷入严重衰退。后来，随着进口减少和出口增加，经常项目赤字才慢慢消失。

在 1995 年第一季度后，当救援计划开始发挥作用时，投资者向几乎所有发展中国家停贷的潮流开始平息。但不利的波及效应仍然滞留在一些国家，如阿根廷、巴西，以及委内瑞拉和菲律宾（程度较轻），投资者们仍然继续从上述国家撤资。但到了 1994—1995 年，墨西哥金融危机基本上得到迅速缓解。如图表 7—2 所示，在 1995—1996 年，流向发展中国家的资本总量开始继续增长。

全球治理

国际储备短缺？呼叫 1－800－IMF－贷款

如第 6 章的专栏"国际货币基金组织"所示，IMF 一个主要的职能就是在恰当的时候向其成员国贷款，为它们纠正国际收支失衡争取时间。这些贷款数额可以很大，并且常会引起争议。

IMF 为许多不同的项目提供贷款，每个项目所能贷到的最大数额与一国在 IMF 的份额成比例。为帮助一国应对国际收支失衡而提供的普通贷款称为备用安排，IMF 也提供更长期的贷款（中期贷款）。这些贷款以

① 关于 IMF 向国际收支出现问题的国家提供贷款援助的信息，参见"全球治理"专栏中的"国际储备短缺？呼叫 1－800－IMF－贷款"。

市场利率为基础，数额越大的贷款要求越高的利率。普通贷款一般要求在5年内偿还。

20世纪70年代中期IMF首次提供了贷款项目，它也向低收入国家以非常低的（优惠的）利率提供贷款。减贫及增长信托基金的部门向在宏观经济政策、金融及汇率政策方面实行结构性改革的国家，以及受到较大外部冲击（例如自然灾害）的国家提供贷款及经济救助。这些贷款需要在10年内偿还。这些低利率的贷款看起来像是“使命蜕变”，因为它们正使IMF向发展组织的角色转变。

下图显示了自1970年以来IMF的借贷。到20世纪80年代初，工业化国家和发展中国家都从IMF贷款。自1980年以来，绝大多数的IMF贷款都以市场利率贷给了发展中国家。向贫困的发展中国家的低利率贷款总额并不大，不到100亿美元。从1987年到2008年，没有一个工业化国家从IMF贷款。之后，冰岛于2008年从IMF贷款，希腊于2010年贷款，爱尔兰和葡萄牙于2011年贷款，因为这些国家都遭受了危机。

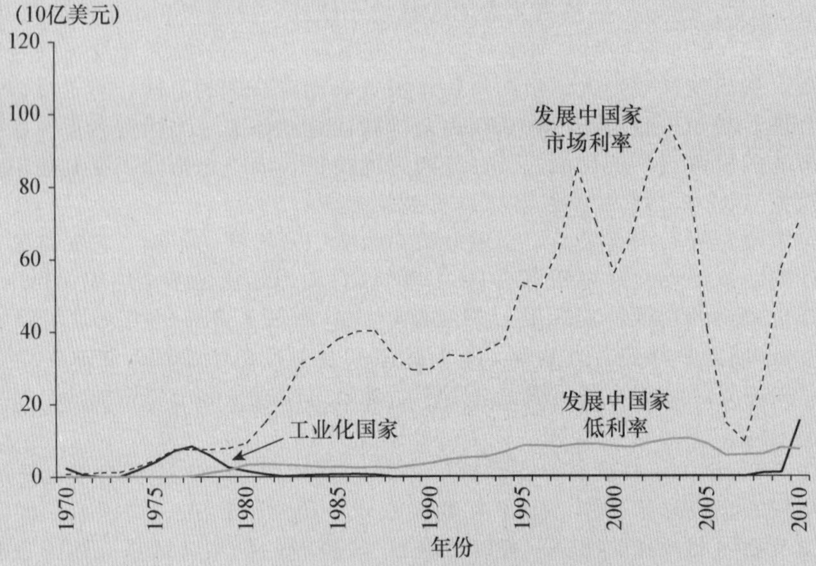

未偿还的IMF贷款（1970—2010年）

资料来源：International Monetary Fund，*International Financial Statistics*.

现在来关注IMF贷款的主要部分，即以市场利率向拥有大量收支赤字的国家和官方储备下降至低水平的国家提供的贷款。这些贷款向一国提供了额外的官方储备资产。一国可以用这些额外的储备，通过有序的宏观经济调整，在不采用外汇管制或贸易限制的情况下，为减少赤字争取时间。在理想的情况下，可以不需要过高的成本，或对本国或其他国家造成干扰的情况下实现宏观经济的调整。

IMF只发放能够得到偿还的贷款。IMF要求受贷国同意改善其国际收支失衡。也就是说，IMF的贷款有**附加条件**（conditionality）——只有当受贷国承诺并以量化的绩效标准做出政策上的改变时，IMF才对其提供贷款。这些政策必须在一个合理的时间内实现外部均衡。IMF把一些贷款按时间分批分配。如果要求的绩效标准没有实现，IMF就停止向其提供贷款。附加在IMF调整项目里的政策调整通常并不令人吃惊，它包括财政政策和货币政策限制，促进国内市场和国际贸易的自由化，以及解除管制。

IMF发放的最高额度贷款是多少？它们

起作用了吗？其中一种回答是看受贷国是否偿还贷款。在20世纪80年代中期以前，几乎所有的IMF贷款都按时偿还。然而，从1985年到1992年，延期偿付的贷款不断增加，高达48亿美元。这一数字在2008—2011年下降至大约20亿美元。

这些贷款有助于改善受贷国的国际收支状况吗？衡量贷款的经济效果是很困难的——如果没有这些贷款会怎样？事实上，IMF的贷款计划的确增加了受贷国的出口，降低了进口，减少了国际收支赤字，但这些通常都是暂时性的。

IMF贷款对受贷国提出的宏观经济调整一般在国内都不受欢迎。因为这些政策基本都是紧缩性的，如它要求受贷国降低银行新批贷款的速度。实际上，这些政策的实施也阻力重重，有一半甚至更多的贷款项目因为受贷国政府不能达到IMF的条件而流产了，1998年的俄罗斯和2001年的阿根廷就是很好的例子。

在向受亚洲金融危机影响的国家提供贷款时，IMF的附加条件似乎有些离谱。IMF向印度尼西亚提出的贷款条件多达140项，向菲律宾提出的贷款条件超过100项。一部分条件是要求这些国家改变基本经济结构和经济制度，包括劳动法规和商业监管。批评人士认为，这些结构性调整无助于解决外部失衡问题。2002年，IMF采取了新准则，将其附加条件限制在宏观经济调整的必要措施上，这样附加条件变少了，也更容易监管。IMF希望这些变化可以为受贷国政府（及其人民）提供更多的帮助。

最后，在上图中你将看到近期情势有趣的发展。未偿还的以市场利率为基础的IMF贷款数额从2003年年末的1 070亿美元急剧下降至2008年年初的160亿美元。印度尼西亚、巴西和阿根廷等国有能力提前偿还其贷款，并且在2002年至2008年年初没有发生新的大型金融危机。

2008年，随着全球金融和经济危机的恶化，IMF的贷款迅速增加。IMF在2008年与8个国家达成了以市场利率为基础的贷款协议，并分别在2009年与12个国家、在2010年与9个国家达成贷款协议。2009年，IMF将其可利用的贷款增加至7 500亿美元，到2011年中期，未偿还的IMF的贷款已达到1 240亿美元。尽管IMF在2008年年初提供的贷款额度过小因而显得无足轻重，但它向陷入困境的小型工业化国家以及发展中国家提供的一系列全新贷款项目，重新恢复了它在全球治理中的重要性。

7.3.5 1997年的亚洲金融危机

在20世纪90年代初期及中期，外国投资者十分看好经济高速增长的东南亚和东亚的发展中国家。这些国家的宏观经济政策非常稳定，政府的财政预算盈余或仅有少量赤字，稳健的货币政策保持了低通货膨胀率，实行以出口为导向的贸易政策。绝大多数的对外债务都由私人企业承担，而不是政府。

然而，通过更深入的考察可以发现，这些国家仍然存在一些问题。在泰国和韩国，大部分的外债由银行和其他金融机构承担，政府监管的力度不足。各银行借入美元和日元，以本币放贷，因而面临极大的汇率风险。贷款高潮中出现了一些向高风险的行业地方借款者发放的贷款，提高了不良贷款率。在印度尼西亚，很多借入外债者都是一些私人非金融公司，这些公司直接承担汇率风险。

各国的外部均衡也存在一些问题。这些国家货币的实际汇率都有些被高估，出口增长从1996年开始放缓。除泰国外，其他国家的经常项目赤字都不大。泰国的经常项目赤字占GDP的比重于1996年上升至8%。尽管如此，仍然有大量的资金流入为其赤字融资。

危机首先攻击了泰国。从 1996 年起，出口下降的预期使泰国股票和房地产价格下跌。泰铢面临着贬值的压力。到 1997 年中期，贬值压力剧增。一些曾经借入美元和日元又没有进行套期保值的银行和其他泰国公司，匆匆忙忙抛售泰铢，买入外汇资产。泰国政府无力继续维护泰铢的汇率，从 1997 年 7 月起，泰铢被迫贬值。

1997 年下半年，危机蔓延到其他几个亚洲国家，尤其是印度尼西亚和韩国，同时也包括马来西亚和菲律宾。外国投资者对当地银行债务人以及当地股票市场失去了信心，当地债务人疯狂抛售本币，希望通过套期保值来规避汇率风险。图表 7—4 显示，在 1997 年下半年，泰国、印度尼西亚、韩国、马来西亚和菲律宾的货币都贬值了 40%甚至更多。（图表 7—4 也显示出新加坡元受到的影响较小，而通过货币局制度钉住美元的港元则完全不受影响。）

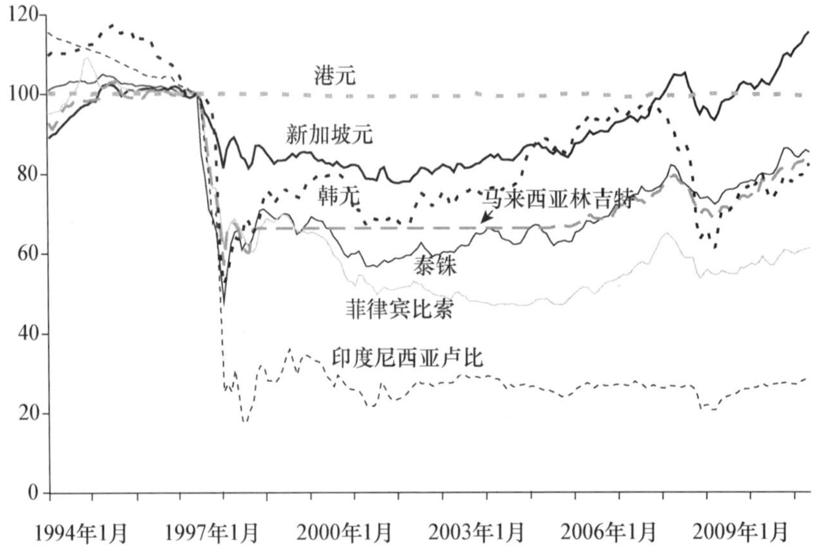

图表 7—4　美元对亚洲一些货币的汇率指数值（1994—2011 年，以 1997 年 6 月为基期=100）

资料来源：International Monetary Fund，*International Financial Statistics*.

为了应对这场危机，国际货币基金组织实施了一个庞大的援救计划，承诺向泰国提供最高可达 170 亿美元的贷款（泰国实际借入了 130 亿美元），向印度尼西亚提供最高可达 420 亿美元的贷款（印度尼西亚实际借入了 110 亿美元），向韩国提供最高可达 580 亿美元的贷款（韩国实际借入了 270 亿美元）。如同墨西哥一样，这些大规模的援救计划以及各国政府的政策改革确实抑制住了危机，但各国也付出了一定代价。货币贬值和经济衰退改善了各国经常项目的状况，但这大都是因为缩减进口实现的。这些国家的经济也陷入了持续数年之久的衰退。

7.3.6　1998 年的俄罗斯危机

1997 年，俄罗斯虽然经受住了亚洲金融危机的冲击，但其国内的经济基础非常薄弱。俄罗斯存在巨额的财政预算赤字，政府借债使其国内和国外债务迅速增加。

1998 年中期，债权人停止向俄罗斯政府提供更多的贷款。1998 年 7 月，IMF 拟定了向俄罗斯政府提供最高可达 230 亿美元贷款的援救计划，并计划向其提供 50 亿美元的首批贷款。但是，俄罗斯政府没有按照贷款条件的要求进行政策改革。俄罗斯的富人们为了把资本转移到国外而大量抛售卢布，购入外币，导致卢布面临严重的贬值压力。1998 年下半年，政府大量债务到期需要偿还，投资者的信心下降，抛售卢布的压力促使俄罗斯的股票和债券价格急剧下跌。

1998 年 8 月，俄罗斯政府宣布实施激进的措施。政府单方面"重组"了其以卢布计值的债务，实际上将绝大部分债权人的财产化为乌有；为了保护俄罗斯银行的利益，对银行和其他私人企业的外汇债务实行 90 天的延期偿付；政府还转向浮动汇率制使卢布贬值，并且请求 IMF 提供下一期贷款的资金，但遭到 IMF 拒绝，因为俄罗斯政府没有达到 IMF 的财政改革要求。

外国债权人无比震惊。他们原以为俄罗斯太大了，IMF 是不可能让它垮掉的，一定会向俄罗斯提供偿还债务所需的资金。投资者对所有新兴市场的投资风险重新评估后，迅速抽回了他们的投资。抛售导致俄罗斯的股票和债券价格狂跌，很多资金转向更有投资价值的美国政府债券。1998 年，国际银行贷款潮流的逆转以及对股票和债券的投资，导致发展中国家长期资金净流入下降（见图表 7—2）。

7.3.7　1999 年的巴西危机

巴西是受到俄罗斯危机冲击较严重的国家之一。1998 年 11 月，IMF 拟定了一项援救计划，向巴西政府提供最多达 410 亿美元的贷款（巴西实际借入 180 亿美元），以提高巴西应对危机的能力。巴西存在巨额经常项目赤字，政府通过外汇干预和高利率维持其爬行钉住汇率。由于政府未能实施 IMF 提供贷款所要求的财政改革，资本外流继续增加。

1999 年 1 月巴西政府取消了钉住汇率制，巴西货币雷亚尔开始贬值。所幸这种情况没有恶化为一场全面危机，因为巴西的银行系统监管比较完善，没有受到波及。到 1999 年 4 月，巴西以及其他发展中国家已有能力向外国投资者发行新的债券。这说明，尽管此时发展中国家的净资本流入量仍然低于 1997 年的水平，但新兴市场的金融资产价格已开始上升。

7.3.8　2001 年的土耳其危机

土耳其经济及政府政策数十年间一直问题不断，自 1958 年起就开始不停地从 IMF 借款。2000 年 1 月土耳其又向 IMF 申请了一个 100 亿美元的借款计划，并承诺降低该国的通货膨胀率（很多年前土耳其的通货膨胀率就接近 100%）、改善银行管理系统和关闭经营不善的银行、对国有资产私有化、取消诸多补贴以及减少财政赤字。为了应对通货膨胀，土耳其政府采取了爬行钉住汇率（钉住包括欧元和美元在内的一篮子货币）。

新借款计划的宣布吸引了大量的资本流入。然而，其银行监管依然脆弱。土耳其银行还承担着汇率制度造成的巨大风险。因为银行以低利率借入外汇，再将其转换为土耳其里拉投资于高利率的土耳其政府债券。土耳其经济得到了快速增长，通货膨胀率降低到 50%以下，但财政赤字仍然很高，经常项目赤字上升到 GDP 的 5%。2000

年 11 月，危机的前奏出现了，外国投资者开始撤资。土耳其政府动用了大量的官方储备以维持其爬行钉住汇率。12 月，随着几个重量级的银行家被捕，压力不断升级。为阻止资本外逃，年贷款利率在一夜之间上升至 2 000%。IMF 推出一项新的贷款计划，承诺在下一年给土耳其追加最高 75 亿美元的贷款。

在经过一段时间的平静之后，由于立法程序延迟，总统和首相之间对于改革的政见不合，经济在 2001 年 2 月再度恶化。利率又在一夜之间被提高到四位数，政府不得不再次动用其大量的官方储备以维护钉住汇率制。随后，该国政府被迫放弃钉住汇率制，土耳其里拉在两天内贬值了 1/3。土耳其的银行遭受了巨大的经济损失，国家陷入了严重的经济衰退，2001 年的实际 GDP 下降了 9%。2001 年 5 月，土耳其又申请了另一项 IMF 借款项目。

7.3.9　2001—2002 年的阿根廷危机

20 世纪 80 年代末，阿根廷经济处于一片混乱之中，每年恶性通货膨胀率超过 2 000%，货币币值直线下降。20 世纪 90 年代初的几年里，情况发生了改变，阿根廷政府采用了货币局制度，将阿根廷比索钉住美元，使得通货膨胀率几乎降为零，经济直到 1998 年都持续高速增长。阿根廷还加强了银行系统并建立了可靠的监管体系。外国投资者注意到了阿根廷政府的这些做法并非常赞赏——外国资金开始流入阿根廷。

1997 年年初，阿根廷比索的实际汇率开始升值，首要原因是美元相对于其他货币走强。其次是由于巴西货币在 1999 年大幅贬值。阿根廷产品的国际价格竞争力开始减弱，经常项目赤字增大。此外，阿根廷的财政状况也一直存在问题，从 1998 年年初开始，随着经济衰退，财政赤字不断攀升。政府的大量债务都以外币计值，它们都归外国贷款者和债权人所有。

2000 年年末，阿根廷获得了一项总值为 400 亿美元的政府贷款计划，其中 140 亿美元由 IMF 提供。然而，情况并没有得到改善，财政赤字问题仍没有得到解决。私人资本流入开始减少并逐渐降为零。阿根廷不断提高的利率也使得经济衰退进一步加剧。2001 年 9 月，IMF 给阿根廷提供了一次性 60 亿美元的大规模贷款，同时也是最后一笔贷款。由于阿根廷政府没有按照 IMF 的要求进行改革，IMF 拒绝以援救计划的名义再向阿根廷提供贷款。

于是，阿根廷人开始怀疑固定汇率制能否延续、银行系统是否可靠。不久后这种怀疑就转变成银行被大量挤兑的现象，政府在 11 月份不得不关闭了一些银行。在 12 月份这些银行重新开张时，政府对提款权作了很大的限制。愤怒的人们进行了大规模的示威活动，有人趁机抢劫，结果造成 23 人死亡。阿根廷总统辞职，在短短两周之内，阿根廷相继出现了 4 位新总统。

2002 年年初，阿根廷政府放弃了固定汇率制，阿根廷比索在当年的前 6 个月里贬值了大约 75%。政府已经无力履行约 1 400 亿美元的债务，其中绝大多数是国外债务，在此之前从未有过如此大面积的违约。此外，比索的贬值给银行造成了巨大损失，这是因为银行里美元债务和美元资产的错配，尤其当银行要将美元资产和债务兑换成比索时，政府设定了种种条款和限制。很多银行因此倒闭，银行系统几近瘫痪。2002 年阿根廷经济在经历了多年的不景气后又一次出现大幅度衰退，实际 GDP 下降了 11%。

起初，人们普遍预测阿根廷危机不会波及其他发展中国家。但几个月之后，危机还是殃及了邻国，尤其是乌拉圭。乌拉圭的旅游业和银行业高度依赖阿根廷。随着阿根廷游客日渐稀少，乌拉圭旅游业变得不景气；阿根廷人纷纷取回在乌拉圭银行的存款。为了维护爬行钉住汇率制，乌拉圭官方储备急剧下降，乌拉圭不得不在6月份转向浮动汇率制；该国货币在两周内贬值了一半。同年8月，乌拉圭获得了IMF的援助，以稳定国内的金融秩序。即便如此，乌拉圭经济仍遭遇了严重的衰退，实际GDP在一年内下降超过10%。

7.4 金融危机的根源

尽管对发展中国家的国际借贷可以为投资者带来收益，但回顾过去几十年的历史可以看到，国际借贷同时也会引起金融危机的频繁发生。那么，如何理解金融危机发生的频率和范围？对这一问题的深入考察主要集中于以下五个因素，这些因素能够并且确实导致了金融危机。

1. 过度放贷与过度借债。
2. 外部冲击。
3. 汇率风险。
4. 多变的短期国际借贷。
5. 危机的全球蔓延。

7.4.1 过度放贷与过度借债

图表7—1所示的规范有序的贷款模型假设，贷款人只愿意贷款给将来产生的收益能足够还贷的投资项目（借款人只愿意为这样的项目借款）。然而事实并非总是如此。20世纪70年代末和90年代中期曾出现贷款人向一些国家过度放贷的现象。

过度放贷与过度借债源于借债国政府过度扩张的政策。这种政策导致政府通过借债弥补日益扩大的预算赤字，政府可能还要为私人借款者提供担保，以便弥补增长中的经常项目赤字。向政府提供贷款，例如向20世纪70年代末和80年代初的墨西哥政府，或向90年代的阿根廷政府提供贷款，看上去风险比较小，但实际情况并非如此。当政府意识到已经过度借债时，便会产生不履行债务的动机，这样就出现了金融危机。（“扩展阅读”专栏中的“主权债务的特例”进一步考察了政府拖欠外债的情况。）

扩展阅读

主权债务的特例

绝大多数发展中国家的债务是主权债务——由政府承担的债务或由政府担保的私人债务。从图表7—3可以看出，1990年，主权债务占全部长期债务的比重达94%，而到2009年尽管对私人公司的证券投资已变得日趋重要，主权债务的比重仍有51%。

主权债务与私人债务不同。如果债务国不愿意偿还债务，没有人能够以法律手段强迫其还债。债权人不能起诉债务国或没收其资产。虽然在历史上也曾经有过债权国强迫债务国还债的情况：在 19 世纪下半叶，由于埃及不能向英国和法国的债权人偿债，英法两国接管了埃及的税收权；20 世纪初，在要求委内瑞拉偿债时，债权人背后有军舰撑腰。然而，炮舰时代已经一去不复返了。如今，如果马来西亚不履行债务，美国和其他债权国不可能出动军舰，也不可能派一群打手去教训马来西亚的财政部长。

如果不能迫使债务国偿还债务，那么它们为何要还债呢？一般的解释是，债务国按时还债是为了保护其未来的信誉。显然这一答案并不准确。如果新的贷款能足够快地增加，那么债务国就能偿还不断增长的债务。但是如果债务国从未全额偿债，那么这根本就不是解决之道。况且债权人也不愿意“自己为自己偿债”，于是他们不再提供新的贷款，那么债务国就不能履行债务。

要正确理解债务国为什么会偿债这一问题，首先要认识到债务国如果不履行债务，所失去的将不仅仅是未来得到贷款的机会。在国内贷款中，抵押物的设置意味着如果债务人不偿债，他可能损失更多。当债务人不履行还款义务时，各国法律允许债权人接管其财产，但只限于违约所涉及的金额。

除信誉外，债务国如果不履行还款义务，它还会损失什么？尽管不存在可以与国内法律中所承认的抵押物相媲美的东西，但总有办法设定相当规模的国际抵押物。如果债务国在债权国银行或企业中拥有大量实际投资，前者便会担心这些投资会被对方在报复中所没收。例如，德黑兰人质事件发生后，美国在 1979—1981 年冻结了伊朗的资产。另外，1990 年伊拉克入侵科威特后，几个国家冻结了伊拉克的资产。但实际上，国际抵押机制并不十分完备。这类抵押资产的金额并不一定等于债务国可能的违约额，而且债权国从法律上可能难以没收这些财产。

除此之外，拖欠债务的国家还会有两种损失。第一，拖欠会产生宏观经济成本。我们已经看到与金融危机相联系的拖欠可以破坏一国国内的金融体系和国民经济。国民经济通常会陷入严重的衰退，进而给国家带来巨大的损失。此外，如果债务国不能为贸易提供融资或者债权国对其设置了新的贸易壁垒，债务国进出口能力就会被削弱。第二，拖欠国的整体信誉将会受损，从而导致其他福利损失。例如，跨国公司会将拖欠视为国家风险的增加。如果跨国公司不对该国投资或将资金撤出该国，该国将会失去跨国公司在技术、管理经验、人员培训以及营销技能等方面带来的溢出效应。

那些不想履行还款义务的国家在对收益—成本问题进行权衡时，必须考虑到上述这些额外损失。收益—成本问题的答案也表明了向主权国家提供贷款时所应谨慎考虑的贷款数量限度。下页图对一些关键因素进行了总结。为简化起见，考虑了债务国在债务期满时所欠的全部债务，即债务存量（D）加上应付利息（iD）。债务国正试图完全不履行债务，因此，直线 $(1+i)D$ 表明了不偿还债务的收益。债务国不履行还款义务的成本（C）在一定程度上也取决于债务存量。对任何不履行的债务，无论债务总量为多少，都存在一个固定成本（C_0）。固定成本包括信用度的下降、宏观经济成本，以及一些国家声誉的损失。在点 C_0 以上，拖欠债务的成本可能要随着被拖欠债务量的增加而增加，但是并不像后者增加得那样快。未来贷款机会的丧失、资产被没收、宏观经济成本以及更为严重的声誉损失，可能也会随被拖欠债务量的增大而增大，但这类损失是有限度的。超过这一限度，更多的拖欠并不会招致更大的惩罚。

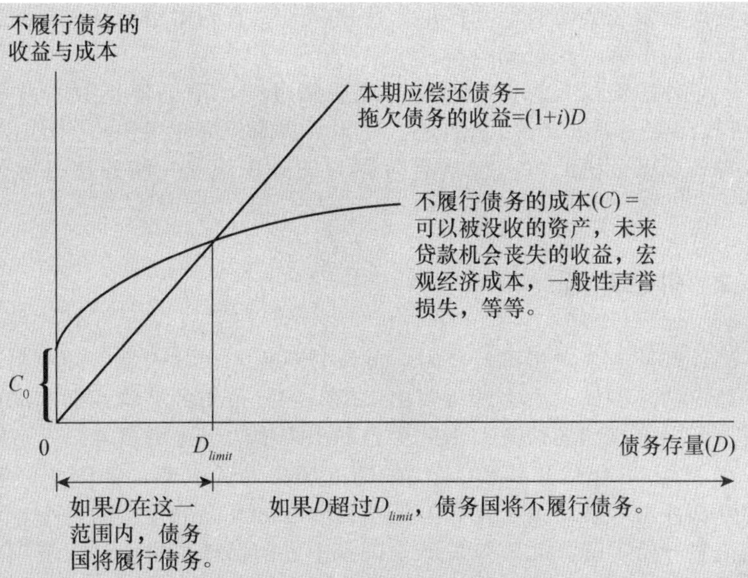

拖欠债务的收益与成本

与拖欠债务的收益相比，拖欠成本的增长要慢于拖欠债务额的增长，这一点意味着在债务总量还不太大时，债务国会按期偿债。然而，超过了一定债务量的临界点（D_{limit}），债务国偿还债务的意愿便会消失。在这一临界点的左边，贷款会有序地进行，因为此时不履行债务的成本要超过拖欠债务的收益。

不履行债务的原因还包括以下几点。第一，债务国积累的债务可能已超过了 D_{limit}。这便是本章讨论的过度放贷和过度借债问题。分析表明，一旦超过 D_{limit}，债务国会认为即便有能力偿债，偿债也是不明智的。第二，实际利率的提高将增加不履行债务的收益。这在图中表现为收益线 $(1+i)D$ 向上移动。如果在利率上升之前，国家债务正好等于 D_{limit}，那么在利率上升后，它便位于新的 D_{limit} 上方。此时国家便有了不履行债务的动机。这是本章讨论的外部冲击如何应用于主权债务这一问题上的一个特例。

如果债务国宣布假如得不到用于偿还债务的新贷款便拒绝还债，债权国是否应当对它提供新的贷款呢？上图给出的答案是否定的。债务国的声明意味着，该国的债务存量已经超过了安全极限（$D>D_{limit}$）。提供更多的贷款以便让对方能够支付当前的利息，这意味着在图中从位置 D 向右方移动（D 增加）。债务国不履行还款义务的收益与成本的差变得更大。除非其他某些因素发生变化，该国将不会履行还款义务。

亚洲金融危机（以及 1994—1995 年程度稍轻的墨西哥危机）表现为一种新的过度放贷与过度借债形式：过多地向私人借款者而非各国政府提供贷款。20 世纪 90 年代，由于各国政府向债权人提供了偿还担保，因此向亚洲各国银行提供贷款看似风险较低。巨额资本的流入使国内借款更加容易。在国内贷款高潮中，一些贷款是为了当前消费，因此这些贷款不是用来产生未来收益的投资。① 另外一些贷款流向低质量的投资——投资收益率低或风险过大（甚至很可能不产生收益）。一般来说，资本流入

① 作为平抑国家长期消费的战略，为当前消费的借款是合理的。因为如果国家在未来收入提高了，那么高出的收入可以用于偿债。但是向当前消费借款也是有风险的，因为它并没有提高未来收入增长的可能性。

和信贷市场繁荣会使股票和房地产价格飙升。直到价格泡沫破灭之前，这段时期内流入的资本似乎都可获得高收益。

一旦外国债权人意识到他们已经放贷过度，便会停止放贷并争取尽快收回贷款（在可收回资金消失之前）。但是，并非所有债务都能很快得到偿还，于是金融危机爆发。导致金融危机的过度借贷有时称为债务积压——债务超过有望偿债资金的现值部分。

7.4.2 外部冲击

当外部冲击袭击一国经济时，国际贷款人和借款人都必须对借款人的偿债能力进行重新评估。例如，由本国主要出口商品国际价格的下跌而引起的出口收入减少，可能使债务国更难偿还债务，由此更容易出现拖欠债务的现象。

20世纪80年代初和90年代中期的历史经验表明，美国实际利率提高是一个重要的外部冲击因素。由于没有其他项目能有如此高的投资收益率，流向发展中国家的资金流量开始下降。此外，发展中国家中先前已获得资金的投资项目可能没有产生足够的收益，使其难以偿还银行贷款；同时使这些国家的股票和债券价格开始下跌。外国投资者对其投资后悔不已，指望在资产进一步贬值前将其售出。如果债务人不能迅速采取措施，资金的突发性抽逃便会导致一场危机。

7.4.3 汇率风险

有时候，债务的形式也能成为金融危机发生的原因。在墨西哥、亚洲和土耳其的金融危机中，私人借债者拥有大量以外汇计值的债务，以换取以本币计值的资产。这些借款人甘冒汇率风险，因为他们预期（或指望）政府将继续维持固定或高度管理的汇率水平。这种未经套期保值的外债中很大一部分是“转贷”，即金融机构以低利率借入美元或日元并将其兑换成本币后，再以高利率将本币在国内贷出。只要本币币值稳定（在未来便可以将其以相同的汇率兑换成美元或日元，以偿还国外贷款），这种交易是非常有利可图的。

当本币贬值的可能性日渐显现时，债务人便试图通过售出本币对自己的头寸进行套期保值，但这样做将使政府面临更大的维持固定汇率的压力。如果政府放弃固定汇率，债务人未经套期保值的头寸便会遭受损失。这一损失会使他们更加难以偿还外债。此时，外国债权人会减少放贷，并极力尽快收回贷款，进而导致金融危机。

7.4.4 多变的短期国际借贷

另一种债务形式也有助于我们理解金融危机发生的原因。短期债务——那些应很快予以偿还的债务——会引发重大问题，因为外国贷款人可以拒绝提供新的贷款。墨西哥政府无力偿还大量即将到期的 tesobonos 短期债券，这是导致1994—1995年墨西哥危机的一个主要因素。在亚洲金融危机中，大量即将到期的银行短期债务，使各国政府陷入了政策上的两难境地。各国政府可以提高利率以继续吸引外国资本，但这会损害本国借款人的利益，并减少银行的贷款收益。政府也可以对本国银行的外债提供担保或将其接管，以防止本国银行倒闭。但是政府本身并没有足够的外汇偿债，因此当外国债权人要求偿还贷款时，这些国家的政府便面临亲手点燃金融危机导火索的危险。

短期债务对借债国是有风险的，因为外国债权人可以基于自己对债务国前景的看法而很快地从一个平衡点移动到另一个平衡点。在一个平衡点上，债权人会对短期债务提供再融资或借新还旧，这一过程可以不断延续。但如果债权人突然转向另一个平衡点，要求债务人立即还款也是可能的。如果债务国不能迅速还债，金融危机就爆发了。

7.4.5　危机的全球蔓延

前面讨论的四种因素——过度放贷与借债、外部冲击、汇率风险以及短期债务——说明了为什么金融危机会袭击某一国家。然而，1980 年之后，金融危机发生的原因不止于此。当金融危机在某一国发生时，它通常会四处蔓延，影响其他很多国家。某种形式的国际**蔓延**（contagion）在发生作用。一些危机蔓延发生在相互之间有密切贸易关系而受影响的国家间。因此，一国遭遇危机，如阿根廷，就会波及另一国，如乌拉圭。

危机的蔓延可能是外国债权人在仓皇寻求出路时的一种过度反应。此时会出现“羊群”效应。借款人往往不向债权人提供全部的信息，而一些债权人自行获取准确的信息要付出很大的成本，于是这些债权人便会仿效另外一些可能已经掌握更多信息的债权人的做法；或者即便没有这方面的显著证据，他们也会担心其他债务国很有可能已经出现类似的问题。

当人们认识到其他国家确实存在已发生危机国家的类似问题，危机会迅速蔓延。一国发生的金融危机能起到警示作用：其他国家存在类似的问题吗？墨西哥的金融危机在一些与之有类似问题的国家中产生了更为严重的波及效应——包括本币估价太高、银行系统脆弱、本国贷款过度，以及官方储备相对较少。在亚洲，泰国危机使人们意识到，印度尼西亚和韩国也存在类似问题，如脆弱的银行业、国内资本构成质量下降、出口增长放缓以及难以为继的固定汇率。

有关分析表明，不同的蔓延形式可能是很重要的，并且可能在很多危机中同时发生。对于一国危机的最初反应往往是纯粹的蔓延，因为国际贷款人从发展中国家撤出几乎所有投资。随后，在更加仔细地研究了其他国家的情况后，国际贷款人会恢复对那些似乎不存在类似问题的国家的贷款。但是金融危机终究会扩散到那些存在类似问题的国家。尽管危机的扩散以各国实际存在的问题为前提，但它仍是一种蔓延效应。如果第一个国家不发生危机，其他国家也许就会避免危机的发生。

全球危机

洞见和相似之处：此次并无不同

这个时期看起来也许与以往不一样，但是更深入的观察却往往显示它并不是不一样的。

——卡门·M·莱因哈特和肯尼思·S·罗戈夫（Carmen M. Reinhart and Kenneth S. Rogoff），《这次是不同的：八个世纪的金融蠢事》（*This Time Is Different: Eight Centuries of Financial Folly*）(2009)

此次全球金融和经济危机发源于美国和欧洲，并在世界范围内产生了巨大的影响。本章关注的金融危机都是以发展中国家为中心的，并且通常都是国家性和地区性的。我们也探讨了引起发展中国家金融危机的主要因素。现在研究我们的观察如何促进和加深我们对 2007 年全球金融危机起源及蔓延的理解。（第 1 章我们就谈到了全球金融危机。）

全球金融危机的根源主要是过度借贷。在 2007 年之前的几年，美国的金融机构、工商企业以及家庭积累了大量新债务，同样的借贷高潮也出现在如冰岛、爱尔兰、西班牙、保加利亚和新西兰等国家。这些大量新增债务背后是其他国家大量的储蓄，尤其是亚洲国家为了低估本币币值而积极干预外汇市场，并积累的大量美元。过度借贷的资金来源于“全球储蓄过剩”，即大量资本流入直接弥补了美国和其他国家巨额的经常项目赤字。储蓄过剩压低了利率。对更高收益的追求则导致对风险资产的过度投资，因此，与这些资产利率相连的风险报酬跌至很低的水平。廉价资金，尤其是对高风险项目的投资，是导致过度借贷的一个重要因素。

导致过度借贷，尤其是美国的过度借贷的另一个因素是，银行不断地把家庭和企业的借款打包成资产担保证券。这些证券似乎可以“化腐朽为神奇”，将次级抵押贷款打包成看似低风险的证券，并向全世界投资者兜售一空。德国储蓄银行就购买了大量美国以房地产抵押做担保的证券。

在美国、一些欧洲国家、南非和新西兰，借贷热潮催生了房地产和其他资产的价格泡沫。而高房价又带来了更多的贷款抵押物。过度贷出与过度借入相互促进，生生不息。

过度借贷如同一堆干柴，而外部冲击就是点火装置。导致全球金融危机爆发的导火索是 2007 年 8 月法国巴黎银行宣布它不能为某些共同基金持有的次级抵押贷款提供担保。当我们刚看到这些类型的证券不断亏损时，巴黎银行早就注意到情况已经变得有多糟糕了。然后，在 2008 年 9 月，雷曼兄弟公司的破产成为第二波冲击的导火索。

在每一个冲击过后，不稳定的短期借贷就出现了。一种被称为“影子银行”的与普通银行不一样的金融机构成长起来。影子银行包括投行。投行在借贷以及投资于自己的基金、共同基金、对冲基金以及其他结构性投资工具方面越来越活跃。普通银行也在越来越多地使用这些金融工具，好把它们的一些金融活动“隐藏在资产负债表账面下”。它们可以从家庭和企业的存款获得资金，而影子银行却主要依靠普通银行及其他金融机构的短期贷款和债务市场获得资金。

在每一个冲击之后，“蔓延”便会开始袭击银行系统。潜在的贷款人和投资者会担心其他金融机构也有像法国巴黎银行和雷曼兄弟公司一样的问题和损失。他们不太愿意为即将到期的短期债务再融资或延缓付款。由于投资者争相撤资，金融市场迅速从先前的易于获得短期贷款的高可信度的均衡，转向短期贷款几近停滞的低可信度均衡。商业票据市场急剧萎缩。对于影子银行来说，短期贷款的几乎停滞相当于银行停止运转。由于不能为它们的资产持续融资，影子银行不得不出售其资产。而大量资产的紧急出售降低了资产价格，不但加大了这些金融机构的损失，也增强了债权人不想贷款给它们的意愿。

由于短期贷款的停滞很容易跨越国界，蔓延导致危机在全球的扩散。其他形式的蔓延也对危机扩散起了推动作用，其中最重要的是国际贸易。由于美国和欧洲国家的金融体系陷入严重瘫痪，它们的经济也陷入衰退，进口变得更少。由于其他国家失去了出口，它们也随之陷入更深的衰退之中。

加强金融机构的监管可以用来帮助我们防范这一灾难。美国（和其他工业化国家）对普通银行的管理在很多方面都是行之有效的。然而，金融创新不断地发现并利用了监管体系的漏洞。影子银行不但执行了普通银行的许多功能，同时也避免了许多监管。普通银行会把它们的一些金融活动从平衡表上抹掉，来减少这些活动受到的监管甚至使之完全规避监管。金融机构还会动用它们的政治权力来减少对金融衍生品的监管，如几乎拖垮美国国际集团（AIG）的信用违约掉期。一般来说，金融机构之间相互交易，导致其内部联系错综复杂，这给整个金融体系带来了更大的风险，也使监管变得更加困难。①

从过度借贷、外部冲击、几乎停滞的短期贷款、蔓延以及金融监管不足，我们可以看到发展中国家的金融危机与始于2007年的全球金融危机之间有许多相似之处。如果我们能从过去的危机中汲取经验教训，将会获益良多。尽管我们不能期望消除未来危机发生的可能性，但我们可以努力去降低具有如此破坏力的另一场危机发生的可能性。私人参与者——金融机构、投资者、出借人和借款人——应该从他们的历史经验中学会识别由过度借贷导致的巨大风险。政府决策者也应当对金融机构实行更有效的监管。

7.5 金融危机的解决

金融危机会给债务国及其经济带来严重的不良后果。由于得不到新的贷款，国民经济将陷入衰退。而且，一国的金融危机还会威胁其他国家的经济以及全球金融体系，它通过蔓延效应致使其他债务国的资本流入减少，使它们也身陷危机之中。在过去几十年发生的金融危机中，主要有两种应对危机的国际措施：援救计划和债务重组。下面分别考察这两种措施的作用机理及其存在的问题。

7.5.1 援救计划

受到金融危机冲击时，各国政府通常会寻求新的贷款组成**援救计划**（rescue package），以帮助其渡过危机。我们曾讨论过对发展中国家的贷款史。自20世纪90年代中期以来，这类计划的规模很大，如对泰国的170亿美元援救计划、对韩国的580亿美元援救计划。贷款人通常包括国际货币基金组织、世界银行及一些国家的政府。

援救计划可以有多种目的。第一，援救计划提供的贷款可以弥补危机中缺乏的私人贷款。贷款满足了危机国家的外汇需求，为国内新的投资提供资金，减缓国内总需求和生产的下降。第二，援救计划可以增加债务国的官方国际储备，彰显国际社会对债务国及其政府的支持，以帮助重建投资者的信心。即便这种做法不能立即使贷款人为债务国提供新的私人贷款，至少也可以阻止资本外流。第三，国际货币基金组织和其他官方贷款者希望通过援救计划来抑制蔓延效应，以防止危机传递到其他国家。作为这种援救活动的领导者，国际货币基金组织正在构建这样一张国际性安全网络；在某种程度上，这类似于各国为防止国内一家银行发生问题时，传染给金融系统中的其他银行所采取的措施（如存款保险和贴现贷款）。第四，作为提供贷款的条件，国际货币基金组织要求危机发生国政府进行政策改革，以迅速结束危机。这些政策改革通常包括实行更为紧缩的货币政策和财政政策，还可能包括其他一些结构性改革，如解除对国际贸易的限制或改进银行系统的管制（见本章最后一节的讨论）。

这些援救计划的一个主要问题是：它们的实际效果怎样？1995年对墨西哥实行

---

① 全球金融危机期间的历史经验使资本管制获得了更广泛的支持。包括中国和印度在内实行资本管制的发展中国家受全球金融危机的影响较小——它们的实际经济增长遭受的衰退更小。

的援救计划似乎很成功地帮助该国解决了金融危机，而 1997 年对亚洲各国的援救计划最多也只是取得了中等程度的成功。危机国经济陷入了异常深远和持久的衰退，各国货币的汇率水平在经过大幅度贬值后才得以稳定下来。俄罗斯则是一个反面的例子——该国未能满足国际货币基金组织的条件，因此对该国的援救计划也从未被真正实施过。对巴西的援救计划并没有阻止该国货币贬值，这在很大程度上可能是由于巴西政府并没有实施它曾经承诺的财政改革。但是援救计划似乎有助于阻止金融危机的全面爆发。对土耳其的援救计划在阻止危机蔓延方面，基本上是成功的。对阿根廷的援救计划没有成功地阻止金融危机的爆发，因为阿根廷政府未能达到援救要求，国际货币基金组织在危机发生前就已取消了援救计划。

另一个重要问题是：这种援救计划是否鼓励了过度放贷和过度借债，从而实际上增大了发生金融危机的可能性。金融危机发生之时，援救计划等于为债权及债务双方提供了双保险。当有人能够提供这种保险时，债权及债务双方便不再担忧金融危机，这样，他们就会更多地借出和借入——这正是一种**道德风险**（moral hazard）。道德风险的例子如保险使被保险人的谨慎程度下降，因为如果不幸事件发生，保险可以提供补偿。由于危机总会给债务国带来巨大损失，对于它们而言，道德风险似乎并不是很大。即便实施了援救计划，债务国在危机中仍要承担很大的损失。

对于债权人而言，援救计划却可能带来道德风险。在 1994—1995 年的墨西哥危机中，墨西哥曾经依靠援救计划来偿还外债，包括对 tesobonos 债券持有者进行全额支付。在这场危机中，接受援救的债权人并没有遭受很大的损失，这也许鼓励了 1996—1997 年的国际过度借贷，因为债权人无须担忧放贷的风险。

在亚洲危机中，向危机国的银行提供贷款的债权人基本上依靠援救计划很快获得了全额偿付。然而，道德风险的范围亦是有限度的。购买私人债券及股票的外国投资者在这些国家的证券市场价格下跌时遭受了巨大的损失，向私人非金融机构借款者放贷的外国银行也难逃厄运。

对俄罗斯援救计划的失败，使所有外国债权人都遭受了巨大的损失。债权人中的很多人都曾经寄希望于援救计划能减少自己的风险（行动中的道德风险），然而事实却使他们大失所望。在俄罗斯危机之后，债权人在向发展中国家提供贷款时更为谨慎，这在一定程度上可能是因为他们重新评估了放贷风险。2002 年阿根廷金融危机时对其贷款违约，而债权人也没有获得任何援助，这个事件再一次强化了贷款人对发展中国家放贷时，必须重新进行风险评估。由于贷款人意识到不一定能够通过援救计划获得补偿，道德风险因而有所降低。

7.5.2 债务重组

债务重组（debt restructuring）指债务条件的两种变化：

- 债务延期，即在债务到期时，将偿债期延长至未来某个时点，债务总金额维持不变，但借款人可以在更长时期内偿债。
- 债务削减，即减少债务总量。

当金融危机袭击某国时，由于该国的债务量超过了其愿意或能够偿还的数量，所以危机的解决往往需要进行债务重组。通过延长偿债期或减少债务量，债务国可以更好地安排当前及未来的债务偿付。关键的问题是要在债权人与债务人之间达成重组协议。这里存在搭便车问题。每个债权人都倾向于置身事外，寄希望他人调整债务协议，而不是调整自己的协议。这样，搭便车者便可以什么都不做就能很快或全额得到偿付，而其他同意进行债务重组的债权人则不得不等待更长的时间或收回更少的贷款。然而，如果搭便车问题阻止了债务重组协议的达成，可能的结果便是危机得不到解决，所有的债权人都将遭受损失。

始于1982年的债务危机一直延续到20世纪80年代末，部分原因是缺少一个体系能够协调数百家向危机国家提供贷款的银行。除搭便车问题以外，很多辛迪加贷款协议中的法律条款也限制了债务重组。如前面所述，1989年的布雷迪计划最终确定了债务重组的程序。该计划向债权银行提供了一个调整方案的选择菜单，以及必要时的强制措施以应对"搭便车"行为。在典型的布雷迪安排中，各债权银行都有权选择是部分削减债务，还是在向危机国提供新贷款的条件下维持原来的贷款协定。当债权银行将其银行贷款转为金额略小的、有抵押物作担保的债券时（通常为美国政府债券），便采用债务削减方案。债务国可以通过向国际货币基金组织和世界银行借入一部分款项来建立这种抵押（通常，国际货币基金组织在提供贷款时，也会以政策改革为条件）。布雷迪计划曾成功地为18个危机国减少了650亿美元的债务，约占这些国家债务总量的1/3。随着布雷迪计划不断地解除了许多国家的危机，流向这些国家的国际借贷也逐渐得以恢复。

在20世纪90年代的金融危机中，对银行债务的重组变得愈加顺利。为数不多的债权国及债务国之间的谈判较为容易。但此时的主要问题是很难进行债务重组。

原则上，2003年以前发行的主权债券在没有得到全体债权人同意前不得进行重组。但问题是债券持有者通常成千上万，谈判异常艰难，只要有几个债券持有人不妥协，就能搁浅大多数债券持有人和债务国达成的可接受协议。（除此以外，如果债券发行人不履行偿付义务，任何债券持有人都有权提起法律诉讼，强制要求债务人立即偿付全额债款。）虽然相当顺利地进行国际债券重组看来是可能的，如厄瓜多尔、巴基斯坦和乌拉圭的例子，但它也可能进展缓慢、过程艰辛，如俄罗斯和阿根廷的例子。

有些国际债券包含集体行动条款，如：

- 约定一个可以约束所有债券持有人共同执行债券重组协议的特定比率（一般为75%）。
- 债券发行人支付的所有款项必须在所有债券持有人中平均分配。
- 除非起诉人占全部债券持有人达到一个最低的比例（一般为25%），否则起诉不具有法律效应。

传统上，根据纽约州法律所发行的债券不包含集体行动条款。但2003年，墨西哥基于纽约法规，打破常规地发行了包含集体行动条款的债券。如今发行债券时，加入这个条款是很常见的。随着这一条款的普及化，债券重组的效率大大提高，这对于陷入僵局的债券发行人和绝大多数债券持有人都更有利，因为这些债券持有人可以获得更好的部分偿付。

7.6 减少金融危机发生的频率

金融危机使债务国遭受巨大的损失，因为危机通常伴随着贷款机会的突然减少、宏观经济的衰退以及经济增长的放慢。金融危机中的债务拖欠、债务延期、债务削减，以及在二级市场交易的债券、股票、贷款等市场价格的大幅下跌，也会给国际债权人带来巨大的损失。尽管在危机爆发后能找到解决办法，但更好的办法是找到防止金融危机发生或降低其发生频率的途径。

历史上从来就不乏改进“国际金融架构”的建议，其中有四种建议得到人们广泛支持并被许多国家采用。第一，发展中国家应当实施稳健的宏观经济政策，以避免过度借债或者对政府信心的丧失，这些都可能导致金融危机。第二，各国应当改进其向公众发布信息的能力，及时详细地提供国家总债务及其构成的细节，以及国际储备数量的信息。掌握了更好的数据信息，债权人就可以合理地做出贷款和投资决策，减少过度放贷的可能性，并降低向新兴市场扩散债务危机的风险性。尽管这种信息发布要求无可争议，但实施却有障碍。每当贷款人最需要准确信息时，发展中国家政府却倾向于提供误导、不完全的信息。第三，发展中国家政府应当避免短期外币借款，以防止外国债权人突然要求偿债而引发危机。本节的下一部分将更详细地考察被广泛接受的第四个建议，即对发展中国家银行更好地进行管制与监督。

其他一些建议更有争议性，甚至有些建议提出的改革方向与另外一些建议背道而驰。比如，建议发展中国家应停止实行固定的或高度管理的汇率制度，转向更为灵活的汇率制度，这会使现存的汇率风险更易察觉，避免私人借债者拥有过大的未经套期保值的外汇债务。与之完全相反的建议则是，发展中国家应当实行接近于永久性固定汇率的制度，并更多地采用货币局制度及美元化制度。这种安排可以迫使各国政府实施更为稳健的宏观经济政策。在另一组相反的建议中，一种建议是 IMF 应当得到更多的资源，以便能够同时向那些需要经济援助的大国提供大额救援计划。这一建议的支持者希望 IMF 能够更像一个全球终极贷款者那样，更有效地平息恐慌和蔓延。相反的建议是，应当取消 IMF，或者严格限制其援救活动。因为该组织提供的贷款导致了大量的道德风险问题。鼓励过度放贷会使危机更容易发生。① 如本章前面关于 IMF 借贷的专栏所述，IMF 近期大量增加了它提供贷款的额度，因此，对 IMF 的第一个提议的支持者赢了。

全球治理

当强大的约瑟夫遇到强大的货币力量

诺贝尔经济学奖得主约瑟夫·斯蒂格利茨在 20 世纪 90 年代末 IMF 解救金融危机时，始终处在第一线。他先是担任克林顿政府的经济顾问委员会主席，后成为世界银行首席经济学家（世界银行是由布雷顿森林协议建立的旨在促进世界发展的机构）。他对自己看到的景象很不满意，于是用各种演讲、文章以及题为《全球化及其不满》（*Globalization and Its Discontents*，2002）的著作进行反击。

强大的约瑟夫

斯蒂格利茨首先从凯恩斯的概念出发，指出 IMF 应该是什么样子（还记得在第 6 章中提出布雷顿森林体系的凯恩斯和怀特吗?）。斯蒂格利茨认为 IMF 借贷的目的应该是对一国暂时赤字的救助，而无须强迫该国采取过度紧缩的政策。当全球都在给赤字国家施加压力，要求其调整收支平衡时，这个目标是很重要的。应该抵制那种想通过引起衰退的方法来解决赤字问题的观点。斯蒂

① 这是杰弗里·弗兰克尔（Jeffrey Frankel）定律的一个例子：每一个对 IMF 的批评都会对应一个对该批评的批评。约瑟夫·斯蒂格利茨（Joseph Stigliz）是 IMF 的公开批评者，他的观点见“全球治理”专栏中的“当强大的约瑟夫遇到强大的货币力量”。

格利茨给 IMF 救助 1997—1998 年亚洲金融危机的政策打了一个低分："一旦一个国家出现了危机，IMF 的基金和项目不仅不能稳定该国的经济形势，甚至在很多情形下把事情弄得更糟。这对穷人来说影响尤甚。"

斯蒂格利茨认为，IMF 对所有的危机都开出相同的宏观经济处方，而无视各个危机国家的实际情况。它要求借贷国紧缩货币政策和财政政策，必须采取高利率政策阻止货币的进一步贬值。危机所带来的负面影响已经使国家陷入衰退的深渊，紧缩的货币政策和财政政策只会使衰退更长久、更深远。中小型企业破产数量也大幅上升。

斯蒂格利茨认为，让汇率自由下降到均衡状态，情况会更好。汇率超调之后，会发生反弹并最终稳定下来。他质问 IMF 的贷款是不是过多地关注了危机国的还款能力，而不够关心该国的经济状况和人民。

他注意到马来西亚拒绝了 IMF 的救助计划，并在国内实行与 IMF 的要求背道而驰的经济政策，如实行资本管制以限制投资者把资金从国内抽走，重新实行马来西亚林吉特和美元之间的固定汇率政策，并保持国内低利率水平。结果是马来西亚的衰退持续时间更短，程度更轻。

他还质疑在贷款协议中要求的结构性调整。这些调整似乎无助于危机的解决，只会削弱一国的主权。比如，有什么必要需要韩国改革其政府结构，建立一个独立的、以稳定物价为目标的中央银行呢？要求它加快贸易自由化的进程又有什么必要呢？

总而言之，他认为 IMF 用错了经济理论，从技术层面上就不称职。他说："一个拥有如此多富有才干（并享受高薪）的政府雇员的机构，怎么会犯如此多的错误呢？"

IMF 的回答

2002 年 7 月，IMF 经济顾问及研究部主任肯尼思·罗戈夫，在《国际货币基金组织概览》（*IMF Survey*）上给斯蒂格利茨教授写了一封公开信。罗戈夫表示，那些向 IMF 求助的国家都遇到了很多难题："你指责 IMF，就因为放眼望去，好像全是出现问题的国家。这是不是有点像只要在瘟疫横行的地方，总能看到很多医生呢？"如果问题容易解决，一国政府是不会求助于 IMF 的。现在的情况是，政府处于风雨飘摇之中，急于向 IMF 求助猛药。

他辩称，斯蒂格利茨太不现实了。在亚洲金融危机的背景下，没有人愿意购买政府债券，或是向它们放贷，如果政府不印钞票，就无法增加政府开支或是减税。而如果政府印钞票，又会陷入无法控制的通货膨胀中。在采取一些其他措施以前，临时提高利率对于稳定汇率来说是必要的。IMF 也很快地承认其在财政政策上犯的错误，并同意适当增加财政赤字，让自动稳定器发挥作用。

罗戈夫说，斯蒂格利茨反应太快了，因而没有看到需要政府修补的市场失灵。罗戈夫相信政府失灵比市场失灵给发展中国家带来的问题更大。他总结道："约瑟夫，做学术，你是个让他人都自愧不如的天才。就像另一个诺贝尔奖得主约翰·纳什（John Nash）一样，你们都有一个'美丽的心灵'。但作为一个政策制定者，你就不那么让人惊为天人了。"

在讨论了没有争议的加强银行监管的建议后，我们来考察以下颇具争议的建议：加强资本管制、限制借贷，来结束本章。

7.6.1　银行管制和监督

银行在国民经济中具有特殊的功能，它们处于经济交易活动支付体系的中心位置。银行能够吸引存款，是基于客户对它们有能力在未来某一时间归还存款的信任，但是，如果这种信任被打破，所有存款者便会尽快地取出自己的存款，导致银行挤兑。

发展中国家的银行尤其重要。由于这些国家的股票和债券市场往往不够发达，银行贷款往往是当地企业的主要融资渠道。然而，发展中国家政府对银行的管制与监督往往比较薄弱。在管制不力的情况下，银行会选择风险较大的经营活动。银行往往会基于人际关系而发放贷款——对银行经理、管理人员以及他们的朋友，对政界要人及其开办的企业提供"裙带资本主义"式的贷款。当银行借入外币、贷出本币时，它们承担了很大的汇率风险。银行的自有资本很少，因此，它们更有可能遭遇危险，并且在陷入困境时要求政府提供援助。此外，政府往往还会对银行的贷款决策进行直接的干涉，支持那些按照政府的经济发展战略行事的借款人。

因此，存在监管不力，并且如果银行遇到问题，由于有政府出面援助的明示或暗示，银行便有了向国外过多借债的动机（贷款人也愿意贷款），也更加愿意承担未经套期保值的外汇债务风险。这些使得金融危机更容易发生。

在债务国，政府显然需要对本国银行进行更好的监督与管理。监管者应当要求各银行改进会计业务、公布更多信息、采用风险评估和风险管理技术降低风险，识别并防止坏账的出现，以及留有更多的自有资金。监管者应当积极甄别业务薄弱的银行，并坚决敦促这些银行改进业务及其管理方式。一旦它们的流动性出现问题，就将其关闭。此外，政府可能还应当允许更多的外国银行在本国营业，因为这些外国银行可以带来控制风险所需的更好的管理方式和技术。此外，政府应该有序地进行改革。为了降低危机发生的概率，一国应在开放其资本项目给银行提供外汇交易的便利之前，就加强对它们和其他金融机构的监管。

从理论上讲，对发展中国家提出进行银行监管的建议是无可非议的，但问题在于如何去实施。因为这种监管会遭遇到各种政治阻力——来自银行、受惠于裙带资本主义的借款人，以及那些会因银行自主贷款而失去某些权力的政府官员。即便这样的政治阻力可以克服，也仍旧缺乏能对银行进行有效监管的专业人员。在巴西等国，对银行的管理和监督达到了世界标准。从整体上讲，各发展中国家也都会在银行监管方面继续有所改善，但这种改善似乎将是一个缓慢的过程。

7.6.2 资本管制

降低金融危机发生频率的一个具有争议的建议是，发展中国家应当更多地控制和阻止外国资本的流入。① 这种管制可以有多种形式，包括直接限制或禁止，政府向对外借债征收一定比例的税金，或要求将借债总量一定比例的资金存入本国的中央银行（如果这一存款不产生利息，那它实际上就是对借款的征税）。这种资本管制可以从三方面减少金融危机的风险。第一，防止可能会导致过度放贷和过度借债的大规模资本流入。第二，不鼓励短期借债。第三，通过限制外国债权人从本国撤资，减少本国被他国金融危机冲击的风险。

① 另一种可能的资本管制是在金融危机时期限制资本的流出。马来西亚在 1998 年曾暂时性地采取这种管制措施。这种管制的目的在于防止资本持续外逃，消除资本外流对本国金融机构、资本市场以及本币汇率的压力。实行这种管制后，政府财政政策及货币政策可以直接针对衰退所导致的国内失衡问题，而无须过多担忧实行扩张性政策会加重金融危机。但是，这种管制可能只会在短时期内起作用。随着压力重新出现，投资者也会找到规避管制的途径。这种管制的主要成本是，它会吓退未来的潜在资本流入，这种影响甚至在管制被解除之后还会存在，这会使国家失去向国外借款的机会。

智利经常被认为是在 20 世纪 90 年代资本管制成功的典型国家。智利政府曾要求将一定比例的新贷款和投资以无息存款的形式存放在中央银行一年。政府还要求外国投资者将其在智利的投资至少保持一年以上。这些要求的主要作用就是改变了债务的结构——减少了短期债务。最近，由于全球金融危机后金融资产流入量剧增，一些发展中国家开始实施或重新实施资本管制。例如，巴西曾在 2008 年年末取消了对流入巴西投资债券的外国资本征税，但又在 2009 年 10 月对流入证券的投资恢复 2%的税，并在一年后将这一比例提高到 6%。

对资本流入实行管制的总体收益和成本如何？实行资本管制的一个主要成本是失去了国际借债的收益，因为这种管制在一定程度上会阻止国外资本的流入。尽管这种管制可以降低金融危机的风险，但它仍旧是一种次优政策。如果借债国政府可以识别哪些问题会导致危机并对症下药，那会是更好的政策。例如，如果本国银行承担了过大的风险，出现了过度借债或更多的短期外汇借款，那么直接的政策选择应当是加大对银行的监管力度。如果不能立即加强对银行的监管，那么就可以采取资本管制这个次优政策。然而，随着时间的推移，投资者和借债者会想尽办法规避资本管制，减弱这种管制的效果。也许他们只是在政府采取直接政策如更健全的银行监管之前，争取到了时间。此外，政府也可能在控制资本流入时出现政策失误。例如，韩国在继续对外国居民直接购买股票和直接投资这样的长期资本流入加以限制的同时，居然取消了对银行短期借债的管制。这导致韩国银行大规模地向国外借债，并成为 1997 年年末韩国金融危机的导火索。

总而言之，这里列举了多种可以降低金融危机发生频率的政策建议。这些建议中有些是不现实的，有些是有争议的，有些是有用且可行的，还有些则已经实施。国际借贷给贷款国和借款国双方都带来了巨大收益，但与此同时，国际借贷也曾一次又一次地促使金融危机发生。我们希望未来在解决已经发生的危机的同时，能降低危机发生的频率，并将危机的蔓延削减到最低限度。

本章小结

有序的国际借贷（或国际资本流动）可以产生与国际商品贸易相同的福利收益。尽管国际借贷会使得双方国家中一些利益集团的福利受损，但仍然增加了全球总产出并给贷款国和借款国双方带来净收益。贷款国政府或借款国政府可以对国际借贷征税。任何一方国家，只要其拥有市场力量（即能够影响全球利率），就可以通过对国际借贷征收国家最优税率，增进本国福利。但如果对方国家以征税进行报复，结果便是双方国家的境况都变得更差。

历史上，向发展中国家提供国际借贷，曾出现了数次贷款高潮和金融危机。20 世纪 70 年代，伴随着银行回笼石油美元，国际借贷急剧增加，债务危机于 1982 年爆发。这一危机持续了整个 80 年代，使得发展中国家的资金流入在相当长时间内停留在很低的水平。1989 年的布雷迪计划通过减少债务，以及将大量的银行债务转换成布雷迪债券而使危机得以解决。向发展中国家的资本流入在 90 年代急剧上升，其中债券和股票形式的证券投资在资本流入中占了更大的比例。然而，90 年代及之后同样发生了一系列金融危机：1994—1995 年的墨西哥危机、1997 年的亚洲危机、1998 年的俄罗斯危机、2001 年的土耳其危机、2001—2002 年的阿根廷危机以及 1999 年巴西短暂的汇率危机。

有五种主要因素导致或加重了金融危机。第一，过度放贷与过度借债。其原因包括政府为实行扩张性政策而进行的借债、银行过度借债、出借者寻求似乎可得到的更高收益而产生的羊群效应。就一些债务国的主权债务而言，即便政府有能力偿债，这些债务也可能是过度的，因为拖欠债务的收益已大于其成本。第二，外部冲击。外国（尤其是美国）利率的提高所引发的外部冲击，会减少流向发展中国家的资金，还会使这些国家偿还债务变得更加困难。第三，借债人，尤其是银行借债人，会持有过多未经套期保值的外汇债务。当本币意外贬值时，其偿债负担将会大大加重。第四，债务国可以利用短期贷款和债券的形式过度借债。当外国投资者拒绝以新偿旧时，借债人便会陷入困境。最后，危机的蔓延效应会使危机从初始国波及其他国家。这些国家可能因为政策或经济业绩等问题，本身就十分脆弱。但导致外国贷款人担心这些国家发生危机并不愿对其提供货款的根本原因，仍旧是对危机国际蔓延的担心。金融危机具有自加强特性，投资者由于担心借债方不能偿债，便停止放贷并要求借债方迅速偿债。如果很多出借人都同时这样做，借债人便无法偿还债务，拖欠债务和危机便可能发生。

解决金融危机主要有两种国际措施：援救计划和债务重组。援救计划提供暂时性的金融援助，帮助恢复外国投资者的信心，并且试图控制危机的蔓延。在 1994 年以来的危机里，援救计划的规模很庞大，但是关键的问题在于这种援助是否会带来严重的道德风险，即出借人相信他们可以无风险地放贷，因为有援救计划在为其担保。债务重组旨在使债务国可以更有效地偿债。债务延期可以将偿债期延长至将来，债务削减则可以减少债务总量。债务重组其实是困难的，因为每个债权人都想搭便车，指望他人进行债务调整，而自己能及时得到全额偿付。布雷迪计划为 20 世纪 80 年代金融危机后银行债务的重组成功地制定了程序。国际债券很难调整，但包含集体行动条款的债券已经普及，这种条款可以大大提高债务重组的效率。

对降低金融危机发生频率这一问题，人们提出了一系列“国际金融框架”的改革建议。一些建议因为过于偏激而未能被采纳，另一些则具有争议。得到广泛支持的建议包括：发展中国家的政府应当实行稳健的宏观经济政策，它们应向贷款方和投资者提供决策时所需的更完善的统计数据；应将短期债务减少到最低限度；同时加强对本国银行的监管。一个有争议的建议是，发展中国家政府应当加强对资本流入的管制。这样做可以限制过度借债、短期借债，并有利于抵御危机的蔓延，但它同时也会减少这些国家的国际借债收益。

关键词

国家最优税率（nationally optimal tax）
附加条件（conditionality）
蔓延（contagion）
援救计划（rescue package）
道德风险（moral hazard）
债务重组（debt restructuring）

推荐读物

Obstfeld & Taylor（2004）详细地讨论了国际资本流动。Agénor（2003）比较了国际金融开放的利弊。Henry（2007）研究了向外国开放国内股票市场的效应。Rodrik & Subramanian（2009）对发展中国家的金融开放效应提出了质疑。

Roubini & Sester（2004），Eichengreen（2002），Rogoff（1999），以及 Goldstein（1998）探讨了近期发生的金融危机并提出改革的政策建议。Kindleberger & Aliber（2005）以及 Reinhart & Rogoff（2009）回顾了几个世纪以来的金融危机。Panizza et al.（2009）研究了主权债务违约的经济现象。Ozcan（2005）很好地综述了土耳其危机。Doraisami（2004）考察了马来西亚的资本管制。

Bird（2001）和 Joyce（2004）对 IMF 贷款项目的采用及其效果提供了调查证据。Eichengreen & Mody（2004）分析了国际债券中的集体行动条款。Ostry et al.（2011）分析了对资本流入的管制。

习　题

✦ 1. “一国最好永远不要向外国出借人借债。”你是否同意这种观点，为什么？

2. “由于政府不会破产，因此向外国政府放贷是安全的。”你是否同意这个观点，为什么？

✦ 3. 为什么 1974—1982 年大量私人贷款流向发展中国家，而在 1930—1974 年这种贷款却非常少？

4. 诱发 1982 年债务危机的因素是什么？

✦ 5. 根据图表 7—1，以下各项的值是多少？（请用数字问答。）

a. 没有国际借贷时的世界产值。

b. 自由国际借贷时的世界产值。

c. 日本对国际出借征收 2%的税时的世界产值。

a 与 b 的答案的差别说明了什么？b 与 c 的答案的差别又说明了什么？

6. 根据图表 7—1，与自由国际借贷时相比，如果每个国家都对国际借贷征收 2%的税（因此总税率为 4%）将会如何？两国各自的净收益或净损失为多少？

✦ 7. 以下各项会如何导致或促使发展中国家发生金融危机？

a. 大量以美元计价的短期债务。

b. 本地区另一个发展中国家发生了金融危机。

8. 请看专栏“主权债务的特例”。

a. 用图形表示利率 i 上升的效应。如果债务国政府在没有这一变化时不会拖欠债务，这一变化是否会导致其不履行债务？

b. 用图形表示拖欠债务的成本增加的效应。如果债务国政府在没有这一变化时不会拖欠债务，这一变化是否会导致其不履行债务？

✦ 9. 以下各项改革会如何减少金融危机的发生？

a. 绝大多数发展中国家都及时发布详细准确的债务和官方储备信息。

b. 更多的发展中国家通过资本管制限制资本流入。

10. “最优赖账”问题：世界银行正在考虑按下表向普格利安国（Puglian）提供一系列贷款，以帮助其开发国有油田和建立石油提炼设施。这是世界银行向普格利安国提供的唯一一笔贷款。如果普格利安国政府不履行债务，世界银行将不再向其继续提供贷款。普格利安国政府是否归还该贷款对本国不会产生任何影响。如果世界银行的一系列贷款会产生如下表所示的影响，普格利安不按期偿还贷款是否对本国有利？为什么？何时不履行债务对本国有利？

贷款效应　　　　单位：百万美元

年份	来自世界银行的资金流入	年末债务总量	利息支付（利率为 8%）	新增石油出口盈利
1	200（贷款）	200	0	0
2	100（贷款）	300	16	30
3	50（贷款）	350	24	45
4	0	350	28	60
5	50（偿付）	300	28	60
6	50（偿付）	250	24	60
7	50（偿付）	200	20	60
8	50（偿付）	150	16	60
9	50（偿付）	100	12	60
10	50（偿付）	50	8	60
11	50（偿付）	0	4	60

第Ⅱ篇 开放条件下的宏观经济政策

Macro Policies for Open Economies

第8章 开放宏观经济的运行

本书第Ⅰ篇分析了哪种外汇政策能最好地满足一国的需求。第5章和第6章从外汇市场本身，即它的有效性或无效性的角度，阐述了不同的政策对外汇市场运行的影响。

本篇的学习重点将转向经济运行的其他问题，这些问题在第6章开始介绍各种基本政策选择时已略有涉及。本章及随后的两章将讨论宏观经济运行问题——面对不断变化的国际形势的一国的产出、就业以及物价情况。虽然国民经济与世界经济在很多方面相互影响，但我们仍然可以得出一些关于政策制定方面有价值的结论。在第8～10章得出结论的基础上，第11章将对国际宏观经济体系的趋势及各种汇率机构如何运作进行一系列的考察。

本章将建立一个开放条件下国民经济的一般分析框架。该框架是对开放宏观经济如何运行的概括。第9章和第10章将继续使用这一框架，考察在固定汇率制和浮动汇率制下宏观经济运行的情况。

8.1 国民经济的运行状况

每个人都可以很容易地判断自我在各种活动中的表现。自己是否在一场体育比赛中发挥出了最佳水平？在一次考试中，相对于其他同学，或相对于对课程内容的掌握程度，自己回答得如何？因此对经济运行的判断力决定了大部分的宏观经济分析。一国经济的运行情况如何，它是否发挥了潜在水平——比如，在提供货物及服务上，它是否已经达到了最大产能？在多大程度上，一国经济实现了让大多数人都满意的一些基本目标：保持总体物价水平稳定（无通货膨胀）、低失业率、与世界上其他国家的国际收支基本平衡？

一国宏观经济运行是否健康，可以用一些基本目标衡量。我们可以把这些基本目标分为两类。第一类包括国内的两个经济目标：其一，使实际国内产出达到该国可能的最大产出水平，实现一个国家充分利用其劳动力和其他资源及经济持续增长的目标。其二，实现价格稳定（或至少使物价上涨幅度保持在低水平或可接受的范围内）。

这两个国内经济目标的同时实现意味着达到了**内部均衡**（internal balance）。

第二类目标包括与一国的国际经济活动有关的目标，即外部均衡问题。**外部均衡**（external balance）通常是指与世界其他国家保持合理且可持续的国际收支平衡。在这里，要具体阐明某个目标并非易事。从广义上讲，这一目标可以是实现国家总体收支平衡。例如，在几年内，要实现一国的官方结算差额近似为零的目标，这样该国就不致损失官方储备，也不会出现非意愿的官方储备盈余。这也意味着经常项目和资本项目（不包括官方储备交易）之和应该近似为零。如果在长期内远远大于或小于零，一国就会出现在第 6 章中讨论过的国际收支（和汇率）失衡问题。如果国际收支严重失衡，就会导致在第 7 章中分析过的各种金融危机。

本章将在较狭义的范围内考察外部均衡，即集中讨论外部均衡中的经常项目（货物及服务贸易）的平衡。这里的目标并不需要实现结算差额为零的平衡，只要达到一种可持续的状态即可，即经常项目差额总能轻易地由国际资本流动（或官方储备交易）抵补。由于一些富裕的工业化国家能够利用其国民储蓄对世界上其他国家的净投资（资本流出或资本项目赤字），因此能在经常项目账户盈余的情况下，依然达到外部均衡。其他一些发展中国家可以在经常项目赤字时达到外部均衡，因为这一赤字可能是由于经济发展的需要而大量进口机器设备所致。同时，这些国家可以通过从外国借债来抵补（资本流入或资本账户盈余）。只要经常项目的盈余和赤字不是太大，便可以长期保持国际收支平衡。如果盈余或赤字过大，就会出现外部失衡。

8.2 宏观经济分析框架

为了分析一国经济的运行情况，需要勾勒出该国经济运行的概况。对于经济运行情况的分析是存在争议的——宏观经济学家在如何使用正确的方法分析宏观经济这一问题上的意见并非完全一致。分析的难点之一是要建立一个能用于预测国内生产和价格水平变化的理想框架。本书综合了各经济学派分析方法的优点。对于分析短期（一年或不到一年）运行的经济，我们运用凯恩斯主义，即短期内价格水平是黏性的或停滞的，它不会对总需求和总供给的变化立即做出反应。而分析长期运行的经济，我们采用古典主义，即越过短期后，长期价格水平确实会随着供求的变化而变化。同时一国的物价上涨幅度最终主要取决于该国货币供给的增长率。此外，在长期，一国经济倾向于充分就业。我们曾在第 5 章论及的货币主义方法中深入讨论了长期分析法的一些重要特征和含义。本章及随后的两章将集中讨论经济的短期运行。我们希望勾画出经济短期运行的框架，尽管这个框架不够完美，但却很实用。

本章接下来的三节将集中讨论实际 GDP（代表国内产出和国民收入）的决定因素，以及国际贸易和国民收入之间的关系。8.6 节增加了对货币市场和国家收支总差额的分析，由此产生一个内容更为丰富、灵活的短期开放经济模型。本章的最后两节将讨论一些与商品价格相关的问题，包括一国随时间变化的物价水平（或通货膨胀率）的决定因素，以及国际价格竞争力对一国国际贸易的影响，以完善这一分析框架。

8.3 国内产出取决于总需求

一国经济运行的重要目标之一是使货物及服务的生产能力接近其潜在的最大产出

水平。一国的潜在最大产出水平是由经济中供给方面的能力决定的。供给方面的能力既包括可用要素资源（劳动、资本、土地和自然资源），也包括一些无形的要素，如技术、资源质量、气候及激励因素。这些无形要素决定了资源的生产率。

货物及服务的生产总值是一国的实际 GDP（Y）。因为生产活动产生了收入（表现为工资、利润、其他资本收益和地租），所以实际 GDP 与实际国民收入几乎相同。

在短期内（以及在一国经济供给能力的范围内），对一国产品的总需求（AD）决定其国内产出。一般而言，如果有人需要某种产品，便会有企业（或其他机构）尝试生产。按需求的来源划分，总需求可以分成四个部分：（1）居民对货物及服务的需求（C）。（2）对新的实物资产如机器、厂房、软件、住房和库存的国内投资（I_d）。（3）政府对货物及服务的支出（G）。（4）货物及服务的净出口（$X-M$）。净出口包括了总需求的两个方面：

- 外国对本国出口品的需求（X）构成了对本国商品的另一项需求。
- 必须扣除本国的进口需求（M），因为这些进口已经包含在其他各种支出中。进口实际上代表了本国对其他国家商品的需求。

实际均衡的条件是，国内产出（Y）等于对本国产品和服务的总需求（AD）：

$$Y=AD=C+I_d+G+(X-M) \tag{8.1}$$

实际国内产出水平（相对于本国的潜在最大产出水平）与国家的失业率密切相关。实际 GDP 的增加（相对于潜在生产力）会使失业率下降，而实际 GDP 的下降则会使失业率上升。

为了突出反映国际贸易问题，可以将各项国民支出相加得到对货物及服务的国民总支出（E）：

$$E=C+I_d+G \tag{8.2}$$

通过基本的宏观经济分析，我们对上式中各项支出的决定因素已经略有掌握。

居民消费支出与可支配收入正相关，而可支配收入（近似地）等于总收入（Y）减去缴纳给政府的税收（T）。税收是根据收入或支出征收的，因此直接与收入相关（如销售税或增值税）。这里对税收忽略不计，只将收入作为消费的主要决定因素：

$$C=C(Y) \tag{8.3}$$

同时需要记住的是，居民在消费支出之前，必须从收入中支付税款。影响消费的因素还包括利率，因为利率决定了借贷成本，比如借款购买如汽车等商品所需付出的利息；此外还包括家庭财富水平以及对未来消费的意愿。为了简化分析，这里不把这些因素纳入到正式的分析框架中，而将它们看作对经济的偶然冲击因素。

实际国内投资支出与经济中的利率水平（i）负相关：

$$I_d=I_d(i) \tag{8.4}$$

更高的利率会提高融资成本，从而减少实际投资量。还有其他影响实际投资支出的因素，包括对未来商业景气的预期、当前生产能力的利用情况，以及新技术的出现，需要资本投资以实现对技术的使用。同样，也可以将这些因素看作对经济的偶然冲击。

本书将政府对货物及服务的支出视作政策性决策。政府支出决策是国家**财政政策**（fiscal policy）的一个主要方面，另一个方面是税收政策。

8.4 贸易取决于收入

对许多国家经济的大量实证检验表明，一国的进口数量取决于其实际国民收入或产出水平，并呈现正相关关系：

$$M=M(Y) \tag{8.5}$$

对于这种正相关关系的解释有两种：一是进口品通常作为国内产出和服务的中间投入品。二是进口与本国经济中的实际总支出或“吸收”（E）有紧密的关系。货物及服务的总支出越多，用于进口国外货物及服务的支出也就越多。尽管一国对货物及服务的支出不同于生产货物和提供服务而形成的国民收入，但收入与支出密切的相关关系使得这种差别可以被忽略。可以估算出当收入增加一美元时，进口增加的数量。这一增加量称为**边际进口倾向**（marginal propensity to import）。

一国的出口量同样也可能取决于本国的国民收入。如果国民收入由于国内总需求的激增而提高，那么出口量会下降，因为国内消费者消费掉了本来用于生产出口品的资源。出口数量与由国内需求决定的国民收入呈现负相关关系，尽管这种负相关关系看上去是合理的，但却缺少这方面的证据。所以我们假设出口量独立于国民收入。①

出口的确取决于收入——取决于外国居民的国民收入。外国居民收入的提高，会使他们购买更多的各类产品，包括其他国家的出口品。外国收入增加导致的外国进口量（本国出口）的增加称为外国的边际进口倾向。

8.5 均衡 GDP 与支出乘数效应

利用上述理论框架，就可以对开放条件下的宏观经济进行更深入的研究。为了便于分析，需要给出一些假设（在随后的分析中将逐步放松这些假设）：假设所有的价格和类似价格的变量均保持不变。也就是说，在分析中，利率（不单纯是平均物价水平）是保持不变的。

8.5.1 均衡 GDP

均衡的实际 GDP 的成立条件是它必须等于有购买意愿的总需求，而后者又等于有购买意愿的国民支出加上净出口。假设利率保持不变，有购买意愿的国民支出和进口量则取决于国民收入。这些关系表明，总需求量本身也取决于国民收入。均衡条件为：

$$Y=AD(Y)=E(Y)+X-M(Y) \tag{8.6}$$

尽管出口取决于外国收入，但在最初的讨论中暂不考虑这一点（或假设外国收入不变）。

图表 8—1A 显示了国内产出和收入的均衡水平，国内产出与总需求在点 A 相等。

① 出口量随国民收入变化的另一个原因来自供给方面。经济中供给的扩张将使得产出增加，而某些增加的产出可导致出口的增加。

当国内产出小于 100 的时候，总需求大于产出水平，在图中表现为 AD 曲线高于 45°线部分，位于点 A 左侧。在低产出水平上的任何一点，本国和外国对本国产出的共同需求会使本国企业商品库存量减少，企业将会增加生产。这样就会创造更多的就业机会和获取更多的收入，将经济运行至均衡点 A。同样，在 100 以上的产出水平，将会出现总需求不足、库存积压，致使产出与就业下降，直至经济运行重新回归到均衡点 A。

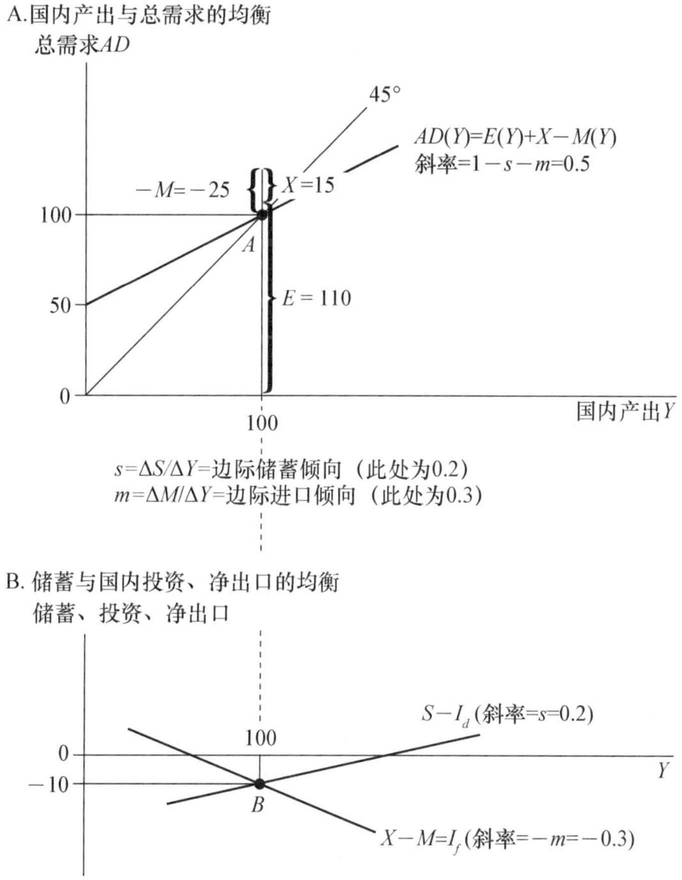

A 图说明，国内产出和收入（Y）与总需求（AD）达到均衡时，国内产出等于有效总需求。B 图说明当净出口（$X-M$）等于国家储蓄和国内投资的差额（$S-I_d$）时实现的均衡。

图表 8—1　两种方式表示的开放经济中的国内产出均衡

图表 8—1A 并没有说明对外贸易和投资对实现国内均衡产出的影响。为突出对外经济部门的作用，需要调整一下均衡条件的形式。国民储蓄（S）等于国民收入（Y）减去对非投资项目的国民支出（C 和 G）。从等式（8.6）两边同时减去（$C+G$），就变成了储蓄、国内投资和净出口的均衡等式（8.7）：

$$Y=E+X-M$$

$$(Y-C-G)=(E-C-G)+(X-M)$$

或

$$S=I_d+(X-M) \tag{8.7}$$

第 2 章中的净出口（近似地）等于一国经常项目的差额，而后者又等于对外净投资（I_f）。如果用 I_f 替换（$X-M$），就可以发现这个均衡条件为一国的国民储蓄必须等于对新增实际资产的国内投资加上净国外投资。

图表8—1B强调了净出口（近似地等于经常项目差额）来说明储蓄—投资的均衡。该图显示了当一国货物及服务的进口大于出口时，出现经常项目赤字的情况。在均衡点 B，该国的国内储蓄小于国内投资，因此超出的国内投资必须通过向国外借债来融资（或者出售先前持有的国外资产，包括国家官方储备资产）。这可以作为美国1982年以来情况的一个图示。1982年以来，美国经常项目持续赤字，而这一赤字一直由净资本流入所抵补。与之形成对比的是，对应于日本的点 B 通常位于横坐标轴上方，代表净出口和对外净投资的盈余。

8.5.2　小型开放经济中的支出乘数效应

在实际产出低于潜在最大产出水平的经济中，当国内支出增加时，不论该国是否参与国际贸易，国民支出的增加都将对国内产出和收入产生乘数效应。但该国参与国际贸易会影响支出乘数的大小。假设政府多购买10单位国产的货物及服务，并保持这个较高的购买量。政府新增的10单位的购买会给生产这些货物及服务的人带来额外的10单位收入。这初始的收入会导致国内收入增加的量，则取决于第一位收入者如何安排其额外的收入。如图表8—1所示，假设国内居民在得到的每1美元额外收入中：

- 储蓄20美分（其中一部分是以政府对新增收入的征税形式的“储蓄”）；
- 支出30美分用于进口外国货物及服务；
- 支出50美分用于消费本国货物及服务。

换言之，边际储蓄倾向（s）（包括边际税收倾向）为0.2；边际进口倾向（m）为0.3；边际消费倾向（$1-s-m$）为0.5。

第一轮的新增收入带来了2个单位的额外储蓄、3个单位的额外进口、5个单位的额外国内支出。其中只有5个单位的国内支出可以作为进一步的需求激励因素，流回到国民经济运行体系中来，而2个单位的储蓄和3个单位的进口支出则作为一种“漏出”，离开国内支出流。不管后两者有何种间接的影响，它们确实并不能直接对国民经济产生新的需求或收入（在此假设该国为小国，并且对世界上其他国家的产出或收入没有任何影响。同时，该小国的出口对外国需求也没有任何影响）。只有5单位的支出转入了第二轮的收入和支出中，并进一步被分解为国内支出（2.5单位）、储蓄（1单位）和进口（1.5单位）。与这两轮支出一样，以后相继的各轮支出占前一轮的比例为（$1-s-m$），即 $1-0.2-0.3=0.5$。

这一过程的总效应可以概括为支出乘数效应。**小型开放经济中的支出乘数**（spending multiplier for a small open economy）为①：

$$\frac{\Delta Y}{\Delta G}=\frac{1}{(s+m)} \tag{8.8}$$

---

① 乘数公式的推导如下：最终产品和收入的变化等于政府支出的初始增加值加上收入的增加所带来的对国民产出的额外需求：

$$\Delta Y=\Delta G+(1-s-m)\cdot\Delta Y$$

因此，有

$$\Delta Y\cdot(1-1+s+m)=\Delta G$$

在本节的例子中，乘数等于 1/(0.2+0.3)=2，即政府支出每增加 10 单位，将最终导致国内产出扩张两倍（增长 20 单位）。无论初始的支出增长是由政府支出、居民消费、私人投资支出还是出口增长所致，支出乘数效应都不变。还应注意的是，小型开放经济中的乘数效应比封闭经济中的小。此例中，如果 m 为零，乘数值就是 $1/s=5$。

从图表 8—1 的 A 图或 B 图都可以看出支出乘数的扩张效应。在 A 图中，政府支出增加 10 个单位使得 AD 曲线向上平移 10 个单位。它与 45°线的新交点表示国内产出增加到 120 个单位。在 B 图中，政府支出增加 10 个单位意味着政府储蓄（政府税收和政府支出之差）减少 10 个单位。曲线（$S-I_d$）向下平移 10 个单位，其与（$X-M$）曲线的新交点表示国内产出增加到 120 个单位。

2 倍的乘数不仅使最终产出量增加，而且还使进口量增加。第一轮的新增支出使进口增加 3 个单位，各轮新增加支出的总效应最终使进口量增加两倍，即增加 6 个单位（=0.3×20）。若该小国出口不变，则其贸易差额将会恶化 6 个单位。

8.5.3　外溢效应与外国收入的反作用

在前面的分析中，我们将边际进口倾向描述为一种漏出，而没有考虑这些进口会产生什么后续效应。如果本国是一个小国，那么任何后续效应都很小，因而可以忽略不计。但如果是一个大国，即该国的国内产出和国际贸易在世界经济范围内相对很大，那么从以下两个方面分析，这些效应都很重要。首先，一个大国的产出和收入的变化对外国的产出和收入具有溢出效应。当大国的支出增加导致进口增加时，这些增加的外国出口将会显著地提高外国的产出和收入。其次，外国收入的变化改变了外国对本国出口商品的购买。如果外国收入增加，外国的进口也将增加，对本国出口商品的额外需求将会进一步提高本国的产出和收入。

先分析这种溢出效应。美国在世界经济中是一个大国，将使用欧元作为其通货的一系列国家组成的欧元区也可以看作一个大国。美国的产出占世界总产出的 20%（以通行的国际价格，即购买力平价衡量，第 5 章已讨论过），其进口占世界总进口量的 13%。欧元区也很大，它的产出和进口量都占世界总产出和总进口量的 16%。IMF 的研究员运用 1970—2005 年之间的实际国民产出数据，研究了美国和欧元区其中的一个国民产出增加 1%时，世界上的其他国家和地区将会受到什么影响。他们的研究结果总结在图表 8—2 中，其中使用百分比表示发生的变化，以便在国家和地区之间做出对比。

图表 8—2　　**国内产出和收入变化的溢出效应（%）**

该地实际国内产出每增加 1%带来的影响	对实际国内产出的影响					
	加拿大	其他工业化国家	墨西哥	其他拉丁美洲国家	亚洲发展中国家	非洲
美国	0.5	0.2	0.4	0.2	0.1	0.1
欧元区	0	0.2	0	0.1	0.1	0.3

说明：表中各数字表示左端标明的国家或地区实际国内产出每增加 1%，给顶端标明的国家或地区国内产出变化带来的影响。

资料来源：International Monetary Fund，*World Economic Outlook*，April 2007，Chapter 4.

从图表 8—2 中，可以总结出几个基本的影响模式。首先，美国和欧元区都足够大，因此它们对其他国家的产出和收入有显著的效应。例如，美国或欧元区的国内产出每增长 1%，将会使其他工业化国家实际 GDP 增长 0.2%。其次，密切的经贸关系显然也很重要。美国对加拿大具有相对较大的影响，而欧盟对非洲具有相对较大的影响。

现在考虑大国国内产出增加产生的效应具有反馈作用这种效应，它能产生更深远的影响。图表 8—3 描绘了这种**外国收入的反作用**（foreign-income repercussions）的过程。在图的最左边，本国政府对货物及服务购买的增加导致了本国收入的增加。新增收入中的一部分（s）将用于储蓄，一部分将用于购买本国产品，还有一部分将用于购买进口品。用于购买进口品的支出（m）创造了对外国产品的需求，并且为外国销售者创造了收入（上面讨论的溢出效应）。外国销售者又将这一新增收入的一部分用于储蓄（s_f），另一部分用于国内支出，还有一部分（m_f）用于进口。然后，本国又将新增的出口收入分解为储蓄、国内支出和进口支出，这一过程将循环往复地进行下去。每一轮都会导致更小的扩张，直至乘数过程达到一个有限的总体扩张倍数而告终。

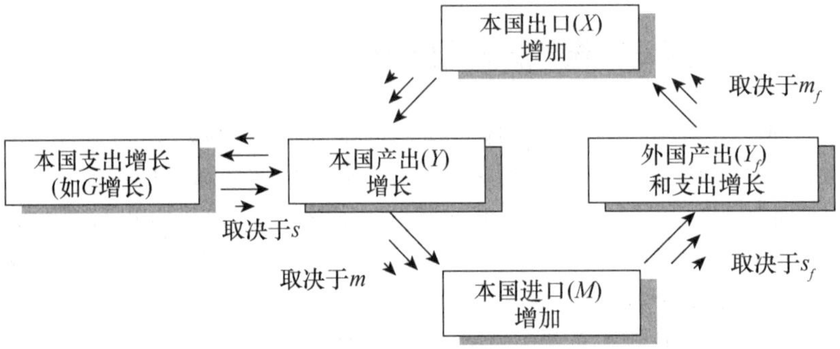

图表 8—3　本国支出增长导致的外国贸易与收入增长及其反作用

外国收入的反作用过程对支出乘数的大小是有一定意义的。对一个大国，外国收入的反作用使支出乘数更大。本国进口对外国收入的影响越大，外国对本国的边际进口倾向越大，实际支出乘数就越大于公式 $1/(s+m)$ 的乘数值。

外溢效应的存在和外国收入的反作用有助于解释曾在各主要工业化经济体中观察到的经济周期同步发生的现象。自 20 世纪初开始，只要美国一打“喷嚏”，加拿大、欧洲、日本及许多其他国家或地区就会“感冒”。早在 19 世纪中期，欧洲和美国的经济周期就已经显现了这一趋势，尽管当时两者经济周期的相关性还不是很强。20 世纪 30 年代大萧条的影响在各国之间来回震荡。一国的萧条会使该国的进口缩减（萧条促使各个国家采取以邻为壑的高关税政策，使得进口进一步减少），进而减少了外国的出口和收入。朝鲜战争的爆发使得联邦德国、意大利和日本经济高涨，这是因为美国的巨额军费开支增加了这些国家的出口和收入，进而促使这些国家增加了对美国商品的购买。

各国收入间至今依然存在同样的相互依赖性。“火车头理论”指一个或多个经济大国的经济增长能带动与之有贸易伙伴关系的其他小国的经济增长。大国的经济增长增加了它们的进口，带动了世界其他国家的经济增长，并且收入的反作用使所有国家的经济增长更快。美国和欧元区经常被视为关键的“火车头”（图表 8—2 支持了这一看法），日本也具有足够的规模担当这个角色。然而不幸的是，正如我们看到的始于 2007 年的全球金融和经济危机，这些“火车头”有时也会倒退，导致世界经济陷入全球性的衰退。

我们也注意到了一个正在崛起的国家。随着经济及进口的高速增长，中国也越来越具备充当“火车头”的能力，特别是对巴西、马来西亚甚至日本这些国家来说，尤其如此。因为中国高速发展的制造业需要这些国家出口的原材料和零部件作为中间品投入。

8.6 更为完整的框架：三个市场

讨论支出乘数效应有助于加深对宏观经济运行情况的理解，但乘数理论远不足以成为一个完整的分析框架。本节需要同时描绘宏观经济的三个主要组成部分，要增加对货币供给和需求以及一国收支平衡的分析。在建立更为完整的分析框架的过程中，可以放宽利率不变这一假设。在这里利率将作为仅次于实际 GDP 的第二重要变量。

图表 8—4 显示了这一基本模型。这一模型通常称为蒙代尔-弗莱明模型，以其提出者——诺贝尔经济学奖获得者罗伯特·蒙代尔（Robert Mundell）和国际货币基金组织的马库斯·弗莱明（Marcus Fleming）命名。图中的三个市场较为全面地反映了一国的经济状况。前两个市场，即货物及服务市场与货币市场，直接决定两个相关的变量——一国实际 GDP（Y）和利率（i）。同时这两个变量会对该国的国际收支平衡和外汇市场产生重要的影响。如图表 8—4 左端所示，这三个市场都会受到各种外部因素（外生变量）的影响。这些外部因素表示会对宏观经济运行产生压力的各种冲击或干扰。①

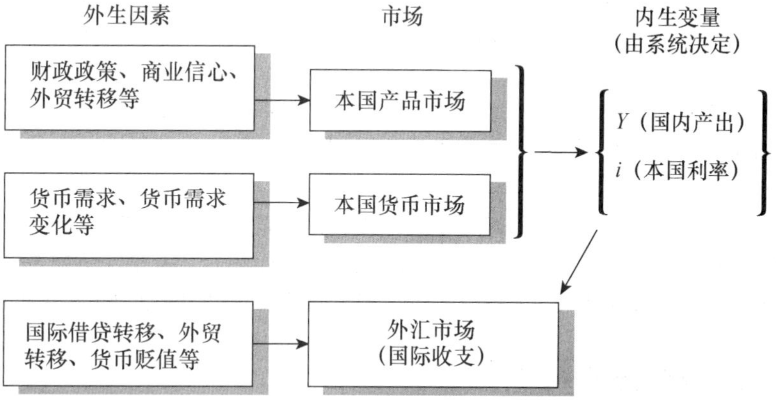

除了本图中显示的各种联系外，外汇市场的压力（或国家国际收支失衡）会通过国内产品市场或货币市场反向作用于本国。其影响方式取决于本国采取的是固定汇率制还是浮动汇率制。这些问题将在接下来的两章讨论。

图表 8—4　开放经济宏观模型概览

① 虽然这个开放宏观经济模型并不完美，但它有助于我们认识一些重要变量的相互关系以及一国如何不断调整来实现外部均衡的动态过程。该模型有以下一些不足：第一，没有清晰地定义价格水平的波动和通货膨胀率。事实上，当总需求试图使经济超出其潜在最大产出水平时，会给价格水平和通货膨胀率带来上升的压力。第二，模型没有考虑供给方面的因素，所以该方法不适用于分析供给冲击和长期经济增长。第三，国际资金流动在模型中会对不同利率产生反应。然而，一旦国际投资者调整他们的投资组合，短期过后大的影响是难以持续的。第四，模型中没有清楚地引入预期，而是将其当作外生变量。

附录 C 提出了解决前两点的方法。这一方法深入研究了一段时间内的总需求、总供给和价格调整。在本章的后面部分也简要地分析了如何将通胀分析添加到蒙代尔-弗莱明模型中。此外，在本章的其他几处和后两章的分析将介绍第三点，即国际资本流动如何影响蒙代尔-弗莱明模型的一些分析结论。

8.6.1 国内产品市场

本国产品的总需求不仅取决于收入（Y），还取决于利率（i），因为较高的实际利率会抑制支出。可以用 IS 曲线来描述这种关系（IS 代表投资—储蓄）。**IS 曲线**（IS curve）表明了在保持国内产品市场均衡的状态下国内产出水平和利率的所有组合。正如在本章前一节中所述，可以将该均衡看作公式 $Y=C+I_d+G+(X-M)$ 的推论，或者可以将其作为国民储蓄等于国内投资加上净出口这一公式的推论。如果采用后者，则国内产品市场在满足以下条件时达到均衡：

$$\overset{+}{S(Y)}=I_d(\overset{-}{i})+X-M(\overset{+}{Y}) \tag{8.9}$$

公式中变量上方的符号说明了括号中各变量对其决定变量的作用方向。①

为了理解 IS 曲线为何向右下方倾斜，从该曲线上的任一均衡点开始分析另一均衡点会位于何处。例如，从图表 8—5 中的点 A 开始，该点的国内产出为 100，利率为 0.07（年利率 7%）。这个组合使得国内产品市场均衡，即在给定其他基本经济条件下，当 $Y=100$，$i=0.07$ 时，投资加上净出口，即 $I_d+(X-M)$，等于国内储蓄 S。如果利率降到 0.05 时，产品市场将如何保持均衡？更低的利率会增加该国的实际资本投资。由于 I_d 变得更大，总需求会增加，这将带来更高的国内产出水平（实际上，由于支出乘数效应，国内产出的增加会大于利率降低所导致的实际国内投资的增加）。根据 IS 曲线，在较低的利率水平下，与总需求相等的较高的国内产出水平为 $Y=120$，如点 B 所示。同理，如果点 A 是一个均衡点，则对应于更高利率的其他均衡点必须对应于更低的产出水平，如点 C。因此，IS 曲线必须向右下方倾斜。即利率越高，与其相对应的国内产出水平就越低。不在 IS 曲线上的点都意味着国内产品市场的非均衡状态。

除了利率以外，任何其他可以直接影响总需求的因素都会导致 IS 曲线的移动。这些因素包括在图表 8—4 中讨论过的外生力量或冲击。例如，政府支出的增加或者促使消费支出增长的消费者偏好改变，都会使得总需求增加并且推动 IS 曲线向右移动。

8.6.2 货币市场

宏观经济因素相互作用的另一个市场是货币市场。和其他市场一样，货币市场也存在供给和需求平衡的问题。

一个国家的货币市场中供给方面通常称为“货币供给”。**货币政策**（monetary policy）是影响货币供给的最重要因素，它包括能决定银行存款和货币流通量的一整套中央银行的政策、制度和行为。

本章关于货币需求的研究是对在第 5 章已经讨论过的货币需求的延伸。在那里我们假定（名义）货币需求取决于（名义）GDP 的值，而后者等于价格水平 P 乘以 Y（实际 GDP）。人们持有货币是为了进行交易，而交易的价值量与收入或产出量相关。

① Y 和 i 还可能有其他影响。例如，如果更高的利率减少了家庭的借债（即减少负储蓄），那么储蓄 S 可能是利率 i 的正函数。如果当前的高产出水平更加迫切地要求新的投资以扩大生产能力，那么国内投资 I_d 可能是收入 Y 的正函数。这些作用会在某种程度上改变 IS 曲线的斜率，但图形并不会发生根本性的改变。

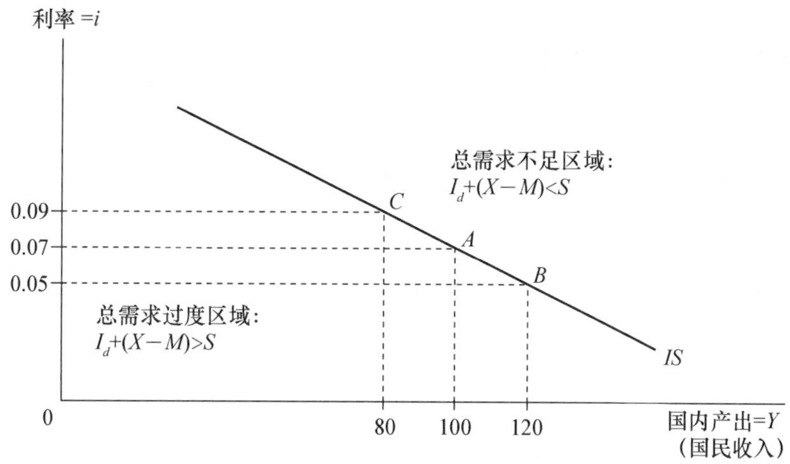

IS 曲线显示了在其他基本因素给定的情况下，为保持国内产品市场均衡，利率（*i*）和实际 GDP（*Y*）的所有可能的组合。如果一些其他基本影响因素变化了，*IS* 曲线就会发生移动。以下是一些基本影响因素的变化（通常称为外生冲击）带来的 *IS* 曲线向右（或者向上）移动：

- 扩张性财政政策（政府支出增加或税收减少）；
- 家庭消费支出的外生增加（例如，消费者对于未来经济的预期变好或者预期财富增加）；
- 国内实际投资的外生增加（例如，对未来经济的商业预期变好）；
- 出口的外生增加（例如，外国收入的增加、外国消费者转向偏好本国产品，或本国产品的国际价格竞争力提高）；
- 进口的外生减少（例如，本国消费者的消费偏好从进口产品转移他处，或本国产品的国际价格竞争力提高）。

与以上情况相反时，外生冲击将造成 *IS* 曲线向左（或向下）移动。

图表 8—5 *IS* 曲线：国内产品市场的均衡

在一定时期内，比如一年内，一国的国内产出越大，公司和家庭便需要持有越多的货币以满足（更大的）支出需求。

虽然持有货币有利于交易，但它也有机会成本。机会成本是货币持有者将货币投资于诸如债券等金融资产可以得到的利息。某些形式的货币（纸币和硬币、旅行支票、零利率支票账户）不会带来利息，而另一些形式的货币（付息的支票存款账户）则能带来利息，尽管利率通常相对较低。放弃的利息收入是持有货币的机会成本。这一成本使得人们尽量经济地持有货币，而当其他金融资产的利率提高时，人们便会减少货币持有、增持有利息收益的债券。所以，当利率更高时，人们便减少了对货币的需求。

对（名义）货币的需求（*L*）与名义 GDP 正相关，与其他金融资产的利率负相关：

$$L=L(\overset{+}{PY},\overset{-}{i}) \qquad (8.10)$$

货币供给 M^s 与货币需求的均衡为：

$$M^s=L(\overset{+}{PY},\overset{-}{i}) \qquad (8.11)$$

公式中的正负号表明了 *PY* 和 *i* 对货币需求的影响方向。

货币市场的均衡可以通过图表 8—6 中的 *LM* 曲线表示。在货币供给（由政策决定）、价格水平（*P*）和货币需求函数（反映了人们持有货币的意愿）等条件不变的情况下，**LM 曲线**（*LM* curve）表明了在保持货币市场均衡的状态下，所有的产出水平和利率的组合。*LM* 描述的是流动性货币的情况，此处的货币需求被视为是经济中最具流动性的金融资产的需求。

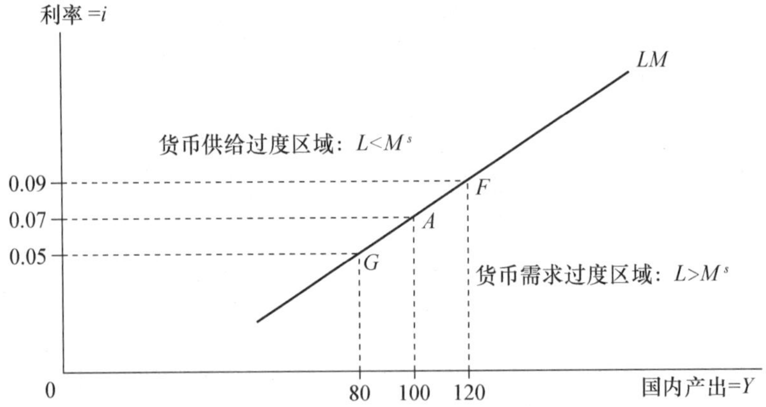

LM 曲线显示了在给定其他基本影响因素的情况下，保持货币市场均衡的利率（i）和实际 GDP（Y）的所有可能的组合。*LM* 曲线会随着其他一些基本影响的变化而移动。以下基本影响因素（外生冲击）的变化，会使 *LM* 曲线向下（或向右）移动：

- 扩张性的货币政策（货币供给增加）；
- 本国平均价格水平的下降（例如，石油价格的突然下降）；
- 货币需求的外生减少（例如，信用卡的使用使人们购买东西时不需要直接使用现金）。

与以上情况相反时，外生冲击将造成 *LM* 曲线向上（或向左）移动。

图表 8—6　*LM* 曲线：货币市场的均衡

为了理解 *LM* 曲线向右上方倾斜的原因，以均衡点 *A* 作为起点讨论其他均衡点会在何处。如果利率较高，如 0.09，人们将减少货币持有以便持有更多债券，获得更多的利息收入。为了使货币市场在较高的利率水平上实现均衡，需要有一些其他的原因促使人们愿意持有与点 *A* 等量的货币。只有在国内产出和收入水平更高，人们需要持有更多的货币进行交易时，他们才愿意持有与点 *A* 相同数量的货币。而右上方的点 *F* 正好可以实现这种均衡。相反，如果利率突然降至点 *A* 以下，有谁会愿意持有与点 *A* 数量相同的货币呢？就货币本身而言，债券利率的下降意味着人们对货币的需求增加，因为货币可以提供更大的便利。只有当其他一些因素的变化降低了人们对货币的需求时，人们才愿意放弃持有更多的货币。其中一种变化就是国内产出的下降，此时交易量降低，也减少人们对货币的需求。如点 *G*，更低的利率和更低的产出使得人们对货币的需求与点 *A* 相同。

除了利率和国内产出等因素，任何影响货币供给和需求的外生力量的变化都会使 *LM* 曲线发生移动。比如，中央银行增加名义货币供给 M^s。如果价格水平（P）在短期内是黏性的（即在短期内该国的价格水平和通货膨胀率不会受影响），则货币供给的增加将导致利率下降（或者说，货币供给的增加能够支撑更高水平的国内产出和交易量），从而使 *LM* 曲线向下（或向右）移动。

至此，我们已经讨论了产品市场和货币市场，而这两个市场的均衡取决于国内产出（Y）和利率（i）的相互作用。在既定的一组基本经济条件（财政政策、商业信心、消费者偏好、外国对本国出口品的需求、货币政策等）下，这两个市场将同时决定经济体系中的国内产出水平和利率水平。*IS* 曲线和 *LM* 曲线的交点表示可以使产品市场和货币市场同时达到均衡的产出和利率水平。例如，将图表 8—5 中的 *IS* 曲线加到图表 8—6 中，两条曲线相交于点 A，则短期内实际 GDP（Y）的均衡水平为 100，均衡利率为 0.07（7%）。

8.6.3 外汇市场（或国际收支）

第三个市场中实现的是外汇供给与需求的平衡。如果考察的重点是汇率，这一市场也可以称作“外汇市场”；如果用一国的官方结算差额（B）反映本币与外币间的私人或非官方交易的净差额，该市场可称作“国际收支市场”。为方便地描述这第三个市场，这里将沿着国际收支的思路进行分析。

一国的官方结算差额是该国经常项目差额（CA）加上资本项目差额（FA，不包括官方储备交易），因此对 B 的影响可以分为贸易流量效应和金融流量效应。我们关注的关键变量——实际产出或收入（Y）和利率（i）——是如何影响国际收支的状况的呢？前面的讨论说明了两种主要的影响：第一，国内产出通过进口需求与货物及服务贸易差额（或经常项目差额）呈现负相关关系。第二，国际资本的流动取决于利率（国内与国外的利率）。假设更高的国内利率没有立即被更高的国外利率所抵消，那么国内的高利率就会吸引资本的流入。

更高的国内利率的确会吸引外国的投资，带来资本流入，但这只是一种短期的现象（在利率提高后的一年或更短的时间内）。而在长期中，这一效应将会消失，甚至发生逆转，原因至少有以下两点：

● 开始时，更高的利率会吸引更多的国外资本流入本国。投资者调整其资产比例，增加对本国资产的持有。不久后，这种资本流入便会逐渐消失，因为投资组合已经调整完毕。

● 如果本国的高利率成功地吸引了外国资金，在短期内提高了 B，以后则可能会产生相反的影响，因为债券到期时必须偿还贷款。所以不能只强调以高利率吸引资本（借款），而不考虑在未来必须以更高的利率偿还利息和本金。①

基于上述理由可知，本国的高利率“改善”国际收支状况只能在短期内奏效。如果面对的问题只是针对当前官方结算差额 B 的影响，则可以使用这一短期结论。我们将经常使用这一短期结论，但必须认识到，在长期中，更高的利率对国际收支总体状况的影响是不确定的。

国际收支（或外汇市场）对产出和利率的依赖，可用以下等式描述。官方结算差额 B 等于经常项目差额 CA（它近似等于净出口，$X-M$），加上资本项目差额 FA：

$$B=CA(\overset{+}{Y})+FA(\overset{-}{i}) \tag{8.12}$$

国内产出的增加会减少经常项目盈余（或增加赤字），因为本国居民对外国货物

---

① 吸引外国资本的国际收支代价不仅限于利率的作用。为说明这点，假设母国是一个净债务国，尽管母国只是更大的世界资本市场的一个组成部分，但它能提高本国利率。不妨假设该国是加拿大。假设加拿大的利率从 9%提高到 12%，这成功地使外国对加拿大的投资从 5 000 亿美元增加到 6 000 亿美元。为了新增的 1 000 亿美元的借债（暂时更高的官方结算差额 B），加拿大每年将需要支付多少利息？1 000 亿美元的年利息是 120 亿美元。然而为了继续维持原已投入本国的 5 000 亿美元的投资——在这些债券和贷款到期或应当偿还时能进行转期或延期——加拿大的借债人必须额外支付 150 亿美元（5 000×(0.12−0.09)）。每年的总额利息支出为 120 亿美元加上 150 亿美元，也就是说，为了得到额外的 1 000 亿美元的外资，加拿大需要多支付 270 亿美元。这意味着实际利率是 27%，而不是 12%。这种吸引国际“热钱”的做法代价是高昂的。

及服务的需求增加了。另一方面，本国利率的提高会吸引外国投资，从而增加本国资本项目的盈余（或减少赤字）。

可以利用图表 8—7 中的 *FE* 曲线描述国际收支与 *i* 和 *Y* 的联系。在对国际收支状况有影响的一系列基本经济条件都给定的情况下，**FE 曲线**（*FE* curve）表明了一国国际收支平衡时的所有利率和产出水平的组合。

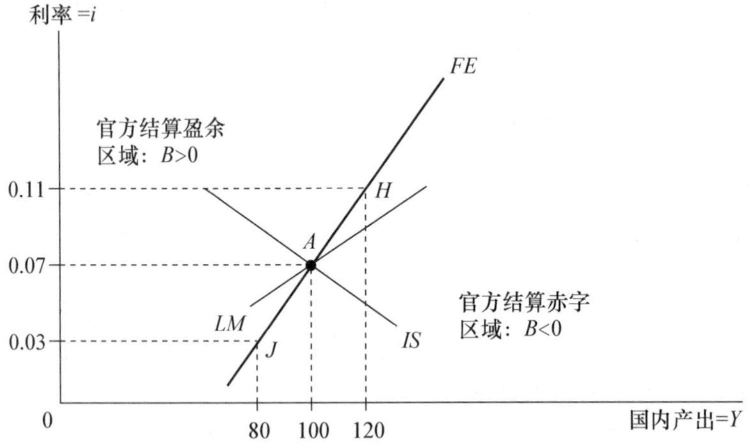

FE 曲线显示了在其他基本影响因素给定的情况下，国际收支平衡时利率（*i*）和实际 GDP（*Y*）的所有可能的组合。*FE* 曲线会随着其他一些基本因素的改变而移动。以下一些基本因素（外生冲击）的变化，会使 *FE* 曲线向右（或向下）移动：

- 出口的外生增加（例如，由于外国收入的增加，外国消费者转向偏好本国产品，或者本国产品的国际价格竞争力上升）；
- 进口的外生减少（例如，由于本国消费者的偏好从进口产品转向本国产品，或者是本国产品的国际价格竞争力上升）；
- 导致资本流入增加或资本流出减少的外生因素的改变（例如，外国利率的降低、对本国货币升值的预期增加、本国金融资产的预期投资风险降低）。

与以上情况相反时，外生冲击将造成 *FE* 曲线向左（或向上）移动。

图表 8—7　*FE* 曲线：国际收支均衡

同 *LM* 曲线一样，*FE* 曲线也是向右上方倾斜的。为了说明原因，再次从均衡点 *A* 出发。不妨将点 *A* 看作与前面两幅图中的点 *A* 相同的点。如果在点 *A* 实现了国际收支的总体平衡，那么在更高的利率水平，如利率为 11%时，怎样才能继续保持国际收支平衡呢？除非其他某些因素改变了，否则更高的利率将吸引更多的资本流入本国，进而出现官方结算盈余。在更高利率的条件下，如果国内产出和收入也提高，那么官方结算差额 *B* 仍可能为零（既没有盈余，也没有赤字）。因为更高的产出和收入将导致各种支出的增加，包括对进口品的支出。进口的增加会造成国际收支赤字。但是，在适当的数量条件下，产出增加和利率提高对国际收支的影响会相互抵消，使得 *B*=0，如点 *H*。相应地，更低的利率和更低的产出组合也会使国际收支保持总体上的平衡，如点 *J*。

如何将 *FE* 曲线的斜率与 *LM* 曲线的斜率进行比较？如图表 8—7 所示，*FE* 曲线更陡峭，但这并不是唯一可能的情况。斜率将取决于货币需求和国际收支对利率和国内产出变化的反应程度。如果资本流动对利率的变动十分敏感，则 *FE* 曲线可能比 *LM* 曲线还要平坦。*FE* 曲线相对平坦是因为只需利率很小的提高便可以吸引足够多的资本，以此来抵消国内产出增长而导致的经常项目赤字（点 *H* 更低，其利率比 0.07 稍高一点）。如果资本流动对利率的变动极端敏感，则会出现**资本完全流动**

(perfect capital mobility) 的情况，此时 *FE* 曲线完全平坦（为一条水平线）。

当其他一些影响国际收支状况的条件或因素变动时又会怎样？图表 8—7 列举了这些外生因素。当它们中的某一个发生变化时，*FE* 曲线都将发生移动（如同 *IS* 曲线和 *LM* 曲线受到相关外生因素影响而发生移动一样）。例如，外国收入的增加会提高外国居民对本国出口品的需求，这将改善本国的国际收支状况，使 *FE* 曲线右移。而国外利率的提高会吸引本国资本外流，这将使本国的国际收支状况恶化，使 *FE* 曲线左移。

8.6.4　三个市场的结合

将三个市场结合在一起，我们就可以确定国内产出（*Y*）、利率（*i*）和国际收支差额（*B*）三个变量。整个经济体将向产品市场（在 *IS* 曲线上）和货币市场（在 *LM* 曲线上）同时达到均衡时的点移动。在 *Y* 和 *i* 确定之后，便可知道国际收支差额（*B*）的状况。

- 如果 *IS*—*LM* 的交点位于 *FE* 曲线的左边（或上面），则官方结算差额为盈余；
- 如果 *IS*—*LM* 的交点位于 *FE* 曲线上，则官方结算处于平衡状态（如图表 8—7 中的点 *A* 所示）；
- 如果 *IS*—*LM* 的交点位于 *FE* 曲线的右边（或下面），则官方结算差额为赤字。

本节以三种不同的形式对三个市场进行了分析：图表中的因果关系图；式 (8.9)、式 (8.11)、式 (8.12)；*IS*—*LM*—*FE* 图（从图表 8—5 到图表 8—7）。我们对这个框架的方法——尤其是使用 *FE* 曲线的方法——的使用取决于该国所采用的汇率制度。如我们将在下一章所讨论的，如果一国采用了固定汇率制，则 *IS*—*LM* 曲线的交点与 *FE* 曲线的任何偏离都意味着需要官方干预来维持固定汇率。官方结算差额不为零时，维持固定汇率的官方干预导致了官方储备的交易。正如将在第 10 章中考察的，如果一国采用完全浮动汇率制，那么官方结算差额必须为零，*IS*，*LM* 和 *FE* 三条曲线必然相交于一点。本书的有关章节从不同角度讨论了上述各种情况会带来的政策调整的压力，而这些调整都会对该国宏观经济的运行产生影响。

8.7　价格水平的变化

至此，在本章的分析框架中，我们几乎忽视了产品价格水平（*P*）这一因素。在前面的分析中，假定短期内价格水平不变。这对于绝大多数的短期分析来说是合理的，但是从更为一般的意义上讲，这显然是不准确的。价格在较长的时期内确实会发生变化，其中有以下三个基本原因。①

第一，绝大多数国家都具有一定程度的持续性通货膨胀。通货膨胀的程度可以预计并形成人们对于通货膨胀的预期。一般而言，持续性通货膨胀的条件是要求名义货币供给有足够的持续增长。本书在第 5 章中，尤其是在讨论货币主义时，曾重点研究过持续性通货膨胀的作用。

第二，总需求的强弱会对一国的价格水平形成压力。如果价格水平在某种程度上

① 附录 C 给出了分析价格水平持续调整的一个正式框架。

是黏滞的，则这一效应在短期内不会显现；但是当经济运行超过短期之后影响便会显现。一国的总需求的强弱，必须根据该国货物及服务的供给能力来衡量。如果总需求非常强劲，那么会使得经济的供给能力相对不足，经济出现“过热”，从而对价格水平产生向上的压力（在存在持续性通货膨胀的情况下，这意味着价格水平比平时上涨得更快，通货膨胀率上升）。如果总需求不足，那么产品市场便会萧条，通过需求不足的“约束效应”对价格水平产生向下的压力。（同样，在存在持续性通货膨胀的情况下，通货膨胀率会比平时低——但价格水平可能仍在上涨，只是上涨的速度更慢。）

第三，即使在短期内，冲击有时也会使价格水平发生大幅变动。一个例子是石油价格的冲击。在2004—2008年间，由于石油价格大幅提高，美国、欧元区以及其他大多数石油进口国的通货膨胀率也随之提高，尽管这次的影响没有20世纪70年代的两次石油价格冲击的影响那么大。

价格冲击的另一个来源是本国货币汇率突发性的大幅震荡。正如在下一章将要讨论的，本币的大幅度贬值会使进口商品的本币价格大幅上升。由于受到更高进口价格的直接影响以及更高的国内成本和其他商品价格的间接影响，总体价格水平将会快速上涨。

在利用本节的分析框架进行下一步的分析时，总需求的强弱对价格水平的影响作用有着重要意义。在经济运行越过短期之后，产品价格水平将会发生调整。正如下一章将要讨论的，这会对一国的国际价格竞争力产生影响。如果国际价格竞争力受到影响，该国的经常项目差额便会发生变动。另外，尽管我们在下面的分析中不会关注这个影响，但价格水平的变化确实会改变货币需求（通过 PY）。如果一国的货币供给不随着该国货币需求的变化而变化，那么 LM 曲线就会持续发生移动。①

8.8 贸易也取决于价格竞争力

正如前面所讨论的，一国的出口、进口和净出口取决于该国以及世界其他国家的产出和收入。标准的微观经济学分析表明，对出口和进口的需求同样会受到产品价格的影响。对产品的需求数量取决于收入和相对价格这两个因素。

一国对进口品的需求不仅取决于本国的收入，还取决于相对于国内替代产品价格（P）的进口品价格。什么是相对价格？假设某种进口产品（如一瓶法国葡萄酒）本来是以外币标价的（例如10欧元），一旦被进口到美国，其外币价格 P_f 便会根据现行（名义）汇率（例如，1欧元兑换1.4美元）转换成美元价格。进口品的本币价格便等于 $P_f \cdot e$（每瓶14美元），在这里，（名义）汇率（e）用每单位的外币兑换多少单位的本币来表示。人们通过比较进口产品的美元价格与本国替代产品（例如一瓶加利福尼亚红酒）的价格来决定是否购买这些进口品。价格比率为（$P_f \cdot e$）/P。这一比率看上去很熟悉——它实际上就是第5章中介绍过的实际汇率（但此处的公式是衡量外国货币的实际汇率的价值）。

将式（8.5）扩展后，可以看到对进口品的需求取决于两个主要因素：

① 如果总需求的压力持续存在足够长的时间，便会影响到当前的通货膨胀率。例如，美国于1990—1991年经历了经济衰退，这一时期的通货膨胀率大约为4.5%。总需求不足导致的经济衰退，不但放缓了经济的复苏，还使实际通货膨胀率降到3%以下。此外，大量估算显示，即便经济从衰退中完全复苏，未来的持续通货膨胀率也会降低到约3%。（到21世纪初，预期的持续通货膨胀率降到2.5%，这在很大程度上是由于技术进步降低了实际度量到的通货膨胀率。）

$$M=M(\overset{+}{Y},\overset{-}{P_f\cdot e/P})\qquad(8.13)$$

本国产出和收入越高，进口量就会越多；进口品的价格相对越昂贵，进口量就会越少。

对本国出口品的外国需求不仅取决于外国的收入，还取决于出口到外国的本国产品价格与外国替代品的价格（P_f）的比较。本国的出口产品（例如一台个人计算机）最初以本币标价（如 1 500 美元），这一价格可以根据现行（名义）汇率（如 e 为 1 日元兑换 0.01 美元）转换成外币（日元）价格，本国出口品的外币价格就等于 P/e（在这里为 1 500/0.01＝150 000 日元）。外国人决定是购买自己国内的产品（如一台 NEC 计算机）还是购买本国出口的产品，部分地取决于产品的相对价格，即 $P_f/(P/e)$，或者（$P_f\cdot e$）$/P$。比值越高，外国产品的吸引力就越小，本国出口产品的吸引力就越大。

因此，对本国出口品的需求将取决于以下两个因素：

$$X=X(\overset{+}{Y_f},\overset{+}{P_f\cdot e/P})\qquad(8.14)$$

如果外国产出和收入越高，或外国替代品的价格相对越昂贵，本国产品的出口量就越多。

除了收入效应，如果本国产品的国际价格竞争力提高，净出口量（$X-M$）就会越多。这既是因为出口量变得更大，也是因为进口量变得更小。国际价格竞争力的一般性指标是（$P_f\cdot e$）$/P$ 的比率。①本国的国际价格竞争力会在以下情况中提高：（1）外国替代产品的外币价格（P_f）提高；（2）本国产品的国内价格（P）下降；（3）本币的贬值（e 值更大）。在一段时期之后，本国的价格竞争力将随着外国通货膨胀率的上升、本国通货膨胀率的下降或本币升值的减少（或贬值的增加）而提高。

国际价格竞争力的变化可以用 *IS—LM—FE* 模型来说明。这种变化属于可以引起各曲线发生移动的其他经济因素（或外生因素）之一。国际价格竞争力的变化可以使 *FE* 曲线和 *IS* 曲线发生移动。为了理解这一点，假设一国的国际价格竞争力提高，这或许是由于该国较低的通货膨胀率，或许是由于该国货币贬值。国际价格竞争力的提高会使得出口增加和进口减少。净出口的增加会导致总需求扩大，因此 *IS* 曲线向右移动。经常项目收支有所改善，*FE* 曲线同样将向右移动。

本章小结

本章从内部及外部两个角度来考察一国的宏观经济运行状况。一国的内部均衡是以国内经济相关的目标来评价的。内部均衡是指达到资源充分利用时的潜在的最大国内生产总值，同时也实现物价稳

① 该比率（本质上即实际汇率）是反映一国国际价格竞争力的一个有用的概括性指标，但它并非十分完美。对任何特定产品来说，其相对价格会被一些通常不体现在这个比率中的因素所影响。第一，运输成本和政府设置的进口壁垒可以提高进口产品的价格从而改变价格比率。第二，出口者可采用战略定价方法。其产品在进口国当地的价格并不是按现行汇率对出口国国内价格进行换算得出的价格，这反映了国际价格歧视。有一个现象值得人们关注，出口者会阻止汇率变动的全部效应传递到产品的外币价格之中，这被称为不完全传导或对市场定价。当日元在 1985—1987 年急剧升值期间，日本公司确实提高了其出口至美国的产品的美元价格，但其提高幅度要小于汇率变化幅度。它们这样做可能是为了将出口量下降导致的损失减到最低限度。从美国经济的角度讲，其进口量的下降要小于人们在美元大幅度贬值后的预期。

定或可接受的低通胀率水平。一国的外部均衡是以国际贸易相关的目标来评价的。外部均衡是指可持续地实现国际收支的总体平衡。

开放宏观经济运行的一个重要方面是货物与服务的国内产出与国际贸易之间的关系。货物与服务的国际贸易是总需求的一个构成因素，它在短期内对国内产出和收入具有决定作用。同时，国内产出和收入又对国际贸易产生影响，尤其是通过对进口的需求产生影响。

上述关系说明了总需求的变动会如何影响国内产出。在利率水平（同时，产品价格水平和汇率）不变的条件下，一般可以预期，总需求的某些构成要素（如政府支出）的增加会导致国内产出更大比例的增加——支出乘数效应现象。在封闭经济中，乘数值为 $1/s$，s 为边际储蓄倾向（包括通过边际税率而“强制”实行的政府储蓄）。而在开放经济中，国内产出和收入的增长将促进进口。小型开放经济的支出乘数为 $1/(s+m)$，m 为边际进口倾向。一国的边际进口倾向越大，支出乘数就越小。进口的漏出，正如储蓄的漏出一样，会减小初始支出增量对国内产出和收入最终变化的影响。

对于大国来说，进口需求的变化将会对其他国家产生明显的影响，这一影响具有许多方面的特殊含义。第一，一国总需求的任何增加或减少都会扩散到其他国家。第二，其他国家产出和收入的变化又会反作用到前一个国家——外国收入的反作用。这种效应使得实际支出乘数大于 $1/(s+m)$。商业周期的波动（衰退或繁荣）不仅具有国际扩散效应，而且还具有自增强效应，20 世纪 30 年代的历史经验和始于 2007 年的全球金融危机很好地证实了这一假设。“火车头理论”认为，世界上经济大国（美国、欧元区、日本和增长中的中国）的经济增长可以拉动整个世界的经济增长。

分析一国短期宏观经济运行的更为完整的框架，不仅包括国内产出、收入和总需求，还包括货币的供给和需求，以及国际收支平衡。*IS—LM—FE* 模型，亦称为蒙代尔-弗莱明模型，提供了这一框架。

IS 曲线显示了一国的货物及服务市场均衡时，利率与国内产出的所有可能组合。由于低利率鼓励借债和支出，*IS* 曲线向右下方倾斜。*LM* 曲线显示了货币市场均衡时，利率和国内产出的所有可能组合。为了使货币需求和既定的货币供给保持相等，国内产出的增加导致货币需求的增加，此时必须通过提高利率以减少货币需求才能抵消。因此，*LM* 曲线向右上方倾斜。

FE 曲线显示了一国国际收支平衡（官方结算差额为零）时，利率与国内产出的所有可能组合。*FE* 曲线通常也向右上方倾斜。国内产出和收入的增加扩大了对进口的需求，进而使该国的经常项目和国际收支状况恶化。在短期内，这可以通过更高的利率来吸引更多的国外金融资本的流入（或减少资本外流）来抵消，从而使资本项目（不包括官方储备交易）得到改善。

IS 曲线和 *LM* 曲线的交点代表了短期均衡时一国国内产出（Y）和利率（i）的组合。*IS—LM* 的交点相对于 *FE* 曲线的位置反映了官方结算是盈余、平衡还是赤字。

尽管本章往往假设一国的产品价格水平在短期内是不变的，但经过一段时间后，价格水平的确会发生变化。而且绝大多数国家都存在一定程度的持续性通货膨胀。第 5 章中介绍的货币主义理论强调，持续性的通货膨胀和持续性的货币供给的增长相关。此外，相对于经济供给能力的总需求的强弱会影响价格水平或通货膨胀率。如果总需求严重过剩，经济便会过热，价格水平或通货膨胀率就会上升。如果总需求不足，市场疲软带来的约束效应便会降低价格水平或通货膨胀率。而且，价格冲击甚至可以在短期内导致价格水平或通货膨胀率大幅度变化。

除了本国收入对本国进口以及外国收入对本国出口的影响之外，国际价格竞争力也是决定一国货物及服务贸易的一个重要因素。外国产品的价格相对于本国产品的价格越高，本国对进口品的需求就越小，而外国对本国出口品的需求就越大。实际汇率（在第 5 章介绍过）是衡量上述相对价格以及一国产品国际价格竞争力的有用的一般性指标。国际价格竞争力的变化会使经常项目差额发生变化，从而使 *IS* 曲线和 *FE* 曲线发生移动。例如，产品的国际价格竞争力提高后，出口增加而进口减少。总需求的增加使得 *IS* 曲线右移，而国际收支的改善也会使 *FE* 曲线右移。

关键词

内部均衡（internal balance）
外部均衡（external balance）
财政政策（fiscal policy）
边际进口倾向（marginal propensity to import）
小型开放经济的支出乘数（spending multiplier for a small open economy）
外国收入的反作用（foreign-income repercussions）
IS 曲线（*IS* curve）
货币政策（monetary policy）
LM 曲线（*LM* curve）
FE 曲线（*FE* curve）
资本完全流动（perfect capital mobility）

推荐读物

Bosworth（1993，Chapter 2）深入讨论了内外部均衡问题，并完善了 *IS*—*LM*—*FE* 模型。Dalsgaard，André & Richardson（2001）采用包括贸易和国家间其他联系的动态宏观经济模型，对政策变化的国内及国际效应进行了实证估算。国际货币基金组织的《世界经济展望》(*World Economic Outlook*，April 2007，Chapter 4）分析了产出和收入的外溢效应，以及国家之间商业周期的相关性。Campa & Goldberg（2005）对工业化国家的汇率不完全传导进行了数据分析。

习　题

✦ 1. 根据图表 8—2，除了加拿大，美国对哪个国家影响最大，为什么？

2. “美国的衰退可能会导致欧洲实际 GDP 的增长。”你是否赞同？为什么？

✦ 3. 一国的边际储蓄倾向为 0.2，边际进口倾向为 0.1。现在政府支出增长了 10 亿美元（假设该国初始生产水平低于其潜在供给能力）。

a. 根据小型开放经济的支出乘数，国内产出和收入将增加多少？

b. 如果该国为封闭经济，其边际储蓄倾向为 0.2，政府支出增加 10 亿美元，会使国内产出和收入增加多少？利用经济学原理解释本题答案为何与 a 中的答案不同。

4. 一国的边际储蓄倾向为 0.15，边际进口倾向为 0.4。现在该国的实际国内支出减少了 20 亿美元。

a. 根据支出乘数理论（对小型开放经济来说），国内产出和收入将变化多少？

b. 该国的进口量将发生何种变化？

c. 如果该国为大国，对外国的产出和收入将产生何种影响？请解释。

d. 外国产出和收入的变化会抵消还是加强该国国内产出和收入的变化？请解释。

✦ 5. *IS* 曲线和 *LM* 曲线的交点与内部均衡的关系是什么？

6. *FE* 曲线与外部均衡的关系是什么？

✦ 7. 请解释以下各项对 *LM* 曲线的影响：

a. 国家中央银行减少货币供给。

b. 利率上升。

8. 请解释以下各项对 *IS* 曲线的影响：

a. 政府支出下降。

b. 外国对本国出口品的需求增加。

c. 利率上升。

✦ 9. 请解释以下各项对 *FE* 曲线的影响：

a. 外国对本国出口品的需求增加。

b. 外国利率上升。

c. 本国利率上升。

10. 请解释以下各项对本国出口和进口的影响：

a. 国内产出和收入增加。

b. 外国产出和收入减少。

c. 本国价格水平上涨 5%，本币（名义）汇率和外国价格水平不发生变化。

d. 本国价格水平上涨 5%，外国价格水平上涨 10%，但本币（名义）汇率不变。

第 9 章 固定汇率制下的内外部均衡

如果一国政府愿意并且能够维持汇率，那么固定汇率制可以减少货币币值的波动。本章重点考察当政府选择固定汇率制时，一国的宏观经济运行状况。

世界上许多重要国家采用的都是浮动汇率制（尽管也有适度的政府管理），那为什么还要研究固定汇率制呢？主要有以下三个原因。首先，在目前的国际货币体系中，还有相当一部分国家采用固定汇率制。正如第 6 章中介绍的，有两个主要的货币集团采用固定汇率制：(1) 大量的发展中国家将其货币与美元挂钩，形成美元集团；(2) 17 个使用欧元的欧盟国家、其他通过汇率机制将其货币与欧元挂钩的欧盟国家以及一些将货币与欧元挂钩的非欧盟国家，形成欧元集团。此外，还有其他一些国家将其货币与美元、欧元和一篮子货币之外的货币挂钩。其次，在目前的汇率体系下，一些国家只是名义上采用浮动汇率制，实际上政府严格控制汇率，使其在很多方面更像固定汇率制。最后，人们还在不断讨论世界上一些主要货币是否应该回归到固定汇率制。这些建议介于实行目标区制度（一种类似于爬行钉住汇率制但有较大调整幅度的汇率制），到实行金本位制，不一而足。在评价这些建议是否可取或可行之前，我们有必要理解固定汇率制对一国经济的影响，以及政府政策对经济运行的影响。

本章的分析将表明，通过官方干预外汇市场以维持固定汇率制的做法，会显著影响一国的货币政策。这种干预会改变一国的货币供给，抵消国际收支失衡造成的影响。但是这种干预活动也会限制一国实行独立货币政策的能力。维持固定汇率也会对财政政策产生影响，如果国际金融资本具有高度流动性，那么一国的财政政策的效用实际上会更大。除此之外，为维持固定汇率而进行政府干预，还会影响一国经济如何应对国内外的冲击。

固定汇率制向政策制定者提出了挑战，因为他们试图同时实现本国经济的外部均衡（国际收支的总体平衡）和内部均衡（实际产出等于经济的潜在供给，或在较高的水平就业，即充分就业，且没有通货膨胀的压力）。内部均衡和外部均衡在经济运行的短期和中期往往难以兼顾。一国政府如果只追求外部均衡，而不顾国内的通货膨胀和失业，即便实现了国际收支平衡，也可能被迫下台。另一方面，如果政府只运用财政政策或货币政策控制国内产出，则可能会扩大国际收支的赤字或盈余，这又违背了保持汇率不变的承诺。

一个可能的解决方案是巧妙地运用各种政策的组合，即利用货币政策来减少国际收支不平衡，利用财政政策来稳定国内生产总值（GDP）。另一种可能的“解决方案”是放任自流——任其贬值、升值，干脆放弃固定汇率，转而实行浮动汇率制。本章将对两种方案进行阐述，并通过考虑一些影响条件来论证固定汇率的变化是否能够同时成功地改善一国内部和外部的宏观经济运行状况。

9.1　从国际收支平衡到货币供给

一旦一国政府决定采用固定汇率制，则必须维持这一汇率。正如第 6 章所讨论的，维持汇率的第一道防线是政府干预——货币当局（中央银行）必要时在外汇交易市场买入或卖出外汇，以保证将汇率稳定在所选择的固定汇率中心值附近的区间内。第 6 章也介绍了官方干预带来的一些影响。第一，中央银行买入或卖出外汇时，官方外汇储备量将发生变化；第二，当中央银行买入或卖出本国货币时，一国的货币供给会发生改变。

本节及随后的三节主要解释这些效应是如何发生的，以及它们对一国的宏观经济产生什么影响。首先从介绍一国中央银行的资产和负债这些重要的概念开始。以下是一张涵盖这些项目的简化后的资产负债表：

中央银行	
主要资产	**主要负债**
国内资产（D）	基础货币（MB）
债务证券	现金
对银行的贷款	来自银行的存款
国际储备资产（R）	
外汇资产	

图表 9—1 显示了美联储（美国的中央银行）和欧洲中央银行（ECB，欧元区的中央银行）这些项目的具体数值。

图表 9—1　美联储和欧洲中央银行资产负债表的主要项目（2010 年 12 月 31 日） 单位：10 亿美元

	美联储	欧洲中央银行
主要资产		
有价证券（以本币计值）	2 225	653
向银行提供的贷款（本币）	46	725
以外币计值的资产	26	333
主要负债		
现金（纸币和硬币）	942	1 114
来自银行的存款（本币）	968	502

美联储和欧洲中央银行持有的主要国内资产的不同，反映了两者在政策运作程序上的不同。美联储使用公开市场操作来执行国内货币政策，即美联储买入或卖出美国政府有价证券，因此它持有大量此类资产。而欧洲中央银行则通过向银行和其他金融机构发放贷款（欧元）来执行区内货币政策。这是两种调节主要负债的方法，这两项主要负债也共同构成了基础货币。此外，由于美联储执行的量化宽松政策，其所持有的有价证券以及来自银行的存款规模都远远大于正常水平。欧洲中央银行也执行了相对温和的量化宽松政策，增加了持有的有价证券规模。

两者持有外汇资产的不同主要是由历史原因造成的。美国政府很少干预外汇市场，因此美联储几乎没有必要持有国际储备。而欧洲中央银行从欧元区各个国家的中央银行继承了各国官方储备。历史上，这些国家的中央银行都曾积极地进行外汇干预，因此它们需要持有足够的国际储备。

资料来源：Federal Reserve Board of Governors，annual report，2010；European Central Bank，annual report，2010.

中央银行的两类主要资产是**国内资产**（domestic assets）和**国际储备资产**（international reserve assets），特别是指中央银行持有的外币和以外币计值的有价证券。国内资产是以本国货币计值的，因此不属于国际储备。中央银行持有的两类主要国内资产是：（1）债券及类似的债务证券；（2）中央银行向国内（一般）银行或其他金融机构发放的贷款。

在资产负债表的另一边，是中央银行的两类负债：（1）由中央银行发行的本国货币（纸币和硬币）；（2）本国（普通）银行（或其他金融机构）在中央银行的存款。普通银行在中央银行存款是按照中央银行的规定所要求的。而且，中央银行往往将来自各银行的存款进行国内银行之间的结算（例如，结算由一家银行开具的由另一家银行兑付的支票）。中央银行的这两类负债——现金和来自银行的存款，称为**基础货币**（monetary base）。

一国的**货币供给**（money supply）主要包括公众持有的现金以及他们在普通银行中的各种存款（如支票账户）。一国的中央银行能够影响这些银行持有的公众存款总量，因为它要求各银行持有一定数量的资产以承担存款负债责任，即银行准备金。银行准备金由两类资产构成：银行的“库存”现金及其在中央银行的存款。银行准备金的数量一般只是其客户存款数量的很小一部分——这一制度称为银行部分准备金制。①

在这一规定中，中央银行通过控制自己的资产负债表和制定各（普通）银行必须达到的准备金标准来控制国家的货币供给。设想如果中央银行允许自己的负债（基础货币）增加，将会发生什么？这将导致货币供给增加。如果这种负债的增加表现为公众持有现金的增加，这时货币供给直接增加；如果负债的增加表现为银行准备金（各银行库存现金或者其在中央银行的存款）的提高，那么各银行可以数倍于银行准备金增加量吸收存款。在银行部分准备金制度下，每增加一美元银行准备金，都可以导致银行存款数倍的增加（这里的数倍等于必须保留的准备金比例的倒数）。这种银行部分准备金制度下货币供给的数倍扩张称为货币乘数过程。②

在了解了中央银行的背景及其对国家货币供给所起的控制作用之后，再来分析维持固定汇率的官方干预所产生的效应。如果一国存在官方结算盈余，本国货币汇率将面临上升的压力，中央银行必须通过买入外汇、卖出本币来进行干预。在资产负债表上表现为：

- 官方国际储备持有量增加（R↑）；
- 负债增加（MB↑，被注入到经济系统中的本币增加）。

这种负债增加，可能表现为未偿付的实际货币债务的增加（如果中央银行以货币的形态直接发行国内货币）。增加货币供给更可能且更有效的方式是，中央银行通过

---

① 这一标准术语看起来令人费解。银行有两种形式。一国的中央银行是制定货币政策的官方货币当局，而且（通常）也是承担对外汇市场进行官方干预的机构。普通银行通常只是被称为银行，向一般客户（如个人、企业和政府机构）或在银行之间（例如银行间贷款和银行间外汇交易）提供一般性银行业务（发放贷款、接受存款和从事外汇交易）。准备金是一个更容易让人产生误解的术语。中央银行（如果没有严格意义上的中央银行，则是指类似的国家货币当局）持有官方储备资产。普通银行通常按其存款负债的一定比例持有构成其资产的银行准备金。一部分银行准备金以存款的方式存放于中央银行（另外，银行账目中还有另外一类准备金——诸如坏账准备金等负债项目——但这并不是这里所讨论问题的部分）。

② 对中央银行以及其控制国家货币供给方式的描述适用于美国（美联储）以及其他很多国家。但仍有一些国家采用不同方式（例如，通过限制银行对客户贷款的增长而执行货币政策）。对这些国家进行分析，需要根据其不同的程序和制度，作出适当的调整。但本节中得出的主要结论仍然对各国适用。

在外汇市场上与普通银行交易来增加普通银行在央行的存款，向各银行发行本国“货币”。无论采用哪种方式，国家的货币供给都将增加。如果各银行持有的准备金增加（由于其在中央银行的存款增加或其库存的现金增加），那么货币最终供给增量将会是中央银行对外汇市场干预时投入货币数量的数倍。

如果情况相反，一国官方结算差额存在赤字，那么本国货币汇率面临下降的压力，中央银行也必须进行干预，卖出外汇、买入本币。在资产负债表上表现为：

- 官方国际储备持有量减少（R↓）；
- 负债减少（MB↓，因为本币从经济系统中移出）。

中央银行可以在从事外汇交易时通过减少普通银行在中央银行的存款而回收本国“货币”。由于各银行准备金的减少（因为其在中央银行的存款减少），货币供给必须减少，其减少量将会数倍于中央银行对外汇市场干预时回收货币的数量（反向的货币乘数效应）。

这里得出的结论是，官方干预调整中央银行的资产与负债的方式，不仅改变了一国的官方国际储备资产持有量，还改变了国家的货币供给量，除非中央银行采取其他措施以阻止货币供给量的变化。事实上，在银行部分准备金制度下，货币供给的变化量将是官方干预量的数倍。

9.2　从货币供给回到国际收支平衡

如果官方干预改变了国家的货币供给，那么它对该国的国际收支平衡以及国家宏观经济运行有什么影响？货币供给的变化会弱化国际收支失衡产生的效应。

假设开始时国家的国际收支总额存在盈余。这时政府通过中央银行买入外汇、卖出本币来进行官方干预。当中央银行通过卖出本币来增加负债时，国内货币供给会“自动”增加。图表 9—2 描述了货币供给增加对国际收支平衡的影响。

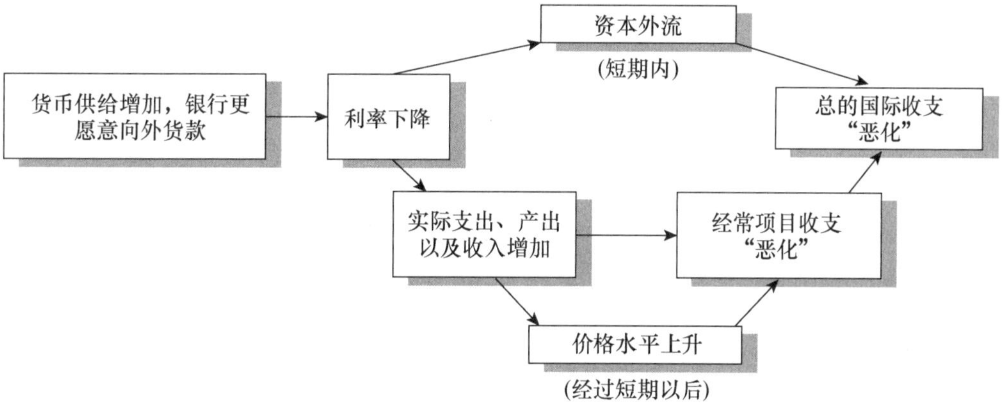

如果货币供给减少，那么整个过程中的所有改变将反向变化。

图表 9—2　固定汇率制下，货币供给的增加使得国际收支状况恶化

当中央银行提高银行准备金时，各银行有更多的流动资产来扩大业务量。它们将寻求更多的放贷机会，竞争可能使利率下降。

至少在短期内，利率下降对国际收支会产生几种影响。

一是对资本项目的影响。利率下降使一些持有以本币计值资产的人将其资本转向国外以寻求更高收益。资本的外流导致资本项目“恶化”（更少的盈余或更大的赤字）。① 这种对资本项目的影响会发生得非常迅速，但不会持续很久。一旦投资组合调整完毕，继续流动的资本数量会变得很小。实际上，当债券或贷款到期时，外流的资本会回流。（而且，增加对外国的投资很可能会为国家在未来带来持续的收入。）

二是对经常项目产生的影响。这是由于实际收入或价格水平发生变化，或两者都发生了变化。国内利率的下降刺激了对利率敏感的支出——例如，人们会大肆借债，以进行更多的实际投资项目。支出扩大会导致实际国内产出和收入的增加（假设经济中还有可利用的资源来扩大生产）；收入的增加促进了对货物和服务的进口，导致经常项目差额“恶化”（更少的盈余或更大的赤字）。此外，尤其是当总需求的扩大对经济的供给能力造成压力时，更多的支出还会推动价格水平的上涨。如果经济中的价格和成本上升，一国的国际价格竞争能力就会下降，国家经常项目就会恶化。这两种效应到底会发生哪一种，取决于经济的起始状况和涉及时间的长短。如果经济开始时处于未充分就业状态，那么通过实际收入变化而产生的影响可能会更大。如果经济开始时已经接近充分就业，那么通过价格水平变化而产生的影响可能会更重要，至少在度过短期的价格黏性期以后会这样。

因此，一个在初期为国际收支盈余的国家，官方干预会增加货币供给，货币供给的增加会使经济发生调整，使国际收支盈余减少。这一调整的主要特征可以用 *IS*—*LM*—*FE* 图来描绘。假设经济开始于图表 9—3 中的点 *A*，即初始 *IS* 和 LM_0 曲线的交点。该点位于 *FE* 曲线的左边，说明该国官方结算差额存在盈余。为了维持固定汇率，官方实行干预，增加本币供给，从而 *LM* 曲线向下或向右移动。随着 *LM* 曲线下移，均衡利率下降，国内产出和收入增加。*IS* 曲线与新的 *LM* 曲线的交点更接近于 *FE* 曲线。如果价格水平不变，当 *LM* 曲线下移至三线相交的点 *E* 时，全部调整结束（可能需要数年时间）。均衡利率从 7%下降至 6%，国内产出从 100 提高至 110，官方结算差额为零（此时，经济运行在 *FE* 曲线上）。②

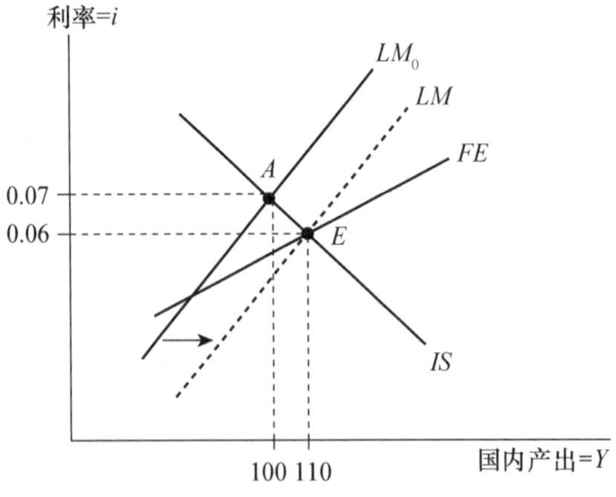

如果国家初始时处于点 *A*，国际收支处于盈余状态，进行干预以维持固定汇率，将导致货币供给增加，*LM* 曲线向下或向右移动。随着 *IS*—*LM* 曲线交点移向点 *E*，国际收支盈余下降为零。

图表 9—3　固定汇率制下对国际收支顺差的调节

① 这里假设由于国外利率未发生变化或变化不大，国内利率的变化减少了利差。此外，还假设对将来即期汇率的预期也未发生变化。例如，国际投资者相信固定汇率制将一直维持下去，因此预期的将来即期汇率约等于当前即期汇率。

② 如果价格水平也上升，那么国家会失去国际价格竞争力，*FE* 和 *IS* 曲线向左移动，*LM* 曲线的移动幅度较小，三线相交于更低的实际国内产出点。

相反，若初始状态时官方结算差额为赤字，本币面临贬值的压力，则所有影响会朝相反方向运行。至少在短期内，本国货币供给下降，利率提高。利率提高会吸引资本流入，改善资本项目状况。利率提高还会减少总需求和国内实际产出，减少进口，改善经常项目。总需求不足还会给价格水平带来下行的压力，至少度过了短期的价格黏滞以后就会如此。这将提高该国的国际价格竞争力并改善其经常项目。总的国际收支状况得到改善——赤字减少至零。开始时国家的 *IS—LM* 曲线的交点位于 *FE* 曲线右侧，在 *LM* 曲线向上或向左移动后，最终三线相交。

结论十分清楚。如果存在外部失衡，试图维持固定汇率的干预会改变国内货币的供给。货币供给的变化所引发的一系列调整，可以使一国逐渐实现外部均衡。那么还有什么问题呢？可能的问题有两类。

第一，这一过程是以国家的国际储备资产发生变化为基础的。对一个初始状态为国际收支盈余的国家来说，货币当局将增加官方国际储备资产；而对于国际收支赤字的国家来说，货币当局将减少官方国际储备资产。也许货币当局认为这些改变都是不能接受的。那么，如果货币当局接受可以改变货币供给（*LM* 曲线必须移动），这就不再是一个问题。中央银行只要简单地通过国内操作来加速调整就可以了。例如，国家可以通过公开市场操作买入或卖出政府债券。

在收支盈余的情况下，国家可以通过买入本国政府债券，更快地扩大货币供给和降低利率。这种公开的市场操作会提高中央银行的国内资产（D↑）和负债（MB↑）。货币供给状况改变得越快，外部均衡就实现得越快。官方储备资产（R）增加幅度较小，这是由于一部分国内货币供给的增加是由央行持有的国内资产（D）的增加所致。

在国际收支赤字的情况下，一国可通过公开市场操作，出售本国政府债券来减少货币供给。这将导致银行准备金减少，货币供给缩减。利率上升越快，国际收支赤字减少就越迅速，外部均衡实现得也就越快。官方国际储备不会以相同幅度下降，因为一部分货币供给减少是由于中央银行持有的国内资产减少所致。

第二，外部均衡与内部均衡可能不一致。在收支盈余的情况下，货币供给的增加会给国内价格水平带来上涨压力，通胀率朝正的（或说更高的）方向发展，这并不是政府所愿意看到的——它会造成内部失衡。而在国际收支赤字的情况下，货币供给减少会导致经济衰退（实际产出下降）和失业率上升。

9.3 冲　销

货币当局可能更愿意保持国家货币供给不变，而不是自动调整（或加速调整）。之所以如此，第一个原因是货币供给的改变会导致内部失衡，如前所述；第二个原因是货币当局可能相信外部失衡只是暂时的，很快会恢复均衡，这正是第 6 章中所讨论的暂时性失衡情况。

中央银行可以通过采取冲销的国内行为，使国际收支盈余或赤字不对本国货币供给造成影响。**冲销**（sterilization）指采取措施削减官方干预对本国货币供给带来的影响。如果中央银行在国际收支盈余情况下用出售本币、购入外汇的干预方式来维持固定汇率，那么货币供给会增加（R↑，MB↑）。如果中央银行此时采取公开市场操作等，卖出本国政府债券，便可冲销货币供给增加的影响。货币市场进行的干预导致货币供给扩大，而公开市场操作则试图通过减少央行持有的本国资产和作为国内基础货币的央行负债来减少货币供给（D↓，MB↓）。干预和冲销对货币供给和基础货币的效应趋于相互抵消（MB↑＝MB↓）。冲销性干预的净效应改变了中央银行的资产结构（本例中为 R↑和 D↓）。

在国际收支赤字的情况下，中央银行在公开市场操作中以相同数量的本币买入本国政府债券，以此冲销政府的干预（卖出外汇，买入本币）。在这种情况下，干预减少了官方储备持有量（R↓）和央行负债（MB↓）。而冲销增加了央行对本国证券的持有量（D↑）和负债（MB↑）。对基础货币和货币供给的效应相互抵消，净效应表现为央行资产结构的变化（R↓和 D↑）。

由于冲销性干预并不改变货币供给，因此 *LM* 曲线不会变化。图表 9—3 中的经济均衡点保持在点 *A*，也没有发生导致外部均衡的调整。这往往是一个“等着瞧”或“满怀期望等待”的战略。或许会有其他的一些因素变化使得 *FE* 曲线向点 *A* 移动，抑或有其他原因使 *IS*—*LM* 曲线的交点移向 *FE* 曲线。如果没有任何其他因素能使经济转向外部均衡，那么货币当局采用冲销性干预，使经济在收支失衡状态下持续运行的能力是有限的。

在国际收支盈余的情况下，官方的局限性表现为：(1) 央行不愿继续增加官方储备资产持有量；(2) 其他国家对本国持续盈余的不满。正如第 1 章和第 6 章中所讨论的，2005—2011 年间，中国大陆便处于这样的状况之中。中国台湾地区在 20 世纪 80 年代也曾出现过类似情况，当时的干预使官方储备资产快速增长，其价值总量相当于约 3/4 的年度国民收入。迫于美国政府的压力，1986—1987 年，台币快速升值。

在国际收支赤字的情况下，官方干预的局限性表现为中央银行不能获得外汇并在官方干预中卖出。国家的官方储备资产可能会锐减至零（而且由于其不稳定的国际收支状况，国家也借不到更多外汇）。这种局限性可能导致非常严重的后果——如果国际投资者和投机者认为中央银行的官方储备持有量很少，可能爆发一场基于单向投机博弈的外汇危机，正如第 6 章和第 7 章所讨论的那样。

9.4 固定汇率制下的货币政策

前两节的讨论中暗含了重要的信息——固定汇率制极大地约束了一国实行独立货币政策的能力。在很大程度上，一国的货币政策必须与维持固定汇率一致。国际收支失衡会给维持固定汇率的官方干预而引起的货币供给的变化带来压力。冲销可以抵消货币供给的变化，但各国中央银行使用冲销手段的时间是有限的，尤其是当中央银行持有的官方储备因为国际收支赤字而下降时。

即使一国处于收支平衡状态，其实行独立货币政策的能力仍然受到很大约束。为了说明这个问题，假设一国在初始时官方结算差额为零。该国虽然实现了外部均衡，但还没有达到内部均衡，具体地说，该国存在高失业率并且想扩大国内产出。为了能够实现内部均衡，该国采用扩张性货币政策。

这种政策在一定时间内可能会增加实际产出。但是如图表 9—2 所示，该国的官方结算差额会变为赤字。经常项目和资本项目的状况均会恶化。此时国家需要卖出外汇买入本币以维持固定汇率。但这一做法又会使本国货币供给减少，迫使国家放弃扩张性政策。虽然中央银行可以通过冲销政策支撑一段时间，但不可能无限制地冲销下去。最终该国必须允许其货币供给下降（或实行其他措施，例如调整汇率）。

这一过程可以用图表 9—4 来说明，国家的初始状态位于三线交点 *E* 处。货币供给增加使 *LM* 曲线向下或向右移动。*IS*—*LM* 曲线相交于点 *H*，实际国内产出增加。

但新的交点位于 FE 曲线的右边，表明此时国际收支赤字。政府为了维持固定汇率，实行的干预措施使货币供给减少，LM 曲线回移。如果其他条件不变，LM 曲线将回归到原来的三线交点 E。

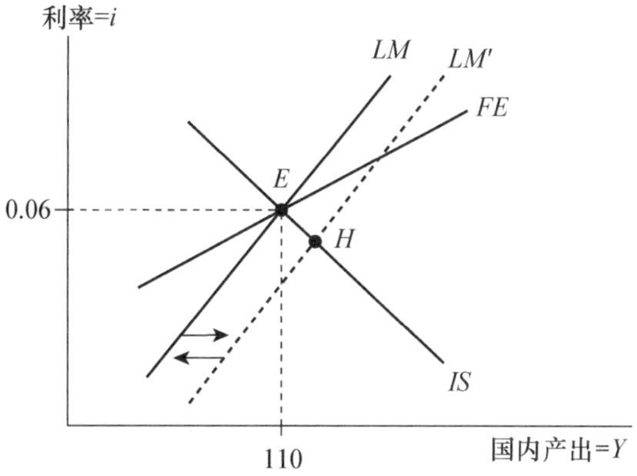

从表示国际收支总差额为零的点 E 开始，国家试图实行扩张性货币政策。LM 曲线下移或右移，但在点 H 时，国际收支处于赤字状态。为维持固定汇率进行的干预使货币供给减少，LM 曲线回移，最终又回到点 E。

图表 9—4　固定汇率下的扩张性货币政策

与前几节分析不同的是，本节从国际收支平衡开始，分析过程先是“从货币供给到国际收支差额”，再到“从国际收支差额回到货币供给”。通过这样的分析可以得出结论：由于国际收支差额的反作用，以及维持固定汇率的需要，当局改变货币供给的能力是有限的，并最终失去这种能力。

9.5 固定汇率制下的财政政策

财政政策可以通过改变政府的支出和税收来实现。财政政策的变化通过经常项目和资本项目共同影响国际收支。首先，考察一个扩张性财政政策的例子，比如政府增加对货物及服务的购买。图表 9—5 概述了这种情况。（紧缩性财政政策也可以用同样方法来分析，但是所有的变化都是相反方向。）

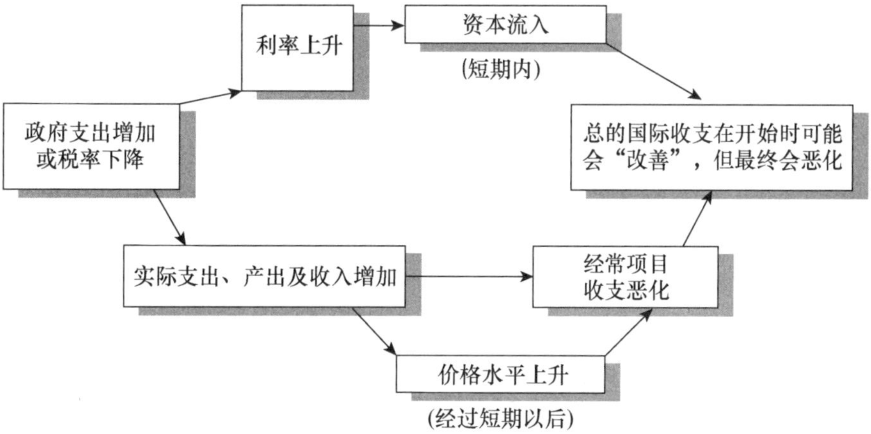

如果实行的是紧缩性财政政策，则整个过程的所有变化的方向相反。

图表 9—5　在固定汇率制下，扩张性财政政策影响国际收支的路径图

政府支出的增加意味着政府预算赤字的增加（或预算盈余的减少），本章均从预算赤字的情况考虑。为弥补更大的预算赤字，政府会更多地借债并上调利率。调高的利率会吸引资本的流入，“改善”国家的资本项目现状。

增加的政府支出还会增加总需求和实际国内产出（假设仍然有可利用的资源用于扩大生产）。① 增加的政府支出导致了进口需求的增加，经常项目收支“恶化”。此外，在短期的价格黏滞结束之后，总需求的增加会给价格水平带来上涨压力。如果价格上涨，那么该国会失去国际价格竞争力，这也是经常项目恶化的另一个原因。

对一国总的国际收支的影响，由以上各方面的变化幅度决定。假设经常项目恶化，我们可以从国际资本流动对利率变化的敏感程度来考察国际收支总差额受到的影响：

- 如果国际资本流动对利率的变化非常敏感（资本流动性高），那么资本流入规模就会很大，官方结算差额将变为盈余。
- 如果资本流动对利率变化不敏感（资本流动性低），那么资本项目的改善甚微，国际收支将变为赤字。

国际收支总差额受到的影响也可能与时间相关——刚开始时，资本流入可能很大，但随着国际投资组合根据新的经济环境进行调整，资本流入可能会减少。

图表 9—6 描述了假定价格水平不变时，固定汇率制下扩张性财政政策的短期效应。在国际资本流动的两种状况下，经济都开始于三线的交点 E。实行扩张性财政政策使 IS 曲线右移至 IS'，与 LM 曲线的新交点为点 K，此时有着更高的利率和实际国内产出。②

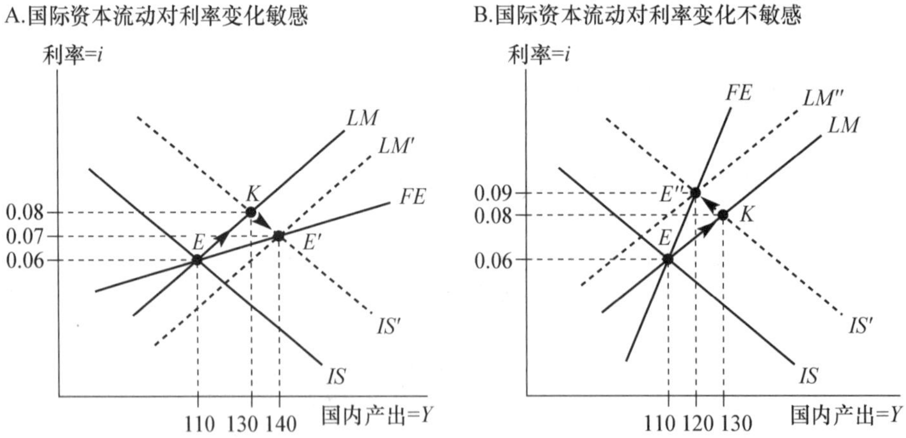

扩张性财政政策使 IS 曲线右移，IS—LM 曲线交点由点 E 移至点 K。财政政策的效应取决于国际资本流动对利率上升的敏感程度。A 图中，总的国际收支差额变为盈余（点 K 在 FE 曲线左边）。B 图中，总的国际收支差额变为赤字（点 K 在 FE 曲线右边）。在每种情况中，国际收支的失衡都导致货币供给的变化（假设中央银行没有或不能对其进行冲销）。在 A 图中，维持固定汇率的干预使货币供给增加，LM 曲线下移，经济移至新的完全均衡点 E'。在 B 图中，维持固定汇率的干预使货币供给减少，LM 曲线上移，经济移至新的完全均衡点 E''。

图表 9—6 固定汇率制下的扩张性财政政策

---

① 当利率上升时，对利率敏感的国内支出将会有不同程度的下降。但是在短期内，即便有部分的挤出效应，实际 GDP 仍会增长，

② 考察推动利率上升的另一种方法是直接使用 IS—LM 分析。实际收入和支出的增加扩大了对货币的交易需求，但货币供给却没有增加（假设，至少在开始时，中央银行不允许任何货币供给的增加，因为它不愿改变其货币政策）。对货币需求的增加必定受到利率提高的抑制（所有这些都表现为沿着 LM 曲线由点 E 向点 K 移动）。

图表 9—6 中所示的两种情况的区别在于国际资本流动对利率变化的反应程度不同。图 A 描绘的是资本流动性高的情况，因此 FE 曲线相对平坦。图 B 描绘的是资本流动性低的情况，因此 FE 曲线相对陡峭。如果资本流动像 A 图所描绘的那样敏感，则新的交点 K 位于 FE 曲线的左侧，国际收支盈余。如果资本对利率的变化不敏感（如 B 图所示），则点 K 位于 FE 曲线的右侧，意味着国际收支赤字。①

本节关于财政政策的变化对国内经济和外部均衡产生的影响的分析至此得出了结论。分析似乎可以到此为止了，但是却尚未言尽。如果官方结算差额变为盈余或赤字，那就需要进行官方干预维持固定汇率，国家的货币供给也会随之发生变化（便实行冲销性干预，影响会推迟出现）。如果干预不被冲销，那么利率和国内产出会随着货币供给的变化而受到进一步的影响。这一影响的作用方向取决于国际收支总差额是盈余还是赤字。

如果资本具有高流动性，则总收支差额就会变为盈余，中央银行必须进行干预：卖出本币，买入外币。在不进行冲销的情况下，本币供给扩大，导致利率下降以及国内产出的进一步增加。在表 9—6 中 A 图，货币供给的增加使得 LM 曲线向下或向右移动至虚线 LM'，并在点 E' 形成新的三线交点。在这种情况下，财政政策对于增加实际 GDP 更有效，因为在货币当局为维持固定汇率而进行干预时，扩大了货币供给。②

相反，如果资本流动性较低，那么国际收支总差额出现赤字就要求官方进行干预：买入本币，卖出外币。如果干预不被冲销，那么本国货币供给减少，利率提高，将逆转国内产出增加的趋势。在图表 9—6 中 B 图，货币供给的减少使 LM 曲线向上或向左移动，最终移至虚线 LM''。在这种情况下，扩张性财政政策增加实际 GDP 的能力就有所削弱。

9.6　完全资本流动

在研究固定汇率制下国际资本流动会在多大程度上影响货币政策和财政政策的有效性时，完全资本流动是其中一种极端状态。**完全资本流动**（perfect capital mobility）意味着一国利率的微小变化都会导致国际资本流动的无限变化。

对于分析这样一类国家，其资本市场对国际经济活动开放、政治和经济环境稳定（预期中不存在资本管制的政治和经济风险），完全资本流动可能就非常合适。实际上，成功的固定汇率制使完全资本流动的出现更有可能。如果投资者确信汇率仍将继续保持固定，他们便愿意来回兑换货币，通过微小的利差而获利。

对小国（即不会对全球金融市场产生影响的国家）来说，完全资本流动意味着该国的利率必须和全球资本市场的利率相等。这就是当加拿大采用固定汇率时，总有人抱怨“加拿大的利率由华盛顿制定”的原因。

如果国际资本流动对于微小的、暂时的利率变化具有高度敏感性，那么在经济实际运行中，即便是在短期内，国际资本流动也将对一国的货币供给起到决定性的作

① 对货币政策的分析来说，FE 曲线的斜率无关紧要。因为如图表 9—4 所示，改变货币政策对总收支差额的影响的作用方向是很明确的。

② 如果价格水平也上升，FE 曲线就会向左移动，IS 曲线也会向左有一定程度的回移。在这种情况以及下一段要讨论的一个案例中，实际国内产出增幅并没有这么多。

用。为什么？试想一下，如果货币供给刚减少，国家的利率就立即上升，会发生什么？利率的些许上升吸引了大量的资本流入。为维持固定汇率，政府必须进行干预，卖出本币，使货币供给扩大。而此时，由于资本流入量之大，几乎无法进行冲销。反之，如果一国稍微增加货币供给使得利率小幅下降，就会有近乎无限多的资本流出。资本的流出迫使货币供给回到初始水平，从而消除了利率的小幅下降。这里，国际收支决定了货币供给。在固定汇率制下，完全资本流动使货币政策失去了影响利率或本国经济的能力。

对于财政政策而言，完全资本流动实际上意味着在短期内增强了其对国内经济的影响。由于更多的政府借债需求被来自国外的大量贷款所满足，扩张性财政政策并没有提高利率。因此，政府的借债行为并不会挤出以较高利率借款的国内私人投资，这使财政政策对经济的乘数效应得以充分实现。也就是说，在完全资本流动以及利率由一国外部因素所确定的情况下，财政扩张不会从借贷市场挤出私人投资。在固定汇率和完全资本流动下，得以加强的财政政策的影响力可能是对失去货币调控能力的一种差强人意的替代，因为政府对支出和税收的处理方式通常是粗放的，并且还会受到多变的政治条件的影响。但是，对于一些实行固定汇率制和开放资本市场（无资本控制）的小国来说，这是不得不接受的事实。①

图表 9—7 描绘了完全资本流动在 *IS*—*LM*—*FE* 图上的效应。利率的微小变化都会引发潜在的无限大的国际资本流动，因此 *FE* 曲线是水平的。如果国际利率为 6%，那么位于水平的 *FE* 曲线上方任何一点的国内利率都高于 6%，将会导致大规模的资本流入和收支盈余，而位于该曲线下方任何一点的利率都会导致大规模的资本流出和收支赤字。

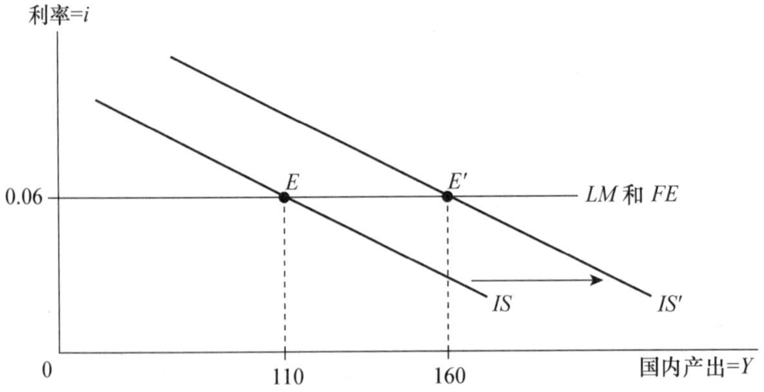

图表 9—7　完全资本流动条件下货币政策的无效性和财政政策的作用

在完全资本流动的条件下，*LM* 曲线同 *FE* 曲线一样也是水平的。这意味着对一国货币供给产生的任何影响都将被无限流动的国际资本吞没。因此，无论在什么情况下，该国的货币供给量都必须使国内利率保持在 6%的水平。6%的利率水平是由整个世界金融状况所决定的，该国货币市场也只有在这个利率水平上才能实现均衡。在图表 9—7 所示情形下，该国没有独立的货币政策。货币当局不能改变国内利率或控制货币供给。

① 在完全资本流动情况下，正如本章所讨论的其他情况一样，任何被吸引来的资本都必然要在日后连本带息地归还给外国债权人。

相反，在这些条件下，财政政策作用却发挥到了极致。增加政府支出或降低税率使 IS 曲线向右移至 IS'。一旦出现政府财政赤字，该国利率就会有非常细微的上升，大量资本就会涌入，因为国际投资者就在寻求这种微小的利差。资本流入使得货币供给增加，直到利率重新降回到 6%为止。所以 IS 曲线的右移对国内产出的影响非常大，但却对利率无影响。①

完全资本流动的情况清楚地说明，货币政策受到固定汇率制的约束，而财政政策在固定汇率下却具有很大的效用。本章余下部分将讨论适度资本流动，即 FE 曲线向右上方倾斜的情况。完全资本流动可以被看作一般情况（向上倾斜）的一种特例（水平曲线）。

9.7 对经济的冲击

各国经济总是时常受到一些冲击——既包括国内基本经济条件变化引发的冲击，也包括国际经济变化带来的冲击。这些外生因素会对固定汇率制下的经济产生什么影响？为简化分析，通常假设一国在受到冲击之前经济已经实现了外部均衡（处于 IS—LM—FE 图中三线的交点）。

9.7.1 内部冲击

一种内部冲击来自货币市场。**国内货币冲击**（domestic monetary shock）会改变货币供给和货币需求的均衡关系，这是因为：(1) 货币供给的改变；(2) 国民对货币持有方式的改变。后者的出现主要源于金融创新，譬如货币市场共同基金、信用卡或自动取款机的推广等。国内货币冲击使得 LM 曲线发生移动。在固定汇率制下，冲击对国内利率和产出的影响将十分有限。在分析独立的货币政策时，我们看到由于中央银行一定会干预以维持固定汇率，所以 LM 曲线会发生回移。如果干预导致货币供给发生变化，使得 LM 曲线回移到其初始位置，那么货币冲击的主要效应是对官方储备资产持有量产生影响。

另一种国内冲击来自影响国内货物及服务支出的外在因素的变化。**国内支出冲击**（domestic spending shock）通过外生力量改变其中一个支出（居民消费、实际国内投资或政府支出）从而改变国内实际支出（E）。财政政策发生变化就是这样一种冲击。另一种外生变量可能是商业信心或消费者信心发生变化，从而导致实际投资或消费支出改变。在讨论财政政策时，就有分析这类冲击的例子。此外，这些冲击效应会通过本国进口的变化而传导到外国，而如果外国经济中的引致变化使得它改变对本国的进口（正如第 8 章中讨论的），那么本国经济又会受到冲击效应的反作用。

9.7.2 国际资本流动冲击

一种外部冲击是源于一国资本项目的非预期改变。**国际资本流动冲击**（interna-

① 实际上，财政政策对国内产出的影响符合第 8 章所介绍的支出乘数公式。例如，假设图表 9—7 中国家的边际储蓄倾向为 0.2，边际进口倾向为 0.3，按第 8 章所述，得出乘数值为 2。在这种情况下，图表 9—7 中曲线从点 E 至点 E' 的右移量 $\Delta Y=50$ 可以由 $\Delta G=25$ 来实现。

tional capital-flow shock）指国际流动资金的无法预见的快速转移。这种转移可能是由于外国利率的变化、关于政局变化的谣传或对国际资产将出台新的限制措施（即资本管制）造成的。考察这样一种国际资本流动冲击：国际投资者和投机者认为一国政府正在考虑近期使本币贬值。可以从实现外部均衡的国家开始分析，尽管外部均衡不是分析所必需的条件。（在本例中，人们观点的转变与当前的收支失衡无关，而是他们对该国政府领导能力产生怀疑，或是认为该国可能通过货币贬值来提高国际价格竞争力，以增加净出口和降低本国失业率。）

人们观点的转变造成了资本外流，因为国际投资者要在该国货币贬值出现之前，卖出以该国货币计值的资产，重新调整投资组合。这种资本流动称为"资本外逃"，因为投资者是出于对政府政策的担忧才离开该国的。如果期初，经济处于外部均衡状态，随着资本项目的恶化，国际收支会出现赤字。本国货币面临贬值的压力，中央银行必须通过干预来维持固定汇率。中央银行买入本币，卖出外币。如果干预不被冲销，本国货币供给减少，利率提高，实际国内产出下降。

利率的提高在这里成为维持固定汇率的一部分。如果利差变动有利于该国，那么国际投资者会更愿意持有该国的金融资产（或不愿逃离该国），尽管可能存在货币贬值的风险。（请回顾本书第Ⅰ篇对无抵补金融投资的讨论。）实际上，面临资本外逃冲击的国家通常会立即大幅提高短期利率。例如，将年利率从不到10%提高到100%以上。这是一个积极采用货币政策来恢复外部均衡的例子，而不是等着对国内货币供给的干预效应慢慢显现，来缓慢达到外部均衡。

图表 9—8 说明了这种冲击效应。经济始于点 *E*，国际资本流动冲击使得 *FE* 曲线向上或向左移动。一旦 *FE* 曲线发生移动，那么官方结算差额在点 *E* 就变成了赤字。中央银行必须干预，以维持固定汇率，并试图通过冲销干预将经济维持在点 *E*。但是中央银行可能希望国际收支的失衡只是暂时性的，国际投资者的担忧会消退，*FE* 曲线会在近期向右回移。

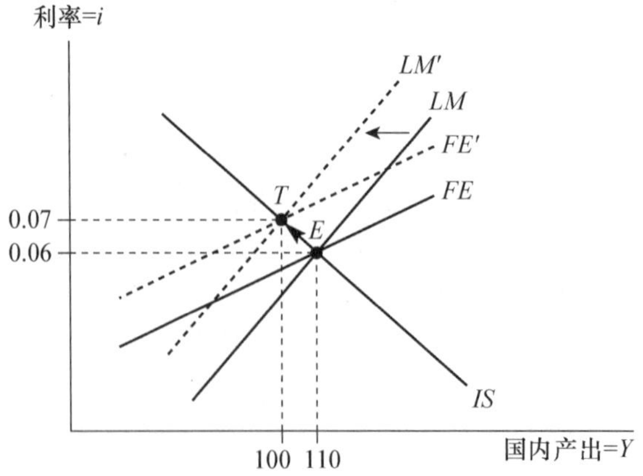

国际资本流出本国导致 *FE* 曲线的上移或左移，产生国际收支赤字。维持固定汇率的官方干预使 *LM* 曲线上移或左移。经济在点 *T* 实现新的均衡。

图表 9—8　不利的国际资本流动冲击

然而，如果货币当局不能或没有进行冲销干预，*LM* 曲线会开始向上或向左移动。如果新的 *FE* 曲线仍在原处，则 *LM* 曲线必须移至 *LM*′，在点 *T* 三线重新相交。在点 *T* 重新实现外部均衡，而实际国内产出下降。现在该国处于内部失衡，表现为总需求不足和更高的失业率。这里假设在初始状态该国不是处在另一相反的失衡状态，即有着极度旺盛的总需求。在固定汇率制下，维持固定汇率的官方干预会导致货币供给的变化，外部资本流动冲击会对内部均衡产生强烈影响。

9.7.3　国际贸易冲击

第二种外部冲击来自一国经常项目的外生变化。**国际贸易冲击**（international trade shock）指由国家实际收入变化以外的因素引起的一国出口或进口的变化。例如，一国出口需求会因为多重原因而变化。对专门出口少数商品的国家而言，尤其是出口那些对商业周期极其敏感的初级产品的国家，出口冲击的影响是最大的。这种不稳定性曾经强烈地影响了一些金属原料出口国，如智利（铜）、马来西亚（锡），甚至在某种程度上还包括加拿大。当本国消费者出人意料地改变了对进口商品和本国替代品的偏好时，比如，人们突然改变了对产品相对质量的看法，就会发生进口冲击。贸易冲击还可能是由于本国和国外商品价格及可获得的数量发生改变。这类冲击的一个重要例子是对主要进口商品的价格冲击，如发生在大多数工业化国家中的石油冲击。①

国际贸易冲击改变了一国的经常项目状况。因此，它会直接影响一国的国际收支总差额和对本国产品的总需求。例如，本国出口品的国外需求的减少或国内对进口品需求的增加（以及对本国产品需求的减少），都会导致经常项目和国际收支总差额恶化（假设对国际资本流动没有影响）。这也会减少总需求，降低国内产出。② 此外，该国的中央银行为了维持固定利率必须通过买入本币、卖出外币进行干预。如果这种干预没有被冲销，那么本国的货币供给会减少，导致总需求进一步下降。这些调整可以使一国重新实现外部均衡，但引起的总需求不足和高失业率会使内部失衡加剧。

图表 9—9 描述了这种冲击的效应。从点 E 开始，不利的国际贸易冲击使 FE 曲线和 IS 曲线同时向左移动。在新的 IS—LM 曲线的交点（点 V）上，实际国内产出下降（国内利率也下降）。点 V 位于新的 FE'曲线的右边，表示该国的国际收支为赤字。为维持固定汇率而进行的干预使得本国货币供给减少（假设没有被冲销），LM 曲线开始向上或向左移动。当 LM 曲线移至虚线 LM'时，在点 W 重新达到外部均衡。但此时国内实际产出下降得却更多。③

---

① 对某种重要进口品价格上升的分析要稍微复杂一些。重要商品价格冲击的一个例子是石油冲击，分别发生在 1973—1974 年，1978—1979 年，以及受冲击稍小些的 1990 年，石油价格长期上涨并达到巅峰的 2008 年。这种冲击提高了进口品的价格，降低了进口品数量。这里的分析与下一章的分析相似：外国价格冲击提高了总进口额并降低了进口国家的购买力（更高的产品价格就像是出口国向进口国征收的“税”）。如果进口品在国民支出中占有很大比重，以及国民对进口品的需求价格弹性较小（至少在短期内），那么这些条件便会成立。另外一种扭曲，是石油价格冲击可以迅速提高价格水平（P），进而 LM 曲线上移或左移。

② 尽管通过进口品的国内收入效应会降低本国对进口品的需求，而实际收入的减少将部分缓解经常项目的恶化，我们仍然假设经常项目确实会恶化。在图表 9—9 中，这样的假定保证了点 V 位于 FE 曲线的右方，即使 FE 曲线比 LM 曲线更陡峭也是如此。

③ 如图表 9—9 所示，利率回到了 0.06。这不是唯一的可能性——利率可以更高或更低，这取决于 LM 曲线移动的幅度以及曲线的斜率。

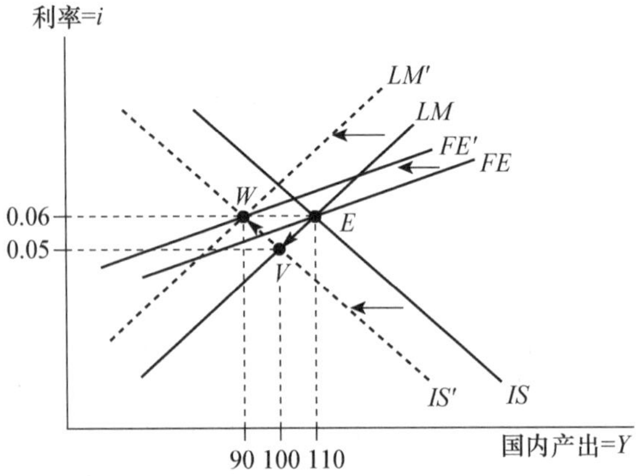

对本国出口品需求的减少使 *FE* 曲线和 *IS* 曲线左移，国际收支总差额变为赤字。为维持固定汇率的干预使 *LM* 曲线向上或向左移动，经济在点 *W* 实现新的均衡。

图表 9—9　不利的国际贸易冲击

因此，同国际资本流动冲击一样，在固定汇率制下，国际贸易冲击对一国的内部均衡也会产生巨大的影响。为维持固定汇率而进行的干预，加剧了冲击对国内产出的影响。

9.8　失衡与应对政策

一国希望能同时实现内外部均衡。然而实际的经济运行却往往不遂人愿。在很多情况下，由于经济遭受冲击，或前任政府出台的错误政策，一国可能内部和外部经济都出现失衡。

9.8.1　内部和外部失衡

图表 9—10 将一国同时存在内部失衡和外部失衡的情况分为四种。在固定汇率制下，国家政策制定者如果幸运的话，可能会遇到左上方框和右下方框所标示的比较直接的问题。

		国内经济状况	
		高失业率	快速通货膨胀
国际收支状况	盈余	扩张性政策	??
	赤字	??	紧缩性政策

在某些情况下，一种改变总需求的政策可以同时实现内部和外部均衡，但在某些情况下（标有“??”）却不能。为解决高失业率和国际收支盈余问题，决策者可以扩大总需求（左上角的情况）。为解决通货膨胀和收支赤字，可以紧缩总需求（右下角的情况）。但对于另外两种失衡组合来说，却没有显而易见的针对总需求的政策。

图表 9—10　解决内部与外部失衡的政策

面临高失业率和国际收支盈余的政府可以采用扩张性政策，同时解决这两个问题。很显然，增加本国货币供给会在扩大总需求、降低失业率的同时，减少国际收支盈余（图表 9—2 已经总结过）。当一国为维持固定汇率进行干预而又没有进行冲销时，这种变化便会自动产生。但一国也可以运用积极的货币政策，更快地扩大货币供给，加速这一过程。

面临高通胀率和国际收支赤字的政府可以采用紧缩性政策，同时解决这两个问题。同样，一个显而易见的选择就是采取紧缩性的货币政策（更现实的是降低货币供给的增长率）。

即使一国正好处于上述两种状况，恰到好处的政策也是很难制定的，因为实现一种均衡时，可能另一种失衡依然存在。尽管如此，适当的政策能够同时减轻（即使不能完全消除）两种失衡的作用却是显而易见的。

处于图表 9—10 中的另外两个方框又如何？通常来说，没有明确的应对政策。处于左下方框的国家面临着必须舍弃一个目标的困境。这些国家总需求的不足导致了高失业率，而此时国际收支又面临赤字。这就是英国在 1925 年重新加入金本位制后，处于战前黄金平价时期所面临的困境。英镑的高汇率使其产品在国际贸易中不再具有竞争力。这也是美国在 20 世纪 60 年代初所面临的问题。而法国在 20 世纪 90 年代初也面临过类似的问题。这就是专栏“三国志”中所讨论的。

案例研究

三国志

1992 年，法国失业率已经很高且仍在升高。通货膨胀率几乎为零。法国政府的对策似乎只能是紧缩银根并提高利率。

法国政府疯了吗？其实不是，这只是在实行固定汇率制时会遇到的一种政策两难的状况。法国是欧洲货币体系汇率机制的成员国。成员国身份要求法国政府把法国法郎与其他成员国货币间的汇率保持在以已确定的汇率值为中心的一个很小区间之内波动。

为了理解法国的做法，实际上需要从理解汇率机制中最大的成员国——德国开始。柏林墙 1989 年倒塌，德国在之后的一年里，政治、金融和经济上迅速地实现了统一。德国政府的统一政策包括拨款、补贴和对公共设施投资等，增加政府支出对原民主德国地区提供援助。这种扩张性财政政策增加了总需求。在 1990 年和 1991 年，德国的国内产出迅速增长，失业率下降。但当需求超过生产能力时，经济开始出现过热，通货膨胀率上升。德国的决策者，特别是德意志银行（德国中央银行）的官员们对通货膨胀深恶痛绝。20 世纪 20 年代德国发生的恶性通货膨胀被认为是 20 世纪德国的一场经济灾难。

货币统一后，德国在 1990—1991 年出现了一次货币供给的急剧增加。此后，为了应对通货膨胀，德国货币当局采取了紧缩银根的货币政策，利率上升。紧缩的银根使德国在 1992—1993 年经济增长放慢。

我们可以在如下的 *IS*—*LM* 图中看到德国经济的主要变化过程。德国起始于点 *A*，财政扩张使 IS_1 移至 IS_2，货币供给增长率的增加使 LM_1 移至 LM_2。在新的均衡点 *B*，实际国内产出更高，但经济运行正超出其供给能力。为了应对日益上升的通货膨胀下的内部失衡，德意志银行降低了货币供给增长率，使 LM_2 移至 LM_3，利率上升（按名义利率算，尽管实际利率也有较小幅度的上升）。随着经济向点 *C* 移动，国内产出下降。

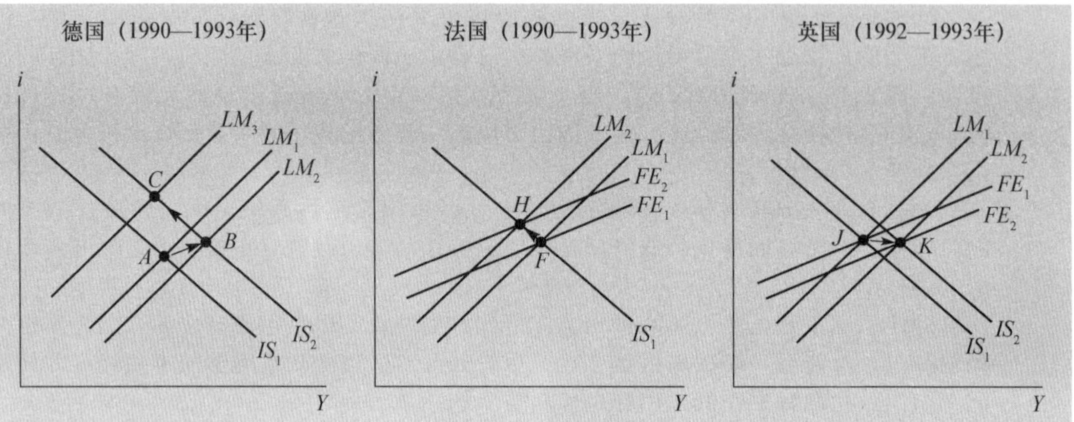

德国政府采取的政策几乎完全集中于处理内部的政治和经济问题。（实际上，尽管我们可以将 FE 曲线再加到德国的图形上，但为了凸显德国对其内部经济的关注，我们选择忽略 FE 曲线。）现在，回到法国……

1990 年，法国经济已经陷入低谷，且越来越糟。失业率达到 9%，而且还在继续升高。法国政府希望转向扩张性经济政策以应对内部问题。但法国还面临着一个外部问题。德国不断升高的利率会导致资本外流，这会威胁到法国法郎与德国马克之间固定的汇率。法国必须通过紧缩银根和提高利率应对这一刚刚出现的外部失衡。（由于法国的低通货膨胀率，更高的名义利率同时也代表着更高的实际利率。）不幸的是，由于一些政治原因，政府政策不能转向扩张性的财政政策，也不能使用指派法则。更高的利率使法国经济变得更糟。法国实际 GDP 增长率从 1989 年至 1993 年一直下降；1993 年的实际 GDP 实际上也还是下降。1990—1994 年，法国的失业率一直保持上升。

在代表法国的图中，法国起始于点 F，伴有低迷的总需求和高失业率。德国利率的上升，使法国的 FE 曲线向上或向左移动（FE_1 移至 FE_2）。为防止资本外流和国际收支赤字，法国货币当局以紧缩银根予以应对，LM_1 移至 LM_2。随着经济移至点 H，需求与生产下降，失业率上升。

然而，法国的问题还远不止这些。国际投资者和投机者对法国（以及欧洲货币体系汇率机制中除德国以外的大多数成员国）坚持固定汇率制的决心产生了怀疑。大量的投机活动发生在 1992 年 9 月、10 月，以及 1993 年 7 月。此时法国的 FE 曲线急剧向上或向左移动。法国政府以大规模的官方干预对此予以回应：买入法国法郎、卖出德国马克以及以更高的短期利率阻止投机性资本外流。仅在 1992 年 9 月，所有欧洲货币体系汇率机制成员国的干预总量就超过了 1 000 亿美元。各国（英国、意大利、西班牙和葡萄牙）的中央银行在购买本国货币的行动中损失了大约 50 亿美元。1993 年 7 月的干预总量也高于 1 000 亿美元，仅法国中央银行就卖出了超过 500 亿美元的德国马克来维持法国法郎的币值。法国中央银行持有的官方储备几乎降为零，但法国政府是“成功”的，法国法郎并没有贬值。

英国是欧盟第三大经济体。这些年来英国的经历与众不同。英国直到 1990 年，在承诺将英镑对德国马克的汇率维持在大约 0.35 后，才加入欧洲货币体系汇率机制。接下来的两年，英国的经济情况并不太乐观。为了维持固定汇率，英国货币供给增长率被迫保持在低水平上（尽管同时英国还面临着利率会从较高水平下降的难题）。英国经济出现了严重的衰退，实际 GDP 连续两年下降、失业率上升近 10%。尽管这些年英国与法国情况大致类似，但英国经济衰退更严重。

1992 年，英国情况出现了转变。1992 年 9 月，投机者对德国马克以外的货币进行了攻击，之后英国退出了汇率机制。在退出之前，为维持英镑的币值，英国政府花费了将近一半的官方储备。接着英国转向了浮动汇率制，英镑对德国马克贬值超过了10%，这提高了英国商品的价格竞争力。此外，英国政府可以让其货币供给增加得更快了。英国利率在1993年出现大幅下降，实际GDP开始增长。1993年，英国的失业率仍然处在较高水平而没有变化，但在1994年出现下降（而此时法国和德国的失业率仍在上升）。英国的通货膨胀率在经历了1993年的下降之后，在1994年出现小幅上升，但这根本不足以侵蚀因英镑贬值而获得的价格竞争力。英国1992年的货币贬值似乎已经获得了成功。

1992年英国退出汇率机制时的图形显示（其1990—1992年的图形与法国类似），退出之前的初始状态为点J。英镑的贬值提高了英国产品的价格竞争力，使其FE_1右移至FE_2，IS_1右移至IS_2。货币扩张也使LM_1右移至LM_2。英国经济向点K移动，获得了更高的国内产出以及更低的利率。

前车之覆，后车之鉴。从这些国家的经历可以看出，一国必须在维持固定汇率和控制内部均衡之间做出抉择。当大国选择了保持内部均衡，小国的选择则变得更加艰难。德国的政策主要是满足其内部均衡的要求（就像20世纪60年代的美国一样）。这给欧洲货币体系汇率机制的其他成员国制造了难题——内部均衡与外部均衡之间的冲突。法国和英国均面临着两难境地：高的失业率以及国际收支赤字。有一段时期，两国都通过紧缩银根来努力保持外部均衡，但这种做法却使得其内部失衡状况（高失业率）进一步恶化。

两国所做的一切都不能使国际投资者和投机者完全相信事情会按政府设想的发展。随着1992年9月的投机攻击，两国分道扬镳。法国以更严重的内部失衡为代价来维持固定汇率。

英国放弃了努力，退出了汇率机制。这使英国可以集中精力解决其内部失衡问题。扩张性政策及源于英镑贬值获得的竞争力使英国经济走上增长之路，并带来了失业率的下降。

1993年7月的投机攻击使法国和欧洲货币体系汇率机制其他成员国甚至处于半放弃固定汇率的状态。它们将汇率可浮动范围由中心汇率±2.25%扩展到±15%。区间范围的扩展有效预防了进一步的投机攻击。在接下来的几年中，法国法郎对德国马克的汇率偏离中心汇率的幅度很少超过3%。法国继续奉行其政策以保证法国法郎对德国马克汇率的稳定，而法国的失业率则继续保持在高水平。三国的具体情况见下表。

	1988年	1989年	1990年	1991年	1992年	1993年	1994年
实际GDP增长率（%）							
德国	3.7	4.2	5.5	4.3	1.8	−1.2	2.7
法国	4.2	3.9	2.4	0.6	1.2	−1.3	2.8
英国	4.5	2.2	0.6	−2.1	−0.5	2.1	4.3
失业率（%）							
德国	8.7	8.9	7.2	5.5	5.8	7.3	8.2
法国	10.0	9.4	9.0	9.4	10.3	11.7	12.3
英国	8.4	6.3	5.8	8.0	9.8	10.3	9.4
通货膨胀率（%）							
德国	1.3	2.8	2.7	3.5	4.0	4.2	3.0
法国	2.7	3.5	3.4	3.2	2.4	2.1	1.7
英国	4.9	7.8	9.5	5.9	3.7	1.6	2.4

续前表

	1988 年	1989 年	1990 年	1991 年	1992 年	1993 年	1994 年
短期利率（%）							
德国	4.0	6.6	7.9	8.8	9.4	7.5	5.3
法国	7.5	9.1	9.9	9.5	10.4	8.8	5.7
英国	9.7	13.6	14.6	11.8	9.4	5.5	4.8
货币供给增长率（%）							
德国	7.5	4.6	8.4	9.4	6.7	8.1	7.8
法国	4.1	8.1	3.8	−4.7	−0.2	1.4	2.8
英国	7.6	5.7	2.6	3.0	2.5	5.6	7.3
汇率							
法国法郎/德国马克	3.4	3.4	3.4	3.4	3.4	3.4	3.4
英镑/德国马克	0.32	0.32	0.35	0.34	0.36	0.40	0.40

资料来源：Growth rate of real GDP，unemployment rate，（GPI）inflation rate，and money supply growth rate（M1 for France，M3 for Germany，and M0 for Britain）from Economic Intelligence Unit，*Country Report*，various issues for these three countries. Short-term（money market）interest rates and exchange rates from International Monetary Fund，*International Financial Statistics Yearbook*，1998.

在这些情况下，若要降低失业率就必须利用扩张性政策增加总需求，然而这却会使贸易差额恶化，使国际收支总差额进一步恶化。上述三个国家所面临的两难问题都没有得到很好的解决。英国被迫于 1931 年退出金本位制。美国通过调整一系列的财政政策（1964 年的减税、国内“大社会”（Great Society）支出计划和越南战争支出）降低了失业率，但国际收支失衡却导致布雷顿森林固定汇率体系的瓦解。法国直到 20 世纪 90 年代中期，仍然遭受着高失业率的困扰。

一些政府面临着一种相反的困境：在国际收支盈余时出现不断上升的或较高的通货膨胀率（见图表 9—10 中的右上方框）。2007—2008 年，将其货币与美元挂钩的沙特阿拉伯和其他一些中东石油出口国发现它们就处于这种困境中。由于石油价格飙升，出口收入猛增，这些国家存在收支盈余。出口收益的上升使收入快速增长，国内经济过热。各个国家都想转入紧缩性货币政策、抑制通货膨胀率的上升。而实际上，如果各国仍要遵守维持固定汇率的承诺，就必须通过买入美元、卖出本币的干预来扩大国内货币供给。

处于以上两难境地的国家政府有三种基本的选择：

1. 放弃外部均衡的目标，这意味着国家最终会放弃固定汇率制。

2. 放弃（至少在短期内放弃）内部均衡的目标，并且采取政策（特别是货币政策和货币供给）实现外部均衡。在如金本位制的固定汇率制中，这有时称为“游戏规则”，维持固定汇率是其最高目标。

3. 政府可以试着寻找更多的政策工具或为已有的政策工具找到更具创造性的使用途径。

放弃固定汇率制是不可取的，合理的思考方向是寻求别的工具和创造性的解决方案。

应对高失业率和国际收支赤字这种两难困境的一个可选方案就是提高经济的供给能力。为什么不提出通过提高生产率来创造更多的国内收入的政策呢？生产率的提高可以增强本国在国际贸易中的竞争力，从而促使需求转向本国产品，扩大产出和增加就业，改善本国经常项目收支状况。这似乎有点好得不可思议，实际上也是有可能的。但政策制定者通常没有既快速又低廉地提高经济供给能力的方法。经济供给能力的提高源于诸如人力资源技能的提高和先进技术的运用，但这些因素对于政府的调节反应迟缓。

9.8.2　短期内的解决方案：货币与财政的组合

在维持固定汇率制时，有一种可以通过传统的需求政策争取时间并同时达到内部均衡和外部均衡的方法。通过深入地考察基本政策的两难境地，罗伯特·蒙代尔和马库斯·弗莱明注意到，货币政策和财政政策对内部均衡和外部均衡的影响存在差异。这种差异成了创造性地解决问题的基础。

货币政策和财政政策效应的主要区别在于，宽松的货币政策趋于降低利率，而宽松的财政政策趋于提高利率，如图表 9—2 和图表 9—5 所描述的那样。因此，可以利用财政政策和货币政策的不同组合来扩大总需求，提高国内产出，而这种组合对于最终形成的利率水平是至关重要的，至少在短期内是这样。如果国内产出的增长主要是扩张性货币政策所致，那么增长的产出导致利率下降。如果国内产出的增长主要是扩张性财政政策所致，那么增长的产出会导致利率上升。由于利率可以影响一国的国际收支平衡，所以利率十分重要。利率下降，一国国际收支状况便会恶化。相反，如果利率被提到足够高的水平（例如，采取极度扩张性财政政策并配合某种程度的紧缩性货币政策），国际收支状况会得到改善（只要资本流动对利率的变化是敏感的）。

一般而言，货币政策和财政政策可以结合使用，在短期内实现国内产出和国际收支总差额的任一组合。图表 9—11 显示了图表 9—10 中四种政策难题的其中一种的解决方案，也就是如何解决初始在点 Z 的高失业率和国际收支赤字并存的问题。该国的目标是实现经济充分就业，使国内产出为 Y_{full}。如上所述，只使用一种政策是无法实现两个目标的，只有使用两种政策的组合才能奏效。这时，最好实行更为紧缩的货币政策，用高利率吸引外国资本流入；配合实行更为扩张的财政政策以实现充分就业。如果力度合适，紧缩的货币政策和宽松的财政政策的结合正好实现充分就业和国际收支平衡。在图表 9—11 中，IS 曲线移至 IS'、LM 曲线移至 LM' 便达到这个目标。

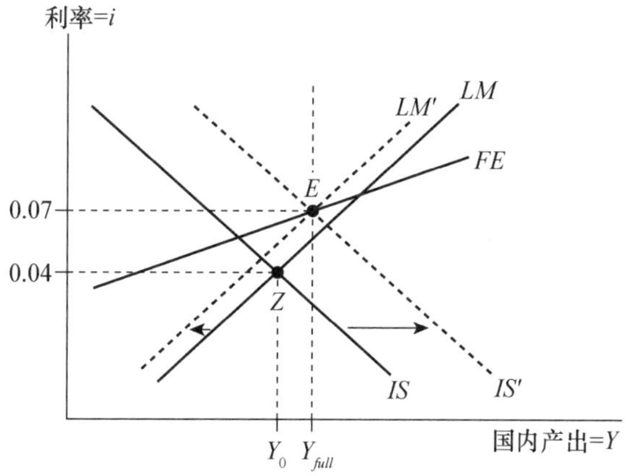

在起始点 Z，国内产出 Y_0 在充分就业产出水平 Y_{full} 以下，国际收支差额为赤字。为了在点 E 达到充分就业和国际收支平衡，需要适度紧缩的货币政策和适度宽松的财政政策配合使用。

图表 9—11　货币政策和财政政策如何配合解决失业和国际收支赤字问题

从任何一点出发，利用相似的方法可以实现内部均衡和外部均衡。其原理很简单：只要目标变量和政策工具的数量相同，如上例中的两种政策和两个目标，那么就存在解决问题的方法。

这种政策处方的模式为财政政策和货币政策的指派任务，揭示了一个有效的准则，这就是罗伯特・蒙代尔的**指派法则**（assignment rule）：指派给财政政策的任务仅仅是稳定国内经济，而指派给货币政策的任务仅仅是保持国际收支平衡。从图表 9—12 中可以看出，按照这个准则指导两种政策工具，可以使得内部均衡与外部均衡同时实现。对图表 9—12 中不同情况的分析会发现，按照指派法则制定的政策一般都是正确的。但也会有某些例外的情况，正如图表 9—12 中所指出的，即便在这些例外的情况下，遵循指派法则指导经济达到内外部均衡的目标，比让经济沿着一条更为曲折的路线实现内外部均衡要更好。

		国内经济状况：高失业率	国内经济状况：快速通货膨胀
国际收支状况	盈余	更宽松的货币政策 更宽松的财政政策	更宽松的货币政策 更紧缩的财政政策
国际收支状况	赤字	更紧缩的货币政策 更宽松的财政政策	更紧缩的货币政策 更紧缩的财政政策

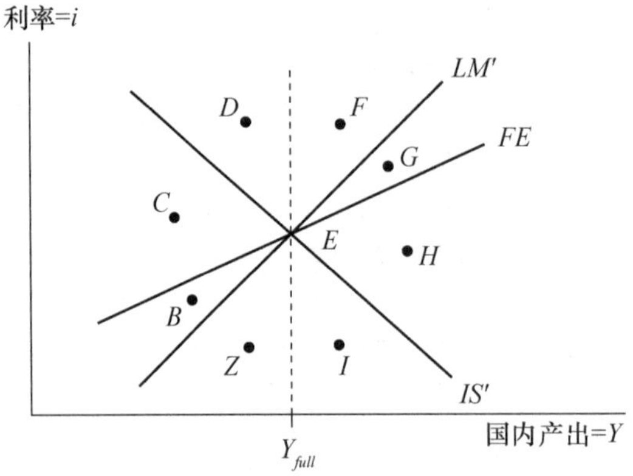

这些政策处方遵循了指派法则：指派给货币政策的任务是使国家的国际收支达到平衡，指派给财政政策的任务是使国内经济达到充分就业且没有过度通货膨胀。然而，当指派法则不能指导经济沿着最为直接的路径到达目标时，就存在例外情况了。对于图中的点 B 和点 G 来说，货币政策按指派法则行事是错误的，而对于点 D 和点 I 来说，财政政策按指派法则行事也是错误的。

图表 9—12　实现内部和外部均衡的货币-财政政策组合

指派法则运用简便。它使得每种政策工具可以集中解决各自的任务，不再需要财政和货币部门的官员之间再进行完美的协作。它还使得每种政策工具都能够针对其更为关心的目标而发挥作用；长久以来，国际收支平衡（以及汇率稳定）一直都是中央银行的官员们更加关注的问题。

现实中，指派法则可能起作用，也可能不起作用。本书已经讨论了利率对资本流动的影响，且这样的影响作用确保了解决方案的存在。对于任何一项政策，如果无法及时捕获经济信号并对其做出快速反应，那么经济便会不稳定地波动，这甚至比不进行政策干预更加糟糕。或者制定的货币政策可能在很大程度上是为了适应国家财政政策的需求（和为政府赤字融资的需求），在上述两种情况下制定独立的政策实际上是不可能的。另外，两种政策的组合还会影响本国支出的构成和外债水平。如图表 9—11 中所示，采用高利率政策可以减少国内实际投资，进而减少国内资本存量增长，并最终阻碍国家供给能力的增长。高利率政策也会促使外债的形成，而且这些外债在未来必须要偿还，这就减少了国家留存的国民收入。①

9.9 妥协：改变汇率

如果一国的国际收支失衡足够大或者持续时间足够长（"基本非均衡状态"），则该国政府可能不愿意大幅改变其国内政策以消除国际收支失衡，反而可能会认为放弃固定汇率才是最佳选择。如果国际收支出现赤字，可以用本币贬值应对；如果国际收支出现盈余，则可利用本币升值应对。

政府会希望在不过多地干扰国内经济的情况下，汇率的变化可以调整外部失衡。然而汇率的变化会影响到总需求、国内产出、失业率以及通货膨胀。在某些情况下，这些变化意味着国内经济对内部均衡的偏离。汇率变化的内部效应稍后可能需要通过其他政策的调整来消除，比如创造一个政策搭配，包括汇率政策与财政政策或货币政策；或者与财政政策、货币政策的组合。

在其他情况下，汇率变化的内部影响效应正是人们所期望的。有趣的是，这正是图表 9—10 所示的困境的例子。假设一个实行固定汇率制的国家处于国际收支赤字、高失业率的情况（如图表 9—10 中的左下方框）。该国政府不愿意通过减少货币供给而"自动"进行外部均衡的调整，因为这样会使利率提高，降低总需求和产出，进而失业率上升。政府反而会实行冲销干预。可能是由于国内政治情况不允许采用合适的政策搭配，该国政府也不能遵循指派法则。

如果该国货币贬值（或转向浮动汇率制，允许其货币贬值）将会发生什么？放弃固定汇率制对内外部均衡又有何影响？

本币贬值可以提高该国的国际价格竞争力（只要国内或国外价格水平的任何变化没有抵消掉汇率变化）。

- 出口增长，因为本国企业可以降低其产品的外汇价格（以及由于更高的利润将资源吸引到出口品的生产中去）。
- 进口下降，因为进口产品的本币价格提高（以及由于本国产品可以成功地与进口品相竞争，更高的利润将资源吸引到这些进口替代品的生产中去）。

因此，经常项目会得到改善，但是对资本项目的影响却不那么明显，不过资本项目也可能改善。如果有一些资本由于担心即将到来的贬值而外逃，那么一旦真的发生贬值，资本外逃也就会停止，甚至发生逆转。因此，这里预期国际收支状况会有所改善（赤字减少）。

如果出口增加，进口减少，那么总需求和国内产出会增加，国内失业率会降低。然而，进口产品本币价格的提高，会使国内平均价格水平或通货膨胀率有上升的压力。需求的增加也会给价格水平带来上涨的压力，但是如果经济开始处于高失业率状

① 另一个可能出现的问题是完全资本流动时的情况，因为此时国家无法控制其货币供给量。但这不是个现实问题。实际上，完全资本流动会有效地促使政府按照指派法则行事。货币政策必须保证货币供给量正好使经济处于 FE 曲线上，以实现外部均衡。财政政策则用来实现内部均衡，解决任何有关国内失业或通货膨胀的问题。

态，这一效应便会较小。

图表 9—13 中的 IS—LM—FE 图描述了这些效应，这里始终假定国内价格水平是稳定的。该国经济起始于点 B，此时国际收支为赤字。点 B 处的国内产出较低，导致了相当高的失业率。本币贬值改善了经常项目（也可能会改善资本项目），使 FE 曲线向下或向右移动。价格竞争力的增强使得净出口增加，IS 曲线右移。该图显示出本币（适当幅度的）贬值可以将经济移至三线交点处（实现了外部均衡），此时的国内产出较高（且失业率较低）。在点 E 达到的新均衡不一定正好就能实现内部均衡（充分就业），但它是在朝这个方向移动。①

这个方案听起来不错——这可能是另一个对国际收支赤字与失业困境的解决方案。在某些情况下这种方法似乎很有效（参见专栏“三国志”中对英国的讨论）。如果是另外一种情况（通货膨胀和国际收支盈余），再进行一次比较分析，便可发现，在国际收支盈余和通货膨胀的情况下（图表 9—10 中的右上方框），对本币币值的重新确定（或政府允许汇率浮动后的本币升值）是恰当的应对方式，因为这样做能减少需求和降低进口品的本币价格，从而实现国际收支盈余的减少和通货膨胀率的降低。

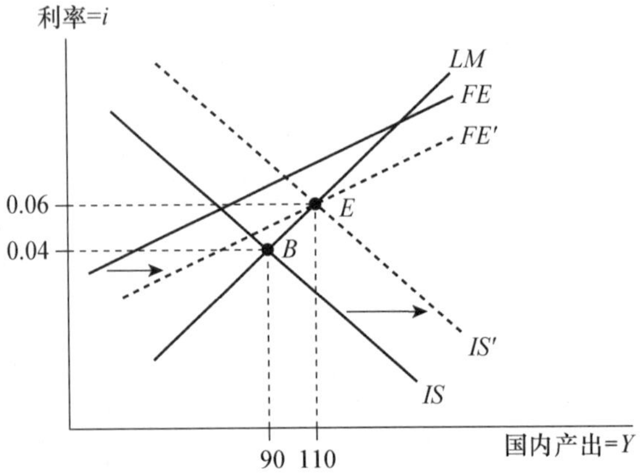

为了解决点 B 的收支赤字，该国政府将本币贬值。贬值提高了国际价格竞争力，从而使 FE 和 IS 曲线向右移动。如果贬值的幅度适当，便可使经济移至新的均衡点 E。

图表 9—13　本币的贬值

这里的分析清楚地表明了本币贬值对总需求和外部均衡的直接影响。然而还是有很多与此不同的情况。首先考虑一下总需求。回忆一下在第 7 章中曾讨论过的货币错配问题，这是导致发展中国家发生金融危机的一个风险因素。如果许多国内企业拥有大量以外币计值的净负债（由于借款或发行以诸如美元或欧元等外币计值的债券），那么本币贬值会使这些公司遭受损失。不利的资产负债表效应迫使它们减少资本投资和其他商业活动。如果这种减少行为的幅度足够大，那么 IS 曲线便会向左移而不是向右移了。

再考虑外部均衡。有时货币贬值并不能改善外部失衡。下一节将讨论失败的一个可能的原因——由于进出口量对汇率的变化反应不敏感，经常项目差额实际上并没有增加。另一个可能的原因是政府采取的财政政策或货币政策本身就是在增加国际收支

① 如果价格水平因货币贬值也出现上升，那么 FE 和 IS 曲线移动幅度便不会如此之大，而 LM 曲线则会向上或向左移动。这会降低对国际收支平衡和国内产出的影响。实际上，如果价格水平上升得太高，那么贬值不会使这个国家获得任何竞争力，而且它对外部和内部均衡的效应也会丧失。

赤字，其增加的幅度足以抵消本币贬值所带来的收益。例如，扩张性货币政策可以增加收入和进口需求，也会导致更高的通货膨胀，价格水平上升，从而使贬值获得的价格竞争优势再次丧失。还有一个可能的原因是资本流动向“错误”的方向做出反应。例如，本币贬值会使国际投资者产生担忧，他们担心贬值并不一定会成功地减少赤字（可能是由于前两条原因之一所致）。于是他们预计很快还会有一次贬值。不断增加的资本流出（资本外逃）使资本项目状况恶化，使国际收支赤字变得更大。

外部均衡的一个关键问题是如何运用其他的政策配合货币的贬值行为。如果其他政府政策（特别是货币政策）可以限制一国的价格水平或通货膨胀率的上升，那么贬值将会改善经常项目收支状况。当国际投资者认识到这一点后，便不再那么担心还会发生一次贬值了。如果经常项目能得以改善，并且资本项目也不发生恶化，那么本币贬值就可以成功地减少国际收支赤字。

9.10 贸易差额如何更好地应对汇率变化

根据上一节的讨论，名义汇率的变化只要影响一国的国际价格竞争力，就会改变净出口。有关名义汇率对进口和出口量（数量）产生的影响是很明确的，尽管对数量变化影响的速度和程度还有待研究。然而，名义汇率对贸易差额价值量的影响却并不那么明显，因为价格和进出口数量都在发生变化。而对净出口值或经常项目差额的影响，才是影响国际收支平衡和 FE 曲线的关键因素。

用外币（这里是英镑）度量的本国经常项目差额：

$$CA(\text{本国经常项目余额,英镑/年})=P_x^{£}\cdot X-P_m^{£}\cdot M$$

式中，$P_x^{£}$ 和 $P_m^{£}$ 是本国出口品和进口品的英镑价格，X 和 M 分别为出口量和进口量。现在考虑本币（这里是美元）贬值后，一国进出口商品价格和贸易数量可能的变化方向：

		出口品的英镑价格		出口的数量		进口品的英镑价格		进口的数量
美元贬值的影响	=	没有变化（或下降）	×	没有变化（或上升）	−	没有变化（或下降）	×	没有变化（或下降）

美元的贬值会降低出口品的英镑价格（如果在这个价格上有净效应的话），这是因为英镑更加值钱了，美国的出口商在一定程度上愿意降低出口品的英镑价格而得到与原来相同的（甚至更高的）美元价格。如果价格变化对出口量有任何影响的话，就是使出口量上升，因为外国消费者在美国出口品的英镑价格更低的情况下，愿意购买更多的美国商品。显然，贬值对出口总额的净影响是不确定的，因为出口品的英镑价格是下降的，而出口数量是上升的。再看看进口方面，进口品英镑价格及进口数量都下降。贬值使得进口品的美元价格比过去更高，消费者转而购买美国生产的进口替代品，因而进口数量下降。如果进口品需求的下降对进口品的英镑价格有任何影响的话，那就是使英镑价格下降。显然，进口品的英镑价值总量下降。如果用可能上升也可能下降的出口总额减去肯定下降的进口品的英镑价值总额，净贸易差额是上升还是下降是不确定的。这需要更多的进出口市场中需求和供给的价格弹性的信息。

9.10.1 为何反应会不稳定

美元价值的下降实际上可能会使贸易差额恶化。在出口品和进口品的需求曲线完全无弹性时肯定会如此。即假设消费者的偏好是固定不变的，无论价格怎样变化，他们都不会改变从他国进口商品的数量。一个例子是非烟草生产国对烟草进口的依赖，或者相关国家对茶叶、咖啡或石油的依赖。在需求完全无弹性的情况下，一国货币的贬值会产生完全适得其反的效果。完全无弹性的进口需求，美元贬值不会给外国供应商传递任何信号。国内消费者会继续以同样的英镑价格购买相同数量的进口品。尽管他们以更高的美元价格支付，却不会削减进口数量，所以进口品外币价值量不会发生变化。在出口方面，贬值使出口供应商以具有竞争优势的美元价格出口产品，但这一价格下兑换的英镑变少。美国出口者出口一单位小麦所能获得的英镑比以前要少，而外国人并不因为更低的英镑价格而购买更多的小麦。

因此，在出口品和进口品的需求曲线都是完全无弹性的情况下，经常项目差额的变化如下：

$$CA^{£}=P_x^{£}\cdot X-P_m^{£}\cdot M$$

下降=(下降×不变)－(不变×不变)

图表 9—14A 中给出了这类情况的数字说明。这里美元的贬值将美国的出口收入从 80（=1×80）降到了 64（=0.8×80），贸易差额出现恶化。

看上去这种反常的、不稳定的结果是由于出口市场的特殊情况所致。然而事实并非如此。之所以看上去变化仅限于出口，是因为这里的公式是以英镑换算的。如果 *CA* 公式是以美元来计算的，仍会出现收支恶化：

$$CA^{\$}=P_x^{\$}\cdot X-P_m^{\$}\cdot M$$

下降=(不变×不变)－(上升×不变)

图表 9—14　　本币贬值对贸易差额的影响

A. 贬值怎样使贸易差额恶化汇率

汇率	$P_x^{£}\cdot X-P_m^{£}\cdot M=CA^{£}$
美元贬值前：$1.60/£	1.00×80－1.00×120=－40
美元贬值后：$2.00/£	0.80×80－1.00×120=－56

本例的关键是：需求曲线是无弹性的，因此进出口量不变。本币贬值仅仅降低了本国出口获得的外汇收入，这增大了本国的贸易赤字。

B. 小国情况

汇率	$P_x^{£}\cdot X-P_m^{£}\cdot M=CA_m^{£}$
美元贬值前：$1.60/£	1.00×80－1.00×120=－40
美元贬值后：$2.00/£	1.00×105－1.00×100=+5

小国情况表明，需求富有弹性就能保证本币贬值能改善贸易平衡。小国情况的关键在于，外国需求曲线无限弹性，所以国际价格不受本国行为的影响。在出口方面，外国需求的无限弹性意味着本国供给弹性决定出口量（*X*）的变化。本国可能出口更多商品，增加外汇收入。进口方面，外国供给的无限弹性意味着本国需求弹性决定进口量（*M*）的变化。本国可能减少进口，以降低外汇需求。

附录 D 对这种特例进行了概括，并说明了更大的需求弹性是如何提升贬值对贸易平衡的改善作用的。

9.10.2　为何反应可能是稳定的

然而，本币贬值极有可能改善本国的经常项目收支状况，特别是在长期。究其根本原因是出口与进口的需求弹性都足够大，而且正如附录 D 证明的那样，足够高的弹性可以确保贸易差额对汇率变化做出稳定的反应。

需求完全无弹性的情况并不常见。首先，这意味着本国的出口品只能换回更少的进口品（即 $P_x^{£}/P_m^{£}$ 下降），且这种贫困化效应并不能使本国削减对进口的支出，这样的结果看上去违反常理。其次，它意味着通过灵活地推动本币升值（例如将美元的价格从 1.6 美元/英镑提高到 1 美元/英镑），一国便能以更便宜的价格购买进口品（相对于出口品价格而言），同时成功地减少贸易赤字。如果这样的现象反复出现，那么各国政府早该发现了，而且肯定都会乐意以升值本币的办法来解决各自的贸易赤字问题。

从长期看，价格需求弹性将趋于变得更高，每个国家都将面对国外具有弹性的曲线，这包括对其出口品的国外需求曲线，以及其进口品的国外供给曲线。在极端的小国情况下，本国会面对无限弹性的国外供求曲线。假设商品的外币（£）价格是固定的，那么经常项目差额受本币贬值的影响如下：

$$CA^{£}=P_x^{£}\cdot X-P_m^{£}\cdot M$$

上升=(不变×上升)-(不变×下降)

如果实际出口量（X）将发生变化，那经常项目差额一定是增加的。因为对于卖方来说，以同样的英镑价格出口意味着卖方可以获得更多的美元，他们会以扩大生产和出口的方式对本币贬值的激励做出反应。同样，任何实际进口量（M）的变化都一定是下降的。因为美元国家的消费者要以更高的美元价格来购买同样英镑价格的进口品。在小国情况下，经常项目的出口和进口都在向好的方面发展：出口收入增加而进口支出减少。图表 9—14B 提供的小国情况与图表 9—14A 中的悲观境况形成了鲜明的对比。图表 9—14 中的两部分用数字说明了价格需求弹性的重要作用，附录 D 中会用数学公式对此进一步加以阐述。

9.10.3　加入时间因素：J 曲线

对给定变化（这里是美元的贬值）的反应弹性，通常随着考察时间的延长而增加，从这一事实可以得到第二个重要的结论：贬值经历的时间跨度越长，就越能促进贸易差额的改善。一国经常项目差额在本币贬值后的几个月内可能会出现恶化。价格变化比贸易数量的任何改变可能都要快。开始时，贸易量的变化是很小的，因为购买者需要一定的时间来调整自己的购买行为以应对价格的变化。以前签订的合同必须终止或重新谈判签署；寻找其他替代产品必须要经历甄别和评价过程。最终，当购买者转向了价格更低的产品后，贸易量才会变得更大。随着贬值对贸易量的影响开始变大，经常项目差额也得到了改善。

图表 9—15 描绘了经济学家认为的一国经常项目差额对本币贬值所产生的典型反应。这种典型的反应模式称为 **J 曲线**（J curve），这是根据贸易差额在贬值开始的起初两年形成的曲线形状而绘制的。经常项目状况在贬值开始时会出现恶化，但随后便开始改善。在经过一段调整时期（大约 18 个月）以后，经常项目差额回到初始值，

之后从初始值向上移动。这一分析说明，本币大幅贬值要经过一段时间才能对一国的经常项目产生积极的影响。这里 *FE* 曲线的移动比前一节所讨论的情况更加复杂。在短期内，基于 *FE* 曲线会反常地向左移动，除非这时发生的资本流入（这可能基于贬值最终能够产生有利影响的预期）使 *FE* 曲线稳定下来。最终，*FE* 曲线将向右移动，可能要在贬值一年或更长时间以后才会发生。

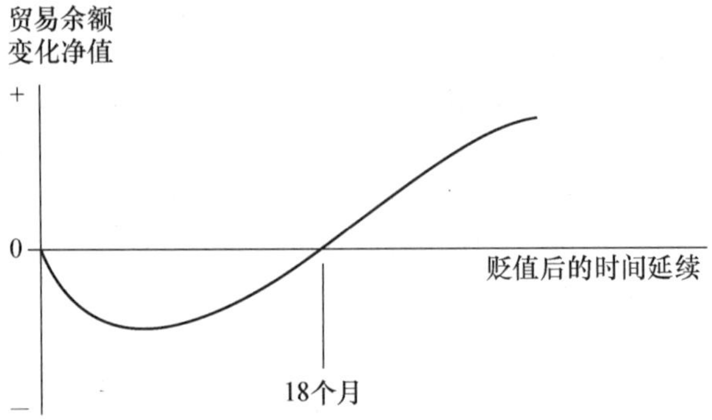

图表 9—15　J 曲线：贸易差额如何对本币贬值做出反应

本章小结

如果一国实行固定汇率制，就必须维持其所选择的固定汇率值。本章的第一部分考察了实行固定汇率制并通过官方干预来维持固定汇率时会造成的四种状况。

第一种状况是进行官方干预维持固定汇率的行为会改变一国的货币供给。当一国国际总收支存在外部失衡时，为维持固定汇率，该国中央银行就要在外汇市场上买入或卖出本国货币。这种干预会改变央行的负债，这种负债是国内货币供给的货币基础。本国货币供给的变化将导致宏观经济朝纠正外部失衡的方向调整：本国利率的变化，至少在短期内改变了国际资本的流动方向；国内实际产出与实际收入的变化改变了对进口品的需求；国内价格水平的变化会改变一国国际价格竞争力，从而改变其进出口。

中央银行会试图通过冲销来阻止国内货币供给发生变化，但是央行采用冲销性干预以维持固定汇率的持续时间是有限的。如果外部失衡继续存在，那么一国的官方储备持有量也会继续发生改变，这是因为中央银行进行市场干预要买入或卖出外汇。官方储备持有量的改变将最终迫使中央银行做出一些调整。例如，如果央行在进行干预时卖出外汇，那么最终央行的官方储备持有量将会减少。

第二种状况是实行固定汇率制以及维持固定汇率的行为限制了一国实行独立货币政策的能力。如果一国开始时处于国际收支赤字，维持固定汇率的行为最终将迫使该国收缩货币供给。如果一国开始时处于国际收支盈余，维持固定汇率的行为最终将迫使该国扩大货币供给。如果一国开始时处于国际收支平衡，那么货币政策与货币供给的任何变化都将导致外部失衡，为维持固定汇率而进行的官方干预将扭转货币供给的变化方向。

第三种状况是实行固定汇率制也会改变财政政策的效应。财政政策的变化在短期内会使一国的经常项目与资本项目朝着相反的方向变化，因此财政政策对国际收支总差额的影响取决于这两种变化的程度。如果国际金融资本流动对利率的变化反应不敏感，那么由财政政策的变化而引发的外部失衡会改变货币供给方向，从而削弱财政政策对国内产出的影响。如果国际资本流动对利率的变化非常敏感，那么对财政政策变化造成的外部失衡进行纠正的市场干预就是使货币供给朝着相同的方向变化，从而增强财政政策变化对国内产出的影响。在完全资本流动这种极端的情况下，由于国内利率保持不变且等于国外利率，财政政策的变化能带来完全的支出乘数效应。(然而，在完全资本流动和固定汇率制下，一国却没有独立的货币政策。)

第四种状况是当一国维持固定汇率却不进行冲销时，短期内会改变各种外生冲击对该国宏观经济的影响。国内货币冲击的影响效应将会大大降低。国内支出冲击对国内产出的影响取决于国际金融资本流动对利率变化的敏感程度。国际资本的流动性越高，国内支出冲击的效应也就越大。

在国内经济受到的冲击中，国际资本流动冲击对国内经济的影响是最主要的。因为当此类冲击发生时，需要政府进行干预来维持固定汇率。例如，为改变资本外流的局面，政府干预会减少国内货币的供给，使国内利率趋于上升，而国内产出和收入趋于下降。

国际贸易冲击会改变一国的总需求而直接对经济产生影响。此外，贸易冲击对汇率会产生影响，为维持固定汇率的官方干预则会改变货币的供给，这通常又会加剧需求的变化，从而进一步导致国内产出和国际收支产生更大的变化。

本章的第二部分考察了当一国采取固定汇率制时广泛的政策选择问题。每个国家都希望能同时实现内部与外部均衡。然而，一个开放的宏观经济在采取固定汇率制时想保持稳定并不那么容易。如果一国只有一种政策（比如说，可以改变货币供给的货币政策）可供选择来影响总需求，那么只有在非常幸运的时候，总需求恰好与国民经济水平相适应，并且国际收支保持平衡。

如果一国可以使用两种政策（财政政策和货币政策），那么就有方法摆脱两难的境地。扩张性的货币政策和财政政策对国内利率的作用效果是相反的，因此可以利用这种差异在短期内影响国际资本流动。货币政策在影响外部均衡方面具有相对优势，而财政政策则在影响国内经济方面具有相对优势。因而总可以找到一种货币政策—财政政策组合来解决在国际收支和国内经济上并存的任何失衡。

实际上，政策制定者可以只是简单地按指派法则制定政策。即便不能完全实现内外部均衡，也至少为接近理想状态提供了极大的可能性。当政策平稳地调整且快速地产生效果时，通过给财政政策指派内部平衡任务，给货币政策指派外部平衡任务，便能够实现内外部均衡。

当一国面临的外部失衡较大且不断持续时，那该国政府可能会采取放任的态度——改变本币汇率：降低币值、提高币值，或者干脆转向能立即升值或贬值的浮动汇率制。汇率的变化会影响国家的国际价格竞争力而减少外部失衡。进出口的变化会改变经常项目差额状况。汇率发生变化还会影响内部均衡，进出口的变化改变了国内总需求，而进口商品国内价格的变化会改变国家的价格总水平或通货膨胀率。

然而在实际经济中，还不能确定汇率的变化是否真的能够减少外部失衡。汇率变化对经常项目差额总值的影响同时取决于进出口商品数量以及价格的变化。在本币贬值的情况下，本国出口品的外币价格就会下降，出口数量则会增加，而进口品的外币价格与进口量都会下降，出口额可能增加也可能减少。如果出口额减少，那么只有当进口额减少得更多时才能使经常项目收支状况改善。确保经常项目状况改善的一般性条件是，进出口商品的需求价格弹性足够大，这样汇率变化时才能引起出口量和进口量足够大的变化。现实中，汇率变化造成的价格效应发生得比较快，尤其是出口品外币价格下降时更是如此。而其数量效应的发生则较慢，但最终也会造成足够大的影响。因此，在本币贬值开始时，经常项目差额会恶化，但在一段时间后，经常项目便会有所改善，其随时间变化形成的轨迹，称为J曲线。

关键词

国内资产（domestic assets）
国际储备资产（international reserve assets）
基础货币（monetary base）
货币供给（money supply）
冲销（sterilization）
完全资本流动（perfect capital mobility）
国内货币冲击（domestic monetary shock）
国内支出冲击（domestic spending shock）
国际资本流动冲击（international capital-flow shock）
国际贸易冲击（international trade shock）

指派法则（assignment rule）

J 曲线（J curve）

推荐读物

Rivera-Batiz & Rivera-Batiz（1994，Chapter 14）论述了对固定汇率技术性的经济学处理方法。Robert Mundell 的一些关于内部和外部均衡以及国际资本流动影响的前瞻性文章收集在重新出版的 Mundell（1968，Chapters 16 and 18）中。同期，Fleming（1962）提出了同样开拓性的分析。国际货币基金组织在 2007 年 4 月出版的《世界经济展望》的第 3 章考察了外汇变化对减少经常项目赤字和盈余的作用。

习 题

✦ 1. "一个国际收支出现赤字的国家，如果在外汇市场上进行（未被冲销的）官方干预来维持固定汇率，那么它将面临通货膨胀的风险。"你同意这个观点吗？为什么？

2. 一个实行固定汇率制的国家实现了外部均衡。随后政府增加支出以减少失业。这一政策的变化对一国官方结算差额的影响是什么？如果中央银行用未被冲销的干预来维持固定汇率，那么这种干预会降低财政政策的扩张效应吗？

✦ 3. 在固定汇率制下，完全资本流动对货币政策与财政政策的有效性意味着什么？

4. 什么是指派法则？它可能有哪些优点和缺点？

✦ 5. "按照 J 曲线分析的逻辑，一国如果使其本币升值，那么其经常项目差额总值将在升值后的数月内立刻得到改善。"你同意这个观点吗？为什么？

6. 普格罗维亚的中央银行在外汇市场进行干预，卖出 100 亿美元来阻止该国货币贬值。

a. 这对普格罗维亚的官方国际储备持有量产生了什么影响？

b. 如果该国中央银行不对其干预行为进行冲销，那么干预将对普格罗维亚的货币供给有什么影响？请解释。

c. 如果该国中央银行对其干预行为进行冲销（通过公开市场操作买卖该国政府债券），那么这些行为对普格罗维亚的货币供给有什么影响？请解释。

✦ 7. 一国开始时同时实现了外部均衡与内部均衡。国际金融资本具有高度的但并不是完全的流动性，因此该国的 *FE* 曲线是向右上倾斜的，但比 *LM* 曲线平坦。该国采取的是固定汇率制，并通过官方干预来维持固定汇率，但并不进行冲销。新一届政府选举之后，外国投资者看好该国。国际金融资本流入大幅增加，而且多年保持在较高水平。

a. 由于资本流入的增加，该国 *FE* 曲线将如何移动？

b. 为维持固定汇率，需要进行什么样的市场干预？

c. 进行干预以后，该国应怎样调整才能再次回到外部均衡？用 *IS*—*LM*—*FE* 图来说明。所有这些行为对该国内部均衡有何影响？

8. 一国开始时同时实现了外部均衡与内部均衡。该国禁止国际金融资本的流入和流出。由于资本管制，该国资本项目（不考虑官方储备交易）总是为零。国家采取的是固定汇率制，并通过官方干预来维持固定汇率。该国并不进行冲销。现在发生了一次外生冲击——该国出口品的国外需求增加。

a. 该国 *FE* 曲线的斜率是多少？

b. 由于该国出口品的国外需求增加，*IS*，*LM* 和 *FE* 曲线将如何移动？

c. 为维持固定汇率，需要进行什么样的市场干预？

d. 进行干预以后，该国应怎样调整才能再次回到外部均衡？用 *IS*—*LM*—*FE* 图来说明。所有这些行为对该国内部均衡有何影响？

✦ 9. 分别采取什么样的货币政策和财政政策组合，才可以解决下面的失衡问题？

a. 通货膨胀率上升和国际收支赤字（如图表

9—12 中的点 H）。

b. 通货膨胀率上升和国际收支盈余（如图表 9—12 中的点 F）。

c. 总需求不足和国际收支盈余（如图表 9—12 中的点 C）。

10. 普格罗维亚政府刚刚将本币贬值 10%。对于下面的每种情况，这一贬值行为能使该国的经常项目赤字减少吗？请解释。

a. 人们有着非常稳定的消费习惯。无论发生什么，普格罗维亚的进口者和该国出口品的外国购买者所购买的商品数量都保持不变。

b. 普格罗维亚的公司保持出口品的本币价格不变，外国公司保持对普格罗维亚出口品的外币价格不变。

第 10 章 浮动汇率制和内部均衡

协调外部均衡和内部均衡的一种方法，是利用汇率政策协调外部均衡，利用宏观经济政策协调内部均衡。如果在没有政府干预的条件下汇率可以自由浮动，那么它会自我调整实现外部均衡。如果也没有官方储备交易，官方结算余额必然为零。这样，汇率必然变化到实现外部均衡为止。通过汇率变化而实现的外部均衡是一种“自动”调整机制。

即使浮动汇率能用于实现外部均衡，但是否能达到内部均衡仍然有许多问题。采用浮动汇率制对一国的经济运行状况有什么影响？对用来实现内部均衡的货币政策、财政政策的有效性又有什么影响？本章的目的就是考察浮动汇率制下的宏观经济学。首先考察在浮动汇率制下的经济体中，货币政策和财政政策如何发挥作用。然后研究各种类型的冲击对这种经济体产生的影响，这些冲击与在第 9 章中考察过的冲击相同，所以我们可以清楚地观察到不同汇率制度的选择，会如何改变一个经济体应对各种冲击的方式。

在对浮动汇率制的分析中，本章采用的是开放宏观经济的基本模型。我们在第 8 章中建立了这个模型，并在第 9 章中分析固定汇率制时使用过。与前一章的不同之处在于，本章研究的汇率是宏观经济系统中的内生变量，而非政府确定（和维护）的。在浮动汇率制下，汇率通过影响人们的选择（购买本国还是外国货物及服务、投资本国还是外国的金融资产）而使外汇市场（或国际收支）趋于均衡。这种对货物及服务需求的影响反过来又会影响该国的国内产出。

在浮动汇率制下，分析一国如何应对政策变化或其他类型的经济冲击时，可以遵循以下三个步骤：

1. 在初始汇率值下，冲击对该国经济产生什么影响？尤其是冲击是否使官方结算余额偏离零值？

2. 如果官方结算余额有偏离零值的趋势，那么该国的汇率需要进行怎样的调整（升值或贬值）才能使官方结算余额重归零值？

3. 汇率的变动对宏观经济有什么额外的效应？

额外效应显示了浮动汇率会以特殊的方式改变一国的经济运行（固定汇率制也是以“特殊”的方式影响一国的经济运行，因为在维持固定汇率时，政府进行的干预也会产生额外效应)。额外效应说明了浮动汇率制是如何改变政府政策有效性的。这些效应也显示了浮动汇率制如何使一国在瞬息万变的世界中保持内部均衡。

10.1 浮动汇率制下的货币政策

在浮动的或灵活的汇率制度下，货币政策对国内产出和收入有强烈的影响。为考察货币政策如何影响国内产出和收入，我们首先考察中央银行增加货币供给时的情况。这种变化可以通过货币政策来实现。例如，该国货币当局可以利用公开市场操作买入本国证券。中央银行对证券的支付意味着中央银行承担了新的债务，增加了经济中的基础货币和货币供给。

货币供给的增加扩大了银行的放贷意愿，利率下降，借债和支出增加。正如我们在第 9 章中所看到的，短期内利率下降，会导致资本项目中的资本流出，经常项目下进口增加，最终恶化国际收支状况。在第 9 章的固定汇率制下，政府为维持固定汇率必须进行干预，使其免受国际收支赤字的压力。而在浮动汇率制下，国际收支赤字的压力会导致该国货币贬值，如图表 10—1 所示。

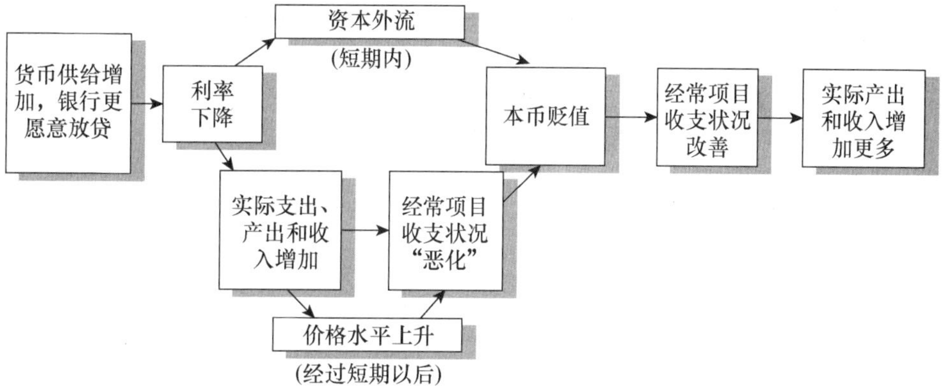

当货币供给减少时，整个过程的所有变化均朝相反方向发展。

图表 10—1　浮动汇率制下扩大货币供给的效应

本币的贬值会增强本国产品的国际价格竞争力(假设在短期内，本币的名义贬值大于国内价格和成本的增加——如第 5 章中曾讨论过的汇率超调)。本国企业相对于外国企业竞争力增强，由于出口量增加、进口量减少，本国经常项目状况得以改善。(假设第 9 章和附录 D 中的稳定条件最终成立，那么经常项目状况的改善只有在度过 J 曲线的初始阶段后才会出现。本章将只讨论稳定时的情况。)

经常项目的改善减少了国际收支赤字，降低并最终消除了本币进一步贬值的压力。汇率的变化使一国重新实现了外部均衡。

贬值过程中，本国企业获得新的竞争优势，外国对本国产品的总需求增加。由于贬值而增加的总需求又会放大货币供给增加对国内经济造成的直接影响。由于需求增加，实际国内产出和收入增加得更多。但是，本币贬值同时也增强了货币政策对价格水平和通货膨胀率的影响。贬值使进口产品的国内价格提高，新增的需求也使价格水平面临全面上涨的压力。

所以，在浮动汇率制下，货币政策对内部均衡有着很强的影响力。汇率的引致变化增强了货币政策的国内效应。正如我们在前面章节所看到的，在浮动汇率制下，货币政策具有强大的效用，而在固定汇率制下，货币政策却失去了效用。

无论资本的流动性如何，如下的一般性结论都成立：货币供给增加会使本币贬值，进而扩大总需求。例如，在资本完全流动的情况下，资本流动会对利率和未来预期的汇率变化做出反应。完全资本流动意味着无抵补利率平价总是成立的，因为对利率平价的任何偏离都将导致国际金融资本近乎无限的流动。① 在第 5 章中讨论的汇率超调就是一种完全资本流动的形式。一国的货币扩张降低了国内利率，该国货币汇率也会随即大幅下降。在短期和中期内，汇率超调极大增强了本国的国际价格竞争力。

货币贬值的后续影响有多大？经济合作与发展组织（OECD）建立的全球经济计量模型可以给出答案。② 假设其他国家货币政策不变，一国的货币扩张使其利率下降 1 个百分点（例如从 6%降低到 5%）。OECD 的模型显示了世界三大货币区的情况：

	该国实际 GDP 两年后的变动情况（%）	
	保持汇率稳定	允许浮动汇率下浮
美国	0.5	0.8
日本	0.7	0.9
欧元区	0.6	0.9

因此，一国货币的贬值会使货币扩张效应平均增加 50%。

前两章使用的 *IS—LM—FE* 图可用来研究货币政策效应。假设一国经济开始处于外部均衡——图表 10—2 中的三线交点 E_0。该国中央银行现在进行国内调整（例如通过公开市场操作购买本国证券）以增加国内货币供给，这使 *LM* 曲线向下移动到 *LM′*。即使本国的汇率不变，这项政策变化的直接国内效应也将使国内利率水平从 6%下降到 5%，实际国内产出从 110 提高到 120。而且此时，国际收支趋于赤字

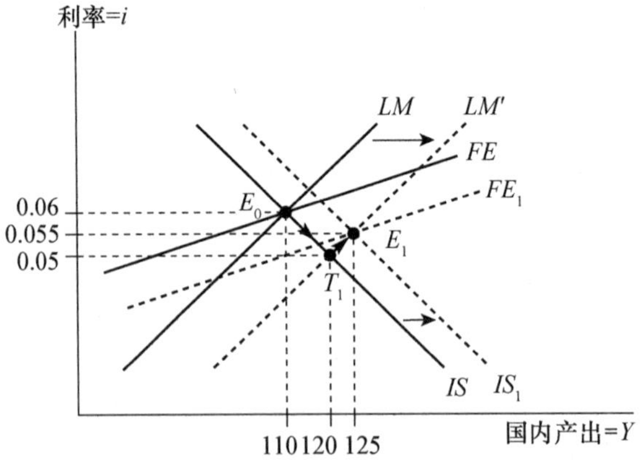

经济起始于点 E_0，此时国际收支总差额为零。国家实行扩张性货币政策，致使 *LM* 曲线向下或向右移动。在点 T_1，出现了国际收支赤字。本币贬值，*FE* 曲线和 *IS* 曲线右移，在点 E_1 重新实现外部均衡。

图表 10—2　浮动汇率制下的扩张性货币政策

① 在第 9 章对固定汇率制的分析中，完全资本流动也意味着无抵补利率平价，但如果投资者预期将来固定汇率制会维持不变，那么他们便假定预期的汇率变化约为零。在预期固定汇率不变的情况下，无抵补利率平价意味着国内利率等于国外利率。

② Dalsgaard, André and Richardson (2001).

（LM'曲线与初始 IS 曲线的交点 T_1 位于 FE 曲线的右边）。在外汇市场上，该国货币贬值。随着该国价格竞争力的增强，其出口增加，进口减少，经常项目状况得到改善，因此 FE 曲线和 IS 曲线均会向右移动。如果浮动汇率调整到外部均衡值（该国的官方结算余额为零），那么，经济将会处于新的三线交点 E_1。由于本币贬值，实际 GDP 会增加得更多，达到 125。在浮动汇率制下，货币政策在短期内对实际 GDP 能产生很强的影响。①

10.2　浮动汇率制下的财政政策

对浮动汇率制下财政政策如何发挥作用的分析，就稍微复杂一些。如图表 10—3 所示，财政政策会从两个方面影响汇率。图中所示扩张性政策的效应与第 9 章中的一样。由于政府借债增多，财政扩张使得国内利率上升。至少是在短期内，更高的国内利率可以吸引国外资本的流入。同时，更多的政府支出和（或）更低的税率促使总支出、总产出、总收入都有所提高。这又使得进口增加，经常项目收支恶化。因而财政政策效应对一国的国际收支总差额和货币的汇率，存在两种相反的变化压力。利率的提高吸引资本流入，使得本币更加坚挺，但是总需求和进口的增加又会使得本币变得疲软。那么哪种力量会占上风？这里没有明确的答案。如果资本在国家间是自由流动的，那么开始时资本流入效应可能会很大，足以促使本币升值。但最终总需求效应可能力度更强，而且持续时间也更长，这种效应最终会导致本币贬值。②

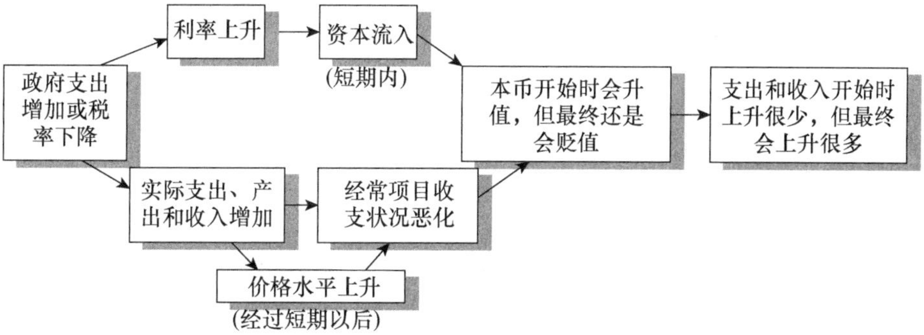

对于紧缩性财政政策，整个过程的所有变化均朝相反方向改变。

图表 10—3　浮动汇率制下扩张性财政政策的效应

汇率变化对国内经济的“反馈”效应取决于其变化的方式。如果本币开始是升值的，那么该国会失去价格竞争力，导致出口减少、进口增加。经常项目余额的下降削弱了财政政策对国内产出的扩张效应。换句话说，扩张效应被“国际挤出效应”（即

① 货币扩张和本币贬值也可能会通过通货膨胀使国内价格水平上涨，特别是经过短期之后。如果国内价格水平上升，那么 LM 曲线向上回移（或在一开始就不会下移得那么多）。更高的国内价格水平会抵消掉一部分国际价格竞争力，所以 FE 曲线和 IS 曲线也会回移（或在一开始就不会下移得那么多），实际 GDP 的增加不会那么大。在长期，如果货币为中性并且购买力平价成立，那么本币贬值产生的效应会被更高的价格水平所抵消。

② 极端的完全资本流动的情况也符合这一模式。初始利率提高使得本币立即升值。由于汇率超调，预期本币随后会慢慢贬值。因为有利于本国的利率差异被预期的本币贬值所抵消，所以重新实现了无抵补利率平价。

本币升值导致经常项目差额下降）所削弱。相反，如果本币开始（或最终）是贬值的，那么该国的价格竞争力会增强，经常项目状况改善，给国内产出带来更大的“贸易性”刺激。

可以用 *IS—LM—FE* 图来说明财政扩张的效应。图表 10—4 描述了两种可能发生的情况。在两个图中，经济均起始于三线交点 E_0，财政扩张使得 *IS* 曲线直接移至 *IS′*，推动国内利率由 6%提高到 8%，而国内产出也从 110 提高到 130。

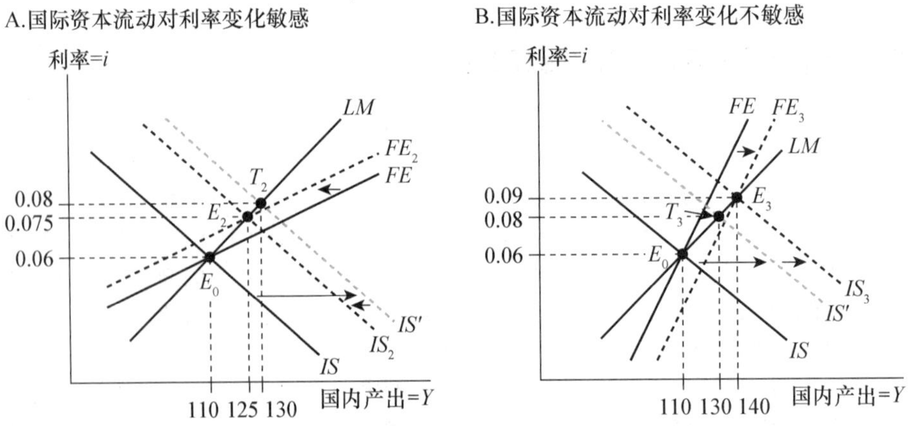

扩张性财政政策使得 *IS* 曲线向右移动到 *IS′*，*IS—LM* 曲线的交点从 E_0 移动到 A 图的 T_2 或 B 图的 T_3。财政政策效应取决于国际资本流动对利率增加的敏感度。A 图中，国际收支出现了盈余（T_2 位于 *FE* 曲线的左边）。B 图中，国际收支出现了赤字（T_3 位于 *FE* 曲线的右边）。在这两种情况中，国际收支的失衡都使汇率发生了变化。A 图中，本币升值，*FE* 和 *IS* 曲线左移，在点 E_2 重新实现外部均衡。在 B 图中，本币贬值，*FE* 和 *IS* 曲线右移，在点 E_3 重新实现外部均衡。在此假定 *LM* 曲线不变，因为中央银行不需要维持固定汇率，因此可以保持货币供给的稳定。

图表 10—4　浮动汇率制下的扩张性财政政策

两种情况的区别在于国际收支是趋于盈余还是赤字。图表 10—4 中的 A 图描述了国际收支趋向盈余的情况，其主要原因是在这里资本流动的效应更大一些。在图中，*IS′—LM* 曲线的交点位于初始的 *FE* 曲线左边，说明国际收支处于盈余状态。随即本币开始升值，经常项目状况开始恶化，*FE* 和 *IS′* 曲线向左移动，最终三线交于新的交点 E_2。由于本币升值，国内产出由 130 略微下降至 125（或者国内产出从其初始值 110 开始上升，但上升幅度没那么大）。国际挤出效应使财政政策的扩张效应减弱。①

图表 10—4 的 B 图描述了国际收支趋于赤字的情况，主要由于这里总需求的效应更大一些——*IS′—LM* 曲线的交点位于初始的 *FE* 曲线右边，这说明国际收支处于赤字状态。此时本币贬值，经常项目状况得以改善，*FE* 曲线和 *IS* 曲线右移，最终三线交于新的交点 E_3。由于本币贬值，国内产出增加到了 140 而非 130。

美国在 20 世纪 80 年代初实施大幅扩张的财政政策，展示了在浮动汇率制下，财政政策效应的本质特点和时机的选择。“案例研究”专栏中的“为什么美国的贸易赤字如此巨大?”讨论了美国的经验。

① 如果财政扩张引起价格水平上涨，那么 *LM* 曲线也会向上移动。由于更高的国内价格减弱了国际价格竞争力，因而 *FE* 和 *IS* 曲线均会略微向左移动（或向右移动，但移动幅度较向左移动更小）。这里讨论的两种情况中，这些增加的移动减少了实际国内产出从初始值 110 增加的数量。

案例研究

为什么美国的贸易赤字如此巨大?

自 1980 年起，美国每年都有贸易赤字。为什么美国的贸易会是赤字呢？又为什么 20 世纪 80 年代中期美国的贸易赤字变得如此巨大，并且在 90 年代末卷土重来呢？

美国采取的是浮动汇率制。通过考察美元实际汇率值的变动，我们便可以找到对上述问题的解释（回忆本书在第 5 章中关于实际汇率的讨论）。下图中的上方图显示了美元的实际有效汇率值，它是反映美国产品国际价格竞争力的指标。该图同时还标出了美国贸易收支值（以其占 GDP 的百分比来衡量，这使其具有跨期的可比性）。如果将一至两年的时滞考虑在内（回忆第 9 章的 J 曲线），那么可以很清楚地找到一个较为合理的解释。图中显示，美元于 1980 年开始大幅度实际升值，贸易收支于 1982 年开始恶化。1985 年，美元的实际有效汇率达到最高点，接着开始贬值，并且于 1988 年又回到了 1980 年的水平。美国的贸易收支状况于 1987 年开始好转。接下来一次较大的波动始于 1995 年美元的再一次实际增值，而贸易收支则于 1997 年开始恶化。随后，美元于 2002 年再次实际贬值，这次时滞有点长——贸易收支直到 2006 年才开始改善。

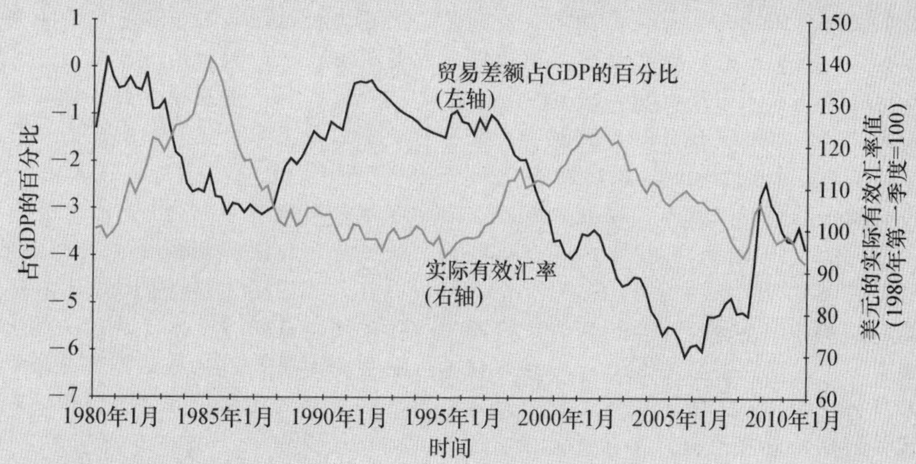

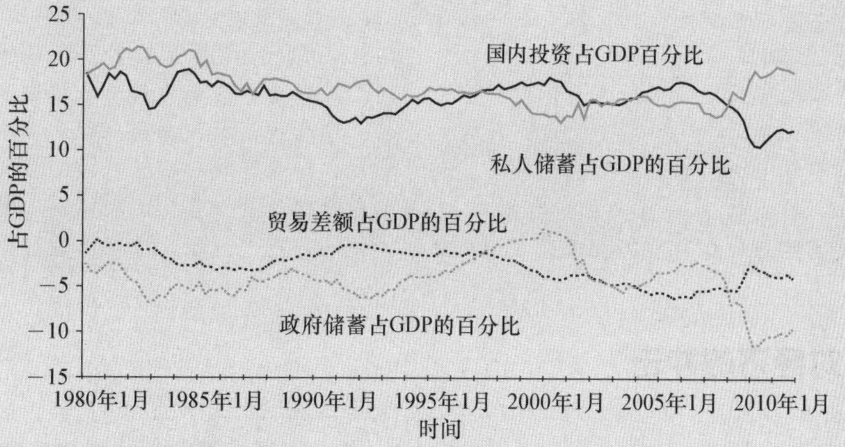

资料来源：Federal Reserve Board of Governors for the real effective exchange rate; U. S. government national income and product accounts for the other variables.

因此，对美国之所以拥有巨额贸易赤字的一种解释就是汇率波动导致了国际价格竞争力的变化。当美元实际增值时，美国价格竞争力的丧失使其出口受到打击而进口增加，两者共同作用导致美国贸易差额恶化。但是，这种解释不够深入。在浮动汇率下，美元的汇率值是内生变量，所以需要更深入地探究汇率和贸易差额巨大波动背后的深层次原因。

我们可以从国家储蓄和投资的关系角度入手。储蓄和投资的关系在第 2 章曾经介绍过，并且在第 8 章中再次提及。上页图中的下方图显示了国家储蓄可以分为家庭和企业的私人储蓄以及由政府预算盈余或赤字形成的政府储蓄两个部分。如果政府预算出现了盈余，说明政府税收大于政府支出，这个差额便以政府储蓄的形式存在。如果政府预算出现赤字，则说明政府是负储蓄。图中同时也给出了国内私人投资和贸易差额的变化。

在 20 世纪 80 年代，政府预算和贸易差额最为接近。1981 年，里根政府在政府支出持续增加的情况下采取了减税政策。政府预算赤字于 1982 年年末增加到 GDP 的 6.5%，直到 1987 年均保持在 GDP 的 5% 左右。从图中可以看到，80 年代初政府储蓄减少导致政府预算赤字增加，多年来该曲线都保持在 −5%左右。值得注意的是，80 年代前半期的政府预算赤字和贸易赤字同时增加，而在后期两者又同时下降。这种现象后来称为“孪生赤字”。

利用模型可以更深入地考察两种赤字之间的关系。扩张性财政政策使 *IS* 曲线右移，进而提高了美国的利率和国民收入。仅收入增加，就有扩大美国贸易赤字的倾向；同时，美国相对较高的利率也吸引了大量资本流入，使得美元的实际汇率提高。而到了 1985 年，资本流入有所减少，巨大的贸易赤字对美元汇率的影响作用日趋增大。在 1985 年年初，美元开始贬值。

对美国 20 世纪 90 年代中后期的贸易赤字增加则有着不同的解释。这时已不能从政府预算的角度进行解释了，因为预算赤字在 1992 年便开始下降，况且在 1998 年到 2001 年间，政府（联邦、州和地方政府的总和）有着正储蓄（预算盈余）。20 世纪 90 年代后期，美国贸易赤字不断增加的原因是国内实际投资的繁荣。在 80 年代，私人储蓄和私人投资占 GDP 的百分比均在下降。在 90 年代，私人储蓄继续下降，而私人国内投资却迅速增加，占 GDP 比重从 13%上升至 18%左右。一些企业发现了在美国回报丰厚的投资机会，金融投资者同样也发现了这样的机会，不断繁荣的股市吸引了大量的外资流入。在利用宏观模型分析问题的时候，尽管不同情况导致模型内部因素变化的原因有所不同（在 90 年代是实际国内投资，在 80 年代是财政政策），但变化的过程和结果却是一样的。实际国内投资的增加使 *IS* 曲线右移。美国迅速增长的 GDP 导致了贸易赤字的增加；资本流入造成的美元升值使得价格竞争力下降，也导致了贸易差额的恶化。

股市和实际投资的繁荣于 2000 年结束。如上页图中的下方图所示，政府储蓄减少（政府预算赤字迅速增加），再次成为 2000 年至 2004 年间贸易赤字不断增加的主要原因。随着全球金融和经济危机来袭，政府预算赤字增加；个人和企业努力减少债务，因而私人储蓄增加；而国内实际投资，包括新住宅的建设都名存实亡了。这些变化对贸易收支的作用总体上是相当小的。

10.3　对经济的冲击

一国的经济时常会受到一些重大冲击。各种外生变化对实行浮动汇率制的国家会产生什么影响？本节将考察与第 9 章中固定汇率制国家所经受的相同的冲击，以便比较两种汇率制度的区别。

10.3.1　内部冲击

国内货币冲击（domestic monetary shock）会影响货币供给与货币需求之间的均衡关系，从而引起 *LM* 曲线的移动。一国货币政策的变化就是此类冲击中的一个例子。从对扩张性货币政策的分析可知，在浮动汇率制下，国内货币冲击对一国经济有着强有力的影响。如果货币冲击倾向于扩张经济，则本币会贬值，从而进一步增加国内产出（或使价格水平或通货膨胀率面临上涨的压力）。如果货币冲击倾向于紧缩经济，则本币会升值，从而进一步减少国内产出。

国内支出冲击（domestic spending shock）会改变国内支出，引起 *IS* 曲线的移动。财政政策的变化就是其中一种。从对财政政策的分析可知，这种冲击对汇率的影响取决于是国际资本流动变化大，还是经常项目变化大。

10.3.2　国际资本流动冲击

国际资本流动冲击（international capital-flow shock）的发生是由于投资者对各国经济和政治情况的预期发生了变化。例如，不利的国际资本流动冲击会导致资本流出本国。出现这样的冲击可能是由于外国利率的提高，也可能是由于投资者预期本币在将来会有更大的贬值，抑或是由于投资者担心本国政治或政策会有一些不利的变化。

资本外流使得本币面临贬值的压力，从而使本币贬值。而本币贬值又增强了该国产品的国际价格竞争力，使出口增加，进口减少，该国的经常项目状况得到改善。更多的外部需求使国内产出增加。

图表 10—5 描述了这种冲击的效应。经济起始于三线交点 E_0，不利的国际资本流动冲击使得 *FE* 曲线向左移动到 *FE′*。由于 *IS*—*LM* 曲线的交点 E_0（开始曲线未变化时的交点）位于 *FE′*曲线的下方，意味着此时国际收支总差额出现赤字。本币将会贬值，从而使得 *FE′*和 *IS* 曲线均向右移动，新的三线交点 E_4 与更高的国内产出和利率相对应。

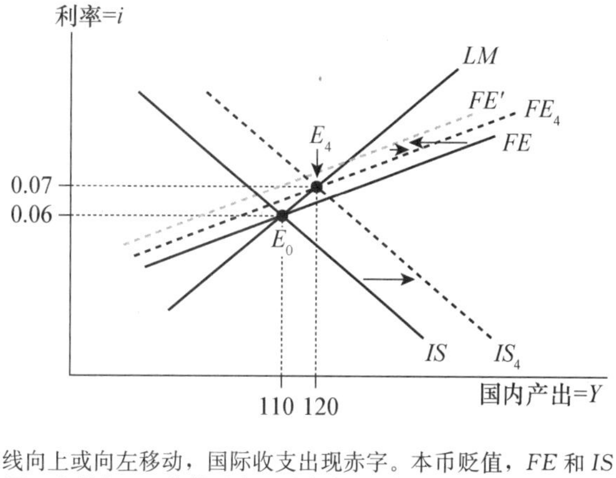

资本外流引起 *FE* 曲线向上或向左移动，国际收支出现赤字。本币贬值，*FE* 和 *IS* 曲线向右移动，在点 E_4 重新实现外部均衡。在此再一次假定 *LM* 曲线不变，因为中央银行可以保持货币供给稳定。

图表 10—5　国际资本流动的不利冲击

因此，在浮动汇率制下，外部资本流动冲击可以通过改变一国的汇率和国际价格竞争力来影响其内部均衡。有趣的是，不利的冲击将促使本币贬值而使国内经济得以扩张。对这一结论可能需要注意以下几点：第一，导致资本外流的原因很重要。如果是由于本国的政治或经济出现问题而导致资本外流，那么即便汇率下降会使经济扩张，这些问题最终还是会导致经济收缩。第二，资本外流可能会干扰国内金融市场，干扰方式超出了本章分析的范围。但任何对国内金融市场的干扰都可能会给本国经济带来大范围的危害，同时也会导致经济收缩。从第 7 章可知，一国在金融危机时通常伴有许多国内问题，如大量资本外流、货币贬值、金融市场受到破坏及严重的衰退等。因此只基于简单的 *IS—LM—FE* 分析，就认为不利的资本流动冲击会给本国经济带来好处，这样的观点是危险的。

10.3.3 国际贸易冲击

国际贸易冲击（international trade shock）使得一国经常项目收支状况发生变化。例如，发生国际贸易流量的不利冲击，可能是因为外国对本国出口品需求的下降，或是本国消费者对进口品偏好的增加，抑或是某种重要的进口品（如石油）价格的上升。

不利的国际贸易冲击会使一国的经常项目差额和国内产出及收入同时减少。① 当经常项目恶化时，国际收支总差额趋于赤字，本币随之贬值。本国的价格竞争力增强，导致出口增加，进口减少，使经常项目状况得以改善，国内产出以及收入增加。如果所有这一切都是在国际资本流动不变的条件下发生的，那么本币必须贬值到能完全扭转经常项目恶化趋势、使国际收支总差额重新归零为止。

图表 10—6 描述了这种不利的国际贸易冲击产生的效应。冲击引起 *FE* 和 *IS* 曲线左移，*IS'* 与 *LM* 曲线的交点 T_5 位于新的 *FE'* 曲线的下方。本币贬值使得 *FE'* 和 *IS'* 两条曲线向右回移。如果其他条件（如国际资本流动或国内价格水平）不变，这两条曲线将回移到初始位置，三线的新交点仍回到了点 E_0。②

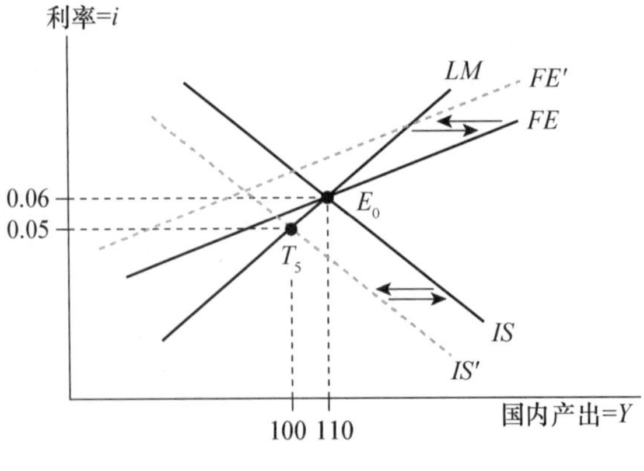

对本国出口品需求的减少使得 *FE* 和 *IS* 曲线均向左移动，国际收支总差额产生赤字。本币贬值，*FE'* 和 *IS'* 曲线再向右回移。为使图形简化，在此假设外部均衡在点 E_0 重新实现。

图表 10—6　不利的国际贸易冲击

① 我们假定经常项目差额确实减少了。冲击本身使得经常项目状况恶化，而国民收入的减少使进口需求下降，但假定这并不足以改变经常项目状况恶化的状态。在图表 10—6 中，这一假定条件保证了即便是在 *FE* 曲线比 *LM* 曲线更陡峭的情况下，新的 *IS'—LM* 曲线交点 T_5 也将位于新的 *FE'* 曲线的左边。

② 本币贬值会提高进口品的本币价格而使本国价格水平面临上涨的压力。如果国内价格总水平上升，则 *LM* 曲线上移，新的三线交点仍然会导致国内产出有所减少，但是这种减少的程度比没有货币贬值的时候要小。

在浮动汇率制下，国际贸易冲击对内部均衡的影响被该冲击引起的汇率变化引发的效应削弱。不利的贸易冲击使本币贬值，从而部分抵消了该冲击造成的影响。如果所有变化的方向均相反，便可以得出这样的结论：有利的贸易冲击使本币升值，而本币升值会降低经常项目收支状况的改善程度、降低对本国产品的需求。

10.4　内部失衡与政策应对

对经济的冲击会影响一国经济的国际和国内运行状况。在浮动汇率制下，汇率变化可以使经济在受到冲击后实现外部均衡。如果一国国际收支趋于赤字，那么本币贬值可以扭转国际收支赤字的趋势。如果一国国际收支趋于盈余，本币的升值也会扭转这种盈余趋势。

浮动汇率制并不能确保一国实现内部均衡，但汇率的变化确实会对内部均衡产生影响。本币贬值会使本国经济扩张。如果一国经济在汇率变化前处于严重失衡状态，那么本币贬值推动的经济扩张就是有利的，因为它缓和了内部失衡。反之，如果经济的初始状态是内部均衡或者具有较高或不断上升的通货膨胀率，那么本币贬值推动的经济扩张就会导致或加剧内部通货膨胀。

本币升值会造成一国经济收缩。如果经济初始就面临通货膨胀的压力，那么升值是有利的。但如果经济已经处于或正在步入衰退期，且伴随着严重的失业，那么汇率的这种变动会加剧内部失衡。

政府可以采用货币政策或财政政策来解决内部失衡问题。如果内部失衡表现为严重失业，那么政府可以采用扩张性货币政策或财政政策。① 解决失衡所需的政策调整的力度取决于随后汇率变化的大小。在浮动汇率制下，货币政策是行之有效的，因为相对幅度较小的货币政策调整就足以重新实现内部均衡。如果调整财政政策后很难预测汇率走势，那么财政政策的效果就有很大变数且难以预测。

全球危机

流动性陷阱!

传统的货币政策具有局限性：它不能使名义利率降至零以下。即使利率已经尽其所能地接近零，仍然不能刺激借贷和支出使经济达到其潜在产出水平——使实际 GDP 达到经济资源的“充分就业”水平。这个问题称为流动性陷阱，在 20 世纪 30 年代的大萧条中出现并被分析过，但在接下来半个世纪中几乎被遗忘。它看起来像一个新奇的事物，因为在世界主要经济体中，没有哪个国家的状况在任何方面看起来接近流动性陷阱。在 20 世纪 90 年代，在对日本“失落的十年”的讨论中，它再次出现，而且在始于 2007 年的全球金融和经济危机中，又令人不安地出现在美国和其他国家身上。这里讲述一下美国的经历。

2007 年 8 月，随着第一阶段的全球危机来袭，金融机构不愿意相互借贷以及对外贷款。家庭和企业开始缩减开支。从下图中

① 当美国政府试图解决由全球金融和经济危机引起的衰退时，它面临着一个非常令人烦恼的问题：其使用的货币政策早已使国内利率降低至几乎为零。专栏“流动性陷阱!”讨论了美联储的应对之策。

可见，IS 曲线向左移动。美联储从 2007 年 8 月开始实行保守的货币政策，联邦基金利率从 5.25% 的初始值开始逐步下降。美联储的政策使 LM 曲线向下移动，以应对 IS 曲线的下移。由于衰退较温和，美联储在一段时间内取得了一定的成功。到 2008 年 9 月，联邦基金目标已经下降至 2%。

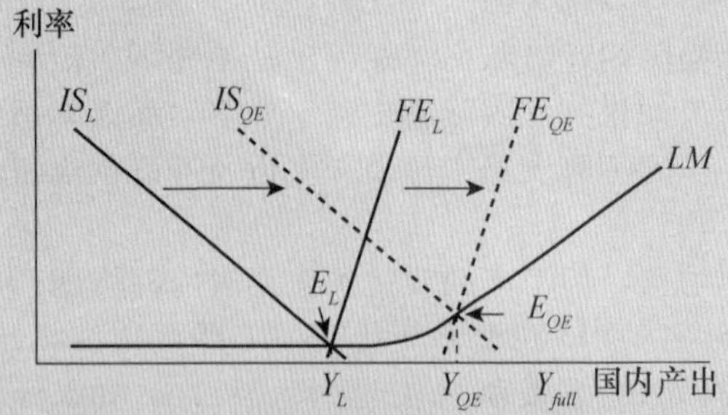

9 月 15 日，雷曼兄弟破产，危机开始恶化。美联储通过一系列措施，在 12 月中旬，将联邦基金目标降至 0～0.25%。实际上，这已经是它所能达到的最低利率了。从那时起，美国经济就陷入严重衰退，但是美国却已经失去了常规的扩张性货币政策工具。上图中所示的经济就处于流动性陷阱中。一旦经济中的利率——尤其是最直接受到传统的货币政策影响的短期利率——接近零，如图所示，LM 曲线会呈水平状。如果 IS 曲线向左移动足够多，到达图中的 IS_L，则交点在 E_L，处于流动性陷阱中。此时，美国实际 GDP 点 Y_L 远远低于经济潜在产出水平 Y_{full}。

政府政策制定者该如何应对？在 LM 曲线与 IS_L 曲线的交点区域内，传统的货币政策已不能再降低 LM 曲线。财政政策仍然可用，于是美国政府在 2009 年 2 月采取了大规模的财政刺激计划，试图使 IS 曲线向右移动。然而，由于以下原因，这项刺激计划并不是那么有效。首先，其他开支的影响仍然很弱，并且趋于推动 IS 曲线向左移动。而且，由于各种开支和税收缩减项目需要时间去实施，所以实际上财政刺激产生效果很慢。财政刺激可能可以阻止经济进一步衰退（阻止 IS 曲线进一步向左移动），但是却不能使 IS 曲线向右移动很多。

美国经济仍然很弱，实际 GDP 远远低于潜在水平而且失业率很高。由于政府财政赤字激增，所以在政治上，更多的财政扩张是不可能的。在经济处于流动性陷阱的情况下，美联储转向了一种非传统的货币政策——量化宽松——中央银行购买和持有大量债券，日本银行在 21 世纪早期曾使用过该政策，并取得了一定的成功。美联储在危机中购买了大量金融资产，其资产从 2008 年 9 月的 9 000 亿美元扩张到 12 月的 2.3 万亿美元。这使得大量高能货币进入银行系统。银行不能使用这些货币对外贷款，所以银行将这些资金存入美联储，持有大量超额银行准备金。2009 年，随着金融市场上的危机缓和，美联储通过持有大量资产继续保持量化宽松，而且其持有资产的构成逐步向抵押资产和美国长期国库券转移。

那么，量化宽松是如何影响经济的？显而易见，有多种方式。第一，通过购买大量长期债券，美联储可能能够降低长期利率。较低的长期利率刺激企业和家庭承担长期债务，用于购买建筑、机器和住房，有效地推动 IS 曲线右移。对于美联储在 2008—2009 年量化宽松的影响，估计到 2011 年年初，美国实际 GDP 提高了 1～2 个百分点。第二，银行持有的大量超额准备金会刺激部分银行贷款力度加大，但实际效果似乎很小。第三，大量的美元流动性流入外汇市场，使美元贬值。2009 年，美元大约实际贬值 6%。非传统的货币政策的效果是传统的——美国获得了国际价格竞争力。如上图所示，IS 和 FE 曲线向右移动至 IS_{QE} 和 FE_{QE}，实际 GDP 上升至 Y_{QE}。遗憾的是，此图没有按比例绘制，实际上的移动幅度要小很多，而且美国经济仍然要远远低于潜在产出水平（Y_{full}）。

2010 年，美国经济仍然疲软，美联储尝试新一轮的量化宽松（第二次量化宽松，QE2），在 2010 年 11 月至 2011 年 6 月间购买了约 6 000 亿美元的国库券。尽管当这个新计划宣布时，美国长期利率确实下降了，但是对美国实际 GDP 的影响看起来却很小。

包括巴西、瑞士和日本在内的其他国家抱怨美国量化宽松导致的美元贬值，使它们的本币升值，降低了美国对其他国家产品的总需求。直到 2011 年中期，美国和其他许多国家仍然在寻找摆脱流动性陷阱的方法。

10.5　国际宏观经济政策协调

美元是我们的货币，但可能是你们的问题。

——美国财政部长约翰·康纳利（John Connally）在欧洲的讲话（Paul A. Volcker and Toyoo Gyohten, *Changing Fortunes: The World's Money and the Threat to American Leadership*, New York: Times Books, 1992, p. 81）

一国采取的政策会影响其他国家。在浮动汇率制下，这种溢出效应会以多种形式发生，包括由于本国收入变化引起进口需求的改变，进而导致外国收入发生变化并对本国产生反作用，还包括浮动汇率变动引起的国际价格竞争力的改变。

一种危险是，有利于本国的政策变化可能会对其他国家产生不利影响。例如，本国实行的扩张性货币政策会引起其他国家货币的升值。本国可能会从经济增长中受益，但其他国家的货币升值会危害到其价格竞争力和国际贸易，所以这是一种"以邻为壑"的政策。

另一种危险是，每个国家均独自行事，多半不会做出让他国受益的决策。如果各国能协调合作，做出同步的政策调整，那么所有国家均可从中大受裨益。例如，1987 年 10 月全球股市濒临崩盘，全球金融系统需要注入大量流动资金来应对银行业和金融活动的萎缩。如果任何一个国家的中央银行注入流动资金，那么其他国家都会从中受益，甚至也许比投入流动资金的国家受益还要多。此时每个国家中央银行都可能故意行动迟缓，或者不愿意积极主动地增加流动性。不过幸运的是，几个国家的中央银行经过协调后共同注入了流动资金，稳定了金融市场。

由于存在溢出效应和相互依赖性，因此通过国际协调与合作来改善全球宏观经济运行是可行的。国际政策合作是指分享诸如各国经济运行状况、问题以及相关政策等方面信息的行为。信息分享可以采取多种方式，包括各国财政部长及各国首脑的高层会晤、国际货币基金组织和国际清算银行这样的国际组织的高层会议。这些类型的国际合作是没有争议的。

国际宏观经济政策协调（international macroeconomic policy coordination）远远不止这些。它是指多个国家为了共同改善经济运行效果而联合确定宏观经济政策的行为。它显示了一国影响其他国家决策的能力和一国调整其政策以利于其他国家的意愿。在有些情况下协调是容易的。例如，在没有通货膨胀时全球经济出现了严重衰退，共同实行扩张性政策的好处是显而易见的。如果每个国家都改变以邻为壑的政策，那么全球所有国家都会受益。而在其他情况下，协调则是更具争议的。

以下列举了过去 40 年中作出的几次重要的协调努力。在 1978 年的波恩峰会上，美国同意采取政策降低其通货膨胀率，并且愿意解除对国内石油价格的管制以减少石油进口；德国同意增加政府支出来刺激经济；日本也同意继续实行扩张性政策，并且同时采取措施降低出口增长率。在 1985 年的《广场协定》中，主要国家均同意干预外汇市场以降低美元的汇率（但并没有出台其他的协调政策）。在 1987 年的《罗浮协定》中，美国承诺减少财政赤字，德国和日本也答应实行扩张性政策，所有国家都承诺维持美元汇率的稳定，必要时可以通过提高美国利率、降低德国和日本利率以及官方干预来实现。① 更近的案例是“全球危机”专栏中“中央银行流动性互换”中所描述的，各国中央银行采取协调措施来解决全球金融和经济危机。

案例研究

各国政府能够管理浮动汇率吗？

浮动汇率制可以使一国在保持对其货币供给和货币政策进行控制的条件下，实现外部均衡。但是浮动汇率又具有高度的波动性，1973 年很多国家转向浮动汇率制时，汇率的波动幅度就远远超出了人们的预期。

已经采取浮动汇率制的国家担心汇率会出现大幅波动，因此几乎所有国家都对浮动汇率实行某种程度的管制，还有一些政府对浮动汇率进行了严格的管制。如果浮动汇率是被严格管制的，那么其变化方式就与固定汇率制更相似，就更适用前一章对固定汇率制的分析。多数采用浮动汇率制的主要国家的政府对汇率则是有选择地进行管制。有些时候，它们也会对外汇市场进行干预。

有选择的或偶尔的干预可以有效地影响汇率吗？30 年前的传统观点是相当明确的。如果干预没被冲销，那它就是有效的。然而，干预之所以是有效的，并不是因为干预能直接产生效用，而是因为它改变了货币供给。未被冲销的干预仅仅是改变国家货币供给和货币政策的另一种方式。通过改变货币的供给，干预对汇率产生了较大影响。如果干预被冲销，传统观点认为干预在影响汇率方面是无效的，至少效果不大或持续时间不长。可是，美国、日本和英国的货币当局进行的是完全冲销干预。

传统的观念来自诸多研究。那些研究说明冲销性干预是无效的。同时，传统概念涉及的干预指的是小规模干预。在一个日交易量上千亿美元的市场中，干预总量如果不超过 10 亿美元，那么规模就会显得太小，不足以产生太大的影响。

近期一些研究对这一传统观念提出了挑战。如果冲销性干预既不改变本国的货币供给，其规模也相对较小，那么它如何才能发挥效用？最有可能产生效果的原因是干预改变了国际金融投资者和投机者对汇率的预期。干预可以被视为货币当局并不满意当前汇率或汇率走势的一种信号。通过干预，货币当局表达了他们目前愿意采取某些行动（干预）的意图，并向市场传递一个信号，在将来当局可能还会采取更多的市场行动。例如，如果汇率的走势并不令人满意，那么当局在将来就可能改变货币政策和利率。目前实行的冲销性干预就成为一种影响人们预期的信号。如果国际投资者重视这种信号，他们会调整对汇率的预期。预期的改变会使得国际资本流动发生转变，使汇率朝着货币当局期望的方向变化。例如，在 1985 年的《广场协定》中，主要国家的政府都承诺要使美元贬值，它们通过卖出美元进行市场干预。国际投资者改变了预期，他们预测美元贬值会超过他们原先预期的幅度。这种预期的改变，使得美元汇率迅速下降。

近期的研究说明冲销性干预也可以是有效的。一种用来验证干预有效性的间接方法，是看货币当局经过一段时间的干预后是获利了还是损失了。如果当局购买本币并且成功使其升值（或卖出本币使其贬值），则当局是获利的（低买高卖）。早期的一项研究发现，在 20 世纪 70 年代，各国中央银行进行干预时普遍都遭受了损失。然而，一项

① 专栏“各国政府能够管理浮动汇率吗?”讨论了政府进行干预以影响浮动汇率的做法。

对美联储进行干预的研究则表明，在 20 世纪 80 年代，美国货币当局对美元—德国马克汇率的干预，获利超过 120 亿美元；同期对美元—日元汇率的干预，获利超过 40 亿美元。另一项研究认为，20 世纪 80 年代中后期，干预显著地影响了人们对汇率未来变动方向的预期。

最近，许多货币当局都公布了其日常干预活动的数据资料，而这些资料以前都是保密的。有了这些数据资料，统计研究的质量有了显著的提高。代表性的结论有以下几点：

- 在两周或小于两周的短期内，干预通常是有效的。货币当局用干预来扭转汇率变动方向，或至少减缓汇率的变动速度（货币当局逆向操作时）；
- 干预规模越大，成功概率越高；
- 两个或更多国家的货币当局联合起来共同进行的汇率干预，要比一国单独进行同样规模干预的影响力度更大；
- 干预进行两周之后其效力便会有所减弱，在一个月之后就没有明显的效果了。

这里有一个近期的例子。自 1999 年引入欧元后，经历了 1999 年至 2000 年的欧元汇率大幅下降，欧洲中央银行在 2000 年秋对欧元汇率仅实施了 4 天的干预。9 月 22 日，欧洲中央银行和美国、日本、加拿大及英国的货币当局共同进行了一次协调干预，买入了几十亿欧元。干预一开始就使欧元汇率值上升了超过 4%，而在之后的一段时间里干预就丧失了近一半的效力。在前 5 天，干预成功扭转汇率变动趋势。而在 15 天后，欧元汇率又出现了下跌。但其下跌的幅度要小于之前如果没有干预时汇率下跌的幅度。尽管如此，欧元仍在继续贬值。于是欧洲中央银行在 11 月 3 日、6 日、9 日再次进行了干预，这些干预的效果仍然和以前一样。干预在开始大约 5 天时间内扭转了欧元汇率下滑的趋势，在后面的 15 天里，下跌的趋势得到了缓和。这些干预可能会有某些持续性的影响，因为大概就是在这个时候，欧元停止了跌势，并开始围绕实际的浮动汇率值波动。

还有一个例子。日本政府十分关注日元的变化。从 1991 年年初到 1995 年，日元兑美元从 1 美元兑 140 日元升值到 1 美元兑 80 日元，之后在 1998 年贬值到 1 美元兑 146 日元，2000 年又升值到 1 美元大约兑换 100 日元，2001 年 4 月又贬值到 1 美元兑 125 日元。在这段时间里，日本货币当局买入美元（卖出日元）的市场干预进行了 168 天，共计买入超过 2 000 亿美元；而其卖出美元（买入日元）的干预进行了 33 天，共计卖出 370 亿美元。

国际贸易组织（ITO，2003）估计这些干预活动为日本政府带来了很高的收益。其买入美元的平均价格是 104 日元/美元，而卖出美元的平均价格为 130 日元/美元。日本政府变现的资本收益为 80 亿美元；因干预时买入而持有的美元资产带来的利差收益约为 310 亿美元；而在这段时期末，拥有的未变现的资本收益约为 290 亿美元。实际上，日本政府对于日元的汇率值似乎有一个未正式公布的目标，即 1 美元兑 125 日元。当汇率高于 125 则卖出美元，而低于 125 则买入美元。

通过把日本央行进行干预的相临近的时间组合起来，法图姆和哈钦森（Fatum & Hutchison，2002）考察了 43 个相互独立的干预操作，其中包括 1993—1996 年和 1999—2002 年间 29 次买入美元的干预，以及 1991—1992 年和 1997—1998 年间 14 次的卖出美元的干预。在其中的 34 次市场干预中，日本货币当局显然都是逆向操作——在干预的最初两天逆市操作。在这 34 次的干预中，有 24 次在干预的两天后扭转了汇率走势，另外 5 次是减缓了汇率变动的速度。1995 年上半年发生了严重的干预失灵，当时持续的干预并不能阻止日元从 1 美元兑 100 日元升值到不可思议的 1 美元兑 80 日元的水平。然而，即便是日本货币当局在短短的两天时间内能够干预成功，但总的来看，在一个月后，干预对汇率已几乎没什么影响了。

日本与美国货币当局共同进行的协调干预（在这 10 年中发生了 23 次）比日本货币当局独自进行的干预要有效得多。国际贸易组织估计在 1996—2001 年，日本货币当局独自进行的 20 亿美元的干预，使日元汇率值平均变动 0.2%，而当两国当局各投入 10 亿美元进行协调干预时，日元变动幅度达到了 5%左右。

在 2001 年和 2002 年，日本政府几乎没进行干预，而在之后的 2003 年、2004 年第一季度又进行了大量的干预，试图阻止日元升值。日本政府在这些时段有近 40%的时间都在进行干预，共计买入约 3 150 亿美元。尽管这样，日元汇率仍然从 2002 年年底的 120 日元/美元升值到 2004 年 3 月底的 104 日元/美元。不过如果没有进行干预，日元升值的幅度可能会更大。在 2004 年 3 月后，日本政府突然停止了所有的干预，然后日元汇率稳定了几年。

本文认为对于主要国家进行冲销性干预的有效性应持谨慎态度，而且对不同情况要区别对待。如果考察的时间只是几天，干预通常会成功。如果考察的时间是一个月或者更长，干预通常不会成功。虽然大多数情况下如此，但也有反例，如 2002 年年底对欧元的干预。当时货币当局坚信市场会推动汇率远离其基本价值。正如国际货币基金组织（IMF）的首席经济学家迈克尔·穆萨（Michael Mussa）在 2000 年 9 月对欧元进行干预的几天前所说："出现符合干预所要求的环境条件是很罕见的，但是它们肯定会出现。有人会问，如果现在不干预，那什么时候干预？"

全球危机

中央银行流动性互换

中央银行之间经常会建立互换协议，所以当借款中央银行需要用外汇在外汇市场上进行干预时，可以很快地向其他央行借款。全球金融和经济危机催生了一种新的互换协议，称为中央银行流动性互换，作为一组解决危机的协调政策的一部分，创造于 2007 年 12 月。

2007 年 8 月全球危机开始后，许多曾经依赖于从其他金融机构和债务市场获得短期资金的金融机构发现，它们获得短期资金越来越困难，这是因为市场对信用危机的高度担忧，导致短期贷款和投资冻结。为了解决紧缩的短期贷款和信贷市场问题，美联储、欧洲中央银行、英格兰银行、瑞士国家银行和加拿大银行在 12 月 12 日宣布联手向它们的银行系统注入 500 亿美元的资金，并希望这次不寻常的央行借贷的协调措施可以刺激普通银行对外贷款。

贷款计划中包括了由美联储向欧洲中央银行和瑞士中央银行提供的央行流动性互换协议。这些互换协议解决了一个具体的问题。非美国本土的银行，尤其是欧洲的银行，只是持有以美元标价的资产，但是没有美元存款。在危机中，它们从其他金融机构（同业银行）和货币市场基金购买不到美元。银行同业拆借利率（如 LIBOR）比正常利率水平高出不少，但银行仍然不愿借贷。

中央银行流动性互换实质上是美联储对外贷款。它是如何运作的？

- 美联储通过外国中央银行将美元兑换成其他国家的货币；
- 外国中央银行将美元借给本国金融机构；
- 美联储被动地持有外币作为抵押；
- 当互换到期时，外国中央银行付利息给美联储，两个银行间换回外币和美元。

外国央行可以获得并使用美元，且无须动用其持有的官方国际储备。而另一方面，美联储帮助外国央行解决了其银行系统中美元短缺的问题，且无须承担外国银行的信用风险，因为它只是向外国银行提供贷款。

互换协议确实使欧洲中央银行和瑞士中央银行得以向外借贷美元，缓解未来数月美元紧缺的问题，未偿付的美元互换总额数次提升。随着 2008 年 9 月雷曼兄弟破产，危机加剧，短期资金再次冻结。随着短期美元利率（如 LIBOR）飙升至远高于正常水平，外国金融机构又缺乏美元融资，于是美联储再次与其他央行合作解决这个问题。9 月，美联储增加了与英国、日本、加拿大、澳大利亚、瑞典、挪威和丹麦的中央银行的流动性互换协议；10 月，美联储又增加了与新西兰、巴西、墨西哥、韩国和新加坡的流动性互换协议。同月，美联储取消了与欧洲中央银行和瑞典、英国、日本中央银行的交换协议的限制。10 月份已偿付和未偿付的互换数额猛增。到 12 月，未偿付美元数额达到顶峰，将近 6 000 亿美元，其中大约有半数是由欧洲中央银行借出。随后，随着美元融资压力下降，央行互换数额减少。该计划于 2010 年 2 月结束。

中央银行流动性互换是国际协调的一种创新方式，对于处理在危机中外国金融机构的美元资产机能障碍很有效。外国中央银行的美元贷款直接为本国美元资金短缺的银行提供了资金。对于已经有大量美元的银行来说，这个计划确保这些银行在将来能获得美元且鼓励它们向外借贷美元，而不是储存美元。研究表明，交换协议的美元贷款有助于降低高得离奇的银行间利率。交换协议的另一个成功的迹象出现得比较晚——在 2010 年才出现。当欧元危机集中在希腊政府债务上时，外国金融机构的美元资金再次紧缩。为此，2010 年 5 月，美联储与欧洲中央银行和其他四个中央银行建立了新的中央银行流动性互换。

通过对《罗浮协定》的研究，我们可以看到协调的好处。美国的紧缩性财政和货币政策将减缓其经济增长速度，并且由于美国降低进口需求，其他国家的经济增长速度减缓。德国和日本实行的扩张性政策通过提高两国的进口需求，不仅抵消了两国国内所受到的美国政策收缩的影响，而且抵消了其他国家（包括美国）受到的影响。如果政策变化是基于协调做出的，那么结果是美国的经常项目赤字降低，德国和日本的经常项目盈余降低，美元汇率保持稳定，并且美国的紧缩性政策并没有带来全球性的经济衰退。

如果国际政策协调的好处看上去是显而易见的，那么为什么在实际中却很少见到这种协调呢？似乎有以下几个原因。第一，不同国家的目标可能不一致。例如，美国希望在保持汇率稳定的同时维持经济增长，而欧洲中央银行的政策制定者们将重点放在了防止通货膨胀，所以他们可能不愿意通过增加货币供给、降低利率来扩张欧盟的经济。要使一国政府采取不符合本国经济和政治需要，而仅仅对他国有益的政策是非常困难的。各国政府在本国和全球宏观经济如何运行这一问题上的确难以达成一致。例如，各国对在通货膨胀开始显现之前，经济能扩张到何种程度持有不同的意见。

第二，在很多情况下国际政策协调带来的好处实际上是很小的。在现实中，恰当的“协调”政策通常与各国独立行事时所采用的政策很类似（只要避免诸如新贸易壁垒这样的以邻为壑的政策）。例如在 1987 年，如果美国独立行事，它可能会采用某种紧缩性政策来降低其政府预算赤字。同样，德国和日本为了其自身利益，可能会采用扩张性的政策，即使政策协调本来就是每个政府本身应该做的。在这种情况下，政策协调仍然有些好处，原因有两个。首先，各国政府可以利用对国际协调做出的承诺，在国内寻求对本国政策变化的支持。其次，政府可以利用政策协调措施的高透明度来扩大对市场心理和预期的影响。

重大的国际宏观经济政策协调的例子是很少的。当各国清楚了解到自己的目标以及如何协调才能实现这些目标时，协调才比较可能产生。这实际上也就是各国只是承诺了做他们独自行事时也会做的事情。即使如此，政府往往也难以履行他们做出的承诺。例如在 20 世纪 80 年代期间，美国政府做出的降低其政府预算赤字的国际承诺就似乎没有什么影响。

本章小结

在自由浮动汇率制下，浮动的汇率会维持外部均衡。如果一国国际收支趋向盈余，那么本币将会升值到足以扭转这一趋势的水平。如果一国国际收支趋向赤字，那么本币将会贬值。浮动汇率制与固定汇率制的差别是显而易见的。在汇率自由浮动条件下，外部均衡将不再是个问题，但汇率有着较大的可变性或易变性。

在浮动汇率制下，货币政策的影响力度将会更大。在货币政策调整后，汇率可能加强或放大货币政策变化对总需求、国内产出、国民收入以及价格水平的效应。这与在第 9 章所看到的不同，在固定汇率制下，货币政策失去效力，因为维持固定汇率的需要将会抵消货币政策造成的影响（假设干预没有或不能被冲销）。

浮动汇率制对财政政策的影响效果不确定。在财政扩张的情况下，如果影响一国外部均衡的主要因素是扩张引致的国际金融资本的流入，那么该国货币就会升值。国际价格竞争力的减弱会导致经常项目收支状况的恶化，从而产生国际性的挤出效应。这减弱了财政政策对国内产出和收入的影响效应。相反，如果影响一国外部均衡的主要因素是期初的经常项目状况的恶化，那么该国货币就会贬值。国际价格竞争力的增强改善了经常项目状况，并且加强了财政政策的效应。同时，固定汇率制对财政政策的影响效果也是不确定的，但其结论却与浮动汇率制下的相反。在固定汇率制下，如果资本在国际上具有高度流动性，那么财政政策对改变国内产出和收入较为有效；如果资本的流动性较差，那么财政政策的效果也就较差。

不同类型的冲击对一国经济的影响会因该国实行固定汇率制还是浮动汇率制而有所不同。图表 10—7 总结了本章和第 9 章的分析结论。该图表说明了某种特定的冲击对国内产出和收入的影响在固定汇率制还是在浮动汇率制下更大（更具有干扰性或更不稳定）。可以得到几个一般性的结论：第一，内部冲击，特别是国内货币冲击，在浮动汇率制下对经济的干扰更大些，而在固定汇率制下则较小。第二，外部冲击，特别是国际贸易冲击，在固定汇率制下对经济的干扰更大些，而在浮动汇率制下则较小。浮动汇率制对来自外部的贸易冲击起到了缓冲的作用。

虽然自由浮动汇率制可以保证一国经济实现外

图表 10—7　在不同汇率制度下各种外部冲击对国内产出和收入的影响

	更大干扰性——稳定性更小	更小干扰性——稳定性更大
内部冲击		
国内货币冲击	浮动	固定
国内支出冲击	浮动*	固定*
外部冲击		
国际贸易冲击	固定	浮动
国际资本流动冲击	固定**	浮动**

说明：比较是在以下两者之间作出的：(1) 固定汇率制是通过未冲销的干预来维护的，因而只能通过改变货币供给来完成调整；(2) 在浮动汇率制下，通过汇率变化来调整。相较于使用未冲销的干预来维持固定汇率制时遭受到内外部冲击的情况，冲销性干预会增加内部冲击的干扰性，而降低外部冲击的干扰性。

* 如果国际资本流动对利差反应不敏感（资本流动性低），或者经常项目的变化最终是改变汇率的主导因素，则会出现这样的结果。而如果资本项目的变化是改变汇率的主导因素时，则会出现相反的结果。

** 国民收入受到的冲击效应在这两种情况下是方向相反的。浮动汇率制下，冲击的干扰更小，是因为浮动汇率制下引致的汇率变化将会使 *FE* 曲线回移到其初始的位置。

部均衡，但不能保证其实现内部均衡。在许多情况下，汇率的变化虽然可以重新实现外部均衡，但却加剧了内部失衡。如果一国的通货膨胀率不断上升且国际收支趋于赤字，则本币的贬值会加剧国内通胀的压力。如果一国具有较高的失业率且国际收支趋向盈余，则本币升值会加重国内失业。为了实现内部均衡，一国政府必须转变国内政策（用紧缩性政策解决通货膨胀问题，用扩张性政策解决失业问题）。

理论上，国际宏观经济政策协调可以改进全球宏观经济的运行状况。国际政策协调是指各国共同制定它们的政策。协调的好处包括：由于互相依赖的关系，本国在制定政策时会考虑到对其他国家的溢出效应；避免了为使本国受益而牺牲其他国家利益的"以邻为壑"的政策。但在实际中，重大的国际政策协调的事例并不经常发生。

关键词

国内货币冲击（domestic monetary shock）
国内支出冲击（domestic spending shock）
国际资本流动冲击（international capital-flow shock）
国际贸易冲击（international trade shock）
国际宏观经济政策协调（international macroeconomic policy coordination）

推荐读物

Genberg & Swoboda（1989）提出了在浮动汇率制条件下政府政策对经常项目余额影响的一个技术性分析方法。对国际宏观经济政策协调的讨论见 Bryant（1995）和 Meyer et al.（2002）。Cline（2005）和 Iley & Lewis（2007）考察了美国经常项目赤字和美国国际投资头寸。Goldberg et al.（2011）对中央银行流动性互换进行了总结。

Sarno & Taylor（2001）对冲销性干预管理浮动汇率进行了理论和实证研究。国际贸易组织（ITO，2003）和 Fatum & Hutchison（2006）分别考察了日本在 20 世纪 90 年代的干预政策。Fatum & Hutchison（2002）考察了欧洲中央银行在 2000 年的干预。Fatum（2008）分析了加拿大在 20 世纪 90 年代的干预。

Humpage（1994）解释了美国为什么进行官方干预。Neely（2001）和 Mihaljek（2005）公布了其对一些中央银行如何看待它们的干预活动所进行的调查的结果。Aizenman & Glick（2009）发现了亚洲和拉丁美洲的一些国家外汇干预的冲销程度比较高。

习　题

✦ 1. "汇率超调是在浮动汇率制下增强货币政策有效性的基础。"你同意这个观点吗？为什么？

2. 某国采取的是浮动汇率制。该国政府现在增加支出以减少失业。这一政策的改变对该国货币的汇率会产生怎样的影响？在什么境况下，汇率的变化会降低财政政策的扩张效应？

✦ 3. "在浮动汇率制下，外国对本国出口品需求的下降对国内产出和收入的影响要大于固定汇率制下造成的影响。"你同意这个观点吗？为什么？

4. 请描述在浮动汇率制下，国内货币持有需求的突然下降（从愿意持有本国货币转向愿意持有本国债券）对国内产出和收入造成的影响。国内产出和收入的变化与固定汇率制下的变化相比，是更大还是更小？（提示：货币需求的减少相当于货币供给的增加。）

✦ 5. 某国的通货膨胀率不断上升，而且其国际收支将出现赤字。那么引致的汇率变化会使该国更接近还是更偏离内部均衡？

6. 英国已经实行了紧缩性货币政策以治理通货膨胀，英镑的汇率是浮动的。

a. 如果英镑的汇率保持不变，更加紧缩的货币政策对英国国内产出和收入会产生什么影响？对英国的通货膨胀率又有什么影响？请解释。

b. 如果转向更加紧缩的货币政策，这对英镑的汇率会产生什么压力？请解释。

c. 英镑汇率的变化对英国的国内产出和通货膨胀率会产生什么影响？汇率的变化是加强还是抵消了英国货币政策的收缩效应？请解释。

✦ 7. 在 20 世纪 80 年代后期，美国的政府预算赤字和经常项目赤字都很大，并且美元的汇率是浮动的。减少这两种赤字的一种建议是大幅增加税收。

a. 如果美元汇率保持不变，这种变化对美国国内产出和收入会产生什么影响？对美国的经常项目收支状况和资本项目收支状况会产生什么影响？请解释。

b. 财政政策的这一变化可能会对美元汇率产生什么样的压力？请解释。

c. 如果美元真的出现贬值，这又会导致美国的国内产出和经常项目收支状况进一步发生什么样的变化？请解释。

8. 在浮动汇率制下，外国货币供给的突然迅猛增加会对本国产出和收入造成什么影响？（提示：外国货币供给的增加将会影响到对本国出口品的需求、国际资本流动以及汇率。）

✦ 9. 一国初始时同时实现了外部均衡与内部均衡。国际金融资本具有高度的但并非完全的流动性，因此该国的 *FE* 曲线是向右上倾斜的，且比 *LM* 曲线更加平坦。该国采取的是浮动汇率制。新政府的选举产生，使外国投资者更加看好该国，国际金融资本的流入大幅增加，并多年保持在较高水平。

a. 资本流入的增加会使 *FE* 曲线发生什么样的移动？

b. 汇率需要发生什么样的变化才能重新实现外部均衡？

c. 汇率变化以后，该国经济重新回到外部均衡要经历怎样的调整过程？用 *IS*—*LM*—*FE* 图说明这些行为对该国内部均衡有何影响。

10. 一国开始时同时实现了外部均衡与内部均衡。该国禁止国际金融资本的流入和流出，由于实行了这种资本管制，该国资本项目余额（不包括官方储备交易）总是为零。该国采取的是浮动汇率制。现在发生了某种外生的冲击——外国对该国出口品的需求增加。

a. 如果该国货币汇率维持不变，外国对本国出口品需求的增加会使得 *IS*，*LM* 和 *FE* 曲线发生什么样的移动？

b. 该国货币的汇率实际会发生什么样的变化？为什么？

c. 汇率变化以后，该国经济重新回到外部均衡要经历怎样的调整过程？用 *IS*—*LM*—*FE* 图说明。所有这些行为对该国内部均衡有何影响？

第 11 章 国家与世界的选择：浮动汇率或其他汇率制度

本书考察了国际经济与国际金融的运行状况。本章将探讨有关国家汇率政策选择的问题，并以此作为本书的结束。

一国应该采用哪种汇率制度？是采用自由浮动汇率制——汇率完全由私人供给和需求来决定，还是采用固定汇率制——政府承诺汇率不会改变，并且通过干预进行维护？是采用有管理的浮动汇率制——汇率基本是浮动的、由市场决定，但有时也对其进行管理以修正市场形成的汇率，还是采用钉住固定汇率制——时常甚至是十分频繁地调整汇率？

每个国家都必须选择一种汇率政策。本书的分析为一国汇率制度的选择提供了一系列的视角。本章通过对一些关键问题的研究，将这些视角综合起来。研究发现，每项政策都有优劣，所以不同的国家应当灵活地选择不同的政策。

所有国家的汇率政策组合在一起便构成了全球汇率体系。正如在第 6 章曾讨论过的，在 20 世纪，各国曾经建立过一致的、遵循单一政策的全球汇率体制——与黄金挂钩的金本位制；在布雷顿森林体系时期，各国采取的称为布雷顿森林体系的、基于美元的可调整钉住汇率制。在另一些时期，各国又曾进行了更多不同的选择，所以很难描述这些时期全球汇率体系的特点。例如，在两次世界大战之间，尤其是 20 世纪 30 年代初，在想重新回归金本位制的努力失败后，全球并没有一种居于主导地位的汇率政策。

当前，不同的国家采用不同的汇率政策。本章将深入分析各国的政策选择以及这些选择将走向浮动汇率制的总体趋势。在讨论完这一趋势后，本章还要关注不同的三条路径，虽然它们均朝着（几乎）永久性固定汇率制方向发展。欧盟各成员国在这条路上走得最远，它们已经建立了使用单一欧洲货币的货币联盟。

11.1 汇率政策选择中的关键问题

一国必须从众多的汇率制度中选择一种制度，本节考察的是该种汇率制度的政策所允许的汇率变化幅度。在选择的一端是变动弹性可以很大的汇率政策。这类汇率是浮动的，而且主要（如果不是完全地）由市场决定。极端例子是自由浮动汇率制，有轻度管理的浮动汇率制仍然属于此类。选择的另一端是将本国货币固定或钉住一种主要外币或一篮子外币的汇率政策。① 这类政策的极端例子是永久性固定汇率制，但应该明白，一国不可能承诺永远不改变其汇率政策。

案例研究

黄金的角色

金本位时期，黄金处于国际货币体系的中心位置。正如我们在第 6 章中讨论的，个人有权按照官方固定的黄金牌价向该国的中央银行购入或卖出黄金（以获得本国货币）。黄金在固定汇率制度的布雷顿森林体系中也扮演着重要的角色。美国政府按照美国的黄金牌价，向各国中央银行（但不面向个人）购入或卖出黄金。

现在黄金的角色是什么？黄金仍然是官方储备资产，但如今各央行几乎不会动用黄金。与此同时，个人也会把黄金当作一部分私人投资而持有。我们来仔细考察一下黄金的官方和私人用途。

官方角色：曾经的和将来的王者?

> 你不应该将人类钉死在黄金的十字架上。
>
> ——威廉·詹宁斯·布莱恩（William Jennings Bryan），美国总统候选人，1986 年

货币体系的大多数观察家，对当下国际官方活动中没有黄金参与的状态表示满意。甚至有些人认为，各国央行和国际货币基金组织应该将它们的官方黄金储备卖光。卖出的原因之一是黄金并没有发挥积极的作用，而且也不能生息。这部分以黄金形式持有的国家财富（或 IMF 资产）可以用来进行回报率更高的投资。另一个原因是，黄金销售所得可以资助世界上的贫困国家。在最近几十年，各国央行和 IMF 已经向私人市场卖出了一些黄金（黄金的去货币化）。

也有一小部分人强烈建议，国家应该回归到真正的金本位时代，将货币紧紧钉住黄金。他们认为，金本位的回归会约束各国的货币发行量，大大降低国家和全球的平均通货膨胀率。他们还相信回归金本位能树立人们对货币体系的信心，有助于推行货币政策以实现外部均衡，从而减少汇率的波动。在树立国家货币和汇率体系的稳定和信心后，他们相信金本位能够稳定并降低名义和实际利率。

大多数国际经济学家都反对回归金本位，认为也许只有在长期，金本位才会像它的支持者们说的那样稳定。世界上新黄金的供给并不是由大师级的调整者决定的，而是由采矿活动决定的。新的黄金矿藏发现和开采会导致世界黄金的供给大幅增加。各国央行买入黄金以维持固定的金价，国家的货币供给会迅速扩大，通货膨胀率上升。从另一个角度看，如果没有黄金矿藏的新发现，现有的黄金矿藏又会枯竭、产出减少（或是一个大规模的罢工或类似的暴乱降低了产量），各国的央行则不得不卖出黄金维持金价（假设对黄金的私人需求继续增长）。各国的货币供给会下降，国家会进入痛苦的通货紧缩时代（疲软的经济形势迫使总体物价走低）。

观察黄金市场的另一面，对黄金的私人需求下降，会使得央行买入黄金，从而扩大

---

① 少数评论家认为一国应该回归将本币固定于与某种商品（如黄金）的比价。专栏“黄金的角色”说明了这种可能性。

货币供给。私人对黄金需求的扩张会迫使央行卖出黄金，从而紧缩国家的货币供给。

在标准的金本位制时代，货币供给忽上忽下，确实有据可查。1873—1896年，英国的物价下降了大约1/3；而1896—1913年间，物价又如充气般回到原来水平。这些变动是与世界黄金储备增长量的变化密切相关的，而这些又与黄金矿藏的发现周期紧密联系。

1850—1873年，随着加利福尼亚和澳大利亚采金矿热潮的涌现，世界黄金储备以每年2.9%的速度增长。这使得货币供给与对货币的实际需求相适应，因此物价基本保持稳定。1873—1896年，世界黄金储量每年仅增长1.7%，这与持续增长的实际货币需求不相适应，总物价被逼下行。1896—1913年，黄金的新发现又引发了加利福尼亚和南非的采矿热。世界黄金储备又以每年3.2%的速度增长，快于实际货币需求的增长，结果总体物价上升。黄金供给的波动太大，以致金本位制很难确保世界货币供给平稳增长（尽管金本位制在长期内确实能限制货币增长和通货膨胀）。

由于金本位制不如它的支持者宣称的那么稳定，大多数国际经济学家反对回归金本位。而浮动汇率制度的种种好处支持了他们的观点，比如可以自主选择国家的各项宏观目标和采取各项政策。除此之外，扩大官方黄金储备的成本本身就很高，而且必须开采新的黄金矿藏。去开采一个基本上是躺在央行金库里的东西，似乎是资源的无效率使用。

私人角色：一个稳健的投资？

黄金和货币的官方联系在1968年被正式切断，这种联系也不太可能恢复。尽管黄金的官方角色在很大程度上终止了，它是不是还能在私人投资中占有一席之地？持有黄金不能生息，因此投资黄金的回报在于金价的上涨。（由于要减去黄金的买卖成本和储存、保管成本，获得的回报率实际上要低于价格的上涨幅度。）

下图显示的是自1970年以来每个月的黄金美元价格。从中我们可以得到三个结论。第一，任何在20世纪70年代早期买进黄金的人，一直到1980年为止，都获得了相当高的回报率，因为黄金价格从每盎司100美元涨到每盎司600美元。同样，任何在21世纪初购买的人，到2011年年中，都获得了高收益，因为金价从每盎司300美元涨到了将近1 600美元。在这些时间段中，金价涨幅远远超过总体的物价通货膨胀率和任何金融资产的投资回报率。

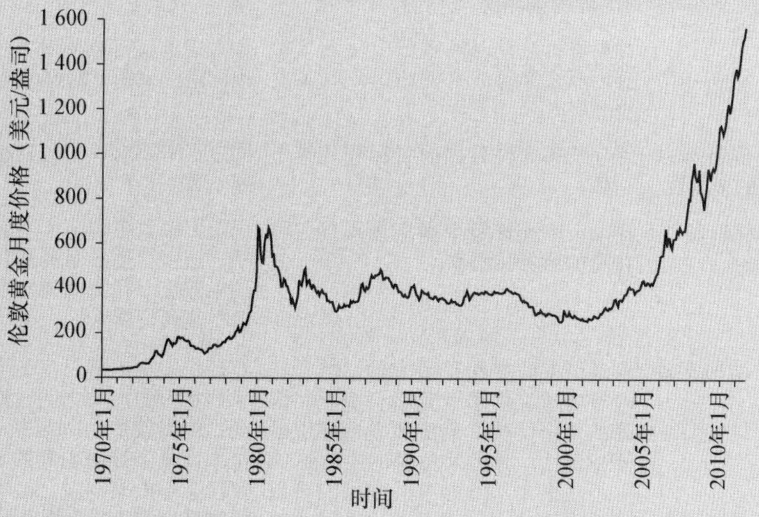

第二，任何在20世纪80年代初到21世纪初购入黄金的人恐怕都要失望了。金价一直在每盎司250美元到500美元之间波动。金价没能跟上通货膨胀的步伐，而且与其他金融资产的投资相比，如股票和债券，黄金的回报率都比较低。

第三，金价波动幅度很大，远远不像人们所想的那样稳定，或是可以作为避免通货膨胀风险的保值工具。黄金的价格在1979—1980 年一路飙升，又在 1980—1982 年回落原处，如此反复。

为什么黄金价格在过去的几十年中波动如此之大？供给发生变化也许是原因之一，但主要的压力来源于需求的变化。在很大程度上，黄金是惊慌失措的人才会投资的资产。这部分需求随着恐惧和焦虑感的增加与消失而上升和下降。

如果你家财万贯却生活在局势不稳定的地区，秘密地拥有黄金可以使你的财产免于被没收或课以重税的命运。或者如果你担心通货膨胀爆发，持有一些硬通货如黄金，至少可以提供些保障，减少大部分票据资产所遭受的购买力损失。或者如果你担心 2007 年开始的全球危机会导致金融和经济不稳定，或美国和欧洲的大量财政赤字，或美联储的量化宽松的影响。你（和其他人）会买入黄金，卖出票据资产，从而黄金价格快速上升。

因此，黄金的私人投资是对未来金价的赌博。从长期来看，金价基本与物价保持一致（当然，黄金过去的情况并不代表其将来的情况）。但对于中短期来说，黄金的价值只是人们的猜测而已。对于一个象征着稳健的商品黄金而言，其不可预测的供求变化能够也确实会导致其实际价格的大幅变动。

前面的分析指出有五个主要问题会影响一国的政策选择：宏观经济冲击效应；一国政策的有效性；宏观经济目标、目标的优先次序以及政策的差异性；控制通货膨胀；汇率波动的实际效应。下面分别考察这五个主要问题，以及浮动汇率制或固定汇率制在面临这五个问题时的优势和劣势。图表 11—1 可以作为学习本章内容的指南。

图表 11—1　各种情况下浮动汇率和固定汇率的优势

问题	浮动汇率的优势	固定汇率的优势
宏观经济冲击的效应	浮动汇率制下，外部冲击，尤其是国外贸易冲击干扰性较小。	固定汇率制下，内部冲击，尤其是国内货币的冲击干扰性较小。
一国政策的有效性	浮动汇率制下，货币政策在影响总需求时更加有效。	—
	如果资本流动对利率的变化不太敏感，那么浮动汇率下的财政政策会更加有效。	如果资本流动对利率的变化非常敏感，则固定汇率制下的财政政策会更加有效。
宏观经济目标以及政策的多样性	浮动汇率允许各国的目标和政策不一致。	固定汇率要求各国的目标和政策相协调或一致。
控制通货膨胀	浮动汇率允许每个国家选择自己可接受的通货膨胀率。	固定汇率下各国应具有相同的通货膨胀率。这就产生了对高通货膨胀率国家的约束效应（但低通货膨胀国家可能“进口”高通货膨胀）。
汇率波动的实际效应	浮动汇率的变化是适宜的。这意味着市场随着供求变化运行良好。汇率的变化反映了经济和政治环境的不稳定性。对国际贸易的实际影响并不是很大，因为对汇率风险可以套期保值。	浮动汇率会出现过度的变化，尤其是在主要货币的汇率之间。汇率会不时地受到“羊群效应”和投机性泡沫的驱动。汇率变化会带来不利的实际影响。汇率风险会降低贸易量。汇率超调会导致资源过度地进入或退出贸易导向产业。
	固定汇率只是一种价格控制的形式。固定的汇率值往往过高或者过低，缺乏效率，导致资源配置的无效率。	相对稳定的固定汇率可以扩大国际交易量，尤其是贸易量。

11.1.1 宏观经济冲击效应

第 9 章和第 10 章的分析说明，不同的宏观经济冲击效应取决于国家所采取的汇率政策。① 一国倾向于选择能够减少宏观经济冲击的汇率政策。如果一国经济比较稳定而冲击的干扰性较小，那么该国的经济运行状况就会较好。本节的分析说明，各种宏观经济冲击的效应不仅取决于汇率政策，还取决于冲击的类型。

内部冲击在固定汇率制下引起的麻烦一般比在浮动汇率制下要少。

国内货币冲击在固定汇率制下的干扰性较小，因为维持固定汇率进行的干预，会逆转冲击及其带来的效应。而在浮动汇率制下，引致的汇率变化实际上会放大货币冲击的国内效应。例如，当持有货币的需求意外地出现增长时，将会发生什么？这种增长可能是由于人们对使用信用卡变得谨慎，他们开始更多地使用现金支付。额外的货币需求提高了国内利率以及抑制了对利率敏感的支出而降低了国内产出。因为增加的资本流入改善了资本项目状况，而国内支出和进口需求的减少改善了经常项目状况，国家的国际收支总差额将趋向盈余。

1. 在固定汇率制下，一国的中央银行必须进行干预，防止国家货币升值。随着中央银行卖出本币，这种干预扩张了国内货币供给（回顾第 9 章的分析）。此时，增加的货币供给满足了额外的货币需求，利率可能回落到初始水平。利率的下降又刺激了利率敏感性支出和国内产出的复苏。

2. 在浮动汇率制下，国际收支趋向于盈余使得本币升值，一国的国际价格竞争力下降（回顾第 10 章的分析）。因为随着价格竞争力的转变，出口下降，进口增加，所以冲击对于国内经济的效应被放大，国内产出下降更多。

国内支出冲击，如实际国内投资支出或者消费支出的非预期变化，或是财政政策的突然转变等，其效应取决于国际金融资本流动对利率变化反应的敏感度。如果资本流动性低，那么国内支出冲击的干扰性在固定汇率制下比在浮动汇率制下要小。例如，国内支出的减少会通过减少进口需求而使经常项目状况得以改善。如果这是主导效应，那么该国的国际收支会趋于盈余。如同在货币冲击中的例子一样，如果国家实行的是固定汇率制，那么国家在国际收支盈余时就要进行干预，扩大国内货币供给，从而增加国内支出，并在一定程度上稳定经济。在浮动汇率制下，本币升值使得需求和产出进一步减少。当然，如果资本流动性高，那么便会出现相反的情况——在固定汇率制下，国内支出冲击的干扰性比在浮动汇率制下更大。

对于外部冲击，关于稳定性和干扰性我们得出了相反的结论。在国际贸易冲击中，我们可以很清楚地看到这一点。假设外国对本国出口品的需求减少（或者，本国对国内产品的需求偏好转向了外国进口品）。对本国产品需求的降低，会使本国经济陷入衰退。此外，本国经常项目状况会恶化，进而使得国际收支恶化。在固定汇率制下，中央银行必须通过买入本币来进行干预，以维持固定汇率。本国货币供给的收缩，又会进一步降低对原本已经收缩了的本国产品的需求，更加重了经济衰退。在浮动汇率制下，国际收支赤字使得本币贬值；国际价格竞争力的提高增加了对本国产品

① 此处的大部分讨论仍假定产品价格在短期内是具有一定黏性的。但在长期，产品价格会随支出和货币压力而进行调整。对冲击效应的讨论仅限于中短期的情况，因为冲击在中短期会导致支出、产出和失业的周期性变化。此外，对固定汇率制下宏观经济效应的讨论将集中于政府不进行或不能进行冲销的情况，因而这样的干预要影响到国家的货币供给。

的需求，从而扭转了经济衰退的趋势。

国际贸易冲击的影响非常重要，因为国际贸易的变化是将经济周期从一国传递到另一国的主要方式。在固定汇率制下，经济周期是通过对外贸易进行传递的，而为了维持固定汇率进行的干预会放大这种传递效应。在浮动汇率制下，由于汇率的变化会使本国经济免遭对外贸易冲击的影响，所以传递效应减弱。

国际贸易冲击对小型发展中国家的影响尤其大。这些国家经常受到其出口产品世界价格（以外币表示）波动的影响。克里斯蒂安·布罗达（Christian Broda，2004）考察了发展中国家出口产品价格降低 10%所造成的影响。他证实浮动汇率可以缓冲这种影响。在典型的实行固定汇率制的发展中国家，贸易条件的恶化使其实际 GDP 在未来两年之中会大幅下降约 2%。而在一个典型的实行浮动汇率制的发展中国家，其实际 GDP 在未来两年中只下降 0.2%。这是由于在浮动汇率制下，快速的名义货币贬值会导致国家货币实际的汇率值下降 5%。国家价格竞争力的增强使进口减少而出口增加，从而抵消了 GDP 下降的趋势。

国际资本流动冲击在固定和浮动汇率制下对国内经济都有影响，但是这种冲击在浮动汇率制下，干扰要小些。在固定汇率制下，不利资本流动的转变，即资本外流，要求政府通过买入本币来进行干预以维持固定汇率。国内货币供给的减少（如果干预没有被冲销）会通过提高利率、减少支出，对经济产生不利的影响。在浮动汇率制下，本币会贬值，资本外流本身会给该国产出带来不利影响，但这种不利影响会被国际价格竞争力增强带来的贸易状况的改善所抵消。

各种冲击对经济产生的不同效应会影响一国对汇率政策的选择。如果一国认为本国主要遭受内部冲击的影响，那么该国会偏向实行固定汇率制。如果一国认为受到的冲击大部分属于外部冲击，那么该国会偏向实行浮动汇率制。

然而这里也必须对上述结论附加一个说明。尽管理论上这一结论的原理是相当明确的，但事实上，由于一些原因，其实践价值还存在诸多争议。一个最重要的原因是，在固定汇率制下，冲击的效应取决于干预是否被冲销。前面的讨论都假设干预未被冲销。如果干预被冲销，那么国内货币供给就不会发生变化。这就削弱了经济在遭受内部冲击时，固定汇率所具有的稳定性的特点，并且也减弱了外部冲击对经济的干扰（当然，当国际收支持续失衡时，持续冲销是不现实的，但短期内仍然可以利用冲销解决一些问题）。

11.1.2 政府政策的有效性

第 9 章和第 10 章说明了政府政策对总需求和国内产出的影响会由于政府选择的汇率政策的不同而不同。如果国家采取了固定汇率制，货币政策便会失去对货币供给的控制作用，因为维持固定汇率的需要抑制了货币政策的使用。如果一国要实行扩张性货币政策，那么国际收支将趋于赤字；为维持固定汇率而进行的干预会减少国内货币供给，从而逆转货币扩张的势头。如果一国由于任何原因出现了国际收支赤字，那么干预的确会减少国内货币供给。反之，如果一国要实行紧缩性货币政策，那么国际收支差额将趋于盈余；为维持固定汇率而进行的干预会增加国内货币供给，进而逆转货币收缩的势头。实际上，任何原因导致的国际收支盈余都会扩大国内的货币供给。

一国货币当局可以通过冲销抵消市场干预对货币供给造成的影响，从而重新获得对国内货币政策的某种控制，但是进行持续性冲销的时间是有限的。如果国际资本具有高度或完全流动性，那么实际上冲销性干预不能发挥作用。在完全资本流动的情况下，承诺维持固定汇率的国家会失去实行独立货币政策的能力（这是因为其货币政策必须用来维持固定汇率）。一国想要同时实现维持固定汇率、允许资本自由流动以及利用货币政策直接实现经济目标是不可能的。这被称为“不可能三角”或“三元悖论”。

货币政策在浮动汇率制下是有效的。汇率的变动增强了政策变化的推动力。实施扩张性货币政策会导致本国货币贬值，且价格国际竞争力增强进一步扩大了对本国产品的需求。实施紧缩性货币政策则会使本国货币升值，并导致对本国产品需求的进一步下降。

财政政策的有效性取决于国际资本流动对利率的敏感程度。如果资本具有高度的流动性，那么财政政策在固定汇率制下能够发挥作用。为维持固定汇率而进行的干预减小了国内利率的变化幅度，从而减弱了国内挤出效应。而在浮动汇率制和资本具有高度流动性的条件下，财政政策则丧失其效力。随之而来的汇率变化导致了国际挤出效应。如果资本的流动性不高或资本流动短期之后会下降，那么情况正好相反。财政政策在固定汇率制下失去效力而在浮动汇率制下能够发挥作用。

财政政策的有效性会影响到一国汇率政策的选择。一个资本市场与国际市场紧密联系的国家，其资本具有高度的流动性。如果该国希望其财政政策在短期内发挥作用，则会倾向于采用固定汇率制。如果一国的资本流动对利率变化反应不敏感，或者一国的资本流动虽然对利率变化反应敏感，但是该国对财政政策在短期之后是否还具有效力持怀疑态度，那么它会倾向于选择浮动汇率制。

财政政策的效应对汇率政策选择的影响是有条件的，而货币政策效应的影响则是直截了当的。如果一国希望利用货币政策来实现国内目标，那么该国会偏向于采用浮动汇率制。在浮动汇率制下，无须使用货币政策来维持汇率的稳定。

11.1.3　宏观经济目标、目标优先次序和政策的差异性

各国政府的政策制定者必须确定其宏观经济政策的目标。尽管各国通常追寻相同的一组宏观经济运行目标——包括实现实际经济增长率、低失业率、低通货膨胀率和外部均衡——但各国政府看待这些目标的优先次序是不同的，同时为实现这些目标而采取的具体政策也不同。

为了成功地维持两国或更多国家货币之间的固定汇率，国家之间的经济活动保持某种一致性、协调性是很有必要的。一个选择了固定汇率制的国家，必须充分顾及由固定汇率制度联系在一起的其他国家的政策和经济运行状况，采取能够成功维持其固定汇率的政策。如果各国的政策存在较大分歧，那么就有可能出现严重的国际收支失衡，维持固定汇率较为困难甚至是不可能的。

其中一种情况是，各国应该主动避免采取会造成国际资本大幅流动的政策，或是如果有政策变化，各国应当协调合作。例如，一国对金融投资大幅减税的政策会造成大量的国际资本流入该国，其他国家为维持固定汇率，必须在资本流出本国时进行市场干预。这样它们的国际储备量就会下降，就会削弱它们继续干预、维持固定汇率的能力。为了维持固定汇率，第一个国家需要控制实行像减税这样的政策，或者其他国家需要调整政策以抑制资本外流。比如，其他国家也可以对金融投资实行减税或者提高国内利率。这些变化可以建立一种一致性或协调性，从而减少对固定汇率体系的威胁。

另外一种情况是，各国是否将控制通货膨胀作为当务之急，或者各国如何在通货膨胀和失业这两个目标之间进行权衡。例如，在实行布雷顿森林体系期间，德国和瑞士将保持非常低的通货膨胀率作为其政策最优先实现的目标。美国并不太关注通货膨胀，它更为关注的是经济增长和就业。尽管从长期来看，通货膨胀和失业两者之间并没有需要权衡孰轻孰重的问题，但对这两者重视程度的差异会在短期内影响政策的选择。在短期内，美国更愿意冒险以较高一点的通货膨胀率来降低失业率，而德国和瑞士则不愿意这样做。最终，美国的通货膨胀率比德国或瑞士更高，而且双方都不愿做出让步以达成一致。最终，固定汇率制难以维系。本章将在下一部分对通货膨胀率和汇率政策的关系进行更深入的研究。

实行浮动汇率制可以使各国保持在宏观经济目标、目标的优先次序和政策方面的差异性。只要一国愿意让其汇率根据市场压力而变化，那么无论采取什么样的政策，该国总能保持国际收支的外部均衡。如前一章所讨论的那样，国家之间仍有可能进行国际政策协调，但这已经不是必要的了。浮动汇率制无疑使得一国在选择政策方面更加独立，但对此我们仍需保持谨慎态度。国家的政策制定者通常都较为重视本币汇率的变化，所以即便是在浮动汇率制下，国家政策的选择仍然是受到某种限制的。例如，在 20 世纪 80 年代初，许多欧洲主要国家的失业率较高，但由于这些国家的货币相对于美元已经较为疲软，因而它们没有转而实行扩张性政策。实际上，它们是通过紧缩银根和提高利率来防止本币进一步贬值的。

11.1.4 控制通货膨胀

对一个国家来说，汇率政策的选择和通货膨胀率的关系是一个重要的问题。此外，这个问题对全球宏观经济的运行，特别是全球平均通货膨胀率，还有更广泛的含义。

实行固定汇率制的国家实际上允诺了长期内各国的货币具有相似的通货膨胀率。这是由购买力平价理论所决定的——只有当各国的通货膨胀率之差约等于零时，名义汇率才能保持稳定。其逻辑是基于各国需要保持合理的产品价格竞争力。如果各国的通货膨胀率在长期内一直都存在差异，且汇率是固定的，那么低通货膨胀率的国家将不断获得国际价格竞争力，使其经常项目出现盈余；高通货膨胀率的国家将不断失去国际价格竞争力，使其经常项目出现赤字。这些不断增长的盈余和赤字是不可持续的，需要在某些方面进行调整。要么低通胀国家的通货膨胀率上升，高通胀国家的通货膨胀率下降，要么汇率发生改变。如果各国通货膨胀率发生了变化，那么固定汇率便得以维系。但是，各国之间通货膨胀率的差异最终也可能导致这些国家放弃固定汇率制。

采取固定汇率制的国家之间应当具有相似的通货膨胀率，这一结论有多重含义。第一，固定汇率制的支持者认为，固定汇率制对具有高通货膨胀趋势的国家具有约束效应。为了维持国家之间货币的固定汇率，一国的通货膨胀率不能高于其伙伴国很多。事实上，一个正试图降低其高通货膨胀率的国家可以有意识地选择将本币与另一个具有低通胀国家的货币挂钩。高通胀国家可以使用这种约束效应作为反通货膨胀计划的一部分。高通胀国家希望这种钉住其他国家货币的做法，可以使反通胀计划更为可信。如果该计划的确获得了这种可信度，那么计划获得成功的可能性就大，因为人们将会降低对未来通货膨胀率水平的预期。如果通胀预期降低了，那么在实际中降低通货膨胀率并将其保持在低位就会更容易一些。20 世纪 90 年代初，阿根廷就曾成功地采取过这一策略。1989 年，阿根廷的物价水平上涨了大约 3 000%，1990 年上涨了大约 2 300%。1991 年，阿根廷开始实施反通货膨胀计划，并将阿根廷比索与美元挂钩。这种钉住美元产生的约束效应，帮助阿根廷降低了货币供给的增长率和通货膨胀率。到 1994 年，阿根廷的通货膨胀率大约为 4%，几乎与美国一样，而在 90 年代余下的几年中，其通货膨胀率维持在零左右。

第二，由大多数国家参与的固定汇率体系会通过**价格约束**（price discipline）来降低全球的平均通货膨胀率。在这个固定汇率体系中，相对于国际收支盈余的国家，国际收支赤字的国家政府会承受更大的压力。

- 国际收支赤字的国家维持赤字状态的能力明显是受到限制的，因为它们的国际储备和信用很快就会被消耗殆尽。即使试图对干预进行冲销，它们也必须迅速地减少货币供给以维持固定汇率。这迫使它们采取紧缩性政策，降低其货币供给增长率和通货膨胀率。
- 反之，对国际收支盈余的国家来说，长期的盈余是个既不紧迫又容易处理的问题。只要它们愿意积累额外的官方储备，那么它们将能够在长时期内进行冲销性干预。

因此，赤字国家倾向于降低其货币供给增长率，而盈余国家则倾向于不增加货币供给。综合看来，全球货币供给增长和平均通货膨胀率都将下降。

在固定汇率制的价格约束下，可能会出现这样一种情况：各国拥有相似的通货膨胀率，它们的平均通货膨胀率要低于它们独自选择汇率政策时的平均水平。如果在固定汇率体系中有一个主导国家，如布雷顿森林体系中的美国，那么各国必须使其通货膨胀率与该主导国家保持一致。对于已经拥有高通货膨胀率的国家，该体系对其产生了约束作用，但可能其他国家希望拥有一个更低的通货膨胀率。

由此得出第三个含义。在固定汇率制下，如果一国希望比其他国家，特别是该体系中的主导国家拥有更低的通货膨胀率，那么它保持这种低通货膨胀率将十分困难。这个国家会从其他国家“进口通货膨胀”。20 世纪 60 年代，当美国通货膨胀率上涨时，德国就抱怨受到了这种压力。

与固定汇率制下的情况不同，浮动汇率制允许各国有不同的通货膨胀率。根据购买力平价理论，高通货膨胀率国家的货币趋于贬值，而低通货膨胀率国家的货币趋于升值。在长期内，名义汇率的变化可以使得这两类国家保持合理的价格竞争力，因此浮动汇率制的支持者将此视为浮动汇率制的一个优点。不同国家的政策制定者对于什么是可接受的通货膨胀率持有不同的看法，这可能是由某些历史事件造成的。比如，德国在 20 世纪 20 年代曾遭受恶性的通货膨胀，使得德国人更倾向于接受低通胀。但也有可能政策制定者在进行一系列权衡后，愿意以更高的通货膨胀率为代价来换取就业率。美国在 20 世纪 70 年代就是这样做的，结果导致了相当高的通货膨胀率。还有一种可能，即政府通过印制货币（而不是通过发行政府债券借入资金）来为其巨额预算赤字“融资”。货币供给的快速增长导致了高通货膨胀率，这类情况曾在一些发展中国家出现过。

浮动汇率制的反对者认为，各国各自选择自己的政策控制通货膨胀的做法会在全球范围内造成更严重的通货膨胀。在浮动汇率制下，汇率不会给货币供给增长和通货膨胀带来任何约束。相反，实行浮动汇率制会使一国陷入一种恶性循环：（1）高通货膨胀率导致本币贬值；（2）本币贬值使得进口品的本币价格提高，从而使通货膨胀更加严重，而持续的高通货膨胀又要求本币在将来发生进一步的贬值，如此往复。而本国货币供给的增加恰好顺应了这一动态变化过程。

全球从 1973 年普遍转向浮动汇率制后的第一个十年中，其经历似乎应验了浮动汇率制反对者的担忧。20 世纪 70 年代世界的平均通货膨胀率比 50 年代和 60 年代要高很多，高通货膨胀率早在 60 年代固定汇率制时代就已经埋下祸根，特别是在美国。另外，即便世界仍保持固定汇率体系，人们推测 70 年代的两次石油冲击也会推高全球平均通货膨胀率。然而，失去固定汇率制的约束作用可能是导致较高通货膨胀的部分原因。

自 20 世纪 80 年代初以来的全球经验表明，通货膨胀率在浮动汇率制下上升的趋势实际上并不算是个严重的问题。在货币汇率基本上已实现浮动的主要国家——包括日本、美国和英国——通货膨胀率显著下降并且一直保持在较低的水平。20 世纪 90 年代初，大部分发展中国家的通货膨胀率也很低。20 世纪 80 年代初以来的经验表明，在控制一国通货膨胀上，真正重要的是该国货币当局的纪律性和决心。

11.1.5　汇率波动的实际影响

对浮动汇率制的一个主要担忧就是汇率具有高度的波动性。对有些汇率的波动是不存在争议的，这里包括能够抵消通货膨胀率差异的汇率波动，以及在冲击发生后，为了促进经济有序调整的汇率波动。然而，如果汇率在相当短的时期内，比如几个月或几年内，发生巨幅变化，那么汇率的波动就颇具争议。汇率波动带来的哪些影响会引起我们的注意?

如果汇率波动只给有意持有风险头寸的短期金融投机者带来不可预期的收益或损失，那么对此则不需要有太多担忧。但是如果汇率风险较高并且限制了诸如货物及服务贸易或外国直接投资之类的国际活动，那对此类风险就需要加以关注了。汇率的波动会通过改变经济中货物及服务的生产活动而产生实际效应。

考虑国家间货物及服务的贸易情况。汇率波动会有造成贸易量下降的风险吗？第一，简单的短期汇率波动对贸易活动没有什么直接的影响。每个国际贸易的参与者都有一系列的外汇合约，包括远期外汇、外汇期货和外汇期权合约，可以对许多（但不是所有）货币进行套期保值，规避短期内面临的汇率风险。这些合约可以在低廉的交易成本下获得。第二，超出短期的汇率变化会影响到为推动出口导向型产品生产所必须进行的实际投资。如果汇率的波动提高了实际投资的风险，那么风险厌恶型的企业就会减少投资。对这类汇率风险进行套期保值更加困难，因为：（1）许多合约不存在较长期限或者购买这些长期合约的代价很高；（2）需要进行套期保值的具体数额在几年后其本身就具有高度的不确定性。

经济学家曾经研究了汇率风险的增加对国际贸易总量的整体效应。早期具有代表性的研究结果是，汇率波动几乎对贸易量没有什么影响；近期，克莱因和香博（Klein & Shambaugh，2010，Chapter 9）利用贸易引力模型说明了采用固定汇率的国家相互间的贸易较多，而且强烈的汇率波动对贸易的负面影响较小。

汇率超调是对浮动汇率波动所产生的实际效应的另一种担忧。当发生汇率超调（见第 5 章和第 10 章的讨论）时，它发出的关于国际价格竞争力变化的信号，对一些观察者似乎过于强烈。价格竞争力的大幅度变化会刺激实际资源配置的大规模调整。如果汇率超调导致一国货币大幅升值（如美元在 20 世纪 80 年代初的情况），那么随着该国价格竞争力大幅下降，劳动力从出口导向型和进口竞争型行业转移出去。同时，它会强烈抑制对这些行业进行新的资本投资，并使一些现有的设备停产。但是随着汇率超调本身的逆转，这些资源的流动就显得过度了，它们又必须重新回到这些行业。

相对价格的调整是市场体系中一个重要和必要的部分，它会发出要求资源进行重新配置的信号。这里所关注的不是相对价格的一般性变化，而是浮动汇率的波动有时可能会发出错误的或是过于强烈的价格信号，使得资源过度地重新配置。

对汇率的变化以及这种变化造成的实际效应的讨论引起了更广泛的争论。支持和维护浮动汇率制者都承认汇率曾经产生过很大的波动，而且也曾产生一些实际的影响，但他们认为这是市场应该做的事。同商品价格一样，汇率也会发出关于货币相对价值的信号。这些信号是对当前已知货币信息的总结。价格和信号随着经济和政治条件的变化而变化。汇率的波动代表了对以市场为基础的经济效率的追求。

浮动汇率制的支持者认为，固定汇率制的支持者所宣称的“固定汇率制下汇率很少发生变化”是一个优点这样的说法是自欺欺人。固定汇率制仅仅是一种价格控制的方式。价格通常不是太高就是太低，因此价格控制一般是无效率的。也就是说，在采用固定汇率制的国家中，由于受到政府法令的限制，本币常常会被高估或低估。

此外，当通过本币贬值或升值对钉住锚调整时，固定的汇率有时会发生改变，而且通常是突然的、大幅的改变。这种突然变化具有很强的干扰性，且经常在危机的氛围中产生。当投机者认为他们能够对汇率变化的走势进行单向投机时，就会产生大规模的资本流动，由此形成危机即将发生的氛围。另外，如第7章所述，在固定汇率制下，一国借入外币的金融机构或其他企业往往忽视和低估面临的汇率风险，而不对汇率风险进行套期保值。当本币发生贬值时，它们的损失会把国家拖入严重的金融危机之中。

批评和反对浮动汇率制的人认为浮动汇率具有过度波动性，并且这种波动性带来的实际效应是无效率的。一些批评者认为浮动汇率的波动是过度的，因为当汇率受到并不反映内在经济基本要求的投机潮流以及经济泡沫的影响时，汇率本身就是无效率的。而另一些反对者虽然承认从在国际金融体系中作用的角度来看，浮动汇率确实是具有一定效率的价格，但他们仍认为浮动汇率不能很好地服务于更广泛意义上的经济体。从国际金融理论的角度考察，汇率波动和汇率超调可能是合乎逻辑的，但它们还是会导致诸如抑制国际贸易和资源过度转移这样的不利的实际效应。

反对者认为，浮动汇率制下的市场往往会高估或低估一国的货币（至少与被传递到经济中货物及服务部门的信号相比是如此），汇率应该尽可能使国家之间的交易平稳和顺畅地进行。对浮动汇率的反对者来说，汇率就像货币一样，只有当其价值保持稳定时才能最好地发挥为交易服务的功能。

11.2 国家的选择

我们已经考察了能影响一国汇率政策选择的五大主要问题。每个国家都必须做出自己的决策，这种决策取决于对许多因素的权衡，包括所探究的经济方面的问题，也包括政治方面的问题。由于各国经济和政治状况不同，因此其重要问题也不同，但是仍然可以从提及的这五个问题中总结出对大多数国家来说都非常重要的几个因素。

有几个强有力的论点支持一国采用浮动汇率制。第一，浮动汇率制可以使一国更有效地使用两种重要的政策工具来实现内部和外部均衡。汇率的变化可以促进实现外部均衡的调整；由于货币政策不必维持固定汇率，所以可以直接用来实现内部均衡。第二，浮动汇率制允许一国根据其国家偏好以及国内需要来设定其经济目标、目标完成的优先次序以及政策，而不必在意这些会对汇率造成怎样的压力。第三，一国不用为了维持固定汇率，抵御投机行为的冲击。由于大量的国际流动资本可以快速地从一国转移到另一国，抵御投机冲击的难度在不断加大。

反对国家采用浮动汇率制的最有力的一个论据是，1973 年以来，浮动汇率的波动对全球造成了很大的干扰。这种波动性增加了汇率的风险，而这种风险曾抑制了货物及服务贸易等国际活动。此外，浮动汇率制下的汇率超调时常造成贸易导向型企业在进出产业时过度调整。固定汇率制的一个主要优势是，如果政府能够成功地维持固定汇率或钉住汇率制度的锚没有太过频繁地调整，那么汇率波动及其风险就会大大地减少。

在第 6 章中曾讨论了当前各国汇率政策的选择。现在越来越多的国家采用了某种形式的浮动汇率政策。整个世界已开始向浮动汇率制转变。浮动汇率制具有的独立制定、实施政策以实现本国经济目标的优势，使它变得越来越引人注目。也就是说，越来越多的政府不愿意让货币供给、利率以及其他政策屈从于维持固定汇率的需要。

这些国家的政府一般不愿意采取自由浮动这种极端的政策，而宁愿采取有某些管理的浮动汇率制。尽管他们对采取浮动汇率制所能带来的优势大为赞赏，但同时他们对浮动汇率的可变性又心有余悸。政府想通过对浮动汇率加以管理来防止汇率出现大幅波动，而不愿被官方宣布的某一固定的汇率所束缚。固定汇率时常会给投机者创造单向投机机会。

有管理的浮动汇率制仍然存在许多问题。一国政府可能会犯错，或可能出于政治目的，试图阻止一些符合经济面发展规律的汇率波动。而且，政府对浮动汇率进行管理的有效性到底如何，至少对一些主要货币的汇率管理是否有效还存有疑问。研究发现，政府干预对于浮动汇率似乎没有什么影响。即便是在有管理的浮动汇率制下，汇率的可变性仍然很大。对于许多国家来说，有管理的浮动汇率制似乎是一种合理的、折中的选择，它不仅使政府政策获得了很大的独立性，还使政府具备了减少汇率波动的能力。

尽管全球存在转向浮动汇率制的趋势，但仍有许多国家还在维持固定汇率制度。对大多数这类国家来说，非常具有说服力的观点就是浮动汇率制的波动性太大了。在这些国家中很多是小国，它们将本币与一个主要贸易伙伴国的货币挂钩（或与主要贸易伙伴国的一篮子货币挂钩）。对这些国家来说，减少汇率风险以促进贸易平稳进行，避免汇率超调对本国贸易导向型产业产生的负面影响，才是它们汇率政策选择中最主要的目标。这些国家愿意牺牲一些经济政策的自主权，从而获得汇率的稳定。

然而，可调整的固定汇率制——“软钉住”汇率制，为一国的货币当局改变或放弃固定汇率提供了较大的回旋余地——但如果该国对国际资本流动适度开放的话，则有时会引发投机者的投机攻击。这种投机攻击几乎会迫使国家货币当局投降，如 1994 年年末在墨西哥，1997 年在泰国、印度尼西亚和韩国，1999 年年初在巴西，以及 2001 年在土耳其均出现过的类似情况。所以一些国家已经采用或正在考虑采用更为永久化的固定汇率制（通常称为“硬钉住”汇率制）。

11.3 极端固定汇率制

各国的汇率政策总体上趋于更加灵活，但一些国家却走上了相反的方向——汇率不仅是固定的，而且是非常难以改变或几乎不可能改变的。本节将考察两种“极端”的固定汇率形式：货币局和“美元化”。本章的最后一节将研究固定汇率制的终极形式——几个国家组成的采用单一联盟货币的货币联盟。

11.3.1 货币局制度

货币局（currency board）制度试图建立和维持长久的固定汇率制。在货币局制度下，货币局是一国的央行，它的唯一职责是维持固定汇率。货币局只持有外汇资产（官方储备资产），它发行国内货币的债务只是用以兑换其所需的外汇资产。由于货币局不持有任何本币资产，所有它不具有冲销的能力。这种安排自动将国家的货币供给与维持固定汇率联系起来，从而使得国家做出的维持固定汇率的承诺更加可信。例如，如果私人售出行为的增加对本国汇率产生了下行的压力，则货币局为维持固定汇率会买入本币、卖出外汇。随着货币局买入本币，本国货币供给减少，这会出现在第 9 章中讨论过的调整过程，但是货币局并没有能力阻止这种调整，因为货币局不持有任何本币资产，它不能对干预进行冲销——国内货币供给必须减少。

在 1970 年以前一些很小的国家和地区曾设立了货币局制度，中国香港于 1983 年为维持港元对美元的汇率建立了货币局制度。20 世纪 90 年代，四个转型国家——爱沙尼亚、立陶宛、保加利亚、波斯尼亚和黑塞哥维那——也建立了货币局。阿根廷于 1991 年建立了货币局制度，但在 2002 年发生金融危机时将其废除。

阿根廷的经历说明了货币局制度的优点和缺陷。阿根廷政府建立货币局，严格限制其货币供给增长，以此表明其阻击恶性通货膨胀的决心。正如在本章前面提到过的，早期阿根廷取得了完全的成功。随着其通货膨胀率的迅速下降，利率也下降，经济增长率提高。在 20 世纪 80 年代期间，阿根廷的实际 GDP 几乎没有增长，但 1992—1998 年，该国的平均实际年增长率已近 4%。

但是阿根廷的经济仍然容易受到外部不利冲击的影响。墨西哥比索危机造成的连带影响，导致阿根廷的经济在 1995 年出现衰退。在国外金融动荡期间，国际投资者撤回了在阿根廷的投资，致使其货币供给收缩，利率上升。此外，对阿根廷是否能保持固定汇率制的担忧引发了投机性资本的外流，这进一步减少了其货币供给。在 20 世纪 90 年代中期，阿根廷确实坚持了货币局制度以及美元—阿根廷比索固定汇率制度，但这是以更为严重的衰退为代价的。

在 20 世纪 90 年代末，由于亚洲金融危机、俄罗斯危机以及巴西危机的爆发，阿根廷又经历了同样的压力。正如在第 7 章中了解到的，这一次后果很严重。衰退始于 1998 年并且持续下来。这一次，政府政策的其他一些弊端，如缺乏财政约束、过度管制、腐败等与衰退相互作用，共同恶化。在不顾一切地阻止公众提取银行存款以支撑持货币局制度之后，阿根廷政府选择了放弃货币局制度，转而开始实行浮动汇率制。当时的阿根廷陷入了严重的金融和经济危机。

货币局制度在阿根廷曾经很好地运作了一些年，并且在其他有货币局的国家和地区也曾运作得很好。但它并不能使一国自觉遵循合理的财政和管理政策，而且还会使一国更容易暴露在不利的国外冲击中。此外，阿根廷的经验说明了货币局制度的另一个潜在缺陷：在此制度下，国家难以找到一个在经济濒于崩溃之前能全身而退的策略。

11.3.2　“美元化”

> 许多不文明的行为仍存在于多数文明国家的交易之中。几乎所有的独立国家都选择通过拥有自己独有的货币来维护其民族主义，但这却造成了本国和邻国的不便。
>
> ——约翰·斯图亚特·穆勒（John Stuart Mill，1870）

设立货币局可以建立起一个强有力的固定汇率制度，但这种制度仍然面临遭受投机性攻击的风险。货币局制度是一种硬钉住汇率制，但或许仍不够“硬”，因为一国政府仍有可能决定转向其他一些汇率政策。

一种更为极端的固定汇率制形式是一国政府废除本国的货币而使用其他国家的货币。由于被采用的他国货币往往是美元，所以这种形式称为**美元化**（dollarization）。这是一种更硬的钉住汇率安排，但即便采取这种方式也不是永久的。政府仍然不能做出令人完全信服的、永不改变其汇率政策的承诺。也就是说，政府可能会实行“去美元化”政策，再次使用本国货币，就如利比里亚在 20 世纪 80 年代初所做的那样。巴拿马、密克罗尼西亚、马绍尔群岛、东帝汶以及帕劳群岛都是以美元作为其官方货币，其他一些很小的国家也将其大型邻国的货币作为本国的货币。2000 年 9 月，厄瓜多尔实行了美元化，试图摆脱其瘫痪的经济。2001 年年初，萨尔瓦多平稳地转变了保持多年的科郎与美元的固定汇率，并实现了美元化。2010 年，津巴布韦为摆脱超级通货膨胀，也实行了美元化。

与严格保持和美元之间的固定汇率相比，全面实行美元化的优势和弊端各是什么？对于像萨尔瓦多这样的国家来说，主要的优势在于消除未来本币可能会升值或贬值的风险。这就消除了对本国货币进行投机性攻击的风险。① 同时，美元化还消除了风险溢价（对贷款人面临的此类汇率风险进行补偿），风险溢价是构成一国货币利率的一部分。对于萨尔瓦多来说，当该国实行美元化时，利率下降了 5 个百分点。美元化的另一个优势是消除了本币与美元之间的兑换交易成本。实行全面美元化的主要弊端是国家损失了持有国际储备资产的利息收入。储备资产在国家实行全面美元化时耗费殆尽。政府必须用美元取代本国所有的通货。为做到这一点，政府要用官方持有的美国政府债券来换取美元。在萨尔瓦多的例子中，损失的利息收入大约相当于其 GDP 的 0.6%。也就是说，若实行美元化，在萨尔瓦多发行流通货币的铸币税收益将由美国政府（美元的发行者）获得，而非萨尔瓦多政府（科郎的发行者）。②

实行完全的美元化后，萨尔瓦多完全放弃了其货币政策而依附于美国。美联储基于本国经济情况制定货币政策，几乎不会考虑到萨尔瓦多的经济情况。这听起来好像是美元化存在的一个很大的缺陷，但如果萨尔瓦多坚持完全的固定汇率制度，那么它其实就已经几乎完全放弃了自己的货币政策。

厄瓜多尔的美元化是对该政策的一次更具挑战性的使用，因为它是从实行浮动汇率制的苏克雷（厄瓜多尔货币）直接转变为美元化的。在转向美元化的前两年，厄瓜多尔已经开始拖欠外债，其币值相对于美元已贬值了 73%。对于一个经济存在严重

---

① 巴拿马的经验说明了国际危机仍然是可能的。如果外国投资者担心由于巨大的财政赤字导致政府无法偿还迅速上升的债务或由于该国金融体制的缺陷造成的损失时，他们便会撤资。

② 萨尔瓦多政府可以试图通过和美国政府谈判并达成一致意见分享失去的利息收入，但是美国政府没有表示过愿意通过与他国分享铸币税鼓励美元化。

问题的国家来说，美元化是一种休克疗法，该方法在厄瓜多尔运用得相当成功。该国通货膨胀率由 2000 年的 96%下降至 2004 年的 13%，实际 GDP 在 2001—2004 年间年平均增长 4.5%。尽管如此，这种转变在国际贸易方面还存在一个问题。在实行美元化的前几年，厄瓜多尔的通货膨胀率高于美国，从而失去了国际价格竞争力，其非石油产品出口受损，而进口增加。

11.4 国际固定汇率——货币联盟

自布雷顿森林固定汇率体系瓦解以来，欧盟各国就试图在它们的货币间建立和维持固定的汇率。它们于 1979 年建立了欧洲货币体系，其中一些国家通过**汇率机制**（exchange rate mechanism，ERM）建立了货币之间的固定汇率。1993 年通过的《马斯特里赫特条约》（Maastricht Treaty）约定，各国将共同建立货币联盟，并使用单一的货币——欧元。在**货币联盟**（monetary union）中，汇率被永久地固定下来，并且只存在一个货币当局实施整个联盟的货币政策。① 1999 年，11 个欧盟国家共同建立了货币联盟；在 2001 年到 2011 年，又有 6 个国家加入。本章最后一节通过考察欧盟在过去几十年中的经验，来研究作为终极固定汇率制安排的货币联盟的经济学原理。

11.4.1 汇率机制

德国、法国、意大利、荷兰、比利时、丹麦、爱尔兰和卢森堡于 1979 年作为欧洲汇率机制的参与国将它们货币之间的汇率固定下来。西班牙于 1989 年加入了欧洲汇率机制，英国在 1990 年，葡萄牙在 1992 年，奥地利在 1994 年，芬兰在 1996 年，以及希腊在 1998 年先后加入。

欧洲汇率机制是一种可调整的钉住汇率制度。在成立后的 9 年，即 1978—1987 年间，欧洲汇率机制共进行过 11 次再调整，使比利时、丹麦、法国和意大利的货币有贬值的趋势；1987—1992 年，则没有进行调整。实际上，欧洲汇率机制对参与国家的通货膨胀率有着较好的约束效应。德国由于其经济规模和中央银行的声誉通常被视为欧洲汇率机制中的主导国家。德国保持着较低的通货膨胀率，而其他成员国在固定汇率的约束作用下，都要将其通货膨胀率降低到德国的水平。

直到 1992 年中期，欧洲汇率机制似乎运行得很好。“欧洲 1992 计划”是欧盟各国为消除壁垒，促使货物、服务以及资本能够在欧盟内部自由流动所做出的全面努力。作为该计划的一部分内容，大部分国家到 1990 年就已经取消了对资本的管制。欧盟各国已经起草完成了含有货币联盟计划的《马斯特里赫条约》，且当时正在各成员国等待批准的过程中。

正如在第 6 章和第 9 章中讨论过的，从 1992 年 9 月起，欧洲汇率机制中的各种汇率开始遭受到重大的压力，而且有几次事件使得这种压力增加。国际投资者开始对欧洲汇率机制中几种货币的汇率值是否恰当表示担忧。例如，意大利的通货膨胀率已

① 其他的货币联盟有非洲金融共同体法郎区（CFA franc zone）和由 8 个加勒比岛国构成的东加勒比货币联盟（East Caribbean Currency Union）。非洲金融共同体法郎区分为两个集团：西非经济货币联盟（West African Economic and Monetary Union）的 8 个成员国和中非经济货币联盟（Central African Economic and Monetary Community）的 6 个成员国。

高于欧洲汇率机制中的其他成员国，意大利里拉显然被高估了。此外，国际投资者还非常关注欧洲汇率机制成员国之间出现的政策紧张形势。德国政策制定者将其全部精力都集中在降低和控制德国的通货膨胀率上，而包括法国和英国在内的其他国家的政策制定者则更加重视降低失业率。此外，在 1992 年的全民公决中，丹麦拒绝签订《马斯特里赫特条约》，接下来的法国公决也仅以微弱票数通过。这些公决对最终建立的货币联盟以及各国维持固定汇率制度的承诺提出了质疑。最后，资本管制被取消意味着国际投资者和投机者便可以将数额巨大的金融资本迅速地从一国转移到另一国，从一种货币兑换成另一种货币。面对如此巨大的投机性资本流动，政府将难以维系固定汇率。

当国际投资者和投机者预计许多欧洲汇率机制成员国的货币相对于德国马克会贬值之后，大量的资本随之开始流动。各国的中央银行也开始了大规模的干预活动，而意大利和英国后来放弃并退出了欧洲汇率机制。随着投机性攻击仍在 2002 年末 2003 年初持续，西班牙、葡萄牙和爱尔兰的货币均贬值。另一轮大规模的投机性冲击爆发于 1993 年 7 月。欧洲汇率机制扩大了固定汇率波动的范围，但并没有出现汇率的再调整。除了西班牙和葡萄牙在 1995 年时出现货币贬值，欧洲汇率机制中的各汇率在 1993 年后都处于稳定状态。意大利于 1996 年再次加入。

欧洲汇率机制的实例阐明了本章前半部分有关固定汇率优势和缺陷的观点。在欧洲汇率机制存续期间，尽管偶尔发生的调整使其稳定性受到干扰，但总的来看，它要比浮动汇率制更加稳定。固定汇率制对欧洲汇率机制的其他成员国造成压力，使它们将通货膨胀率降低到德国的水平。20 世纪 90 年代初，德国和其他几个欧洲汇率机制成员国在政策目标上的差异导致了欧洲汇率机制内的紧张形势，其他国家无法利用货币政策来解决其内部失衡问题。资本管制的取消使各国在 1992—1993 年间通过官方干预来维持固定汇率变得更加困难。实际上，有几个国家曾暂时地重新实施或收紧了对资本的管制，这样做也是为维持固定汇率而付出的一份努力。这种控制对于维持固定汇率是有帮助的，但却与建立单一欧盟市场的目标背道而驰。

11.4.2 欧洲货币联盟

欧盟成员国于 1991 年完成了《马斯特里赫特条约》的起草（该条约以谈判所在地荷兰的一个小镇命名）。《马斯特里赫特条约》修改了作为欧盟成立宪章的《罗马条约》（Treaty of Rome），将建立货币联盟和单一联盟货币提上议事日程。一些国家仅以微弱票数通过，丹麦开始反对后来又同意，所有的欧盟成员国都一致通过了该条约，该条约从 1993 年 11 月开始正式生效。

《马斯特里赫特条约》为建立**欧洲货币联盟**（European Monetary Union）制定了详细明确的步骤。一国必须满足以下五项标准才能加入货币联盟：

- 通货膨胀率不得比欧盟三个通货膨胀率最低的国家的平均通货膨胀率高出 1.5 个百分点。
- 在过去两年中，汇率必须保持在汇率机制规定的波动区间内并且没有进行过调整。
- 政府债券的长期利率不得比欧盟三个通货膨胀率最低的国家的平均可比利率高出 2 个百分点。
- 国家政府的预算赤字不得超过其 GDP 的 3%。
- 政府债务总额不得超过其 GDP 的 60%（或者国家在近期内必须在政府预算赤

字和债务总额这两项财政指标方面，取得令人满意的进展）。

这些标准是为了判断一国的经济运行是否已向欧盟经济运行最好的国家看齐，以便促使该国做好加入货币联盟的准备。

在 1998 年 5 月召开的一次欧盟领导人峰会上，确定了达到这五项标准且将成为新欧元区成员国的国家名单。在采用了“令人满意的进展”这种较宽松的标准来衡量一国的政府债务的情况下，11 个国家被认为达到了这五项标准并可选择加入货币联盟。英国、丹麦和瑞典一开始就达到标准但选择不加入。希腊那时不具备加入的资格，但在两年后达到标准并加入进来。在 2004 年和 2007 年，有 12 个国家达到了五项标准后，加入了货币联盟并使用欧元。斯洛文尼亚于 2007 年，塞浦路斯和马耳他于 2008 年，斯洛伐克于 2009 年，爱沙尼亚于 2011 年相继加入欧元区。

作为欧洲中央银行系统的中心的**欧洲中央银行**（European Central Bank，ECB）成立于 1998 年。它是一个将各国中央银行作为其分支经营机构的联邦性组织。从 1999 年 1 月 1 日货币联盟成立开始，欧洲中央银行就承担起了有关欧元区联合货币政策的相关责任。

欧洲中央银行沿袭的是德国联邦银行（德国中央银行）的运作模式，它不受各国政治的直接影响，其任务是管理联合货币政策达到联盟物价稳定的目的。欧洲中央银行将物价稳定定义为消费物价通胀率每年低于但接近 2%的水平。有关改变货币政策的决定是由其管理委员会做出的。管理委员会由 12 个成员国的央行行长和执行委员会的 6 个成员组成。尽管委员会不具有明显的政治性，但它也给影响联盟政治决策的国家经济利益保留了空间。

自欧洲中央银行开始运转以后，人们十分关心它能否有效地行使自己的职责。正如图表 11—2 所示，从 1999 年欧元诞生到 2000 年年底，欧元的汇率始终在下降。导致欧元疲软的原因之一可能是欧洲中央银行官员混乱的语言表述。早期运转过程中的问题大部分都解决了。然而，从 2000 年起，欧洲中央银行就没有达到其控制通货膨胀的目标，欧元区的通货膨胀率普遍略高于 2%。

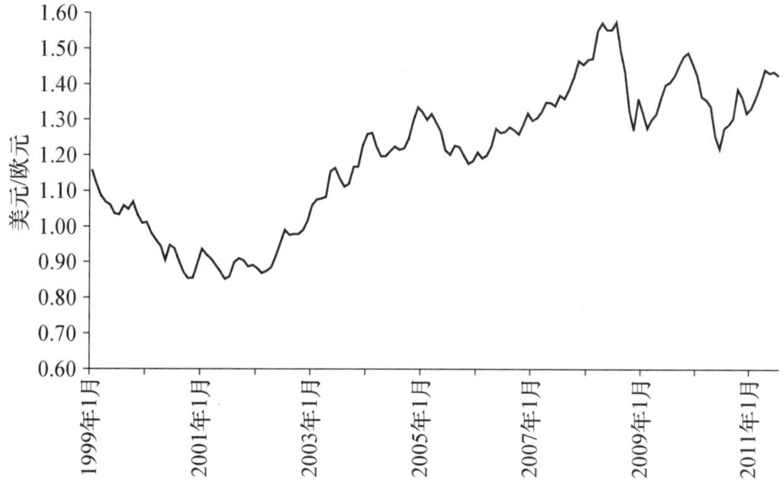

图表 11—2　欧元名义汇率值（1999—2011 年）

资料来源：International Monetary Fund, *International Financial Statistics*.

欧盟各国通过货币联盟可以实现什么目标？它们要放弃什么？需要承担何种风

险？欧洲货币联盟为本章前半部分讨论的许多问题提供了实例说明。①

货币联盟的利益均来自所有与汇率有关问题都得以消除。采用共同货币实现了区域内汇率的永远固定，但其好处远不止这一点。它结束了汇率波动和汇率风险，终结了在调整钉住汇率时造成的单向投机行为，消除了所有外汇交易成本。货币联盟是通往欧洲一体化和单一欧洲市场的康庄大道。据估测，欧元区内货物及服务的贸易总额将上升 10%～15%。此外，汇率交易成本和汇率风险的消除也使得欧洲金融市场，尤其是政府和企业债券市场结合得更加紧密（回顾第 7 章开始部分对国际借贷收益的讨论）。

欧洲货币联盟的风险和可能的损失是由经济冲击带来的，经济冲击会以不同的方式影响不同的成员国。这些成员国的经济条件有时也会发生变化，特别是在一些国家，需求疲软将会导致经济衰退或增长放缓。例如，德国的国内产出在 2000—2005 年间年增长率低于 1%，而其他国家的需求增长很快，从而造成了通货膨胀压力。例如，21 世纪初，爱尔兰国内产出年增长超过 6%，带来了工资快速增长和房地产价格泡沫。在货币联盟中，每个国家都必须放弃利用独立的货币政策来应对内部失衡的能力，以及放弃将汇率变化作为经济调整工具的能力。

因此，每个国家都必须寻求其他机制来减轻国家的内部失衡。财政政策仍然可加以利用，但对其能否发挥效用依旧存在两点疑虑。第一，基本不存在覆盖整个欧元区的财政政策。正因为没有联合的财政政策，也就不存在跨国家的“自动稳定器”。这意味着，经济增长国家的较高税收收入不能通过经济衰退国家实施减税和鼓励支出政策而“自动地”转移到经济衰退国家，因此在全联盟范围内，没有可以帮助衰退国家经济复苏的积极财政政策。

这就引发了第二点疑虑，各国能否有效地利用财政政策来改善其经济运行状况。限制一国财政政策有效性的一个主要因素是政治方面的。财政政策的变化是有一定时滞的，这种时滞是由改变政策时要遵循的一定的政治程序以及实施政策变化时遇到的官僚程序所致。

另外，作为建立货币联盟进程的一部分，德国政府坚持要签订《稳定与增长公约》（Stability and Growth Pact）。该公约规定国家政府预算赤字不得高于 GDP 的 3%，只有遭受异常的外部冲击或面临严重经济衰退时才允许有暂时性的例外。如果一国违反这个公约将会被罚款。这样的规定限制了一国对财政政策的使用，而且还将财政政策转变为不稳定器。例如，一国的预算赤字开始时接近 3%，并出现了微弱的经济衰退的迹象。为防止预算赤字超过 3%，政府会被迫提高税收或削减政府支出，但这些财政变化将会加剧经济的衰退。

21 世纪初，包括德国和法国在内的一些欧元区国家经济增长缓慢，财政状况恶化。德国和法国的预算赤字超过了 GDP 的 3%，而且这一状况持续了好几年。对它们来说大幅度提高税收或削减支出已是非理性之举，因为这样只会使经济更加疲软。因此欧盟决定不强制征收罚款（虽然严格按照公约是要求罚款的），事态已十分明显，公约在此时是无法强制实行的。2005 年年初，欧盟各成员国对公约进行修改，确认了更为宽泛的一系列例外情况。

另一种调整内部失衡的方法是将资源从需求疲软的地区转移到需求强劲的地区。如果劳动力的流动性很高，那么劳动力从失业率高的地区流向对劳动力需求强劲的地

① 这一讨论在很大程度上也是对最优货币区分析结果的应用。最优货币区是研究经济达到最佳运行效果的地理区域的规模问题。区域内实行固定汇率制（一种货币），区域外实行浮动汇率制。

区，可以加快内部失衡的调整步伐。地区性迁移也是美国调节不同地区劳动力需求的主要方法。

大多数研究表明，在欧盟各国之间（甚至是在这些国家内部）劳动力流动性比较低，而且仍可能保持在较低水平上。只有不到 3%的欧盟居民生活在不是其出生地的欧盟国家；即便是在一国的国内，地区间的人员流动也很少。调整可以通过资本在流动中寻找并使用未被充分利用的资源（如失业工人）而产生。但是，在劳动力市场和劳动力用工方式僵化的情况下，资本可能不以这种方式流动——实际上，资本反而可能会从出现问题的地区转移到经济发达地区。

本章的讨论说明，欧元区每个成员国面临的主要风险都是没有能力来快速解决国内经济衰退问题（或者其他某些内部失衡问题），即使是在推行了全联盟联合的财政政策之后也于事无补。事实上也并不存在本质上是全联盟联合的财政政策，而且各成员国的财政政策也可能内容不适当、效用有限。劳动力流动总的来看较低，资本的流动可能也并不充分。

2010 年，国家财政政策的问题导致了由希腊开始的欧元区一系列主权债务危机。在 2001 年加入欧元区后，希腊经济看起来相当成功，一直到 2007 年，其年均实际 GDP 增长率大约为 4%，但是这种增长过于依赖财政赤字支出和外债。由于成本和价格相对增长过快，希腊在欧元区丧失了国际价格竞争力。在 2007—2008 年，其经常项目赤字几乎占 GDP 的 15%，净外债几乎相当于其 GDP 的 100%。2009 年，政府预算赤字几乎是 GDP 的 16%，未偿付国债相当于超过 GDP 的 120%。从 2008 年开始，私人投资者就越来越担忧。至 2010 年年初，希腊长期国债的利率比德国高 3 个百分点。

2010 年 4 月末，债券利率间的差异涨至 7 个百分点，使得希腊政府再也无债可借。5 月，其他欧元区国家以及国际货币基金组织提出了一个总额大约为 1 500 亿美元的援救计划，其相当于希腊 GDP 的一半；提出的附加条件是，希腊政府必须实行包括减少赤字和放宽劳动力市场管制在内的政策改革。

危机并未止于希腊。其他几个国家的财政赤字也令人不安。在拯救了国内银行后，爱尔兰政府就背负了巨额债务。2010 年 9 月，欧元区和国际货币基金组织联合对爱尔兰实施了 900 亿美元的紧急救助。2011 年 5 月，葡萄牙需要 1 140 亿美元的一揽子救助。2011 年 7 月，希腊政府债务已经相当于超过其 GDP 的 150%，希腊需要第二轮的 1 570 亿美元的紧急救助，而且政府已经拖欠了一些债务。到 2011 年年中，投资者又开始日益担心西班牙和意大利的政府债务。

救助可以拖延一些时间，同时国内也需要实行一些紧缩性财政政策。对于除了爱尔兰之外的所有这些国家来说，还有一个主要问题——它们需要在欧元区内部提高价格竞争力。货币联盟的一个缺陷是面对基本非均衡，各国无法贬值其货币。由于不能调整本国汇率，这些国家只得进行“内部贬值”。它们必须相对于其他欧盟国家，如德国，降低工资和其他成本。这可能是一个困难、长期且痛苦的过程。

欧元区成员国必须坚定遵守欧洲货币联盟的政治承诺和单一货币。尽管仍然有些关于诸如希腊等国是否应该离开欧元区以及怎样离开的讨论，但欧元区很可能从这一系列国家主权债务危机中幸存下来。事实上，这一系列危机逼迫欧元区成员国无奈地趋向于全区域更加统一的财政政策——向一些肆意挥霍的国家政府提供救助并附加各种条件。同时，欧元区的问题使世界其他地区的国家更不愿意建立它们自己的货币联盟。就如我们在本章和第 6 章指出的，欧盟以外的世界主流趋势是实行在经济政策上得以享有独立主权的浮动汇率制。

本章小结

对一国政府来说，选择国家的汇率政策是一个重要的决策。本章考察了一国政策所允许的汇率波动程度，并且从五大主要问题的角度考察了有关选择浮动汇率和固定汇率的优缺点。图表11—1对这个讨论作了总结。

在每个问题中，都有一些方面是利于浮动汇率制的，另一些方面是利于固定汇率制的。由于各国在经济状况、政策制定机构、经济历史和政治利益等方面的差异，不同的国家对各种有利方面和不利方面的看法也不同，因此不同的国家选择不同的汇率政策。当然，当经济和政治条件随时间而变化时，一国所选择的汇率政策也随之改变。

一国在更为浮动和更为固定的两种汇率制度之间选择时，有几点是特别重要的。支持浮动汇率制的强有力的论点是，一国能够利用独立货币政策和利用汇率变化来调节内部与外部失衡；一般来说，一国能具有制定满足国内需要的经济目标和政策的能力；在国家间有大量且日益增多的金融资本在快速流动，面对投机性攻击维持固定汇率制的难度加大。支持固定汇率制的最有力论点是，浮动汇率制的汇率波动性太大，这种过度的波动干扰和阻碍了国际贸易和其他国际交易。

近几十年来，各国曾转向更富有弹性的汇率制度。各国一般都想通过对浮动汇率进行管理以减小其波动性，尽管这种管理——至少对主要货币——是否有效，还存在质疑。

仍然有一些国家在继续采取固定汇率制。但是软钉住汇率（可轻易进行调整的固定汇率）比较难以维持，因为它似乎经常在怂恿投机者对其进行投机攻击。一些国家采用硬钉住汇率的形式（几乎是永久性的固定汇率）。货币局是一个仅持有国际储备资产的货币当局，所以它不可能进行冲销。在货币局制度下，一国的货币供给与维持固定汇率进行的干预自动地联结在一起。“美元化”是指一国用外币（比如美元）完全取代本国货币，这样一来，该国的货币状况几乎完全由外国中央银行（比如美联储）所操控。

欧盟正在努力建立一种最具挑战性的固定汇率制。1999年，欧洲货币联盟在1993年《马斯特里赫特条约》的基础上建立，有17个欧盟国家是其成员国。在一个货币联盟内，汇率被永久性地固定下来，只有单一的货币当局来执行全联盟的货币政策。对于欧洲货币联盟来说，成员国使用单一货币——欧元，并且由欧洲中央银行执行全联盟的货币政策。

欧洲货币联盟是对成立于1979年的欧洲货币体系中实行的固定汇率制度——汇率机制的继承。在汇率机制中，虽然固定汇率也会偶尔进行调整，但它通常比浮动汇率的波动要小。汇率机制中其他成员国的通货膨胀率都在向德国的低通胀率水平看齐。然而，随着一些汇率机制国家取消资本管制，德国与其他一些汇率机制成员国之间在宏观经济目标上的差异导致了1992年和1993年的投机冲击。1993年以后，汇率机制中的各汇率总体上都保持了稳定。

欧洲货币联盟可用来说明货币联盟的主要优势和缺陷。货币联盟收益很大程度上来自减少的交易成本和汇率风险。对欧洲货币联盟来说，随着单一货币的使用，其收益可能是相当大的。

货币联盟存在的主要缺陷是经济冲击对联盟成员国造成的影响不同，有些国家会出现经济衰退而其他国家经济会快速增长。当发生这些状况时，各成员国都需要采取措施来调整其内部失衡，但是此时每个国家都不再拥有自己的货币政策或汇率政策。通过自动稳定器以及积极的财政政策变化，全联盟层面上的财政政策可能是有用的。如果全联盟的财政政策不足以解决问题，那么每个国家就需要积极地利用本国的财政政策。另外，随着人员从高失业率地区向低失业率地区迁移，劳动力的流动将有助于调整失衡。欧洲货币联盟在一个广泛的领域中面临主要的挑战，包括各类冲击、国内失衡以及应对这些问题的政策和调整措施。联盟成员国的状况各不相同，它们所遭受的内部失衡也各不相同，因而几乎不存在可以解决所有国家问题的全联盟范围内的财政政策。同时，各国的财政政策都受到限制，而且联盟内劳动力的流动性也较低。2010年在希腊首先爆发的主权债务危机说明，作为一个货币联盟，欧元区国家面临着很多挑战。

关键词

价格约束（price discipline）
货币局（currency board）
美元化（dollarization）
汇率机制（exchange rate mechanism，ERM）
货币联盟（monetary union）
欧洲货币联盟（European Monetary Union）
欧洲中央银行（European Central Bank，ECB）

推荐读物

支持浮动汇率制的经典文章来自 Friedman（1953）。Fischer（2001）考察了软钉住汇率的不可维持性。Shambaugh（2004）对三元悖论进行了技术性的分析，并分析了近期实行固定汇率制和浮动汇率制国家的经验。Klein & Shambaugh（2010）和 Ghosh et al.（2010）分析了固定汇率制国家和浮动汇率制国家之间的差异。Goldstein（2002）调查了其他一些政策选择，并列举了支持管理浮动汇率制的实例。

Wolf et al.（2008）考察了货币局制度。Mundell（1961），McKinnon（1963），以及 Tower & Willett（1976）考察了最优货币区内的固定汇率问题。De Grauwe（2009），Lane（2006），以及 Wyplose（2006）对欧洲货币联盟进行了综述和分析。De Haan et al.（2005）考察了欧洲中央银行的货币政策。Murray（2000）研究了加拿大是否应该实行美元化。

习　题

✦ 1.“货币通过固定汇率相互联系的国家通常应实行不同的货币政策和财政政策。”你同意这个观点吗？为什么？

2.“如果大多数国家都坚持一种固定汇率制，那么全球通货膨胀将会变得更低。”你同意这个观点吗？为什么？

✦ 3. 某国非常担忧其他国家的商业周期会干扰本国经济。该国希望能使本国经济与外国商业周期“隔绝”开。这种情况下，为什么这个国家会倾向于实行浮动汇率制？

4.“如果一国政府决定实行灵活的汇率，那么它应该实行不受限制的浮动汇率制。”你同意这个观点吗？为什么？

✦ 5. 某国目前实行浮动汇率制。该国政府想将其本国货币的汇率值与另一种货币挂钩。你已被该国政府聘为顾问。请提出三个主要的标准，用以决定应该与什么样的他国货币挂钩。这些标准为什么重要？

6. 自 1973 年以来，浮动汇率的波动高于大多数经济学家的预期。

a. 为什么有些经济学家对此并不关心？

b. 为什么另一些经济学家对此非常担忧？

✦ 7. 某国通过选举产生了新一届政府。该国实行的是浮动汇率制，目前有着较高的通货膨胀率。新政府致力于降低国家的通货膨胀率。

a. 如果政府继续采取浮动汇率制，那么政府需要采取哪些措施来降低通货膨胀率？

b. 作为降低通货膨胀率所作努力的一部分，该国政府为什么可能会考虑实行货币局制度以及将本币与一种世界主要货币挂钩的固定汇率制？

8. 根据《马斯特里赫特条约》，欧盟国家加入欧洲货币联盟所必须满足的五个准入标准是什么？对每项准入标准提出的要求，你认为其背后的逻辑是什么？如果要将一国排除在货币联盟之外，五个标准中哪一个更重要，哪一个不那么重要？

✦ 9. 时间是 2011 年。欧洲货币联盟和欧元运转相当好，而英国仍处于联盟之外。你打算说服一位英国朋友，英国应该尽快加入到货币联盟中去。你用于说服这位朋友的最有力的两个论点是什么？

10. 考虑与第 9 题相同的情况。你的英国朋友也尽力使你相信英国应该在联盟之外。她最有力的两个论点是什么？

附录 A
国际收支的核算

在第 2 章，我们考察了一国的国际收支平衡表的应用和含义。国际收支平衡表记录了一国居民（常住单位）与世界其他国家居民之间所有经济价值的流动。国际收支平衡表采用的是复式簿记法。本国居民与外国居民的每一笔交易都涉及两个方面：

- 贷方（正号项目，+），是指能带来货币流入的交易，包括货物及服务输出、接受外国提供的单方面转移、国内私人的国外资产减少或国外负债的增加等。
- 借方（负号项目，−），是指引起货币流出的交易，如货物及服务的进口、海外资产的增加和负债的减少。

复式簿记法假设每一笔交易的双方价值是相等的。（对于赠与或单方面转移，这种价值对等不成立。在这种情况下，我们人为地创建一个项目使之平衡。）

本附录将以美国与世界其他国家在某一短时期内发生的五笔交易为例，来说明在国际收支平衡表中如何记录每一笔交易。针对每一笔交易，我们将其对应于国际收支平衡表的相关项目中，然后根据这五笔交易编制一个该时期内的简化的美国国际收支平衡表。

五类交易

第一笔交易是北方伊利诺伊燃气公司（Northern Illinois Gas，一家美国的公用事业公司）向一家加拿大公司购买了价值 3 400 万美元的天然气。假设前者不立即支付现金，而是以一张一年期的带息本票支付所购买的天然气。对于美国的国际收支平衡表，该交易的复式记账如下：

	贷方（+）（百万美元）	借方（−）（百万美元）
货物进口（天然气）		34
私人资本流入（本票）	34	

本例中的借方似乎比贷方更容易让人理解。天然气的进口显然是美国必须支付的某种有价值的产品的流入。但为什么要将本票记入“贷方”？因为加拿大卖方在该笔交易中拥有了未来获得外币收入的权利。其实，这就相当于加拿大卖方现在向北方伊

利诺伊燃气公司提供资金（以换取本票），所以北方伊利诺伊燃气公司现在可以使用这些资金来“支付”它进口的天然气。

第二个例子中，巴西球迷到美国观看足球锦标赛，用在一家纽约银行的存款支付旅馆、餐饮以及交通费用，共计600万美元，在美国账户中产生如下复式记账：

	贷方（+）(百万美元)	借方（－）(百万美元)
服务出口（旅游）	6	
私人资本流出（银行对外国居民负债的减少）		6

同样，上表中一个项目比另一个项目更符合人们的直觉判断。美国向巴西人销售旅游服务，这是美国的出口，为此美国必须得到该项服务的收入。如果这属于贷方项目，那么另一个项目必然是借方。美国银行对外国居民负债的减少，是美国现在就必须支付的款项。这也相当于，纽约银行向巴西旅游者提供了用来支付所有费用的资金。

第三笔交易为美国财政部向瑞士投资者支付2 500万美元的利息，支付方式为纽约银行支票。美国账户将产生如下复式记账：

	贷方（+）(百万美元)	借方（－）(百万美元)
收入支付（支付利息）		25
私人资本流入（银行对外国居民负债增加）	25	

向拥有美国政府债券的瑞士人支付利息是对外国居民的收入支付，因此它为借方项目。其支付方式就是贷方项目：私人的纽约银行作为美国政府支票的付款人，现在对瑞士居民产生了新的负债。银行用从外国人处借入的资金来冲抵对美国政府等值支票账户的负债。美国政府在开出支票后，其对私人银行拥有的债权有所减少。

在第四笔交易中，美国货币当局开始担心美元对日元的汇率升值。它计划用纽约银行的1 500万美元存款向一家东京银行购买日元。该交易在美国账户中产生如下复式记账：

	贷方（+）(百万美元)	借方（－）(百万美元)
美国官方储备（日元金融资产增加）		15
私人资本流入（银行对外国居民负债增加）	15	

此处实际为单纯的金融资产的交换。也就是说，美国货币当局将一部分美元存款转移给外国人（东京银行），从而获得购买日元资产的日元。（此处有两点需要注意。第一，美国持有外国资产的增加是用借方项目来核算的。原因很简单，这取决于如何定义贷方或者借方。第二，东京银行的日元存款必须换算为等额的美元，因为所有的价值都必须用同一种货币衡量。）

到目前为止，所有的交易都涉及相等的两个方面。如果将借方总和与贷方总和相加，其结果为零。我们下面看一个似乎是背离会计平衡准则的例子。

第五笔交易涉及某种东西的赠与。假设美国政府赠与埃及政府价值800万美元的库存小麦。此时正确的复式记账应为：

	贷方（+）（百万美元）	借方（−）（百万美元）
货物出口（小麦）	8	
单方面转移（对埃及的国际援助）		8

800 万美元的贷方是显而易见的，因为这就是产品的出口，美国政府在一般情况下会得到相应的支付。会计师通过人为创建一个借方项目的方式，规避了一个事实，即美国政府并没有得到支付。可以想象：美国政府（因为小麦赠与）从埃及得到了价值 800 万美元的友好关系或感激之情。友好关系记入借方，美国为其支付小麦。由此可见，即便是一种单向流动，也可以通过会计师的虚构处理转变成双向流动，以保持复式簿记所有项目总和为零的特征。

账户合并

账户合并指将单笔交易的贷方和借方流动汇总成一套有用的简明账户，并把各种交易分为主要的几类项目。图表 A—1 是汇总了上述五笔交易后的账户表。其中，美国经常项目赤字为 5 300 万美元，但它被 6 800 万美元的资本账户（私人或非官方的）所抵消。因此，美国国际收支总体盈余 1 500 万美元，这也是美国官方储备的增加量。

图表 A—1　　基于五笔虚拟交易编制的简易的美国国际收支账户　　单位：百万美元

经常账户	
货物及服务的出口	+6+8=+14
货物及服务的进口	−34
私人资本流出	−25
单方面转移	−8
经常项目余额	−53
资本账户（除国际官方储备外）	
外国对美国贷款和其他投资	+34−6+25+15=+68
资本账户余额	+68
国际官方储备	
美国官方外汇储备	−15
净官方国际储备变化	−15
其他重要余额：	
货物及服务余额	−20
总余额	+15

附录 B
多种平价并存

在第 4 章中，我们引入了不同国家间利率和汇率的两种利率平价。第 5 章又引入了另一种平价——购买力平价。购买力平价通过汇率将不同国家的商品价格联系起来。这些平价条件都建立在人们能在不同国家间进行套利活动的基础上。只要存在不同的方式可以将一种资产或者商品换成另一种资产或者商品，资产或商品之间的价格就会存在紧密的联系。

这些平价条件揭示了外汇市场与一些宏观经济现象，如通货膨胀、实际利率之间的关系。为考察这些关系，假设投资者可以在不同的货币和商品间自由兑换。为简化起见，假设在任一国家可以进行自由买卖的是标准化商品。除了持有即期和远期的各种货币之外，投资者也可以持有即期和未来的各种商品。在这种情况下，投资者需要密切关注各种货币和商品的价格变化趋势。例如，假设投资者预测在未来 90 天内，英国商品的价格上涨幅度将大于美国商品。那么在考虑了利率和汇率的变化趋势后，投资者应该根据自己的预期如何分配其持有的财富呢？如果其他投资者也有相同的预期，那么货币和商品市场又将发生什么变化？

图表 B—1 描绘了各种转换关系。中心的矩形正是图表 4—1 中的湖型图。不过，此时新增了用不同货币购买及销售商品的路径。投资者可以在即期按美元价格 $P_\$$ 或英镑价格 $P_£$ 购买商品。如果该投资者在即期用美元购买商品，那么他的购买路径取决于图表 B—1 底部显示的相对价格。比如，投资者可能用 10 000 美元购买 10 000/$P_\$$ 数量的即期商品。或者，投资者也可以选择一条更为迂回的路径：用这 10 000 美元购买 10 000/e 数量的英镑，然后用这些英镑购买 10 000/（$e \cdot P_£$）数量的即期商品。哪条路径更合算就选择哪条，即在即期美元和即期商品之间的两条路径中，选择较为经济的一条进行投资。这两种选择的出现，意味着这两种用不同货币购买商品的价格将最终趋于一致：$P_\$ = e \cdot P_£$。这就是第 5 章中讨论的（绝对）购买力平价。正如第 5 章的分析指出的，购买力平价条件大体上是一种长期（几十年）的趋势。在短期内，由于贸易壁垒、交易和运输成本的存在，以及产品的潜在差异性，购买力平价会出现偏离。

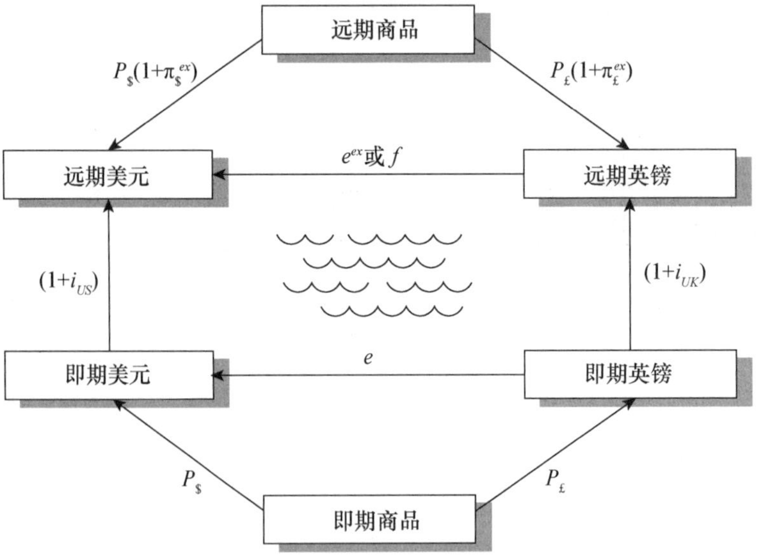

沿箭头方向移动，表示用表达式乘上商品数量或投资额；逆箭头反向移动，表示用表达式除以商品数量或投资额。

符号说明：$P_\$$，$P_£$分别为用美元或英镑表示的商品（小麦，DVD 影碟等）的即期价格水平；$\pi_\$^{ex}$，$\pi_£^{ex}$分别表示用美元或英镑标价的商品价格的预期上涨率；$e$，$f$ 分别为英镑即期价格和远期价格（以 \$/£为单位）；e^{ex}为预期的英镑远期现货价格水平（区别于当前英镑远期价格）；i_{US}，i_{UK}分别为被广泛交易的美国资产和英国资产（如国库券）的利率。（忽略交易费用和资产的期货市场，如谷物期货市场。）

图表 B—1　各种货币及商品的即期和远期头寸

购买力平价在未来也应当成立。如果不成立，便意味着可能存在利润丰厚的套利机会。无论我们是用远期美元直接购买商品，还是用远期英镑价格乘以当期英镑兑美元的汇率再买进商品，应该都是一样合算的。价格差异取决于人们对目前和未来之间（比如说，从此时起 90 天后）的物价上涨幅度的预期。如果人们预期美元价格会上升$\pi_\$^{ex}$，而英镑价格也上升$\pi_£^{ex}$，那么这些价格的平均预期值将与人们对远期汇率的预期值（e^{ex}）紧密相关。人们的汇率预期值应使得图表 B—1 上半部分所显示的直接和间接的商品美元价格相等，即 $P_\$(1+\pi_\$^{ex})=e^{ex}\cdot P_£(1+\pi_£^{ex})$。这一条件称为预期购买力平价。像即期的购买力平价一样，它也只是一个大致的趋势。即期购买力平价只是用价格的实际变化来替代上式中价格的预期变化$\pi_\$^{ex}$和$\pi_£^{ex}$。

即期购买力平价和预期购买力平价，将预期通货膨胀率、利率及汇率联系起来。本书第 4 章讨论过的英镑远期价格 f，应等于对将来即期汇率的平均预期值e^{ex}。将等式$e^{ex}=f$ 与第 4 章中讨论的利率平价结合起来，就会得出图表 B—2 所示的几个主要的平价条件。

图表 B—2　　各种国际平价

1. **当前的购买力平价：**$P_\$=e\cdot P_£$（见第 5 章）
2. **预期的购买力平价：**$P_\$(1+\pi_\$^{ex})=e^{ex}\cdot P_£(1+\pi_£^{ex})$，从而$e^{ex}/e=(1+\pi_\$^{ex})/(1+\pi_£^{ex})$，或近似为：预期英镑升水率＝预期美元通货膨胀率－预期英镑通货膨胀率
3. **抵补的利率平价：**$f/e=(1+i_{US})/(1+i_{UK})$
4. **投机者的远期均衡：**一般认为远期汇率是对预期的将来即期汇率的平均值的度量，或$e^{ex}=f$

5. **无抵补的利率平价**：$e^{ex}/e=(1+i_{US})/(1+i_{UK})$

合并本表中平价公式 2，3 和 5，可以得到

$$e^{ex}/e=f/e=(1+i_{US})/(1+i_{UK})=(1+\pi_{\$}^{ex})/(1+\pi_{£}^{ex})$$

或近似为：

预期英镑升值＝远期英镑升水

＝美元和英镑的利率差

＝预期美元和英镑通货膨胀率差

所以，预期实际利率在国际上是大致相等的

6. **实际利率均衡**：$(1+i_{US})/(1+\pi_{\$}^{ex})=(1+i_{UK})/(1+\pi_{£}^{ex})$，或近似为：$(i_{US}-\pi_{\$}^{ex})=(i_{UK}-\pi_{£}^{ex})$

所有套利活动产生的一个结果是实际利率在各国应趋于相同，但这也只是一个大致的长期趋势。事实上，各国预期的实际利率在几年的时间段内仍然存在明显的差异。尽管如此，各国的实际利率之间仍然趋于一致。

图表 B—2 显示了日益国际化的金融及商品市场中显现的一些复杂的平价与均衡关系。为了展示这样的复杂关系，我们先回到前面的一个问题：如果英国的预期通货膨胀在不久的将来会变得更为严重，那会出现什么情况？如果只有一个投资者预期英国的通胀率将会更高，那么他将沿着图表中的任一路径，把英镑资产转换成美元或商品。一旦他的预期被证实，价格和利率肯定会发生变化，那么他最终将从卖出英镑中获利。英国的名义利率必定上升，远期升水必定下降，正如图表 B—2 的平价条件所示。

图表 B—1 和图表 B—2 的含义在于表明利率、汇率和预期通货膨胀率三者是紧密联系在一起的。无论什么情况，只要影响了其中某一项的差额（利率差），都很可能影响另外两项的差额（汇率差，预期通货膨胀率的差）。不过，需要强调的是，有一种平价要比其他平价更为可靠，那就是抵补利率平价。

附录 C 开放经济中的总需求和总供给

在第 8 章，我们注意到真实 GDP 的实际水平与其在充分就业条件下的差异会给一国的产品价格水平或通货膨胀率带来压力。在第 8～10 章中使用的 *IS—LM—FE* 模型对于调整一国价格水平的分析没有起到明确的作用。本附录提出了用来研究某段时间内价格调整的国家宏观经济模型。分析价格调整的标准方法是使用总需求和总供给曲线。

总需求曲线

一国的**总需求曲线**（aggregate demand curve）表示的是在基本条件给定的情况下，经济达到短期均衡时，各种可能的价格水平所对应的实际 GDP 水平。假定经济在达到短期均衡时，国家经济已调整到 *IS—LM—FE* 图中三线的交点处。也就是说，对于一个实行固定汇率制的国家，总需求曲线包含了为维持固定汇率而引发的干预（正如第 9 章讨论的）。如果国家采取的是浮动汇率制，总需求曲线则包含了汇率值的调整（正如第 10 章讨论的）。

图表 C—1A 显示的是一条总需求曲线。为了理解这条曲线是如何推导出来的，先从点 A 开始。在点 A，总需求为Y_1，对应的价格水平为 P_1。如果价格水平变为 P_2，这将对总需求产生什么影响？在更高的价格水平下，有两个原因使总需求水平发生变化：

- 名义货币需求上升（见第 8 章中式（8.10））。*LM* 曲线向左移动，总需求趋于下降。
- 一国价格水平的提高削弱了该国的国际价格竞争力。*IS* 曲线向左移动，总需求趋于下降。

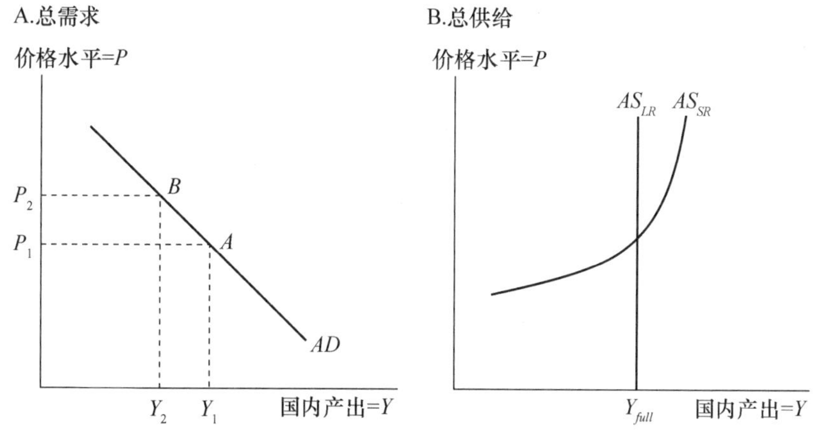

图表 C—1 总需求和总供给

出于这两个原因，如果价格水平上升至 P_2，那么总需求下降到点 B 的Y_2。① 因此总需求曲线 AD 向下倾斜。

任何一个影响总需求水平的基本条件发生了变化（除价格水平外），AD 曲线也将移动。比如说，消费、国内实际投资的外生变化、财政政策变化，以及某国采用某一固定汇率导致的本币贬值。

总供给

图表 C—1B 显示了两种类型的总供给曲线。**长期总供给曲线**（long-run aggregate supply curve）（AS_{LR}）是垂直的，对应着充分就业水平下的实际 GDP。这一实际 GDP 也称为潜在实际 GDP，是一国使用国内可利用的所有要素资源及技术后，能获得的产出（这与生产可能性曲线上的产出相对应）。假设该国的市场运行良好，经济在长期趋于充分就业。也就是说，在长期，所有价格都会充分调整，使经济中的全部资源得到充分利用。如果资源要素禀赋或者生产技术发生变化，长期总供给曲线则会发生移动。

短期总供给曲线（short-run aggregate supply curve）（AS_{SR}）向上倾斜，因为短期内，经济中的一些价格不会出现调整。也就是说，在短期内，一些价格是黏性的。比如说，干洗店并不会根据客源多少而不断地调整其价格。通常干洗店有个价格表，它会按照价格表收费，而且也不会频繁地调整这个价格表。同样，大部分大学的学费顶多一年调整一次。本质上讲，短期供给曲线被一系列短期价格钉住了。

为了讨论短期总供给曲线的斜率，先来看一个极端的情况：如果短期内，没有价格变化，那么短期的总供给曲线将会是一条水平线（实际 GDP 达到的某个水平）。如果在短期内，一些价格发生了变化而其他一些没有，那么总供给曲线会向上倾斜。也就是说，总供给曲线是一种“中间状态”，介于价格完全没有变化的水平总供给曲线与所有价格都具有完全弹性的垂直长期总供给曲线之间。这里还假定经济在短期的运

① 国际价格竞争力的减弱，也使得 FE 曲线向左移动。此外，新的 IS—LM 曲线的交点也并不一定在新的 FE 曲线上。如果不在新的 FE 曲线上，在固定汇率条件下将会出现干预以维持汇率不变；或者在浮动汇率下，汇率将会发生变化。对外部均衡的调整会改变 AD 曲线的斜率，但其仍然向右下倾斜。并不存在一个一般法则规定总需求曲线在固定汇率制下或是在浮动汇率下更陡峭或是更平坦。在本附录的后半部分，我们将忽略总需求曲线斜率在不同汇率制度下的差异。

行可以超越其长期充分就业的产出水平。因此，一部分的短期总供给曲线会到达长期供给曲线的右边。实际上，人们的工作时间可能会超过他们通常希望的时间，公司有时也会使其机器运转超过平时的运转水平，但这种资源的超强度使用不可能维持很久。

将曲线钉住的黏性价格水平随时间变动，从而导致短期总供给曲线的移动。事实上，许多国家的宏观经济状况的特征就是缓慢的价格调整。如果一国的价格水平受到冲击，或是长期总供给曲线发生移动，短期总供给曲线也会随之移动。

价格调整过程：一个例子

在分析开放宏观经济冲击的各种类型前，首先了解一下在短期以后，经济运行时价格调整的性质。图表 C—2 的点A_1，表示一国经济处于短期均衡。因为点A_1在AS_{LR}的左侧，实际产出水平Y_1低于充分就业的产出水平Y_{full}。相对于货物及服务的潜在生产水平来说，总需求水平是偏低的。

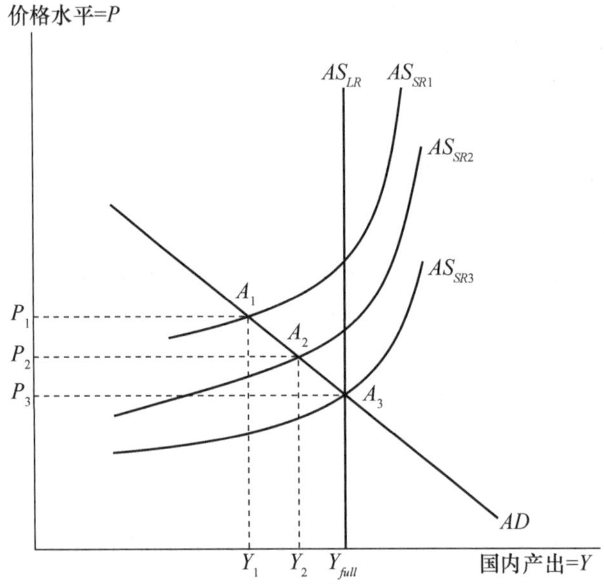

图表 C—2　价格调整的过程

在产品市场疲弱以及劳动和其他资源的闲置率较高的情况下，产品和要素的价格面临下降的压力。当经济短期运行以后，短期总供给曲线从AS_{LR}下移到AS_{SR2}，价格水平也随之下降。价格水平从 P_1 下降到 P_2，使得经济沿着总需求曲线从A_1下降到A_2。发生这种情况是因为对名义货币需求的减少导致利率下降，同时，国家因为价格水平的下降而获得了国际价格竞争力。对利率敏感性的支出和净出口增加，实际国内产出从Y_1增加到Y_2。

整个过程一直持续到短期总供给曲线向下移动至AS_{SR3}为止，此时价格水平下降到 P_3。在这三条曲线的交点处，经济运行处于长期均衡，达到了潜在的实际国内产出——Y_{full}。然而，如果产品的价格、工资和其他资源价格的下降存有阻力，那么达到这个长期均衡的过程可能会非常缓慢和痛苦。要加快这一进程，使资源得到充分利用的一个可能的方式就是运用扩张性政府政策，使得 AD 曲线往右移动，而不是静等价格的缓慢调整。

冲击和价格调整

总需求—总供给模型可以用来进一步研究开放宏观经济下各种冲击的效应。我们使用第 9 章和第 10 章中的 *IS—LM—FE* 模型进行分析。首先考察在固定汇率制和浮动汇率制下的四种类型的冲击，这四种冲击就是那些章节中所讨论过的。然后，我们再来考察两种冲击对总供给的影响。

国内冲击

正如在第 9 章中所述，如果一国货币当局不能或者不打算进行冲销，那么在固定汇率制下，国内货币冲击是没有任何效果的。当一国货币当局进行干预以维持固定汇率时，国内货币供给变化引发的调整将会抵消货币冲击的影响。所以，无法利用 *AD—AS* 曲线来分析这种情况。

在浮动汇率制下，国内货币冲击则有一定影响。图表 C—3 显示了扩张性货币政策的效应，即 *AD* 曲线从 AD_1 向右移至 AD_2。如果经济从一个长期均衡的位置点 C_1（P_1 和 Y_{full}）开始，移动至点 C_2，该点对应更高的价格水平 P_2 以及更高的实际国内产出 Y_2。极度强劲的总需求推动价格水平上升，通货膨胀也随之上升。当经济运行经过了最初的短期以后，即便是黏性的价格也开始上涨了，短期总供给曲线从 AS_{SR1} 上移至 AS_{SR3}，价格水平上升至 P_3。更高的价格水平使总需求有所下降，这是因为随着名义货币需求的增加，利率会上升，同时由于价格水平的提高，一国失去了国际价格竞争力。整个过程会一直持续，直到总供给曲线移到 AS_{SR4} 为止，此时经济回到了 Y_{full} 的产出，并对应着更高的价格水平 P_4。从长期看，扩张性货币政策会导致通货膨胀和更高的价格水平。这正是第 5 章中讨论货币政策对汇率决定的影响时，得出的两者之间的关系。在短期和中期内，缓慢的价格调整是第 5 章中讨论的发生汇率超调的关键原因。

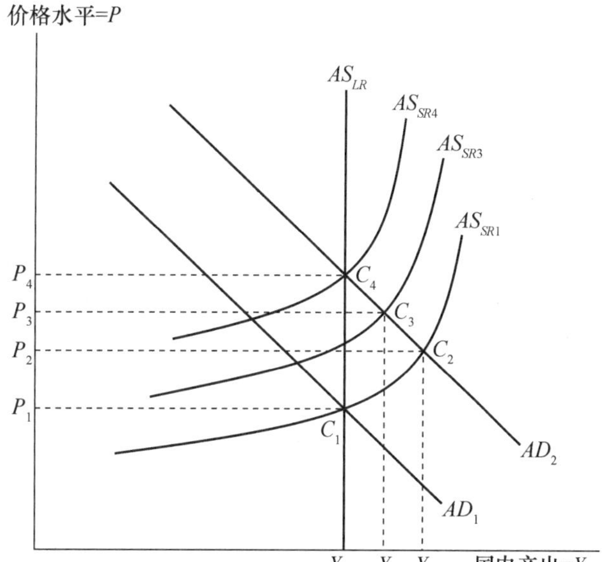

图表 C—3　浮动汇率下国内货币冲击

国内支出冲击导致了总需求曲线的移动。移动的幅度取决于该国采取固定汇率制还是浮动汇率制，但是总的移动方向还是一致的。比如，扩张性财政政策导致总需求曲线 *AD* 向左移动。如果经济开始时处于充分就业状态，那么随后的价格调整情况会和刚才分析的浮动汇率下货币政策造成的价格调整类似。实际国内产出会暂时高于长期潜在水平，通货膨胀率和价格水平将会上升，产出则回落到 Y_{full}。

国际资本流动冲击

国际资本流动的冲击使总需求曲线发生移动，这是由于冲击影响了货币供给（固定汇率制）或汇率（浮动汇率制）。假设发生了一个不利的冲击：投资者将他们的金融资本转移到国外。图表 C—4 中，假设国家经济开始在点 E_1，然后冲击来袭。如果该国采用的是固定汇率制，那么为维持固定汇率而进行的干预，则要求国家的货币当局卖出外币，买入本币。由此，国家的货币供给收缩，总需求曲线向左移动，从 AD_1 到 AD_2。经济开始出现衰退，产出从 Y_{full} 下降至 Y_2。价格的向下调整最终会使经济回到充分就业的状态，即沿着 AD_2 曲线向下移至点 E_3 处。但这是一个十分缓慢的过程。采用扩张性的财政政策可以让总需求曲线向右回移，从而加速这一过程。

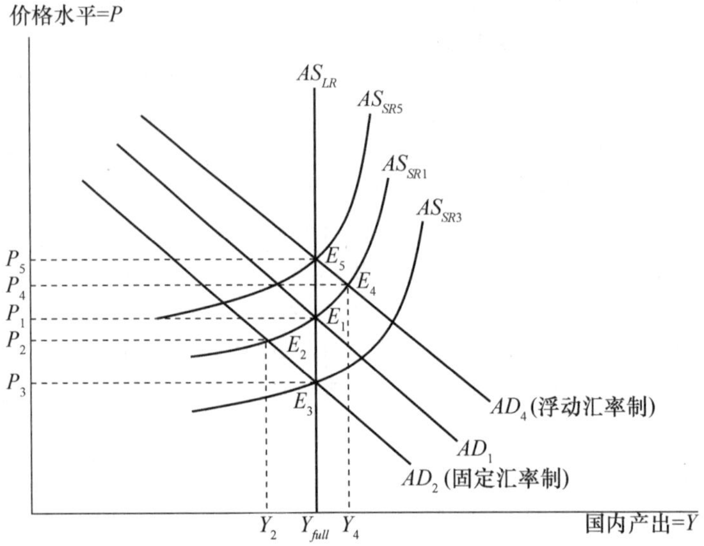

图表 C—4　固定汇率制或浮动汇率制下国际资本流动冲击

现在假设国家采取浮动汇率制，仍然从图表 C—4 中的点 E_1 开始。资本的外流导致了本国货币的贬值，而本币贬值又提高了国家的国际价格竞争力，从而总需求曲线向右移动，从 AD_1 至 AD_4。强劲的总需求导致价格水平上升，随之的价格调整过程使得经济向点 E_5 移动。如果经济过热的话，那就需要转向紧缩性货币政策或紧缩性财政政策。如果利用紧缩性政策使得总需求曲线向左回移，那么经济就可以稳定在 Y_{full} 的水平，并避免通货膨胀。

国际贸易冲击

在浮动汇率制下，一旦将汇率引致的变化纳入分析范围，国际贸易冲击对经济不会有什么持续的影响。正如在第 10 章中所看到的，一场不利的国际贸易冲击会导致国家货币的贬值，而货币贬值又扭转了对实际 GDP 的负面影响。因而，无须利用 AD—AS 曲线来分析此类情况。

在固定汇率制下，一次不利的国际贸易冲击使得净出口减少，而维持固定汇率的干预又会导致国内货币供给的减少。这些变化都会导致总需求减少，从而使经济陷入衰退。国家价格水平的向下调整，可以使经济在一段时间后恢复到充分就业的水平。但该国也可以采用扩张性财政政策，使 AD 曲线向右移动，加快调整。

对总供给的冲击

对总供给的冲击可以使短期供给曲线和长期供给曲线中的一个或两个同时受到影响。短期供给曲线的冲击，有时称为价格冲击，发生在某些经济变化导致价格水平快速且大幅变化的时候。而长期供给曲线的冲击，则发生在某些经济变化改变了充分就业实际产出水平的时候，可能是因为可利用资源的数量或生产中使用的技术水平发生了变化。我们来考察下面两种类型的总供给冲击：某石油进口国的石油价格冲击和技术的巨大进步。

石油价格冲击　在 20 世纪 70 年代有两次主要的石油价格波动冲击了世界经济。1990 年发生了一次小规模的冲击，在 21 世纪又发生了一次更大规模的石油价格上涨冲击。当石油价格冲击发生时，会对一个石油进口国经济造成以下几个方面的影响。第一，会导致一国价格水平的突然上涨。因为石油和石油制品对一国经济很重要，并广泛使用，而且在短期内，石油需求对价格是缺乏弹性的。第二，更高的石油价格对一国供给能力会有长期不利的影响。例如，在石油价格（或更一般地说，能源价格）较低时，使用一些资产设备是可以获利的，而在石油（或能源）成本较高时使用则是不经济的。第三，石油价格的暴涨使得进口额增加，因此国家的贸易余额将会恶化。也就是说，石油价格冲击同样会导致一次国际贸易冲击。这里更多地关注前两个方面的影响。

图表 C—5 显示了一个石油进口国最初位于长期均衡点 F_1。现在石油价格冲击袭来——世界石油价格突然大幅上涨。价格冲击造成了短期总供给曲线向上移动，从 AS_{SR1} 到 AS_{SR2}。可用资本存量的下降使得长期总供给曲线从 AS_{LR} 向左移至 AS'_{LR}（我们做一个似乎很现实的假设：短期曲线的移动与长期曲线的移动有着很大的关系）。在短期经济移至点 F_2，即总需求曲线与新的总供给曲线的交点。① 该国此时正在承受着两个宏观经济方面的难题：

- 失业率上升，因为随着实际 GDP 的下降，经济陷入衰退。
- 通货膨胀率上升，因为发生了石油价格冲击。

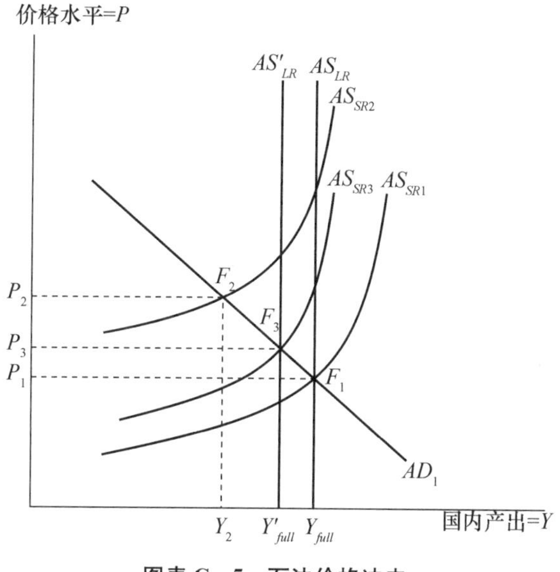

图表 C—5　石油价格冲击

---

① 如果国家实行的是固定汇率制，那么不利的国际贸易冲击也会导致总需求曲线向左移动。

失业率和通货膨胀率同时上涨的经济状况，称为滞胀。

如果政府没有任何应对政策，那么在短期之后经济将自行调整回到长期均衡的状态。在较高的价格水平下，疲弱的总需求使价格和工资下降。同样，价格水平的向下调整使得短期总供给曲线向下移动，并且使经济重新回到充分就业的均衡点 F_3。由于石油价格对经济产能带来的不利冲击，新的潜在实际 GDP 的水平较低，仅为 Y'_{full}。①

那么政府政策应当怎样应对石油价格冲击？政策制定者们陷入了两难境地。如果他们采用宽松的政策来阻止经济的衰退，那么总需求曲线会向右移动。虽然这样做可以使经济更快地复苏，但国家却要经历更大的价格上涨。如果政策制定者们采用紧缩的政策来阻止通货膨胀，那么总需求曲线则会向左移动，经济衰退会更严重且持续时间更长。所以面对石油价格冲击，政策制定者们没有一个简单的应对之策。

技术进步　对总供给的另一种冲击是经济中一段时期产品技术的快速进步，可以用图表 C—6 来说明这种情况。同样，经济始于长期均衡点 G_1。技术进步使得经济的生产能力扩大，短期供给曲线和长期供给曲线同时向右移动。在短期内，经济会移向均衡点 G_2，实际 GDP 增加，而价格水平会略低，这是由于某些技术进步以更低的价格形式传递给了消费者。然而，经济仍然低于其新的潜在国内产出 Y'_{full} 水平。如果政府政策没有任何改变，那么经过短期之后，价格水平还会继续下降，直至新技术完全调整到三线交点 G_3 为止，此时短期总供给曲线向下移至 AS_{SR3}。政府政策制定者可以通过采用扩张性政策，加快总需求曲线向新的潜在实际国内产出右移的速度。

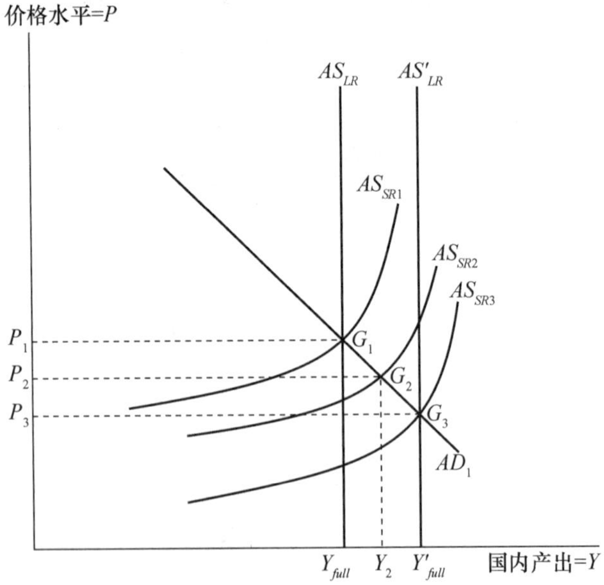

图表 C—6　技术进步带来了潜在 GDP 的增长

固定汇率下的货币贬值

最后采用 AD—AS 曲线分析固定汇率下的货币贬值，即国家货币的汇率从最初的固定值下降至新的更低的固定值。图表 C—7 说明了货币贬值的效应。

① 相反，如果长期总供给曲线没有发生任何变化，那么价格的向下调整使经济最终回到点 F_1。

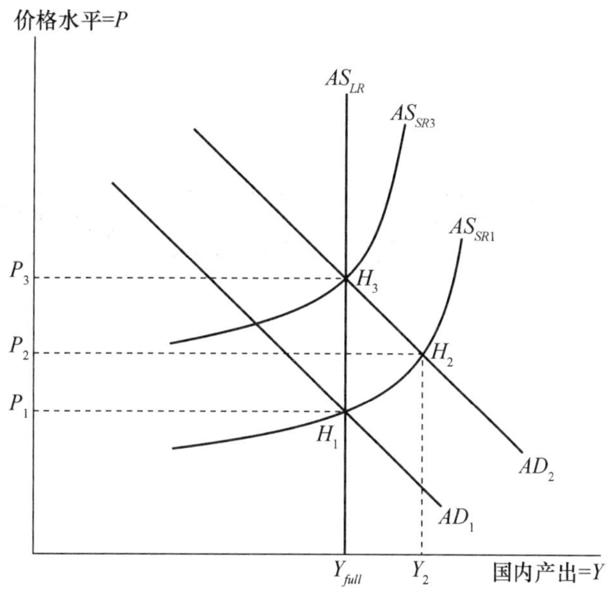

图表 C—7　固定汇率下的货币贬值

如果一国经济起始于点 H_1，货币贬值导致总需求增加，因为货币贬值会使该国国际价格竞争力增强，从而带动总需求曲线由 AD_1 移至 AD_2。假设短期总供给曲线不受影响，则实际 GDP 由 Y_{full} 增至 Y_2。价格水平有上涨的压力，由 P_1 上升到 P_2。经过短期之后，强劲的需求使得价格水平有进一步上涨的压力，同时短期总供给曲线向上移动。经济被推向新的长期均衡点 H_3，此时，价格水平处于更高的 P_3，产出重回 Y_{full}。

关于货币贬值的 AD—AS 分析有两个重要的意义。第一，在长期，货币贬值几乎没有什么影响。国家货币名义汇率值的下降使国家获得的价格竞争力会被国内价格的上涨所抵消。这就是本书在第 5 章中考察过的长期中购买力平价的逆转。第二，存在这样一种风险，即货币贬值甚至是在短期内都不会有什么影响。货币贬值导致了进口商品国内价格的上涨。如果该国公民在看到或预期进口价格上涨的同时能快速地推动国内价格水平和工资水平上升，那么短期总供给曲线将快速向上移动，该国经济迅速移至点 H_3，由于更高的通货膨胀很快抵消了货币贬值效应，所以贬值几乎没有什么影响。

附录 D
贬值与经常项目余额

本附录拓展了第 9 章的研究。在第 9 章我们研究了关于本国货币币值下降对贸易余额或经常项目余额可能造成的影响。① 本附录推导了一个有关此类影响的一般性公式，并将公式运用于有着多种可能结果的几个特例中。

经常项目弹性

用外币（此处为英镑）表示的经常项目（或贸易）余额是②：

$$CA_{£}=V_x-V_m=P_x^{£}\cdot X-P_m^{£}\cdot M \tag{D. 1}$$

式中，V_x是出口额；V_m是进口额。为了推导经常项目余额对汇率的弹性，先开始对经常项目余额求微分：

$$\mathrm{d}CA_{£}=\mathrm{d}V_x-\mathrm{d}V_m \tag{D. 2}$$

$$\mathrm{d}CA_{£}/V_m=\mathrm{d}V_x/V_m-\mathrm{d}V_m/V_m \tag{D. 3}$$

可以做如下定义：

$$E_{ca}=\frac{\mathrm{d}CA_{£}/V_m}{\mathrm{d}e/e}=\text{经常项目余额对汇率 }e\text{ 的弹性}(e\text{ 用外币的价格度量},\$/£)$$

$$E_x=\frac{\mathrm{d}V_x/V_x}{\mathrm{d}e/e}=\text{出口额对汇率 }e\text{ 的弹性}$$

$$E_m=\frac{\mathrm{d}V_m/V_m}{\mathrm{d}e/e}=\text{进口额对汇率 }e\text{ 的弹性}$$

如果在式（D. 3）两边同时除以汇率的变化比率（$\mathrm{d}e/e$）便可得到

$$E_{ca}=\frac{V_x}{V_m}E_x-E_m \tag{D. 4}$$

推导汇率对经常项目余额影响的公式就是要推导将 E_{ca} 与进出口商品的需求弹性

① 除汇率以外，决定经常项目余额的还有其他变量，但这里只集中考察汇率变化的作用。

② 这一推导遵从 Jaroslav Vanek（1962）给出的推导。

与供给弹性联系起来的公式。

出口弹性与进口弹性

出口（或进口）额是贸易价格与贸易数量的乘积。因此，我们需要推导一个表达式，用来计算这些贸易价格及贸易数量对汇率的弹性。我们从出口方面着手。出口商品的供给，取决于美元价格（$P_x^{\$}=P_x^{£}\cdot e$）；而出口商品需求，取决于英镑价格。此时供给必须等于需求。我们从出口市场的均衡条件出发，对其求微分，再对等式进行调整，直至方程将弹性与出口价格变化相联系为止：

$$X=S_x(P_x^{£}e)=D_x(P_x^{£}) \tag{D. 5}$$

$$\mathrm{d}X=\frac{\partial S_x}{\partial P_x^{\$}}(e\mathrm{d}P_x^{£}+P_x^{£}\mathrm{d}e)=\frac{\partial D_x}{\partial P_x^{£}}\mathrm{d}P_x^{£} \tag{D. 6}$$

$$\mathrm{d}X/X=\frac{\partial S_x}{\partial P_x^{\$}}\frac{1}{S_x}(e\mathrm{d}P_x^{£}+P_x^{£}\mathrm{d}e)=\frac{\partial D_x}{\partial P_x^{£}}\frac{1}{D_x}\mathrm{d}P_x^{£} \tag{D. 7}$$

后两个表达式两边同时乘以 $P_x^{\$}/e=P_x^{£}$，并且三个表达式都除以 $\mathrm{d}e/e$ 便可得到

$$\frac{\mathrm{d}X/X}{\mathrm{d}e/e}=\left[\frac{\partial S_x}{\partial P_x^{\$}}\frac{P_x^{\$}}{S_x}\right]\left(\frac{\mathrm{d}P_x^{\$}/P_x^{£}}{\mathrm{d}e/e}+1\right)=\left[\frac{\partial D_x}{\partial P_x^{£}}\frac{P_x^{£}}{D_x}\right]\frac{\mathrm{d}P_x^{£}/P_x^{£}}{\mathrm{d}e/e} \tag{D. 8}$$

上式左右两边方括号内的式子分别为出口的供给弹性（s_x）和出口需求弹性（d_x），因此：

$$\frac{\mathrm{d}X/X}{\mathrm{d}e/e}=s_x\left(\frac{\mathrm{d}P_x^{£}/P_x^{£}}{\mathrm{d}e/e}+1\right)=d_x\ \frac{\mathrm{d}P_x^{£}/P_x^{£}}{\mathrm{d}e/e} \tag{D. 9}$$

且出口商品的英镑价格对汇率变化的反应程度为：

$$\frac{\mathrm{d}P_x^{£}/P_x^{£}}{\mathrm{d}e/e}=\frac{s_x}{d_x-s_x} \tag{D. 10}$$

这个比值只能是负数或零。因为 d_x 为负或是零，s_x 则为正或是零。（出口品的美元价格对汇率的反应程度等于同样的表达式加 1。）

考虑到出口额等于价格乘以出口量，我们能利用这一事实：出口额变化的百分比等于价格变动的百分比加上数量变动百分比：

$$E_x=\frac{\mathrm{d}X/X}{\mathrm{d}e/e}+\frac{\mathrm{d}P_x^{£}/P_x^{£}}{\mathrm{d}e/e} \tag{D. 11}$$

由式（D. 9）和式（D. 10）得到出口额弹性与出口供给弹性和需求弹性之间的关系：

$$E_x=\frac{d_x s_x}{d_x-s_x}+\frac{s_x}{d_x-s_x}=\frac{d_x+1}{(d_x/s_x)-1} \tag{D. 12}$$

E_x 可正可负。

在进口方面，通过完全相同的步骤，可得到进口品的英镑价格、进口品的数量以及进口额的表达式：

$$\frac{\mathrm{d}P_m^{£}/P_m^{£}}{\mathrm{d}e/e}=\frac{d_m}{s_m-d_m}(\leqslant 0) \tag{D. 13}$$

$$\frac{\mathrm{d}M/M}{\mathrm{d}e/e}=\frac{s_m d_m}{s_m-d_m}(\leqslant 0) \tag{D. 14}$$

$$E_m=\frac{s_m+1}{(s_m/d_m)-1}(\leqslant 0) \qquad \text{(D. 15)}$$

一般贸易余额公式与马歇尔-勒纳条件

至此，我们已经得到了推导经常项目（或贸易）余额对汇率弹性的一般性公式所需的所有资料。根据式（D. 4）、式（D. 12）和式（D. 15），该公式为：

$$\text{贸易余额对汇率的弹性}=E_{ca}=\frac{V_x}{V_m}\left(\frac{d_x+1}{(d_x/s_x)-1}\right)-\frac{s_m+1}{(s_m/d_m)-1} \qquad \text{(D. 16)}$$

通过研究这个一般性公式和它的某些特例，我们可以确定哪些弹性是使贸易余额反应稳定（使 E_{ca} 为正）的关键因素。结论是：进口需求及出口需求的弹性越大，经常项目余额的变化就越具有“稳定性”（正的）。

需求弹性是决定性的，但是供给弹性对贸易余额的变化没有明显的一般性影响。

在我们考虑了图表 D—1 中所列举的四种主要特例后，就能更容易地理解上述这些结论。本币贬值之后却造成了贸易余额的恶化，这种反常的结果正是我们在第 9 章中讨论过的无弹性需求的情况。正如图表 D—1 所示的特例 1 那样，当 $d_m=d_x=0$，无论初始贸易余额状况怎样，贬值都会造成明显的反常状况出现。第 9 章所说的 J 曲线正是基于这样的假设，即在需求弹性上升之前，在短期内有时会出现这种状况。

图表 D—1　　贬值与贸易余额：把一般公式应用于几种特例

	假设的弹性	贬值对经常项目余额的影响
特例 1：无弹性需求	$d_m=d_x=0$	贸易余额恶化：$E_{ca}=-\frac{V_x}{V_m}<0$
特例 2：小国情况	$s_m=-d_x=\infty$	贸易余额改善：$E_{ca}=\frac{V_x}{V_m}s_x-d_m>0$
特例 3：用买方货币表示的价格固定不变	$d_m=d_x=-\infty$	贸易余额改善：$E_{ca}=\frac{V_x}{V_m}s_x+s_m+1>0$
特例 4：用卖方货币表示的价格固定不变	$s_x=s_m=\infty$	贸易余额变化取决于：$E_{ca}=\frac{V_x}{V_m}(-d_x-1)-d_m>0(=0,<0)$

在特例 4 中，如果贸易开始不是盈余，那么马歇尔-勒纳条件就是能够使贸易余额改善的充分条件：$|d_m+d_x|>1$。

第二种特例是小国情况，这在第 9 章中也讨论过。这种情况下，在世界范围的市场上，用外币表示的小国的出口品价格和进口品价格是固定不变的。见图表 D—1 中的特例 2：$s_m=-d_x=\infty$，表示国外弹性无穷大。小国情况下，本币的贬值肯定会改善经常项目余额。

与强调需求弹性的重要性一脉相承的，是特例 3 中出现的极端结果。在进口品用买方货币表示的价格固定不变的情况下，国内和国外对进口品的需求弹性均无穷大时（$d_m=d_x=-\infty$），利用一般性公式可以看出贬值可带来最大的贸易余额的改善。

这里考察的第四个特例是商品用卖方货币表示的价格固定不变。这符合凯恩斯学派的宏观经济模型，即供给有无限弹性，而产品的国内价格固定不变。特例 4 中，贬值对经常项目余额影响的净效应取决于一个著名的条件——**马歇尔-勒纳条件**（Marshall-Lerner Condition）：两种需求弹性值之和的绝对值必须大于 1，即 $|d_m + d_x| > 1$。如果经常项目余额初始不是盈余（比如，如果 $V_x \leqslant V_m$，这是典型的贬值状况），那么马歇尔-勒纳条件就是获得稳定结果的充分条件。尽管马歇尔-勒纳条件只在很少的一些模型中才严格成立，但却大致指出了获得稳定结果的可能性。这又提供给我们一个总体规律，即需求弹性越高，经常项目余额的变化就越具有“稳定性”。

课后习题参考答案

第2章

1. 国民储蓄 S 等于私人储蓄加上政府储蓄（或者如果政府预算是赤字，那么政府储蓄为负）。对这个国家来说，国民储蓄等于 6 780 亿美元（8 060—1 280）。经常账户余额等于国民储蓄和国内产权投资 I_d 之间的差额。对这个国家来说，经常账户余额是 990 亿美元（或者 6 780—7 770）赤字。

3. 储蓄可用作投资。该国可以将其国民储蓄用于新的生产资本（建筑、机械和软件），新的住房和补充库存的国内实际投资，或者也可以用于投资国外的金融资产。如果该国将其国民储蓄用作国内实际投资，那么可获得的收益包括生产能力的提高，源于新生产资本产能的提高以及大量房产储备所溢出的房地产服务的提升。如果该国将其国民储蓄用于国外投资，那么可获得的收益包括红利、利息支付以及从国外投资中获得的资本利得，该资本利得可在将来增加该国的国民收入。

5. 交易 c 为一项商品出口，通过金融账户下的一个项目支付，因此促成了当前的账户盈余。（交易 a 既是出口又是进口，因此并未使当前账户有所变化；交易 b 为进口，使得当前账户出现赤字；交易 d 对当前账户任何项目均无影响。）

7. 不同意。转向储蓄更多会导致盈余的增加而不是减少。当前的账户结余等于对外净投资，该投资等同于国民储蓄和国内实际投资的差额。如果国民储蓄增加，那么对外净投资也会随着增加，当前的账户结余也会增加（盈余增加）。

9. a. 美国国际投资头寸下降——美国对外投资增加（即美国的对外债务增加）。

b. 美国国际投资头寸上升——美国私人对外投资的增加（即美国要求外国人偿还的增多，美国的对外债权增加）。

c. 美国国际投资头寸不变。美国的对外投资组合有所变化，但是总量不变。

第3章

1. 货物及服务的进口会导致外汇市场上对外币的需求增加。本国的消费者常常希望用本国货币进行支付，但是外国的销售方却希望收到的是他们自己国家的货币。在为这些进口品进行支付的过程中，本币需要兑换成外币，这就产生了对外币的需求。

国际资本流动会导致外汇市场上对外币的需求增加。本国投资者在对外国金融市场进行投资时，要想购买外国的金融资产，首先要将本币转换成外币。这种转换增加了对外国货币的需求。外国投资者对其之前购买的本国金融资产进行售卖时，就会产生资本外流，进而产生对外币的需求。

3. a. 美元贬值（瑞士法郎升值）。

b. 美元贬值（与 a 变化一样）。

c. 美元升值（日元贬值）。

d. 美元升值（与 c 变化一样）。

5. 英国银行可以在银行间交易市场上寻找一家想要购买美元出售英镑的银行。这家英国银行可以与这家银行直接进行议价，为此次外汇交易确定一个合理的汇率，或者它也可以委托外汇交易员来与这家银行确定一个合理的汇率。英国银行应当迅速并且以非常低的交易费用把美元出售给这家银行。

7. a. 日元需求增加。日本的公司将会出售美元以换取日元。

b. 日元需求增加。美国进口公司一般开始拥有的是美元，而日本生产厂商一般希望对方以日元进行支付。美国进口商就必须出售美元以换取日元。

c. 日元供给增加。日本进口商一般开始拥有的是日元，而美国合作伙伴一般希望对方能以美元进行支付。日本进口商必须出售日元换取美元。

d. 日元需求增加。美国养老基金必须出售美元以换取日元，然后才能用这些日元购买日本公司的股份。

9. a. 瑞士法郎供给的增加会降低以美元标价的瑞士法郎的汇率，美元升值。

b. 瑞士法郎供给的增加会降低以美元标价的瑞士法郎的汇率，美元升值。

c. 瑞士法郎供给的增加会降低以美元标价的瑞士法郎的汇率，美元升值。

d. 瑞士法郎需求的减少会降低以美元标价的瑞士法郎的汇率，美元升值。

第4章

1. 同意该观点。作为一个投资者，我通常会以本币作为衡量自己财富与投资回报的单位。当对一笔以外币计价的金融资产进行投资时，我（实际上）既购买了外国货币也购买了这笔资产。我的整体回报的一部分来自该资产本身（比如，该投资本身的产出或者是利率）；另一部分回报则来自外币的汇率变动。如果外币升值（相对于本币），而我正好持有外币资产，那么这笔投资价值就提高了（与以本币计价的投资相对），这笔资产就产生了一份额外的回报。（当然，如果外币贬值，那么我在货币兑换上就蒙受了损失，这降低了我的整体收益。）

3. a. 这家美国公司持有日元资产头寸（日元多头头寸）。风险在于 60 天期的美元/日元汇率不确定，如果日元贬值，这家公司收到的美元就会减少。

b. 该学生持有日元资产头寸（日元多头头寸）。风险在于 60 天期的美元/日元汇率不确定，如果日元贬值，该学生收到的美元就会减少。

c. 这家美国公司持有日元负债（日元空头头寸）。风险在于 60 天期的美元/日元汇率是不确定的，如果日元升值，为了偿还日元债务，该公司必须支付更多的美元来购买日元。

5. 对于远期合约，需要对当前远期汇率与预期的未来即期汇率进行比较。通过对这两个利率进行比较，我们期望能够通过低买高卖赚取利润。如果你预期未来瑞士法郎对美元的即期汇率为 0.51 美元/瑞士法郎，与当前 0.52 美元/瑞士法郎的远期汇率相比，瑞士法郎未来会相对便宜。为了投机获益，你应当在今天签订一份远期合约，出售（或交付）瑞士法郎并且购买（或获得）美元。如果 180 天后的即期汇率为 0.51 美元/瑞士法郎，你就可以以这样一个较低的汇率买入瑞士法郎，并且用它们来支付之前签订的远期合约。按照合约，你每出售一单位瑞士法郎，就能赚取 0.01 美元的差价。

7. a. 投资美元资产：1 美元 • (1+0.060 5)=1.060 5 美元

投资日元资产：1 美元 • (1/0.010 0) • (1+0.01) • (0.010 5)=1.060 5 美元

b. 投资美元资产：1 美元 · (1+0.060 5) · (1/0.010 5)=101 日元

投资日元资产：1 美元 · (1/0.010 0) · (1+0.01)=101 日元

c. 投资美元资产：100 日元 · (0.01) · (1+0.060 5) · (1/0.010 5)=101 日元

投资日元资产：100 日元 · (1+0.01)=101 日元

9. a. 从美国本土投资者的角度看，预期的无抵补利差是：

$$[(1+0.03)\cdot 1.77/1.8]-(1+0.02)=-0.0072$$

由于该利差为负，如果美国投资者是基于预期的回报差异来做投资决策，那么他应该把投资留在本国，购买以美元计价的债券。（文中原公式的简化公式可以得到相同的结论。）

b. 从英国本土投资者的角度看，预期的无抵补利差是：

$$[(1+0.02)\cdot(1/1.77)\cdot 1.8]-(1+0.03)=0.0073$$

（注意到利率使用的是倒数，汇率也使用的是倒数，所以这是用来标价美元的，此时美元已经作为外币存在。同时也可以注意到利差与 a 计算出的利差大致相等，方向相反。）由于该利差为正，如果英国本土投资者是基于预期的回报率来做投资决策的，那么她就应该对美元债券进行无抵补投资。（同样利用文中原公式的简化公式也可以得出这样的结论。）

c. 如果大量用于无抵补投资的资金从英国流向美国，就会导致即期外汇市场上英镑的供给增加。即期汇率面临向下的压力，市场要求汇率低于 1.8 美元/英镑的水平。英镑趋于贬值。（美元趋于升值。）

第 5 章

1. 不同意。首先，短期汇率的波动是非常明显的。当贸易流逐渐改变时，外币供给与需求也在逐渐改变，但是短期的这种波动似乎并不与之相关。其次，外汇市场的交易额要比国际货物与服务贸易的交易额大得多。整个外汇市场的交易活动中只有一小部分是与进出口支付有关的。大多数外汇交易来自国际金融部分。国际金融资产的组合以及重组在短期内是极为多变的，这也可以解释为什么汇率在短期波动明显。

3. a. 如果我们用简单的公式验证，当外国利率加上外币预期的升值率等于本国利率时，无抵补利率平价成立。将英镑作为外币，我们发现它的年贬值率为 6%，即 [(1.98−2.00)/2.00] · (360/60) · 100%。英镑资产预期的无抵补年化收益率大约是 11%−6%=5%，这等于美元资产的年化收益率 5%。无抵补利率平价大致上成立。（我们也可以利用 4 章的完整公式来验证预期的无抵补利差大约是 0。）

b. 无抵补利差的改变使得投资美元债券更为有利。外汇市场上对美元的额外需求将导致美元的升值。当其他条件保持不变时，为了使得无抵补利率平价重新成立，英镑预期的年贬值率必须为 3%，所以当前的即期汇率必定会变为 1.99 美元/英镑左右，英镑贬值。

5. a. 卖出墨西哥比索。墨西哥未来石油出口疲软将很可能会导致墨西哥比索的汇率下跌。

b. 卖出加元。货币与信用供给的扩大将会使得加元贬值，这是由于加拿大（在短期内）利率将会降低，并且（在长期内）通货膨胀率会提高。

c. 卖出瑞士法郎。外国投资者可能会出售一些瑞士资产（未来投资可能也会减少），从而降低瑞士法郎的汇率价格。

7. 作为一个旅游者，你将会从你旅游的城市进口服务。你当然会希望该城市的货币相对便宜，所以你希望它相对于购买力平价的价格是低估的。如果它是低估的，那么相对于你必须为该国商品支付的该国货币价格，当前的即期汇率可以让你拥有更多的该国货币。

9. 根据购买力平价理论，要实现墨西哥比索对美元汇率的稳定，墨西哥的通货膨胀率就必须降低，降低幅度与美国 3%的通货膨胀率基本持平。如果 K 是固定的，那么墨西哥的货币供给增长率必须降到 9%（或说 6%的实际产出增长率加上 3%的通货膨胀率）。

11. a. 如果将 1975 年定为基年，那么 1 美元/皮纳特的名义汇率，相对应的就是美国价格水平/普格罗维亚价格水平为 100/100。根据购买力平价理论，这种对应关系应当总是成立。如果 2008 年价格水平比率变化为 260/390，那么名义汇率就应当变化为 0.67 美元/皮纳特。由于普格罗维亚存在更高的通货膨胀率，因此皮纳特在这段时间理应贬值（这就是为什么普格罗维亚的价格水平比美国的价格水平增加的更多）。

b. 如果 2008 年的实际汇率为 1 美元/皮纳特，那么皮纳特被高估了。它的汇率水平要高于由购买力平价理论得出的汇率水平（以 1975 年作为基年）。

13. 如果购买力平价理论成立，那么 5 年内汇率（e）会保持每年 2%的增长率，5 年后总共提高 10%。这与本国价格水平 5 年内的变化路径是保持一致的（相对于外国物价水平）。由于实际汇率会以高于 10%的幅度突然增加（并非以每年 2%的速度逐渐增加），因此购买力平价理论在短期并不成立。在中期，实际汇率依旧保持在高于购买力平价理论值的水平，但是两者已经开始接近，实际汇率有所下降而购买力平价理论汇率值持续上升。在长期，购买力平价理论成立。根据购买力平价理论，汇率最终增加幅度应当为 10%，而且实际上长期中也的确增长了 10%。

第 6 章

1. 在自由浮动汇率制下，政府允许本币的汇率完全由外汇市场上私人（或非官方）的供给与需求决定，政府不采取直接措施去干预汇率。在管理浮动汇率制下，政府希望且有时采取直接干预措施以影响本币汇率。例如，一国的货币当局有时进入市场进行干预，通过购买或售出外币（兑换本币），以影响浮动汇率的水平或变动趋势。

3. 在固定的汇率水平下，失衡是指外币的私人需求与私人供给之间出现不一致。如果存在对外币过度的私人需求，央行就售出外币；存在对外币过度的私人供给，央行就买入外币。中央银行的这种官方干预可以维持固定汇率。判断失衡的另一种方法是一国的总体国际收支（官方结算）余额不为零。

暂时性失衡会在短期内消失，而不需要该国做出任何宏观经济调整。如果失衡是暂时性的，官方干预通常能成功地维持固定汇率。如果对外币存在暂时性的私人过度需求（或暂时性的总体国际收支赤字），一国通常会持有充足的官方储备以维持固定汇率；如果存在对外币的暂时性的私人过度供给（或暂时性的总体国际收支盈余），一国通常愿意并且能够积累一些额外的官方储备。实际上，对于暂时性失衡，如果政府通过官方干预维持固定汇率以使本币稳定，该国的福利水平将会提高，如图表 6—4 所示。

如果是基础性失衡，它会一直持续到未来。这时一国不能仅仅使用官方干预来维持固定汇率。一国会消耗掉其所有的官方储备（如果它的干预包括出售外币），或者它会积累巨额的官方储备（如果干预包括买入外币）。因此，如果失衡是基础性的，则有必要进行重大调整。政府可以放弃此固定汇率，改变汇率值或转向浮动汇率。或者，政府可以调整该国的宏观经济，以改变私人对外币的需求与供给。

5. 外汇管制抑制了私人对外币的过度需求（这是本币汇率产生向下压力的缘由）。因此，想要得到外汇的人，以及那些愿意为得到外汇而支付比现行汇率更高价格的人，并不能买到外汇。某些净边际收益的损失，导致了整个国家的福利损失。此外，这些沮丧的外汇需求者倾向于通过其他渠道来获取外汇。他们可能会贿赂政府官员以获得这些稀缺的外汇，或者，他们利用非法黑市以逃避管制来获取外汇（通常以一个比官方汇率高得多的价格）。

7. a. 隐含的固定汇率约为 4.87 美元/英镑（＝20.67/4.247 4）。

b. 你将会利用三角套汇。比如你开始时持有美元，你在外汇市场上买入英镑（因为英镑较便宜），然后，利用黄金将这些英镑转换为美元。如果你开始持有 4 美元，你可以买入 1 英镑，在英国中央银行兑换大约 0.235 4 盎司（＝1/4.247 4）的黄金，然后将这些黄金运送到美国，在美国中央银行兑换约 4.87 美元（＝0.235 4×20.67）。对于你使用的每 4 美元，套汇使你赚取约 87 美分。

c. 在外汇市场上买入英镑将会使英镑的汇率上升，因此汇率会上升到 4 美元/英镑之上（并且向 4.87 美元/英镑移动）。

9. 两次世界大战期间的货币历史的主要特征是汇率高度不稳定，尤其是在第一次世界大战后的前几年里和 20 世纪 30 年代初。投机活动似乎加强了这种不稳定性，政府有时操控本币的汇率以获取竞争优势。政策制定者们从这一历史中得到的教训是固定汇率在抑制投机和汇率波动以及阻止政府操纵汇率方面是很有效的。这些教训如今又引起了争论，因为之后的研究显示这段时期的货币历史可以用其他方法来解释和理解。第一次世界大战之后的几年内，汇率的波动倾向于与购买力平价一致，这就意味着一些国家的根本性问题是导致高通胀率的政府政策。20 世纪 30 年代初的货币不稳定性似乎说明全球衰退导致了重大冲击。实际上，研究表明，当重大冲击袭击经济体系时，汇率不太可能保持固定。

11. 实行固定汇率制的布雷顿森林体系崩溃主要是因为体系内的主要货币美元出现了问题。美元危机的出现部分是由于这个体系的设计，部分是由于美国政府的政策。随着体系的发展，它逐渐演变成金汇兑本位制，其他国家都将其货币与美元挂钩，持有大量的美元作为其官方储备资产，并且用美元进行干预以维持固定汇率。美国必须以官方金价与其他国家的中央银行用黄金兑换美元。这给体系带来了两个问题。第一，其他国家的中央银行积累美元作为官方储备时，美国存在官方结算赤字。在布雷顿森林体系下的前几年，当其他国家的中央银行想要增加它们的官方储备时，这一问题还不明显。但在 20 世纪 60 年代，由于美国的赤字规模变得太大，这一问题开始变得不利。扩张性的财政政策和货币政策导致了美国的巨额赤字，美国的通货膨胀率飙升。第二，其他国家的中央银行注意到了它们不断增加的美元储备和不断减少的美国黄金储量，它们开始怀疑美国是否能够继续维持官方金价。

如果美国政府愿意改变其国内政策，缩减政府开支以紧缩其经济并降低通胀率，美国政府也许能维持这一体系，至少使它能持续得比实际持续的时间更长。然而美国却采取改变布雷顿森林体系的规则的做法，于 1968 年切断了私人黄金市场与官方金价的联系，停止了黄金的可兑换性，并且在 1971 年迫使其他国家对其货币重新定价。1971 年年末签订的协定重新建立了固定汇率制。经过一段时间后，一些货币开始实行浮动汇率制。1973 年，大多数主要货币都转向浮动汇率制。

导致体系崩溃的另一个因素是投资者对预期贬值的货币进行单向投机。可调整汇率体系为投机者提供了保障，他们可以在货币贬值时赚取很多，而在货币没有发生贬值时也不会损失太多。对于确定的投机攻击，大多数政府没有足够多的官方储备来维持固定汇率。

第7章

1. 不同意。向外国债权人借贷会给借债国带来净收益，只要这些贷款使用得法。例如，只要这些贷款能用在新的资本投资上，且这些投资的收益率至少与这些外债的利率一样高，借债国就能够获得福利。这就是图表7—1中获得的面积（$d+e+f$）。

3. 1974—1982年间流向发展中国家的银行贷款猛增，主要有以下原因：(1) 来自新兴的富裕石油输出国政府的"石油美元"银行存款增加；(2) 银行和投资者担心在工业化国家的投资无利可图，因为石油冲击给这些经济体带来了不确定性；(3) 发展中国家对外国直接投资的抵制，使这些国家相比于国际借贷，更偏好这种形式的贷款；(4) 银行出借人的某种"羊群效应"，加强了因素（1）到因素（3）的影响，并导致过度借贷。

5. a. 没有国际借贷时的世界产值是图中的阴影面积。首先我们要计算这两条MPK线的截距。MPK_{Japan}的斜率为负的1%/600，因此日本的截距是12%。$MPK_{America}$的斜率的也是负的1%/600，因此美国的截距大约为14.7%。日本的产值是以2%的利率出借其财富而获得的收入矩形面积（120）加上矩形上面的三角形面积（300），表示日本的收入。美国的产值是以8%的利率出借其财富而获得的收入矩形面积（320）加上矩形上方的三角形面积（约134），表示美国的收入。把这四个部分加起来就得到世界总产值为874。

b. 自由国际借贷时，再加上面积RST（54），因此，世界总产值增加到928。

c. 2%的税收导致了面积TUV（6）大小的损失，因此，世界总产值下降至922。

7. a. 大量的短期债务会导致金融危机，因为出借人可能拒绝为债务延期或提供再融资，反而要求立即偿还贷款。如果借债国无法履行还债的义务，债务违约的可能性就变得更大。

b. 出借人会担心这个地区的其他国家也会受到金融危机的冲击。这种蔓延会演变成自加强的恐慌。如果出借人拒绝提供新的贷款并且低价收回投资，该国便可能不能够履行其还债的义务，因此债务违约变得更有可能。随着投资者的抽资，该国股票和债券的价格会暴跌。

9. a. 如果出借人拥有详细、准确、及时的发展中国家的债务和其官方储备的信息，他们就能够做出更好的借贷和投资的决策，以避免过度借贷或过多的短期贷款。更完善的信息也会减少纯粹的波及效应，而它通常是建立在一种对不确定的担心之上，即其他发展中国家与危机国家相似。此外，需要报告这种详细信息的发展中国家更有可能采取谨慎的宏观经济政策，因此，它们不必报告不利的经济形势。

b. 限制资本流入会：(1) 限制该国的总借贷而减少过度借贷的风险；(2) 减少短期借贷，如果管制是针对这种形式的借贷的话；(3) 通过减少贷款和投资的数量来降低受到波及的可能。

第8章

1. 墨西哥。美国和墨西哥有密切的贸易关系，墨西哥的大部分出口产品出口到美国。如果美国的国民产出和收入增加，出口到美国相对更多的墨西哥产品使墨西哥的国内产出实现可观的增长。除墨西哥和加拿大之外，其他国家出口到美国的出口份额一般较低。

3. a. 支出乘数为1/(0.2+0.1)=3.3，因此，国内产出将增加33亿美元。

b. 对于一个封闭经济体，支出乘数为1/0.2=5，因此，国内产出将增加50亿美元。封闭经济的支出乘数大于小型开放经济的支出乘数，因为对于封闭经济来说没有进口的“漏出”。对于这两种经济体来说，由于最初的支出增加，产出和收入会增加，新增的一部分收入将用于储蓄（和支付税收），因此下一轮的产出和收入的增加会变小。对于开放经济来说，随着产出和收入增加，由于该国的一部分支出被用于额外的进口，国内需求还有一个额外的漏出。用于进口支出并不对国内产出产生额外的需求，因而下一轮该国的产出和收入的增加会减少得更快，导致更小的支出乘数。

5. *IS* 曲线和 *LM* 曲线的交点意味着国内货物与服务市场（*IS* 曲线）和货币市场（*LM* 曲线）的短期均衡。交点表明了该国实际国内产出和收入（实际GDP）及利率的均衡水平。我们用实际国内产出水平与该国充分利用其产出供给能力时预测的产出水平作比较来评价内部均衡。如果国内产出的短期均衡水平太低——低于其“充分就业”时的产出水平——该国就存在内部失衡，导致较高的失业率。如果国内产出的短期均衡水平太高——远高于其“充分就业”时的产出水平——该国就存在内部失衡，导致通货膨胀率上升（由过度的需求导致）。

7. a. 货币供给的减少会提高利率（并且降低国内产出）。因此，*LM* 曲线向上（或向左）移动。

b. 利率的上升导致的不是 *LM* 曲线的移动，而是沿着 *LM* 曲线的移动。

9. a. 外国对本国出口品需求的增加会导致该国的总体国际收支出现盈余。为重新使国际收支平衡，该国的国内产出和收入应该更高（因而进口增加），或者该国的利率应该更低（造成资本外流并减少该国的资本项目余额）。因此，*FE* 曲线向右或向下移动。

b. 外国利率的提高会导致该国的总体国际收支出现赤字，因为资本会出现外流以寻求更高的外国回报。为重新使国际收支平衡，该国的国内产出应该更低（以减少进口），或者该国的利率应该更高（以抑制资本外流）。因此，*FE* 曲线向左或向上移动。

c. 本国利率的上升导致的不是 *FE* 曲线的移动，而是沿着 *FE* 曲线的移动。

第9章

1. 不同意。不是通货膨胀率上升的风险，而是失业率上升的风险。总体国际收支赤字给本币带来贬值的压力。为维持固定汇率，中央银行必须在外汇市场上买入本币卖出外币进行干预。由于中央银行购买本币，所以基础货币减少，本国货币供给降低。国内货币供给紧缩给本国利率带来上升的压力。利率上升减少了对利率敏感的支出，降低了总需求、国内产出和国民收入。所以，它面临的是实际GDP下降和失业率上升的风险。

3. 实际上，完全资本流动使一国丧失了实施独立的货币政策的能力。一国必须直接制定使其国内利率和国外利率保持一致的货币政策。如果一国采取紧缩的货币政策，该国利率将上升，吸引大量资本流入。为维持固定汇率，中央银行必须在外汇市场上卖出本币。这又会导致国内货币供给增加，迫使中央银行逆向操作。如果采取宽松的货币政策，利率开始下降，但是大量资本外流使得中央银行必须购买本币，以维持固定汇率。国内货币供给的减少迫使中央银行逆向操作。

在短期，完全资本流动使财政政策在影响国内产出和收入方面是有效的。例如，扩张性财政政策趋向于扩大国内产出，但是由于利率上升，对利率敏感的支出的挤出效应会使国内产出扩张受到限制。在完全资本流动的情况下，如果国外利率稳定，则国内利率不能上升，所以没有挤出效应。国内产出和收入增长的幅度为乘数效应。

5. 同意。假设一国经常项目余额以外币（用上标 F 标识）度量：

$$CA^F=(P_x^F\cdot X)-(P_m^F\cdot M)$$

根据J曲线的逻辑分析，汇率变化后，首先是价格变化，而对进出口量的影响较缓慢。本币升值迅速增加本国出口品的外币价格（因为现在需要更多外币来换取同样多的本币价格）。因此，经常项目会在本币升值后的几个月立刻改善（最终，本币升值导致出口量减少，进口量增加，而且可能导致进口品的外币价格上升，所以最后经常项目余额可能下降）。

7. a. FE 曲线向右或向下移动。

b. 资本流入使一国国际收支趋于盈余，给本币带来升值的压力。为维持固定汇率，中央银行必须在外汇市场上卖出本币进行干预。

c. 中央银行通过在外汇市场上卖出本币进行干预，扩大了国内基础货币和货币供给。货币供给的增加又降低了本国利率。低利率刺激了对利率敏感的支出，扩大了总需求、国内产出和收入。通过两种调整可以重新达到外部均衡。第一，国内产出和收入上升，则进口也增加。第二，国内利率下降，所以阻碍了资本流入，刺激资本外流。

而且，一国国内产出和收入的上升改变了内部均衡。如果该国一开始处于高失业率状态，这种改变会趋向内部均衡，是受欢迎的。相反，如果该国没有资源生产额外产品，那么随着经济扩张直至过热，该国会产生高通货膨胀率的内部失衡。

下图中的 IS—LM—FE 曲线显示出，越来越多的资本流入使 FE 曲线右移至 FE'。该国的国际收支处于盈余状态，原来的 IS 曲线与 LM 曲线的交点 E_0 位于 FE' 的左边。为维持固定汇率而进行的干预使 LM 曲线向下（或向右）移动。在三线交点 E_1 处重新达到外部均衡。

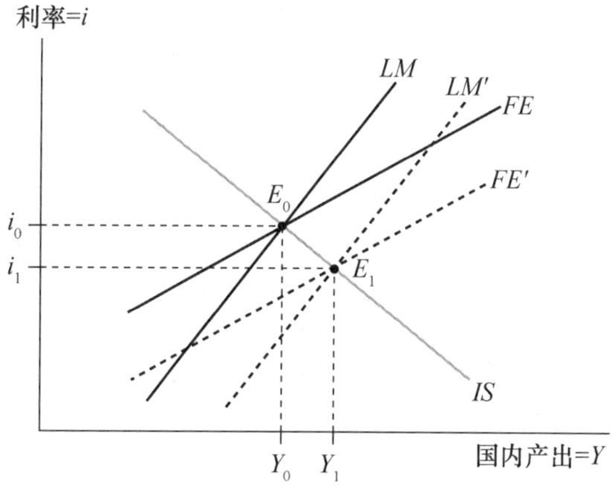

9. a. 收紧财政政策，应对通货膨胀率上升的内部失衡问题，收紧货币政策，应对收支赤字的外部失衡问题。

b. 收紧财政政策，应对通货膨胀率上升的内部失衡问题，用宽松的货币政策应对收支盈余的外部失衡问题。

c. 用宽松的财政政策处理需求不足的内部失衡问题，用宽松的货币政策处理收支盈余的外部失衡问题。

第10章

1. 同意。货币政策改变，引发汇率发生改变。这是在浮动汇率制度下，货币政策更加有效的基础。比如，当转为扩张性货币政策时，国内利率下降导致本币贬值。相当于根据绝对购买力平价推导出的汇率，这实质上就是汇率超调（尽管汇率超调也强调贬值幅度很大）。所以贬值提高了本国国际价格竞争力。国际价格竞争力的提高又增强了政策的有效性。本国出口更多，支出也由进口品转向国内产品，从而进一步增加了总需求、国内产出和收入。

3. 不同意。在浮动汇率制下，出口减少降低了外汇市场上对本币的需求，所以本币贬值。贬值增强了国际价格竞争力，所以出口会稍微反弹，一些支出会由进口品转为国内产品。总需求的上升抵消了一部分出口的减少，所以减弱了对国内产出和收入的不利影响。如果汇率是固定的，那么就不可能调整汇率。此外，在固定汇率制下，当出口下降时，本国总的国际收支趋向赤字。为维持固定汇率，中央银行通过购买本币进行干预。国内货币供给的减少使得国内利率上升，国内产出下降的幅度更大。

5. 总的国际收支趋向赤字给本币带来贬值的压力，所以本币贬值。这就会使本国更偏离内部均衡。通过提高本国产品的国际竞争力，本币贬值使总需求增加。额外需求又加大了通货膨胀的压力。此外，本币贬值提高了以本币标价的进口品的价格，也增加了通货膨胀的压力。

7. a. 增加税收降低了可支配收入和总需求。美国的国内产出和收入将会下降(或者比它们原本会达到的水平要低)。如果国民收入减少，就会减少对进口的需求，美国的经常项目会得到改善。增加税收会减少政府预算赤字。政府借款减少，美国国内利率就会降低。如果国际资本流动对利差的改变很敏感，那么美国国内利率下降会导致资本外流（或资本流入较少)。所以，美国金融项目恶化。

b. 对美元汇率的压力取决于哪个变化更大：经常项目的改善还是金融项目的恶化。如果对资本流动的影响更大，那么在外汇市场上对美元的需求将会减少（相对于美元供给)，所以美元贬值。如果经常项目的变化更大，那么美元供给（相对于需求）将会下降，所以美元升值。

c. 如果美元贬值，那么美国会获得国际价格竞争力。美国出口增加，进口减少。经常项目进一步改善。出口增加以及国内支出从进口品转为国内产品，使得总需求有些增加，所以国内产出和收入又有些反弹（或者不下降那么多)。

9. a. FE 曲线向右或向下移动。

b. 该国国际收支趋向盈余，对本币的额外需求导致本币升值。

c. 本币升值降低了该国国际价格竞争力，所以出口减少，进口增加。经常项目恶化，减少了总体盈余。此外，总需求随着经常项目恶化而下降，则国内产出和收入减少。货币需求和国内利率也下降。利率下降阻碍资本流入或刺激资本外流。金融项目恶化，所以总体的盈余也会减少。对经常项目和金融项目的共同影响使外部重新达到均衡。总需求和国内产出的下降对该国内部均衡产生了影响。如果一开始通货膨胀率上升是一个问题，那么这种变化正是所希望看到的。但是，总需求的下降会产生或加剧内部失衡，导致高失业率。

在下图中，资本流入的增加使 FE 曲线向右或向下移动至 FE'。本币升值，由于该国丧失了国际价格竞争力，所以 FE 曲线向左回移一些至 FE'，IS 曲线向左移动至 IS''。新的三线交于点 E_2，重新达到外部均衡。相对于原来的均衡点 E_0 来说，利率和国内产出更低。

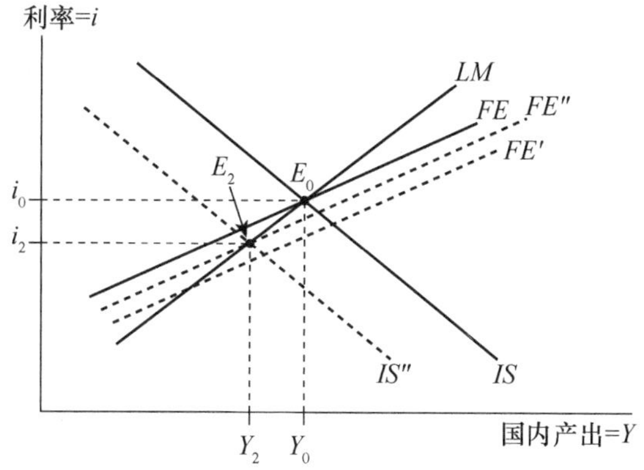

第 11 章

1. 不同意。如果这些国家想要能够维持固定汇率，那么它们采取的政策必须比较相似。政策没有必要完全相同，但是政策必须能够使一国能成功地干预固定汇率。最明显需要一致的政策是如何应对通货膨胀。为了维持固定汇率，相关国家的通货膨胀率必须相同或非常接近。如果通胀率相同，那么经过一段时间后，固定汇率会与购买力平价一致。相反，如果通胀率不同，那么在固定汇率制下，经过一段时间后，高通胀国家将会失去价格竞争力，其国际收支将趋向赤字，而且在面对"基本非均衡"时，固定汇率将不能维持。另一个需要协调一致的是会对国际资本流动产生主要影响的政策。如果那些政策能导致大规模资本流动，尤其是资本外流，那么它们可能会吞噬政府维持固定汇率的能力。

3. 因为汇率的变化可以通过国际贸易抵消商业周期的传播，所以浮动汇率制可以部分阻隔国外商业周期。例如，当外国陷入经济衰退，其进口需求就会减少。这就降低了中心国的出口和总需求，中心国也趋于陷入衰退。在浮动汇率制下，当中心国出口减少时，该国国际收支趋于赤字，本币贬值。本币贬值提高了该国国际价格竞争力，出口稍微得到反弹，而且一些对进口品的需求也转向国内产品。因此，总需求再次上升，衰退的趋势不那么强烈，所以浮动汇率制可以部分隔绝国外的商业周期。

5. 可能的标准应包括以下三条。第一，如果该国转向固定汇率制是想通过降低汇率风险来改善国际贸易，那么它应考虑将其货币与其中一个重要贸易伙伴国的货币挂钩。第二，该国应寻找目标优先次序和政策本身就相互兼容的国家。例如，如果该国想要拥有并维持低通货膨胀率，那么它应该考虑将其货币与一个拥有并很可能维持低通胀率的国家的货币挂钩。第三，该国应该寻找很少遭受大规模国内冲击的国家。在固定汇率制下，其他国家的任何冲击都将会转移到该国。（从该国的角度来看，这些都是外部冲击。）固定汇率制国家没有浮动汇率制国家缓冲这些外部冲击干扰的能力，所以，应考虑将其货币与一个具有相对稳定的国内经济的国家的货币挂钩。

7. a. 在短期，该国必须采取能降低总需求的政策。总需求的下降将给通货膨胀率带来下行的压力。在短期内，紧缩性货币政策是一种方法，而且在长期，它对于降低通胀率也是至关重要的。在长期，控制货币供给增长是控制该国通胀率的决定性政策。浮动汇率会随着这些政策的改变而改变，但是降低通胀率的关键是使国内政策处于正确的方向。

b. 一般来说，世界主要国家的通货膨胀率都很低。实行货币局制度以及将本币与一种世界主要货币挂钩的固定汇率制可以帮助该国降低通货膨胀率，原因如下。第一，一国要接受固定汇率制的约束效应。如果该国的需求扩大过快或通货膨胀率过高，那么该国国际收支趋于赤字。为维持固定汇率，该国货币局将买入本币来进行干预。这就迫使该国采取更加紧缩的货币政策。第二，转向货币局和固定汇率制度能够提升该国政策的信用，标志着政府要降低该国通货膨胀率的决心。事实上，如果人们预期通胀率将要下降，那么降低通胀率就会更简单。第三，在固定汇率制下，进口品的本币价格趋于稳定。稳定的进口品价格不仅直接降低了该国的通货膨胀率，而且给本国产品的价格带来竞争的压力，所以这些价格不会升高很多。

9. 有四个有力的论点。第一，加入货币联盟以及采用欧元会消除将英镑兑换成欧元的交易成本。用于这个目标的资源可以转向其他用途。更低的成本将鼓励英国和欧元区成员国进行更多的贸易和投资。第二，加入货币联盟将会消除英镑与欧元之间的汇率风险。而且，将再次刺激欧元区的贸易和投资。第三，欧洲中央银行要求欧元区的通货膨胀率在 2%或以下，在某种程度上可能比英国中央银行更好地控制通货膨胀，所以英国通胀率上升的风险降低了。第四，采用欧元可以加强伦敦作为国际金融中心的地位。而如果英国一直处于货币联盟以外，欧洲金融活动可能慢慢远离伦敦，转向其他中心（法兰克福、巴黎），在那里欧元是它们的当地货币。

参考文献

Agénor, Pierre-Richard. "Benefits and Costs of International Financial Integration: Theory and Facts." *World Economy* 26, no. 8 (August 2003), pp. 1089–1118.

———. "Orderly Exits from Adjustable Pegs and Exchange Rate Bands." *Journal of Policy Reform* 7, no. 2 (June 2004), pp. 83–108.

Aizenman, Joshua, and Reuven Glick. "Sterilization, Monetary Policy, and Global Financial Integration." *Review of International Economics* 17, no. 4 (September 2009), pp. 777–801.

Akram, Farooq, Dagfinn Rime, and Lucio Sarno. "Arbitrage in the Foreign Exchange Market: Turning on the Microscope." *JIE* 76, no. 2 (December 2008), pp. 237–253.

Aldy, Joseph E., Alan J. Krupnick, Richard G. Newell, Ian W. H. Parry, and William A. Pizer. "Designing Climate Mitigation Policy." *JEL* 48, no. 4 (December 2010), pp. 903–934.

Aliber, Robert Z. "Speculation in the Foreign Exchanges: The European Experience, 1919–1926." *Yale Economic Essays* 2 (1962), pp. 171–245.

Anderson, James E., and Eric van Wincoop. "Gravity with Gravitas: A Solution to the Border Puzzle." *AER* 93, no. 1 (March 2003), pp. 170–192.

———. "Trade Costs." *JEL* 42, no. 3 (September 2004), pp. 691–751.

Anderson, Michael A., and Stephen L. S. Smith. "Canadian Trade and Wages: Lessons from the Past, Prospects for the Future." *World Economy* 23, no. 8 (August 2000), pp. 1005–1029.

*Often-cited journals:

AER = American Economic Review

JEL = Journal of Economic Literature

JEP = Journal of Economic Perspectives

JIE = Journal of International Economics

JPE = Journal of Political Economy

Antweiler, Werner, and Daniel Trefler. "Increasing Returns and All That: A View from Trade." *AER* 92, no. 1 (March 2002), pp. 93–119.

Baba, Naohiko, and Frank Packer. "From Turmoil to Crisis: Dislocations in the FX Swap Market before and after the Failure of Lehman Brothers." *Journal of International Money and Finance* 28, no. 8 (December 2009), pp. 1350–1374.

Bagwell, Kyle, and Robert Staiger. *Economics of the World Trading System*. Cambridge, MA: MIT Press, 2002.

Baicker, Katherine, and M. Marit Rehavi. "Policy Watch: Trade Adjustment Assistance." *JEP* 18, no. 2 (Spring 2004), pp. 239–255.

Balakrishnan, Ravi, and Volodymyr Tulin. "U.S. Dollar Risk Premiums and Capital Flows." IMF Working Paper WP/06/160, June 2006.

Balassa, Bela. *The Structure of Protection in Developing Countries*. Baltimore: Johns Hopkins University Press, 1971.

———. *European Economic Integration*. Amsterdam: North-Holland, 1975.

Baldwin, Richard, and Charles Wyplosz. *Economics of European Integration,* 3rd ed. New York: McGraw-Hill, 2009.

Baldwin, Richard E., and Anthony J. Venables. "Regional Economic Integration." In Grossman and Rogoff (1995).

Baldwin, Robert E. "Trade Policies in Developed Countries." In Jones and Kenen, eds., *Handbook*, vol. I (1984).

Barba Navaretti, Giorgio, and Anthony J. Venables. *Multinational Firms in the World Economy*. Princeton, NJ: Princeton University Press, 2004.

Bartram, Söhnke M., and Gunter Dufey. "International Portfolio Investment: Theory, Evidence and Institutional Framework." *Financial Markets, Institutions & Instruments* 10, no. 3 (August 2001), pp. 85–155.

Bernard, Andrew B., J. Bradford Jensen, Stephen J. Redding, and Peter K. Schott. "Firms in International Trade." *JEP* 21, no. 3 (Summer 2007), pp. 105–130.

Bernhofen, Daniel M., and John C. Brown. "An Empirical Assessment of the Comparative Advantage Gains from Trade: Evidence from Japan." *AER* 95, no. 1 (March 2005), pp. 208–225.

Berry, Steven, James Levinsohn, and Ariel Pakes. "Voluntary Export Restraints on Automobiles: Evaluating a Trade Policy."*AER* 89, no. 3 (June 1999), pp. 400–430.

Bhagwati, Jagdish N. "Immiserizing Growth: A Geometrical Note." *Review of Economics Studies* 25, no. 3 (June 1958), pp. 201–205.

———. *Trade, Tariffs and Growth*. Cambridge, MA: MIT Press, 1969.

———. *In Defense of Globalization*. New York: Oxford University Press, 2004.

———. *Termites in the Trading System: How Preferential Agreements Undermine Free Trade*. New York: Oxford University Press, 2008.

———, and Anne Krueger. A series of volumes on *Foreign Trade Regimes and Economic Development*. New York: Columbia University Press for the National Bureau of Economic Research, 1973–1976.

Bhattasali, Deepak, Shantong Li, and Will Martin, eds. *China and the WTO: Accession, Policy Reform, and Poverty Reduction Strategies*. Washington, DC: World Bank and Oxford University Press, 2004.

Bird, Graham. "IMF Programs: Do They Work? Can They Be Made to Work Better?" *World Development* 29, no. 11 (November 2001), pp. 1849–1865.

Bjørnland, Hilde C. "Monetary Policy and Exchange Rate Overshooting: Dornbusch Was Right after All.'" *JIE* 79, no. 1 (September 2009), pp. 64–77.

Blonigen, Bruce. "Evolving Discretionary Practices of U.S. Antidumping Activity." *Canadian Journal of Economics* 39, no. 3 (August 2006), pp. 874–900.

Bloom, David E., Gilles Grenier, and Morley Gunderson. "The Changing Labor Market Position of Canadian Immigrants." Working Paper no. 4672. National Bureau of Economic Research, March 1994.

Bloomfield, Arthur I. *Monetary Policy under the International Gold Standard, 1880–1914*. New York: Federal Reserve Bank of New York, 1959.

Bordo, Michael D., and Barry Eichengreen, eds. *Retrospective on the Bretton Woods International Monetary System*. Chicago: University of Chicago Press, 1992.

———, and Anna J. Schwartz, eds. *A Retrospect on the Classical Gold Standard, 1821–1931*. Chicago: University of Chicago Press, 1984.

Borjas, George J. "The Economics of Immigration." *JEL* 32, no. 4 (December 1994), pp. 1667–1717.

———. "Immigration and Welfare, 1970–1990." In *Research in Labor Economics*, vol. 14, ed. Solomon W. Polachek. Greenwich, CT: JAI Press, 1995a.

———. "The Economic Benefit from Immigration." *JEP* 9, no. 2 (Spring 1995b), pp. 3–22.

———, Richard B. Freeman, and Laurence F. Katz. "How Much Do Immigration and Trade Affect Labor Market Outcomes?" *Brookings Papers on Economic Activity*, no. 1 (1997), pp. 1–90.

———, and Lynette Hilton. "Immigration and the Welfare State: Immigrant Participation in Means-Tested Entitlement Programs." *Quarterly Journal of Economics* 111, no. 2 (May 1996), pp. 575–604.

Bosworth, Barry P. *Saving and Investment in a Global Economy*. Washington, DC: Brookings Institution, 1993.

Bowen, Harry P., Edward E. Leamer, and Leo Sveikauskas. "Multicountry, Multifactor Tests of the Factor Abundance Theory." *AER* 77, no. 5 (December 1987), pp. 791–809.

Bown, Chad P. "China's WTO Entry: Antidumping, Safeguards, and Dispute Settlement." In *China's Growing Role in World Trade*, ed. Robert C. Feenstra and Shang-Jin Wei. Chicago: University of Chicago Press, 2010a.

———. "Taking Stock of Antidumping, Safeguards, and Countervailing Duties, 1990–2009." World Bank Policy Research Working Paper 5436, September 2010b.

———. *Self-enforcing Trade: Developing Countries and WTO Dispute Settlement*. Washington, DC: Brookings Institution Press, 2009.

Brainard, S. Lael. "An Empirical Assessment of the Proximity-Concentration Trade-off between Multinational Sales and Trade." *AER* 87, no. 4 (September 1997), pp. 520–544.

Brander, James A. "Strategic Trade Policy." In Grossman and Rogoff (1995).

Broadman, Harry G., ed. *From Disintegration to Reintegration: Eastern Europe and the Former Soviet Union in International Trade*. Washington, DC: World Bank, 2005.

Broda, Christian. "Terms of Trade and Exchange Rate Regimes in Developing Countries." *JIE* 63, no. 1 (May 2004), pp. 31–58.

———, and David Weinstein. "Globalization and the Gains from Variety." *Quarterly Journal of Economics* 121, no. 2 (May 2006), pp. 541–585.

———, Nuno Limão, and David E. Weinstein. "Optimal Tariffs and Market Power: The Evidence," *AER* 98, no. 5 (December 2008), 2032–2065.

Brülhart, Marius. "An Account of Global Intra-industry Trade, 1962–2006." *World Economy* 32, no. 3 (March 2009), pp. 401–459.

Brunnermeier, Smita B., and Arik Levinson. "Examining the Evidence on Environmental Regulations and Industry Location." *Journal of Environment & Development* 13, no. 1 (March 2004), pp. 6–41.

Bruton, Henry J. "A Reconsideration of Import Substitution." *JEL* 36, no. 2 (June 1998), pp. 903–936.

Bryant, Ralph C. *International Coordination of National Stabilization Policies*. Washington, DC: Brookings Institution, 1995.

Buckley, Peter, and Mark Casson. *Future of Multinational Enterprise*. New York: Macmillan, 1976.

Calvo, Guillermo A., and Carmen M. Reinhart. "Fear of Floating." *Quarterly Journal of Economics* 117, no. 2 (May 2002), pp. 379–408.

Campa, José Manuel, and Linda S. Goldberg. "Exchange Rate Pass-through into Import Prices." *Review of Economics and Statistics* 87, no. 4 (November 2005), pp. 664–678.

Card, David. "Immigration and Inequality." *AER* 99, no. 2 (May 2009), pp. 1–21.

Caves, Richard E. *Multinational Enterprise and Economic Analysis*, 3rd ed. New York: Cambridge University Press, 2007.

Cheung, Yin-Wong, and Clement Yuk-Pang Wong. "A Survey of Market Practitioners' Views on Exchange Rate Dynamics." *JIE* 51, no. 2 (August 2000), pp. 401–419.

———, and Menzie David Chinn. "Currency Traders and Exchange Rate Dynamics: A Survey of the US Market." *Journal of International Money and Finance* 20, no. 4 (August 2001), pp. 439–471.

Choksi, A., et al. *Trade Liberalization Episodes*. Oxford, England: Basil Blackwell, 1991.

Cline, William R. *United States as a Debtor Nation*. Washington, DC: Institute for International Economics, 2005.

Cohen, Daniel, and Marcelo Soto. "Growth and Human Capital: Good Data, Good Results." *Journal of Economic Growth* 12, no. 1 (March 2007), pp. 51–76.

Congressional Budget Office. "Antidumping Action in the United States and around the World: An Update." CBO Paper, June 2001.

Copeland, Brian R., and M. Scott Taylor. "Trade, Growth, and the Environment." *JEL* 42, no. 1 (March 2004), pp. 7–71.

Dalsgaard, Thomas, Christophe André, and Pete Richardson. "Standard Shocks in the OECD Interlink Model." Organization for Economic Cooperation and Development, Economics Department Working Paper no. 306, September 6, 2001.

Davis, Donald R., and David E. Weinstein. "An Account of Global Factor Trade." *AER* 91, no. 5 (December 2001), pp. 1423–1453.

———, and David E. Weinstein. "The Factor Content of Trade." In *Handbook of International Trade, Volume 1*, ed. E. Kwan Choi and James Harrigan. Malden, MA: Blackwell, 2003.

Deardorff, Alan V. "Testing Trade Theories and Predicting Trade Flows." In Jones and Kenen, eds., *Handbook*, vol. I, 1984.

———, and Robert M. Stern. *Measurement of Nontariff Barriers*. Ann Arbor: University of Michigan Press, 1998.

De Grauwe, Paul. *Economics of Monetary Union*, 8th ed. New York: Oxford University Press, 2009.

de Haan, Jakob, Sylvester C.W. Eijffinger, and Sandra Waller. *European Central Bank: Credibility, Transparency, and Centralization*. Cambridge, MA: MIT Press, 2005.

Destler, I. M. *American Trade Politics*, 4th ed. Washington, DC: Institute for International Economics, 2005.

Dixit, Avinash. "Tax Policy in Open Economies." In *Handbook of Public Economics*, ed. Alan Auerbach and Martin Feldstein. New York: North-Holland, 1985.

Doraisami, Anita. "From Crisis to Recovery: The Motivations for and Effects of Malaysian Capital Controls." *Journal of International Development* 16, no. 2 (March 2004), pp. 241–254.

Dornbusch, Rudiger. "Expectations and Exchange Rate Dynamics." *JPE* 84, no. 6 (December 1976), pp. 1161–1176.

Downs, Anthony. *An Economic Theory of Democracy*. New York: Harper & Row, 1957.

Dufey, Gunter, and Ian H. Giddy. *International Money Market*, 2nd ed. Englewood Cliffs, NJ: Prentice Hall, 1994.

Dunning, John H. *Theories and Paradigms of International Business Activity: Selected Essays of John H. Dunning, Volume 1*. Cheltenham: Edward Elgar, 2002.

Edison, Hali J., Michael W. Klein, Luca Antonio Ricci, and Torsten Sløk. "Capital Account Liberalization and Economic Performance: Survey and Synthesis." *IMF Staff Papers* 51, no. 2 (2004), pp. 220–256.

Eichengreen, Barry. *Exorbitant Privilege: The Rise and Fall of the Dollar and the Future of the International Monetary System*. New York: Oxford University Press, 2011.

———. *Global Imbalances and the Lessons of Bretton Woods*. Cambridge, MA: MIT Press, 2007.

———. *Gold Fetters: The Gold Standard and the Great Depression, 1919–1939*. New York: Oxford University Press, 1992.

———. *Financial Crises and What to Do about Them*. New York: Oxford University Press, 2002.

———, and Ashoka Mody. "Do Collective Action Clauses Raise Borrowing Costs?" *Economic Journal* 114, no. 495 (April 2004), pp. 247–264.

Eiteman, David K., Arthur I. Stonehill, and Michael H. Moffet. *Multinational Business Finance*, 12th ed. New York: Addison–Wesley, 2010.

Ekberg, Jan. "Immigration and the Public Sector: Income Effects for the Native Population of Sweden." *Journal of Population Economics* 12, no. 3 (1999), pp. 411–430.

Ekins, Paul, and Terry Barker. "Carbon Taxes and Carbon Emissions Trading." *Journal of Economic Surveys* 15, no. 3 (July 2001), pp. 325–376.

Elliott, Kimberley Ann. *Delivering on Doha: Farm Trade and the Poor*. Washington, DC: Center for Global Development, Institute for International Economics, 2006.

Engelbrecht, Hans-Jürgen, and Christopher Pearce. "The GATT/WTO Has Promoted Trade, but Only in Capital-Intensive Commodities!" *Applied Economics* 39, no. 12 (July 2007), pp. 1573–1581.

Esty, Daniel C. "Bridging the Trade-Environment Divide." *JEP* 15, no. 3 (Summer 2001), pp. 113–130.

———. *Greening the GATT: Trade, Environment, and the Future*. Washington, DC: Institute for International Economics, 1994.

Ethier, Wilfred J. "Dumping." *JPE* 90, no. 3 (June 1982), pp. 487–506.

Eun, Cheol S., and Bruce G. Resnick. *International Financial Management*, 6th ed. Burr Ridge, IL: McGraw-Hill/Irwin, 2012.

Evenett, Simon J. "Crisis-Era Protectionism One Year after the Washington G20 Meeting: A GTA Update, Some New Analysis, and a Few Words of Caution." In *Great Trade Collapse: Causes, Consequences and Prospects*, ed. Richard Baldwin. VoxEU, 2009, www.voxeu.org/reports/global_trade_collapse.pdf.

Fatum, Rasmus. "Daily Effects of Foreign Exchange Intervention: Evidence from Official Bank of Canada Data." *Journal of International Money and Finance* 27, no. 3 (April 2008), pp. 438–454.

———, and Michael M. Hutchison. "ECB Foreign Exchange Intervention and the Euro: Institutional Framework, News and Intervention." *Open Economies Review* 13, no. 4 (October 2002), pp. 413–425.

———. "Effectiveness of Official Daily Foreign Exchange Market Intervention Operations in Japan." *Journal of International Money and Finance* 25, no. 2 (March 2006), pp. 199–219.

Feenstra, Robert C. "Estimating the Effects of Trade Policy." In Grossman and Rogoff (1995).

Fenn, Daniel J., Sam D. Howison, Mark McDonald, Stacy Williams, and Neil F. Johnson. "The Mirage of Triangular Arbitrage in the Spot Foreign Exchange Market." *International Journal of Theoretical and Applied Finance* 12, no. 8 (December 2009), pp. 1105–1123.

Findlay, Christopher, and Tony Warren, eds. *Impediments to Trade in Services: Measurement and Policy Implications*. New York: Routledge, 2000.

Findlay, Ronald, and Harry Grubert. "Factor Intensities, Technological Progress, and the Terms of Trade." *Oxford Economic Papers* 11, no. 1 (February 1959), pp. 111–121.

Finger, J. Michael, and Julio J. Nogues, eds. *Safeguards and Antidumping in Latin American Trade Liberalization: Fighting Fire with Fire*. Washington, DC: World Bank, 2006.

Fischer, Stanley. "Distinguished Lecture on Economics in Government—Exchange Rate Regimes: Is the Bipolar View Correct?" *JEP* 15, no. 2 (Spring 2001), pp. 3–24.

Fleming, J. Marcus. "Domestic Financial Policies under Fixed and Floating Exchange Rates." *IMF Staff Papers* 9 (March 1962), pp. 369–377.

Flores, Jr., Renato G. "The Gains from MERCOSUR: A General Equilibrium, Imperfect Competition Evaluation." *Journal of Policy Modeling* 19, no. 1 (February 1997), pp. 1–18.

Footer, Mary E., and Christoph Beat Graber. "Trade Liberalization and Cultural Policy." *Journal of International Economic Law* 3, no. 1 (March 2000), pp. 115–144.

Frankel, Jeffrey A. "On the Mark: A Theory of Floating Exchange Rates Based on Real Interest Differentials." *AER* 69, no. 4 (September 1979), pp. 610–622.

———, and Andrew K. Rose. "An Empirical Characterization of Nominal Exchange Rates." In Grossman and Rogoff (1995).

Friedberg, Rachel M., and Jennifer Hunt. "The Impact of Immigrants on Host Country Wages, Employment, and Growth." *JEP* 9, no. 2 (Spring 1995), pp. 23–44.

Friedman, Milton. "The Case for Flexible Exchange Rates." In his *Essays in Positive Economics*. Chicago: University of Chicago Press, 1953.

Froot, Kenneth A., and Kenneth Rogoff. "Perspectives on PPP and the Long-Run Real Exchange Rate." In Grossman and Rogoff (1995).

Froot, Kenneth A., and Richard H. Thaler. "Anomalies: Foreign Exchange." *JEP* 4, no. 3 (Summer 1990), pp. 179–192.

Galloway, Michael P., Bruce A. Blonigen, and Joseph E. Flynn. "Welfare Costs of the U.S. Antidumping and Countervailing Duty Laws." *JIE* 49, no. 2 (December 1999), pp. 211–244.

Ganguli, Bodhisattva. "The Trade Effects of Indian Antidumping Actions." *Review of International Economics* 16, no. 5 (November 2008), pp. 930–941.

Genberg, Hans, and Alexander K. Swoboda. "Policy and Current Account Determination under Floating Exchange Rates." *IMF Staff Papers* 36, no. 1 (March 1989), pp. 1–30.

Ghosh, Atish R., Jonathan D. Ostry, and Charalambos Tsangarides. "Exchange Rate Regimes and the Stability of the International Monetary System." International Monetary Fund Occasional Paper 270, 2010.

Gilbert, Christopher L. "International Commodity Agreements: An Obituary Notice." *World Development* 24, no. 1 (January 1996), pp. 1–19.

Giovannini, Alberto. "How Do Fixed Exchange-Rate Regimes Work: The Evidence from the Gold Standard, Bretton Woods and the EMS." In *Blueprints for Exchange Rate Management*, ed. Marvin Miller, Barry Eichengreen, and Richard Portes. London: Center for Economic Policy Research, 1989.

Goldberg, Linda S., Craig Kennedy, and Jason Miu. "Central Bank Dollar Swap Lines and Overseas Dollar Funding Costs." *FRBNY Economic Policy Review* 17, no. 1 (May 2011), pp. 3–20.

Goldberg, Pinelopi Koujianou, and Nina Pavcnik. "Distributional Effects of Globalization in Developing Countries." *JEL* 45, no. 1 (March 2007), pp. 39–82.

Goldin, Ian, and Kenneth Reinert. *Globalization for Development: Trade, Finance, Aid, Migration, and Policy*, revised edition. Washington, DC: World Bank and Palgrave Macmillan, 2007.

Goldstein, Morris. *Asian Financial Crisis: Causes, Cures, and Systemic Implications*. Washington, DC: Institute for International Economics, 1998.

———. *Managed Floating Plus*. Washington, DC: Institute for International Economics, 2002.

Golub, Stephen S. *Labor Costs and International Trade*. Washington, DC: AEI Press, 1999.

Gonzaga, Gustavo, Naércio Menezes Filho, and Cristina Terra. "Trade Liberalization and the Evolution of Skill Earnings Differentials in Brazil." *JIE* 68, no. 2 (March 2006), pp. 345–367.

Greenaway, David, and Chris Milner. *The Economics of Intra-Industry Trade*. Oxford, England: Basil Blackwell, 1986.

———. "Effective Protection, Policy Appraisal and Trade Policy Reform." *World Economy* 26, no. 4 (April 2003), pp. 441–456.

Grilli, Enzo R., and Maw Cheng Yang. "Primary Commodity Prices, Manufactured Goods Prices, and the Terms of Trade of Developing Countries: What the Long Run Shows." *World Bank Economic Review* 2, no. 1 (January 1988), pp. 1–47.

Grossman, Gene M., and Elhanan Helpman. "Protection for Sale." *AER* 84, no. 4 (September 1994), pp. 833–850.

———. "Technology and Trade." In Grossman and Rogoff (1995).

———, and Kenneth Rogoff. *Handbook of International Economics*, vol. III. New York: North-Holland, 1995.

Grubel, Herbert G., and P. J. Lloyd. *Intra-Industry Trade: The Theory and Measurement of Trade in Differentiated Products*. New York: John Wiley & Sons, 1975.

Hanson, Gordon. "Illegal Migration from Mexico to the United States." *JEL* 44, no. 4 (December 2006), pp. 869–924.

Hanson, Gordon. "The Economic Consequences of International Migration of Labor." *Annual Review of Economics* 1 (September 2009), pp. 179–207.

Harvey, David I., Neil M. Kellard, Jakob B. Madsen, and Mark E. Wohar. "The Prebisch–Singer Hypothesis: Four Centuries of Evidence." *Review of Economics and Statistics* 92, no. 2 (May 2010), pp. 367–377.

Heckscher, Eli. "The Effects of Foreign Trade on the Distribution of Income," originally published in 1919. In *Readings in the Theory of International Trade*, ed. Howard S. Ellis and Lloyd M. Metzler. Philadelphia: Blakiston, 1949.

Heitger, Bernhard, and Jürgen Stehn. "Trade, Technical Change, and Labour Market Adjustment." *World Economy* 26, no. 10 (September 2003), pp. 1481–1501.

Helpman, Elhanan. "Monopolistic Competition in Trade Theory." *Special Papers in International Finance*, no. 16. Princeton, NJ: Princeton University, June 1990.

———. "The Structure of Foreign Trade." *JEP* 13, no. 2 (Spring 1999), pp. 121–144.

———, and Paul R. Krugman. *Market Structure and Foreign Trade*. Cambridge, MA: MIT Press, 1985.

Henn, Christian, and Brad McDonald. "Avoiding Protectionism." *Finance and Development* 47, no. 1 (March 2010), pp. 20–23.

Henry, Peter Blair. "Capital Account Liberalization: Theory, Evidence, and Speculation." *JEL* 45, no. 4 (December 2007), pp. 887–935.

Heston, Alan, Robert Summers, and Bettina Aten. Penn World Table Version 6.3, Center for International Comparisons of Production, Income and Prices at the University of Pennsylvania, August 2009.

Hoekman, Bernard. "The Next Round of Services Negotiations: Identifying Priorities and Options." *Federal Reserve Bank of St. Louis Review* 82, no. 4 (July/August 2000), pp. 31–47.

———, and Michel Kostecki. *Political Economy of the World Trading System: The WTO and Beyond*, 2nd ed. New York: Oxford University Press, 2001.

Hufbauer, Gary Clyde, and Kimberly Ann Elliott. *Measuring the Costs of Protection in the United States*. Washington, DC: Institute for International Economics, 1994.

———, and Jeffrey J. Schott. *NAFTA Revisited: Achievements and Challenges*. Washington, DC: Institute for International Economics, 2005.

———, Kimberley Ann Elliott, and Barbara Oegg. *Economic Sanctions Reconsidered*, 3rd ed. Washington DC: Peterson Institute for International Economics, 2007.

Humpage, Owen F. "Institutional Aspects of U.S. Intervention." *Federal Reserve Bank of Cleveland Economic Review* 30, no. 1 (Quarter 1, 1994), pp. 2–19.

Irwin, Douglas A. *Against the Tide: An Intellectual History of Free Trade*. Princeton, NJ: Princeton University Press, 1996.

———. *Free Trade under Fire,* 3rd ed. Princeton, NJ: Princeton University Press, 2009.

Irwin, Douglas A. *Peddling Protectionism: Smoot-Hawley and the Great Depression*. Princeton, NJ: Princeton University Press, 2011.

Iley, Richard A., and Mervyn K. Lewis. *Untangling the US Deficit: Evaluating Causes, Cures, and Global Imbalances*. Northampton, MA: Edward Elgar, 2007.

Ito, Takatoshi. "Is Foreign Exchange Intervention Effective? The Japanese Experiences in the 1990s." In *Monetary History, Exchange Rates, and Financial Markets: Essays in Honour of Charles Goodheart, Vol. 2*, ed. Paul Mizen. Northampton, MA: Edward Elgar, 2003, pp. 126–153.

Jaramillo, Carlos Felipe, Daniel Lederman, Maurizio Bussolo, David Gould, and Andrew Mason. *Challenges of CAFTA: Maximizing the Benefits for Central America*. Washington, DC: World Bank, 2006.

Jean, Sebastian, Orsetta Causa, Miguel Jimenez, and Isabelle Wanner. "Migration in OECD Countries: Labour Market Impact and Integration Issues." Organization for Economic Cooperation and Development, Economics Department Working Paper no. 562, September 2007.

Johnson, Harry G. *Money, Trade and Economic Growth*. Cambridge, MA: Harvard University Press, 1962.

———. "Optimal Trade Policy in the Presence of Domestic Distortions." In *Trade, Growth and the Balance of Payments*, ed. Robert E. Baldwin. Chicago: Rand McNally, 1965.

Jones, Kent. *Who's Afraid of the WTO?* New York: Oxford University Press, 2004.

Jones, Ronald W., and Peter B. Kenen, eds. *Handbook of International Economics*. Two volumes. New York: North-Holland, 1984.

Joyce, Joseph P. "Adoption, Implementation and Impact of IMF Programmes: A Review of the Issues and Evidence." *Comparative Economic Systems* 46, no. 3 (September 2004), pp. 451–467.

Kee, Hiau Looi, Alessandro Nicita, and Marcelo Olarreaga. "Estimating Trade Restrictiveness Indices," *Economic Journal* 119, no. 534 (January 2009), pp. 172–199.

Kee, Hiau Looi, Cristina Neagu, and Alessandro Nicita. "Is Protectionism on the Rise? Assessing National Trade Policies during the Crisis of 2008." World Bank Policy Research Paper 5274, April 2010.

Keller, Wolfgang. "International Technology Diffusion." *JEL* 42, no. 3 (September 2004), pp. 752–782.

Kelly, Trish. "WTO, the Environment and Health and Safety Standards." *World Economy* 26, no. 2 (February 2003), pp. 131–151.

Kindleberger, Charles P., and Robert Aliber. *Manias, Panics, and Crashes*, 5th ed. New York: John Wiley & Sons, 2005.

Klein, Michael W., and Jay C. Shambaugh. *Exchange Rate Regimes in the Modern Era*. Cambridge, MA: MIT Press, 2010.

Kletzer, Lori G. *Job Loss from Imports: Measuring the Costs*. Washington, DC: Institute for International Economics, 2001.

———, and Howard Rosen. "Easing the Adjustment Burden on U.S. Workers." In *United States and the World Economy: Foreign Economic Policy for the Next Decade*, ed. C. Fred Bergsten. Washington, DC: Institute for International Economics, 2005.

Krueger, Anne O. "Trade Policies in Developing Countries." In Jones and Kenen, eds., *Handbook*, vol. I (1984).

Krugman, Paul. "The Increasing Returns Revolution in Trade and Geography." *AER* 99, no. 3 (June 2009), pp. 561–571.

Krugman, Paul R. "Increasing Returns, Monopolistic Competition, and International Trade." *JIE* 9 (1979), pp. 469–479.

Lane, Philip R. "The Real Effects of European Monetary Union." *JEP* 20, no. 4 (Fall 2006), pp. 47–66.

———, and Gian Maria Milesi-Ferretti. "The External Wealth of Nations Mark II: Revised and Extended Estimates of Foreign Assets and Liabilities, 1970–2004." IMF Working Paper no. 06/09, March 2006.

Lawrence, Robert Z. *Blue-Collar Blues: Is Trade to Blame for Rising US Income Inequality?* Policy Analyses in International Economics, vol. 85. Washington, DC: Peterson Institute for International Economics, 2008.

Leamer, Edward E., and James Levinson. "International Trade Theory: The Evidence." In Grossman and Rogoff (1995).

Leontief, Wassily. "Factor Proportions and the Structure of American Trade: Further Theoretical and Empirical Analysis." *Review of Economics and Statistics* 38, no. 4 (November 1956), pp. 386–407.

———. "Domestic Production and Foreign Trade: The American Capital Position Reexamined." *Economia Internazionale* 7 (February 1954), pp. 3–32.

Levich, Richard M. "Evidence on Financial Globalization and Crises: Interest Rate Parity." In *Encyclopedia of Financial Globalization*, ed. Gerard Caprio. Amsterdam: Elsevier, forthcoming.

Levich, Richard M. "Is the Foreign Exchange Market Efficient?" *Oxford Review of Economic Policy* 5, no. 3 (October 1989), pp. 40–60.

Lindert, Peter H. *Key Currencies and Gold, 1900–1913*. Princeton, NJ: Princeton University Press, 1969.

———. "Foreign Trade and Trade Policy in the Twentieth Century." In *Cambridge Economic History of the United States*, vol. III, ed. Stanley Engerman and Robert Gallman. New York: Cambridge University Press, 2000.

Lindsey, Brink, and Dan Ikenson. "Antidumping 101: The Devilish Details of 'Unfair Trade' Law."

Cato Institute Trade Policy Analysis No. 20, November 21, 2002.

Liu, Xuepeng. "GATT/WTO Promotes Trade Strongly: Sample Selection and Model Specification." *Review of International Economics* 17, no. 3 (August 2009), pp. 428–446.

Lyons, Richard K. *Microstructure Approach to Exchange Rates*. Cambridge, MA: MIT Press, 2001.

MacDonald, Ronald, and Mark P. Taylor. "Exchange Rate Economics: A Survey." *IMF Staff Papers* 39, no. 1 (March 1992), pp. 1–57.

Madsen, Jakob B. "Technology Spillover through Trade and TFP Convergence: 135 Years of Evidence for the OECD Countries." *JIE* 72, no. 2 (July 2007), pp. 464–480.

Magee, Christopher S. P. "New Measures of Trade Creation and Trade Diversion." *JIE* 75, no. 2 (July 2008), pp. 349–362.

Magee, Stephen P. "Information and Multinational Corporations: An Appropriability Theory of Direct Foreign Investment." In *New International Economic Order*, ed. Jagdish N. Bhagwati. Cambridge, MA: MIT Press, 1977, pp. 317–340.

———. "Twenty Paradoxes in International Trade Theory." In *International Trade and Agriculture: Theory and Policy*, ed. Jimmye Hillman and Andrew Schmitz. Boulder, CO: Westview, 1979, pp. 91–116.

Mark, Nelson C. "Exchange Rates and Fundamentals: Evidence on Long-Horizon Predictability." *AER* 85, no. 1 (March 1995), pp. 201–218.

Marston, Richard C. *International Financial Integration: A Study of Interest Differentials between the Major*

Industrial Economies. New York: Cambridge University Press, 1995.

McCalla, Alex F., and John Nash, eds. *Reforming Agricultural Trade for Developing Countries, Volume One: Key Issues for a Pro-development Outcome of the Doha Round*. Washington, DC: World Bank, 2007.

McCallum, John. "National Borders Matter: Canada-U.S. Regional Trade Patterns." *AER* 85, no. 3 (June 1995), pp. 615–623.

McKinnon, Ronald. "Optimum Currency Areas." *AER* 53, no. 1 (March 1963), pp. 717–725.

———. "International Money in Historical Perspective." *JEL* 31, no. 1 (March 1993), pp. 1–44.

———. *Rules of the Game*. Cambridge, MA: MIT Press, 1996.

Meade, James. *Trade and Welfare*. Oxford, England: Oxford University Press, 1955.

Meissner, Christopher. "A New World Order: Explaining the International Diffusion of the Gold Standard, 1870–1913." *JIE* 66, no. 2 (July 2005), pp. 385–406.

Menkhoff, Lukas, and Mark P. Taylor. "The Obstinate Passion of Foreign Exchange Professionals: Technical Analysis." *JEL* 45, no. 4 (December 2007), pp. 936–972.

Messerlin, Patrick A. *Measuring the Costs of Protection in Europe: European Commercial Policy in the 2000s*. Washington, DC: International Institute for Economics, 2001.

Meyer, Laurence H., Brian M. Doyle, Joseph E. Gagnon, and Dale W. Henderson. "International Coordination of Macroeconomic Policies: Still Alive in the New Millennium?" Board of Governors of the Federal Reserve System, International Finance Discussion Paper no. 723, April 2002.

Mihaljek, Dubravko. "Survey of Central Banks' Views on Effects of Intervention." In *Foreign Exchange Market Intervention in Emerging Markets: Motives, Techniques and Implications*. Bank for International Settlements Papers no. 24, May 2005.

Morgan, T. Clifton, Navin Bapat, and Valentin Krustev. "The Threat and Imposition of Economic Sanctions, 1971–2000." *Conflict Management and Peace Science* 26, no. 1 (February 2009), pp. 92–110.

Mundell, Robert. "A Theory of Optimum Currency Areas." *AER* 51, no. 4 (September 1961), pp. 657–665.

———. *International Economics*. New York: Macmillan, 1968.

Murray, John. "Why Canada Needs a Flexible Exchange Rate." *North American Journal of Economics and Finance* 11, no. 1 (August 2000), pp. 41–60.

Mussa, Michael. "Tariffs and the Distribution of Income." *JPE* 82, no. 6 (December 1974), pp. 1191–1204.

Mutti, John H. *Foreign Direct Investment and Tax Competition*. Washington, DC: Institute for International Economics, 2003.

Neal, Larry, and Daniel Barbezat. *Economics of the European Union and the Economies of Europe*. New York: Oxford University Press, 1998.

Neeley, Christopher J. "The Practice of Central Bank Intervention: Looking under the Hood." *Federal Reserve Bank of St. Louis Review* 83, no. 3 (May/June 2001), pp. 1–10.

———, and Lucio Sarno. "How Well Do Monetary Fundamentals Forecast Exchange Rates?" *Federal Reserve Bank of St. Louis Review* 84, no. 5 (September/October 2002), pp. 51–74.

Nelson, Douglas. "The Political Economy of Antidumping: A Survey." *European Journal of Political Economy* 22, no. 3 (September 2006), pp. 554–590.

Neumayer, Eric. "Trade and the Environment: A Critical Assessment and Some Suggestions for Reconciliation." *Journal of Environment and Development* 9, no. 2 (June 2000), pp. 138–159.

Niels, Gunnar. "What Is Antidumping Policy Really About?" *Journal of Economic Surveys* 14, no. 4 (September 2000), pp. 467–492.

———, and Adriaan ten Kate. "Antidumping Policy in Developing Countries: Safety Valve or Obstacle to Free Trade?" *European Journal of Political Economy* 22, no. 3 (September 2006), pp. 618–638.

Nurkse, Ragnar. *International Currency Experience: Lessons of the Interwar Period*. Geneva, Switzerland: League of Nations, 1944.

Obstfeld, Maurice, and Alan M. Taylor. *Global Capital Markets: Integration, Crisis, and Growth*. New York: Cambridge University Press, 2004.

Ohlin, Bertil. *International and Interregional Trade*. Cambridge, MA: Harvard University Press, 1933.

Olson, Mancur. *The Logic of Collective Action*. Cambridge, MA: Harvard University Press, 1965.

Organization for Economic Cooperation and Development (OECD). *Economics of Climate Change Mitigation: Policies and Options for Global Action beyond 2012*. Paris: OECD, 2009.

———. *Sugar Policy Reform in the European Union and in World Sugar Markets*. Paris: OECD, 2007.

———. *Tax Effects on Foreign Direct Investment: Recent Evidence and Policy Analysis*. Paris: OECD, 2008.

———. *European Union's Trade Policies and Their Economic Effects*. Paris: OECD, 2000.

O'Rourke, Kevin, Alan M. Taylor, and Jeffrey G. Williamson. "Land, Labor, and the Wage-Rental Ratio: Factor-Price Convergence in the Late Nineteenth Century." Discussion Paper no. 1629. Cambridge, MA: Harvard Institute of Economic Research, March 1993.

———, and Jeffrey G. Williamson. "Were Heckscher and Ohlin Right? Factor-Price Convergence in Economic History." *Journal of Economic History* 54, no. 4 (December 1994).

Ostry, Jonathan D., Atish R. Ghosh, Karl Habermeier, Luc Laeven, Marcos Chamon, Mahvash S. Qureshi, and Annamarie Kokenyne. "Managing Capital Inflows: What Tools to Use?" International Monetary Fund Staff Discussion Note SDN/11/06, April 2011.

Ottaviano, Gianmarco I. P., and Diego Puga. "Agglomeration in the Global Economy: A Survey of the 'New Economic Geography.'" *World Economy* 21, no. 6 (August 1998), pp. 707–731.

Ozkan, F. Gulcin. "Currency and Financial Crises in Turkey 2000–2001: Bad Fundamentals or Bad Luck?" *World Economy* 28, no. 4 (April 2005), pp. 541–572.

Panagariya, Arvind. "Miracles and Debacles: In Defence of Trade Openness." *World Economy* 27, no. 8 (August 2004), pp. 1149–1171.

Panizza, Ugo, Federico Sturzenegger, and Jeromin Zettelmeyer. "The Economics and Law of Sovereign Debt and Default." *JEL* 47, no. 3 (September 2009), pp. 651–698.

Pearson, Charles S. *United States Trade Policy: A Work in Progress*. New York: John Wiley & Sons, 2004.

Pfaffenzeller, Stephan, Paul Newbold, and Anthony Rayner. "A Short Note on Updating the Grilli and Yang Commodity Price Index." *World Bank Economic Review* 21, no. 1 (2007), pp. 151–163.

Pigott, Charles A. "International Interest Rate Convergence: A Survey of the Issues and Evidence."

Federal Reserve Bank of New York Quarterly Review 18, no. 4 (Winter 1993–1994), pp. 24–37.

Pomfret, Richard. *Economics of Regional Trading Arrangements*. Oxford: Clarendon Press, 1997.

Pope, David, and Glenn Withers. "Do Migrants Rob Jobs? Lessons of Australian History, 1861–1991," *Journal of Economic History* 53, no. 4 (December 1993), pp. 719–742.

Porter, Michael E. *The Competitive Advantage of Nations*. New York: Free Press, 1990.

Read, Robert. "The Political Economy of Trade Protection: The Determinants and Welfare Impact of the 2002 US Emergency Steel Safeguard Measures." *World Economy* 28, no. 8 (August 2005), pp. 1119–1137.

Reagan, Ronald. *An American Life*. New York: Simon & Schuster, 1990.

Reinhart, Carmen M., and Kenneth S. Rogoff. "Modern History of Exchange Rate Arrangements: A Reinterpretation," *Quarterly Journal of Economics* 119, no. 1 (February 2004), pp. 1–48.

———. *This Time Is Different: Eight Centuries of Financial Folly*. Princeton, NJ: Princeton University Press, 2009.

Ricardo, David. *On the Principles of Political Economy and Taxation*. London: John Murray, 1817.

Rivera-Batiz, Francisco L., and Luis A. Rivera-Batiz. *International Finance and Open Economy Macroeconomics*, 2nd ed. New York: Macmillan, 1994.

Rivera-Batiz, Luis A., and Paul M. Romer. "Economic Integration and Endogenous Growth." *Quarterly Journal of Economics* 106, no. 2 (May 1991), pp. 531–556.

Robertson, Raymond. "Trade and Wages: Two Puzzles from Mexico." *World Economy* 30, no. 9 (September 2007), pp. 1378–1398.

Rodrik, Dani, and Arvind Subramanian. "Why Did Financial Globalization Disappoint?" *IMF Staff Papers* 56, no. 1 (March 2009), pp. 112–138.

Rogoff, Kenneth. "International Institutions for Reducing Global Financial Instability." *JEP* 13, no. 4 (Fall 1999), pp. 21–42.

———. "Rogoff's Discontent with Stiglitz: An Open Letter." *IMF Survey* 31, no. 13 (July 8, 2002), pp. 209–211.

Romalis, John. "NAFTA's and CUSFTA's Impact on International Trade." *Review of Economics and Statistics* 89, no. 3 (August 2007), pp. 416–435.

Romer, Paul. "New Goods, Old Theory, and the Welfare Cost of Trade Restrictions." *Journal of Development Economics* 43, no. 1 (February 1994), pp. 5–38.

Rose, Andrew K. "Do We Really Know That the WTO Increases Trade?" *AER* 94, no. 1 (March 2004), pp. 98–114.

Roubini, Nouriel, and Brad Setser. *Bailouts or Bail-Ins?*

Responding to Financial Crises in Emerging Economies. Washington, DC: Institute for International Economics, 2004.

Rueff, Jacques. *The Monetary Sin of the West*. Translated by Roger Glemet. New York: Macmillan, 1972.

Ruffin, Roy J. "The Missing Link: The Ricardian Approach to the Factor Endowments Theory of Trade." *AER* 78, no. 4 (September 1988), pp. 759–772.

Rybczynski, T. M. "Factor Endowments and Relative Commodity Prices." *Economica* 22, no. 84 (November 1955), pp. 336–341.

Sachs, Jeffrey D., and Andrew M. Warner. "Economic Reform and the Process of Global Integration." *Brookings Papers on Economic Activity*, no. 1 (1995), pp. 1–95.

Sager, Michael J., and Mark P. Taylor. "Under the Microscope: The Structure of the Foreign Exchange Market." *International Journal of Finance and Economics*, 11, no. 1 (January 2006), pp. 81–95.

Sampson, Gary P. "Closer Economic Relations Agreement between Australia and New Zealand." In *Regionalism, Multilateralism and Economic Integration: The Recent Experience*, ed. Gary P. Sampson and Stephen Woolcock. New York: United Nations University Press, 2003.

Samuelson, Paul A. "International Factor-Price Equalization Once Again." *Economic Journal* 59, no. 234 (June 1949), pp. 181–197.

Sarno, Lucio, and Mark P. Taylor. "Official Intervention in the Foreign Exchange Market: Is It Effective and, If So, How Does It Work?" *JEL* 39, no. 3 (September 2001), pp. 839–868.

———. "Purchasing Power Parity and the Real Exchange Rate." *IMF Staff Papers* 49, no. 1 (2002), pp. 65–105.

Schiff, Maurice, and L. Alan Winters. *Regional Integration and Development*. Washington, DC: World Bank, 2003.

Schindler, Martin. "Measuring Financial Integration: A New Data Set." *IMF Staff Papers* 56, no. 1 (March 2009), pp. 222–238.

Schott, Peter K. "One Size Fits All? Heckscher–Ohlin Specialization in Global Production." *AER* 93, no. 3 (June 2003), pp. 686–708.

Shambaugh, Jay C. "Effect of Fixed Exchange Rates on Monetary Policy." *Quarterly Journal of Economics* 119, no. 1 (February 2004), pp. 301–352.

Slaughter, Matthew J. "Globalization and Wages: A Tale of Two Perspectives." *World Economy* 22, no. 5 (July 1999), pp. 609–629.

———. "What Are the Results of Product-Price Studies and What Can We Learn from Their Differences?" In *Impact of International Trade on Wages*, ed. Robert C. Feenstra. Chicago: University of Chicago Press, 2000, pp. 129–170.

Smith, Adam. *Wealth of Nations*. Originally published 1776. New York: Random House (Modern Library edition), 1937.

Smith, James P., and Barry Edmonston, eds. *New Americans: Economic, Demographic, and Fiscal Effects of Immigration*. Washington, DC: National Academy Press, 1997.

Stiglitz, Joseph E. *Globalization and Its Discontents*. New York: W. W. Norton & Company, 2002.

Stolper, Wolfgang F., and Paul A. Samuelson. "Protection and Real Wages." *Review of Economic Studies* 9 (November 1941), pp. 58–73.

Subramanian, Arvind, and Shang-Jin Wei. "The WTO Promotes Trade, Strongly but Unevenly." *JIE* 72, no. 1 (May 2007), pp. 151–175.

Summers, Robert, and Alan Heston. "A New Set of International Comparisons of Real Product and Price Levels: Estimates for 130 Countries, 1950–1985." *Review of Income and Wealth*, series 34, no. 1 (March 1988), pp. 1–25.

Suranovic, Steven M. "A Positive Analysis of Fairness with Applications to International Trade. " *World Economy* 23, no. 3 (March 2000), pp. 283–307.

Tamiotti, Ludivine, Anne Olhoff, Robert Teh, Benjamin Simmons, Vesile Kulaçoğlu, and Hussein Abaza. *Trade and Climate Change*. Geneva, Switzerland: World Trade Organization, 2009.

Tokarick, Stephen. "Who Bears the Cost of Agricultural Support in OECD Countries?" *World Economy* 28, no. 4 (April 2005), pp. 573–593.

Tower, Edward, and Thomas D. Willett. "The Theory of Optimum Currency Areas and Exchange Rate Flexibility." *Special Papers in International Economics*, no. 11. Princeton, NJ: Princeton University, May 1976.

Trefler, Daniel. "International Factor Price Differences: Leontief Was Right!" *JPE* 101, no. 6 (December 1993), pp. 961–987.

———. "The Case of the Missing Trade and Other Mysteries." *AER* 85, no. 5 (December 1995),

pp. 1029–1046.

Trefler, Daniel, and Susan Chun Zhu. "Structure of

Factor Content Predictions," *JIE* 82, no. 2 (November 2010), pp. 195–207.

Triffin, Robert. *Gold and the Dollar Crisis*. New Haven, CT: Yale University Press, 1960.

Trionfetti, Federico. "Discriminatory Public Procurement and International Trade." *World Economy* 23, no. 1 (January 2000), pp. 1–23.

Tsiang, S. C. "Fluctuating Exchange Rates in Countries with Relatively Stable Economies: Some European Experiences after World War I." *IMF Staff Papers* 7 (October 1959), pp. 244–273.

Uimonen, Peter, and John Whalley. *Environmental Issues in the New World Trading System*. New York: St. Martin's Press, 1997.

Van den Berg, and Joshua J. Lewer. *International Trade and Economic Growth*. Armonk, NY: M. E. Sharp, 2007.

Vanek, Jaroslav. *International Trade: Theory and Economic Policy*. Homewood, IL: Richard D. Irwin, 1962.

Vernon, Raymond G. "International Investment and International Trade in the Product Cycle." *Quarterly Journal of Economics* 80, no. 2 (May 1966), pp. 190–207.

———. "The Product Cycle Hypotheses in a New International Environment." *Oxford Bulletin of Economics and Statistics* 41 (November 1979), pp. 255–267.

Waugh, Michael E. "International Trade and Income Differences." *AER* 100, no. 5 (December 2010), pp. 2093–2124.

Wolf, Holger C., Atish R. Ghosh, Helge Berger, and Anne-Marie Gulde. *Currency Boards in Retrospect and Prospect*. Cambridge, MA: MIT Press, 2008.

Wolf, Martin. *Why Globalization Works*. New Haven, CT: Yale University Press, 2004.

World Bank. *Globalization, Growth, and Poverty: Building an Inclusive World Economy*. Washington, DC: World Bank, 2002a.

———. *Transition the First Ten Years: Analysis and Lessons for Eastern Europe and the Former Soviet Union*. Washington, DC: World Bank, 2002b.

World Bank and Food and Agriculture Organization of the United Nations. *Sunken Billions: The Economic Justification for Fisheries Reform*. Washington, DC: World Bank, 2009.

Wyplosz, Charles. "European Monetary Union: The Dark Sides of a Major Success." *Economic Policy* 21, no. 46 (April 2006), pp. 207–261.

Yeager, Leland B. "A Rehabilitation of Purchasing-Power-Parity." *JPE* 66, no. 6 (December 1958), pp. 516–530.

Zanardi, Maurizio. "Anti-Dumping: What Are the Numbers to Discuss at Doha?" *World Economy* 27, no. 3 (March 2004), pp. 403–433.

Zettelmeyer, Jeromin. "Impact of Monetary Policy on the Exchange Rate: Evidence from Three Small Open Economies." *Journal of Monetary Economics* 51, no. 3 (April 2004), pp. 635–652.

Zimmerman, Klaus F. "Tackling the European Migration Problem." *JEP* 9, no. 2 (Spring 1995), pp. 45–61.

Thomas A. Pugel
International Economics，15th Edition
0-07-352317-8

北京市版权局著作权合同登记号：01-2014-0299

图书在版编目（CIP）数据

国际金融：第 15 版/普格尔著；沈艳枝译；赵曙东校．—北京：中国人民大学出版社，2014.5
（国际商务经典译丛）
ISBN 978-7-300-19329-8

Ⅰ.①国… Ⅱ.①普…②沈…③赵… Ⅲ.①国际金融-教材 Ⅳ.①F831

中国版本图书馆 CIP 数据核字（2014）第 114209 号

国际商务经典译丛
国际金融（第 15 版）
托马斯・A・普格尔　著
沈艳枝　译
赵曙东　校
Guoji Jinrong

出版发行	中国人民大学出版社		
社　　址	北京中关村大街 31 号	**邮政编码**	100080
电　　话	010－62511242（总编室）		010－62511770（质管部）
	010－82501766（邮购部）		010－62514148（门市部）
	010－62515195（发行公司）		010－62515275（盗版举报）
网　　址	http://www.crup.com.cn		
	http://www.ttrnet.com（人大教研网）		
经　　销	新华书店		
印　　刷	涿州市星河印刷有限公司		
规　　格	185 mm×260 mm　16 开本	**版　　次**	2014 年 7 月第 1 版
印　　张	18.5 插页 2	**印　　次**	2020 年 6 月第 6 次印刷
字　　数	453 000	**定　　价**	42.00 元

教师反馈表

美国麦格劳-希尔教育出版公司（McGraw-Hill Education）是全球领先的教育资源与数字化解决方案提供商。为了更好地提供教学服务，提升教学质量，麦格劳-希尔教师服务中心于 2003 年在京成立。在您确认将本书作为指定教材后，请填好以下表格并经系主任签字盖章后返回我们（或联系我们索要电子版），我们将免费向您提供相应的教学辅助资源。如果您需要订购或参阅本书的英文原版，我们也将竭诚为您服务。

★ 基本信息					
姓		名		性别	
学校			院系		
职称			职务		
办公电话			家庭电话		
手机			电子邮箱		
通信地址及邮编					
★ 课程信息					
主讲课程		课程性质		学生年级	
学生人数		授课语言		学时数	
开课日期		学期数		教材决策者	
教材名称、作者、出版社					
★ 教师需求及建议					
提供配套教学课件（请注明作者 / 书名 / 版次）					
推荐教材（请注明感兴趣领域或相关信息）					
其他需求					
意见和建议（图书和服务）					
是否需要最新图书信息	是、否	系主任签字/盖章			
是否有翻译意愿	是、否				

网址: http://www.mcgraw-hill.com.cn

麦格劳-希尔教育出版公司教师服务中心
北京市清华科技园科技大厦 A 座 906 室
北京 100084
电话：010-62790299-108
传真：010-62790292

教师教学服务说明

中国人民大学出版社工商管理分社以出版经典、高品质的工商管理、财务会计、统计、市场营销、人力资源管理、运营管理、物流管理、旅游管理等领域的各层次教材为宗旨。

为了更好地为一线教师服务，近年来工商管理分社着力建设了一批数字化、立体化的网络教学资源。教师可以通过以下方式获得免费下载教学资源的权限：

在“人大经管图书在线”（www.rdjg.com.cn）注册，下载“教师服务登记表”，或直接填写下面的“教师服务登记表”，加盖院系公章，然后邮寄或传真给我们。我们收到表格后将在一个工作日内为您开通相关资源的下载权限。

如您需要帮助，请随时与我们联络：

中国人民大学出版社工商管理分社

联系电话：010－62515735，62515749，82501704

传　　真：010－62515732，62514775　　　　电子邮箱：rdcbsjg@crup.com.cn

通讯地址：北京市海淀区中关村大街甲 59 号文化大厦 1501 室（100872）

教师服务登记表

<table>
<tr><td>姓 名</td><td></td><td>□先生　□女士</td><td>职　称</td><td colspan="2"></td></tr>
<tr><td>座机/手机</td><td colspan="2"></td><td>电子邮箱</td><td colspan="2"></td></tr>
<tr><td>通讯地址</td><td colspan="2"></td><td>邮　编</td><td colspan="2"></td></tr>
<tr><td>任教学校</td><td colspan="2"></td><td>所在院系</td><td colspan="2"></td></tr>
<tr><td rowspan="3">所授课程</td><td>课程名称</td><td>现用教材名称</td><td>出版社</td><td>对象（本科生/研究生/MBA/其他）</td><td>学生人数</td></tr>
<tr><td></td><td></td><td></td><td></td><td></td></tr>
<tr><td></td><td></td><td></td><td></td><td></td></tr>
<tr><td colspan="2">需要哪本教材的配套资源</td><td colspan="4"></td></tr>
<tr><td colspan="2">人大经管图书在线用户名</td><td colspan="4"></td></tr>
<tr><td colspan="6">院/系领导（签字）：
院/系办公室盖章</td></tr>
</table>